[원서 2 판]

심리평가 보고서 작성의 핵심

Essentials of Assessment Report Writing

Second Edition

W. Joel Schneider · Elizabeth O. Lichtenberger
Nancy Mather · Nadeen L. Kaufman 공저
이준득 역

학지사

Essentials of Assessment Report Writing, 2nd Edition
by W. Joel Schneider, Elizabeth O. Lichtenberger, Nancy Mather, and Nadeen L. Kaufman

역자 서문

그동안 나는 항상 의문을 품어 왔다. 나는 임상심리전문가의 길에 들어선 이래 보고서 작성법에 대한 체계적인 교육을 받아 본 적이 없는데, 생각해 보면 이는 무척 괴이한 일이다. 한 경험 없는 심리학도가 전문적인 영역에서 법적인 책임까지 있는 보고서를 쓰면서, 이에 대한 엄밀함을 보장받을 수 있는 길이 오직 슈퍼비전과 선배들의 보고서밖에 없다는 사실이 말이다. 놀랍게도 우리의 대학원 커리큘럼과 대다수 병원들의 수련생 훈련 과정에는 심리평가 보고서 작성을 위한 과목이 분리되어 편성되어 있지 않다.

심리평가 보고서 작성법은 독립된 기술 및 학문의 영역이다. 보고서는 복잡한 체계를 갖추고 있으며, 전문 인력으로서 가져야 할 다양한 소양과 윤리의식, 그리고 전문가적 글쓰기 기술이 필요하다. 그럼에도 우리는 각 병원별, 혹은 클리닉별로 통합되지 않는, 절대적인 기준이 없는 보고서 양식과 일관성과 체계성이 배제된 사례별 보고서 작성법을 주먹구구식으로 배워 왔다.

이러한 현실은 슬픈 일이다. 왜냐하면 이 관행은 심리평가 보고서를 작성하는 많은 이들이 법적 · 공적 장면에서 취약함을 경험하게 한다. 사실만 명시해야 할 영역과 의견 및 추론을 기록해야 할 영역에 대한 기준이 없다는 이유로 보고서 작성자는 공적인 증언이 필요한 장면을 회피하거나 더 작은 목소리를 내게 된다. 그리고 또 한 가지 가슴 아픈 점은 앞선 문제의 연속선상에서 많은 수련생이 체계적으로 보고서 작성법을 교육받지 못한 지도자들로부터 비일관적이거나 단편적이거나 혹은 잘못된 기준을 배우게 된다는 점이다.

현장에 나갈 때 이는 많은 새내기 전문가를 주눅 들게 만든다.

나는 우리 전문가들이 심리평가 사례 교육을 통해서 바로 설 수 있다는 사실에 온전히 동의하지만, 완결된 보고서의 작성은 단편적으로 제공되는 피드백을 통해서만 가능한 것은 아니다. 체계적이고 전문적이며, 확고한 참고문헌 체계를 통해 지지받는 학습을 통해서도 성취될 수 있다. 그러한 두 가지 과정을 충분히 거쳤을 때, 우리는 더 자신감을 가질 수 있고 서로의 작업을 존중과 공통적인 이해를 가지고 대할 수 있을 것이다. 이 책은 비록 외국 서적이지만 국내에 그러한 체계를 도입하기 위한 첫 시도로서 부족함이 없다고 생각한다. 물론 향후에 국내 사정에 맞는 우리만의 정식 보고서 작성법 체계가 확립된다면 더 바랄 나위 없을 것이다.

내가 이 책을 통해 우리가 배워야 할 점으로 특히 강조하고 싶은 바는 우선 권고 사항의 작성법이다. 우리 심리학자의 보고서는 그동안 치료적 개입에 대한 학습이 미비하거나 수련 환경에서 그러한 교육을 충분히 제공하지 못한 탓에 진단과 성격역동, 인지기능에 치우쳐 있었다. 하지만 이 책에서 분명히 밝히고 있듯이 구체적이고 환자에게 맞춰진 권고가 없는 보고서는 완전한 보고서가 될 수 없다. 물론 직접 소통이 가능하거나 해석 면담에서 결과를 조심스럽게 제시해야 하는 경우를 제외하면 그렇다. 아무튼 독자들이 보고서의 말미에 있는 진단명만 보고 건너뛰게 만들고 싶지 않다면, 우리는 이 권고 항목의 작성을 강화해야 한다. 물론 이것을 위해서 우리는 지금과는 차원이 다른 더 많은 공부를 해야 한다.

그다음으로는 전문적 글쓰기와 자료의 제시 방식에 대한 효율성이 특히 중요한 내용으로 보인다. 비록 이 책이 영문판의 글쓰기에 기초해 있기는 하지만, 그럼에도 전문적 심리평가 보고서에 요구되는 원칙들은 공유할 수 있음에 틀림없다. 우리는 이 원칙들에 따라 읽는 의뢰원, 환자, 내담자, 보호자, 교사와 고용주들에게도 호소력 있는 글을 써야 한다. 읽히지 않는 보고서, 읽을 마음이 내키지 않는 보고서는 쓰이지 않은 보고서와 동일하다. 오직 경제적인 이유로 창고에 들어갈 서류 하나를 늘렸을 뿐이다. 이 책에는 그렇게 되지 않기 위한 수많은 제안들이 있다. 나 역시 미숙한 임상가 시절에 그랬지만, 슈퍼바이저가 되어서 여러 수련생들의 글을 보면 읽기 어렵거나 의미를 파악하기 어려운 문장, 심지어는 비문법적인 글을 써 오는 경우가 많았다. 글쓰기만 제대로 해도 적어도 보기에는 좋은 보고서가 될 수 있다. 이 책이 그러한 문제를 상당 부분 해결해 줄 것으로 기대한다.

보고서 작성의 철학적 측면에서는 소비자에게 반응하는(consumer-responsive) 보고서라는 방향이 큰 변화라고 할 수 있다. 지금까지 국내의 많은 심리평가 보고서는 비전문가들은 알아들을 수 없는 전문용어, 복잡한 통계치, 통일되지 않은 비일상적인 문체로 독자를 혼란스럽게 해 왔다. 이러한 관행은 심리평가 보고서가 병원의 의료진들 내에서만 열람되던 시기의 영향으로 보인다. 하지만 이미 모든 의료기록과 검사자료가 직접적 소비자인 환자, 내담자와 보호자들에게 공개된 지 오래다. 그런데도 아직도 많은 보고서들이 소비자가 이해할 수 없는 용어와 수치로 가득 채워져 작성되는 것은 시대에 뒤처진 것이라고 할 수 있다. 따라서 내담자와 환자들에게 실제로 도움이 되고, 보고서를 읽는 것만으로도 도움이 되는 보고서를 작성하는 것은 시대적인 지향점이라고 할 것이다. 이 책에서는 비전문가들이 쉽게 이해할 수 있고 간략하게, 그리고 유연하게 형식을 변경하여 보고서를 작성하는 방식에 대한 직접적인 지침이 있으니 반드시 참고하기를 추천한다.

이 책의 12장에 제시된 많은 심리학적 평가 보고서 예시는 우리나라 수련생들에게 큰 도움을 줄 것이라고 생각된다. 특히, 병원마다 일치하지 않는, 그리고 경직된 보고서 구조 때문에, 보고서의 목적에 서식을 맞추는 것이 아니라 그때그때 필요한 내용을 서식에 끼워 넣는 일이 일어나고 있으며, 여기에는 어떤 원칙도 일관된 기준도 없다. 비록 이 책이 미국의 보고서 양식에 대한 내용이지만, 현재 한국에는 용도와 목적에 따른 심리평가 보고서 서식이 확립되어 있지 않기 때문에 이 책의 용도별 보고서의 예시는 새로운 기준이 되어 줄 것이다. 특히, 사례 보고서 중 올리비아에 대한 법심리학적 보고서, 모든 검사표를 배제하고 작성된 알렉사 롤리에 대한 보고서, 마지막으로 심리평가 보고서를 보다가 눈물짓게 할 수도 있는 따뜻한 보고서인 로라 스미스의 보고서는 반드시 읽어 보고 표준으로 삼기를 추천한다. 개인적으로 나는 심리상담센터 보고서는 로라에 대한 보고서처럼 따뜻한 시선에 따라 작성되어야 한다고 굳게 믿는다.

심리평가 보고서는 전문가적 통찰력과 경험을 통한 숙련도의 통합이 중요하기는 하지만, 다시 한번 보고서 작성 그 자체는 일정한 규칙과 원리에 의해 얼마든지 완성도를 높일 수 있다는 사실을 강조하고 싶다. 나는 오랫동안 검사 업무에 임해 왔지만, 도제식 첨삭 교육과 체계 없는 글쓰기의 반복만으로 보고서의 질이 높아진다고 보지 않는다. 물론 환자와 내담자를 개념화하고 올바른 진단을 내리는 데는 경험과 통찰이 중요하다. 하지만 심리평가 보고서 작성은 그 자체로 하나의 기술이다. 이 독립된 영역에 대한 체계적인 학습 없이는 보고서의 질은 개선되지 않을 것이다. 나는 이 책이 그동안 많은 임상가에게 필요했던 보고서 작성에 대한 구조를 마련해 줄 것이라고 믿어 의심치 않는다.

그리고 진짜 마지막으로 이 책의 번역 과정에 결정적인 도움을 제공해 주신 임상심리전문가 윤수연 선생님과 아동 · 청소년 심리에 대한 경험적 이해를 높여 주신 이지수, 이강진 학생에게도 존경을 담은 감사의 인사를 전한다.

자, 이제 본격적으로 진짜 보고서 작성법을 배워 보자.

2021년

이준득

2판 서문

이 책의 초판은 우리에게 자부심을 갖게 했으며, 실무자들로부터 호평을 받았다. 처음에 우리는 원래의 내용을 수정해야 할 이유를 거의 찾지 못했었다. 다만, 우리가 바로잡고자 했던 가장 큰 단점은 초판에는 완성된 보고서의 예시가 너무 적었다는 것이었다. 따라서 2판을 위한 우리의 원래 계획은 여기저기에서 약간의 개선을 하고, 오래된 검사에 대한 참고문헌을 업데이트하고, 우리가 존경하는 전문가들의 주석이 달린 사례 연구 보고서를 포함하는 것이었다. 그것은 좋은 계획이었지만 실행에 옮기고 얼마 지나지 않아서 우리들은 거의 모든 것을 재작업하고, 재구성하고, 재작성하고 있는 것을 발견했다. 왜 그랬을까?

우리 네 명의 저자들은 2판을 쓸 준비를 하기 위해 각각 다른 작업을 맡았다. 우리는 초판을 자세히 읽으면서 처음에 독자들이 어떻게 볼지를 상상했다. 우리는 보고서를 개선하는 실습에 관한 연구 기사를 읽었다. 우리는 전문 임상가와 학자들을 면담해서 그들이 보고서를 작성하는 방법에 대해 알아보았다. 우리는 심리학적 보고서 작성이라는 작은 장르의 고전들을 다시 공부했고, 전문가들이 더 나은 보고서를 쓰도록 돕는 최근의 저작에서 우리가 할 수 있는 모든 것을 배웠다. 우리가 준비하는 과정에서, 두 가지 진실은 같은 강도로 우리의 인식을 파고들었다.

1. 모든 전문가는 전문용어 없이 명확하고 읽기 쉬우며 실용적인 보고서를 작성할 것을 촉구한다.

2. 이런 촉구가 이러한 보고서 작성을 덜 어렵게 하는 것은 아니다.

2판에 대한 우리의 바람은 이 문제를 정면으로 해결하는 것이었다. 이 책의 핵심 주제는 심리평가 전문가들이 보고서를 독자들에게 전달할 때 자신의 주요 강점인 공감능력을 활용할 수 있다는 것이다. 우리가 이 주제를 중심으로 2판의 내용을 통합하기 시작하면서, 우리는 평가에 대해 겉보기에는 간단하지만 근본적인 질문을 스스로에게 던지는 것이 생산적이라는 것을 알게 되었다. 왜 우리는 보고서를 쓰게 되었는가? 우리 독자는 누구인가? 독자들은 얼마나 알아야 하는가? 행동관찰을 설명하는 목적은 무엇인가? 어떤 종류의 권고가 의미 있는 변화를 이끌까?

비록 초판의 구조와 내용이 상당 부분 보존되었지만, 대부분은 우리의 중심 주제에 따라 완전히 다시 쓰이고 다시 제작되었다. 심리평가 보고서 작성의 핵심에 대해 우리 스스로에게 한 질문들은 우리가 전에는 직관적으로만 파악했던 것을 명확하게 표현하는 데 도움을 주었다. 때때로 이러한 질문들은 우리를 예상하지 못했던 곳으로 이끌었고, 오래된 습관, 관행, 전통을 재고하게 했다. 우리는 이 책의 초점을 명확히 하기 위해 기울인 노력이 그 효용성을 높이고 심리평가 전문가들이 관찰과 통찰을 전달하여, 그것이 가장 절실한 사람들의 삶에 더 많은 이해와 연민을 더하고, 보다 효과적인 행동을 하도록 격려할 수 있기를 소망한다.

차례

한다. 이후의 각 장에서는 보고서의 세부적인 항목: 의뢰사유 및 배경정보(the reason for referral and background information; 제4장), 외관 및 행동관찰에 대한 논의(appearance and behavioral observation; 제5장), 검사결과와 해석(test result and interpretation; 제6장), 진단적 인상 및 요약(diagnostic impression and summary; 제7장), 권고(recommendation; 제9장)의 작성에 초점을 맞출 것이다. 제8장에서는 성격평가에 대해 논의할 것이다. 제10장에서는 피드백, 추후평가(follow-up) 및 컴퓨터로 생성된 보고서의 사용을 포함한 보고서와 관련된 특별한 문제들이 제시될 것이다. 제11장에는 보고서 작성에 관한 요령들을 모아 놓았다. 제12장에는 몇몇 사례 보고서를 제시할 것이다.

심리평가의 핵심

이 책의 제목에 핵심(essentials)이라는 단어가 포함되어 있다는 점은 오해를 불러일으킬 수 있다. 본질적으로, 우리는 심리평가에 대해 고민해 본 적이 없는 사람들을 대상으로 하는 하향평준화를 의도한 것이 아니다. 오히려 우리는 보고서 작성의 핵심이라는 말을 우리가 가진 규범들에 대한 근본적인 조직화 원리라는 의미로 사용한다. 핵심은 간단하지 않고, 쉽지 않으며, 분명하지 않다. 하지만 그것들은 우리에게 필수적이다. 그것들은 우리가 무관하거나, 혼동되거나, 생소하거나, 별다른 도움이 되지 않는 보고서를 쓰는 등의 탈선을 막아 주는 개념들이다. 그것들은 진실을 드러내고, 오해를 해소하며, 희망을 북돋고, 변화를 촉진하는 보고서를 작성하게 해 주는 이상적인 안내서다.

잊지 말 것

우리가 의사결정권자라는 용어를 사용하는 것은 단지 부모, 교사, 전문가 및 관리자와 같은 권한을 가진 사람들을 지칭하는 것이 아니라는 점에 유의해야 한다. 한 사람의 삶에서 가장 중요한 결정은 그 사람 스스로가 하는 것이다. 훌륭한 보고서는 종종 사람들이 새로운 눈으로 자신을 볼 수 있도록 돕고, 그들을 더 나은 새로운 방향으로 첫걸음을 내딛게 한다는 분명한 목적을 가지고 있다.

심리평가의 일차적인 목적은 개인의 사회적 맥락에서 유용한 지식을 발견하는 것이다. 심리평가 보고서의 주요 목적은 유용한 사실적인 의사소통을 통해서 우리의 보고서에 합목적성, 긴급성 및 힘을 부여하는 것이다. 즉, 훌륭한 보고서는 의사결정권자들이 한 개인을 공감적으로 정확히 바라볼 수 있도록 도와주기 때문에 그들이 효과적인 조치를 취하도록 대비하려는 동기를 갖게 해 준다.

보고서 작성 절차에 있어서 혼란스러운 우선순위

조력 전문가들에게 있어서 공감의 중요성은 아무리 강조해도 부족함이 없다. 특히 공감은 치료에서 성공적인 관계 형성의 일차적 요소다(Eliott, Bohart, Watson, & Greenberg, 2011). 심리학자들은 대면 작업을 하면서 그 사람에 대한 공감적 이해를 전달하기 위해 열심히 노력하지만, 보고서 작성 과정에서는 공감적 재능을 적용하지 않도록 훈련받는 경우가 종종 있다. 우리는 보고서를 쓰면서 이 글이 심리학적 · 교육적 평가에 대한 전문적인 훈련을 받지 않은 대다수의 동료들에게 읽힐 것이라는 사실을 잊기 쉽다. 왜냐하면 다른 우선순위와 다양한 제약들이 그 과정을 방해하기 때문이다.

정확성 대 명료성

정확성이 무슨 문제가 될 수 있을까? 물론 아무 문제없다. 그 자체로는 아무런 문제될 게 없지만, 정확성을 강조하다 보면 명료함이 희생되기 쉽다. 물론 대부분의 글에서 정확성과 명료성은 상호 보완적이다. 그것들은 보통 사이좋은 불가분의 관계에 있다. 어떤 종류의 서술은 사실 자체로는 정확하지만 비전문적인 독자들을 부정확한 이해로 이끌 가능성이 있다. 다음 두 가지 문장들을 살펴보자.

1. 조시의 우드콕-존슨 IV 철자법 검사점수는 95로, 백분위 37등에 해당한다.
2. 조시는 같은 나이의 대부분의 또래만큼 철자를 잘 쓸 수 있다.

첫 번째 진술은 매우 정확하지만, 비전문가들에게는 별로 그렇지 않다. 충분히 지적이지만 심리측정적 지식이 없는 부모의 생각을 상상해 보자.

> 이 테스트는 뭐지, 우드콕-존슨 아이-브이 철자법 검사? 이게 한 사람의 철자법에 대해 알아야 할 모든 것을 말해 주는 건가? 95점이 좋은 점수인가? 백분위 순위는 무엇일까? 그럼 조시가 37위라는 뜻인가? …… 그 아이의 반에는 그렇게 많은 아이들이 있지 않은데. 아니면 37%가 맞았다는 뜻인가? 그것은 좋은 성적 같지는 않은데-내가 학교 다닐 때 우리는 그것을 F라고 불렀었지. 그것이 철자법 검사의 핵심인 것 같네. 만약 미리 공부하지 않는다면, 정말 철자법 시험

을 망칠 거야. 내가 몇 번인가 그랬던 경험이 있지. 조시가 철자 단어를 미리 공부할 기회가 있었나? 그게 아니라면, 나는 그 시험이 어떻게 공정하다는 건지 알 수 없어.

두 번째 서술문은 이러한 잠재적인 혼란의 가능성을 피해 간다. 어떤 면에서는 첫 번째 진술보다 정확도가 떨어지지만, 독자가 실제로 알아야 할 것(즉, 그 철자법은 조시에겐 문제가 되지 않는다는 것)에 정연하게 초점을 맞춰서 정확한 이해를 쉽게 해 준다는 장점이 있다.

장황한 문서 대 효과적인 의사소통

당신이 상당히 전문적인 주제에 대해 발표하고 있다고 상상해 보자. 당신은 자신에게 익숙한 스타일로 발표를 하기 시작하겠지만, 청중들은 당신의 지식 수준에 매우 회의적이고, 당신이 하는 말을 스스로 이해는 하는지 의심하고 있음이 분명해진다. 당신이 하는 모든 발언이 끝나갈 때쯤, 청중 중 한 사람이 "그것이 매우 의문스럽군요. 주장을 뒷받침하는 증거가 있습니까?"라고 끼어들었다. 당신은 발표 스타일을 바꿀 수 있을까? 만일 당신이 각각의 의심을 모두 풀어 주려고 한다면, 아마도 의도한 대로 발표를 끝낼 수 없을 것이다. 당신은 방어적인 자세를 취할 가능성이 높으며, 단지 절대적으로 확실하게 방어할 수 있다는 주장만 하게 될 뿐이다. 더 나아가, 당신은 당신의 주장을 입증하기 위해서 청중들이 이해할 수 없을 수많은 기술적 세부 사항을 검토해야 할 것이다.

당신이 보고서 작성을 처음 배웠을 때의 스승은 각각의 주장에 대한 정당화의 중요성을 강조한 학자였을 가능성이 가장 높다. 당신의 스승은 당신이 관찰된 자료를 정확하게 해석할 수 있는지를 알고 싶어 했다. 당신의 보고서는 당신이 "증명하라!"고 요구했던 청중(즉, 당신의 스승)을 위해 쓴 것이다. 당신의 스승은 아마도 당신에게 철두철미함을 요구할 합당한 이유를 가진 좋은 사람이었겠지만 그 사람은 아마도 이 상황이 당신의 전 생애 동안 지속될 것이라고 생각하지는 않았을 것이다. 그러나 우리 중 많은 사람들의 내면에 있는 단호한 회의론자는 여전히 우리가 쓸모 있는 무언가를 쓰려고 할 때 어깨너머로 바라보고서는 부정적인 논평을 하고 있을 것이다.

숀은 수행 불안이 너무 심해서 대학 시험에서 자신이 알고 있는 것을 다 쓰지 못하는 경우가 많습니다. (그래? 그걸 너는 어떻게 알 수 있지?) 숀은 시험을 망칠까 걱정하느라 집중하기가 힘들다고 여러 차례 언급했습니다. [그건 그다지 좋은 증거가 아니야. 사람들은 종종 저조한 수행에 대해 자기고양적인(self-serving) 변명을 하곤 하지. 그런데 그 증거는 어디에 있지?] 그의 부모도 시험에 대한 그 지나친 불안감을 알고 있습니다. (그래도 부모들은 어떤 일에 최고의 설명을 하려고 하지. 더 나은 증거를 보여 줘! 뭔가 확실한 것!) 더욱이 그가 검사를 받으며 많은 과제를 완수하는 동안에도 그의 시험 불안은 여실히 드러났습니다. (잠깐만! 여키스-도드슨 효과[1]에 대해 들어 본 적이 없나? 때로는 불안이 수행 능력을 향상시킬 수도 있지. 그런 일이 일어나지 않았다는 걸 어떻게 알아?) 그는 당면한 과제를 수행하는 대신 잘하고 있는 것처럼 보이는 데에만 치중했기 때문에 여러 번 부주의한 실수를 범했습니다. (아직은 넘어가지 않을 거야 ……. 평가 환경에서의 일부 부주의한 실수가 미래의 행동과 관련이 있다는 연구는 어디에 있지? 확실한 증거가 필요해. 그렇지 않다면 이것은 모두 주관적인 해석일 뿐이야.) 최소한 1970년대까지의 여러 연구들은(예: Hill & Eaton, 1977) 실험실 조건하에서 시험 불안이 부주의한 오류와 관련이 있다는 점을 보여 주었습니다.

이 단락의 괄호 안에 삽입된 말들을 제거한다고 해서 읽기에 훨씬 더 좋아지는 것은 아니다. 독자들은 오래 지나지 않아 이 단락이 자신을 위한 글이 아님을 깨닫고, 글을 제대로 읽지 않게 될 것이다. 시험에서 숀의 수행을 방해하는 것은 마찬가지로 효과적인 보고서 작성에도 방해가 된다. 물론 내 안의 회의론자가 해야 할 역할이 있다. 관련된 증거에 의해 확고하게 뒷받침되는 결론만 제시하는 것은 전적으로 적절할 뿐만 아니라 필수적이기도 하다. 그러나 이것은 우리가 결론을 위한 증거가 확고하다는 것을 어떻게 알게 되었는지를 장황하게 설명해야 한다는 뜻이 아니다. 대부분의 경우 과도하게 긴 문서는 명백한 것을 무시하게 하게 만드는데, 역설적으로 이런 방식은 너무 방어적으로 보여서 신뢰도를 떨어뜨린다.

세심한 면담, 면밀한 관찰, 검사자료가 모두 신중히 논증된 동일한 결론을 가리킨다면, 그 요점으로 직행한다고 해서 어떤 문제가 있는가? 우리는 명료한 증거를 요구해서 확고한 결론에 도달하게 해 준 내 안의 회의론자에게 감사하지만, 그럼에도 우리는 이제 훨씬 더 중요한 것, 즉 숀이 직면한 어려움에 공감을 불러일으키는 생생한 묘사와 보고서를 읽는 사람들에게 그를 돕는 데 무엇이 필요한지 알려 주는 단서들로 자유롭게 소통해야 한다.

---

1) Yerkes-Dodson effect: 일정 수준의 각성은 수행 수준을 증가시키지만 과도한 각성은 오히려 수행을 저하시킨다는 Yerkes와 Dodson의 1908년 연구를 말한다(역자 주).

대학에서 숀의 성적은 떨어지고 있고, 그는 그 사실에 대해 지속적으로 걱정하고 있습니다. 학생으로서 그리고 한 인간으로서 그의 자기가치감(sense of self-worth)은 수행의 질에 민감한 영향을 받습니다. 처음에 그는 내켜 하지 않았지만, 결국 시험 성적이 자신의 기대에 미치지 못했을 때 느끼는 깊은 실망감을 제게 털어놓았습니다.

심지어 그는 시험 중에도 성적이 좋지 않을 때 느낄 굴욕감을 떠올렸습니다. 그는 친구들과 교수들이 자신을 얕보게 될 것이라고 상상했습니다. 더욱이 그는 부모님이 어쨌거나 자기를 사랑할 것이라는 사실을 알면서도, 그들이 자기를 안타깝게 여긴다고 상상하며 그것을 가장 두려워했습니다.

그처럼 중요한 상황에서마저도 그는 걱정을 떨쳐 버리는 것이 거의 불가능하다는 것을 알게 되었습니다. 그는 실패와 불명예가 공개되는 최악의 시나리오를 생생하게 상상하면서, 가혹한 자기비난을 했습니다(예: "넌 아직 준비가 안 됐어. 너는 충분히 공부하지 않았고 이제 모두가 네가 얼마나 무능력한지 알게 될 거다……. 너는 정말 대학에 있을 사람이 아니야.").

그는 떨쳐 버리려고 안간힘을 쓰지만, 그런 침투적 사고는 거의 자동적으로 그가 수행하고 있는 과제에 대한 주의를 끊임없이 간섭해서, 수학 수업에서 부주의한 계산 오류나 논술 시험에서 빈번한 단어 누락과 문법적 오류들을 범하게 했습니다. 심지어 객관식 시험에서도 그는 때때로 선택지를 잘못 읽고 실제로 쓰인 것과 반대되는 의미로 해석하곤 했습니다. 그는 대부분 실수를 잡아냈지만, 자신의 작업을 확인하고 점검하느라 작업 속도는 느려져서 정해진 시간에 맞추지 못하게 되었습니다. 최근에 그는 시험 시간이 부족할 것이라는 두려움 때문에 시계를 반복해서 확인하게 되었고, 이제 그것이 주의를 더 분산시켰습니다.

실패에 대한 그의 두려움은 작년에 더 심해져서, 불안에 대한 불안감도 더욱 커졌습니다. 즉, 그는 통제할 수 없고, 피할 수 없으며, 압도적인 그의 걱정이 동료들 앞에서 시험을 치르는 도중에 극심한 공황발작으로 이어질 것을 두려워하게 되었습니다. 그는 친구들이 땀, 긴장된 자세, 꽉 쥔 주먹, 신경질적인 다리 떨기, 얼굴과 목이 붉어짐 등 가시적인 불안의 징후를 빠짐없이 살펴보고 있다고 확신했습니다. 그는 최근에 시험을 볼 때에는 아픈 척을 해서 시험을 치르지 않았다고 고백했습니다. 외견상의 불편함과 불안감 때문에, 교수님은 그가 정말로 병이 났다고 믿고 시험 일정을 연기해 주었습니다. 숙소로 돌아왔을 때 그는 일시적인 안도감을 느꼈지만 거짓말을 한 것에 대해 죄책감을 느끼며 하루를 보냈고 다시는 그렇게 하지 않겠다고 스스로 다짐했습니다.

작성자를 위한 연대기적 구조 대 독자를 위한 서술의 일관성

대부분의 심리평가 보고서는 고도로 구조화된 문서로, 특정한 정보를 쉽게 찾을 수 있도록 여러 수준의 표제(headings)를 가지고 있다([빠른 참조 1-1]을 볼 것). 그러나 보고서의 구조화 방식은 의사소통 방식과 내용에 미묘한 제약을 가하게 된다. 일반적인 관행은 평가 과정이 진행된 순서에 따라 보고서를 작성하는 것이다. 가장 먼저 의뢰가 되었다. 그 후 배경정보를 입수하는 면담이 실시되었다. 그다음에, 행동관찰이 진행되면서 검사가 실시되었다. 그리고 나서 관찰자료 및 검사자료가 해석되었다. 그리고 그 정보가 요약되었고, 아마도 진단으로 이어졌을 것이다. 최종적으로 권고가 이루어졌다.

[빠른 참조 1-1]

표준 보고서의 구성 요소

- 제목 또는 표제(Title or heading)
- 식별 정보(Identifying information)
- 의뢰사유(Reason for referral)
- 배경정보(Background information)
- 시행된 검사들(Tests administered)
- 행동관찰(Behavioral observations)
- 검사결과 및 해석(Test results and interpretation)
- 요약 및 진단적 인상(Summary and diagnostic impressions)
- 권고(Recommendations)
- 검사점수 요약(Psychometric summary of scores)

John Willis도 자신의 보고서를 유사한 항목과 표제로 구성했지만, 그 조직화에 있어서는 상당한 수정을 가했다([빠른 참조 1-2]를 볼 것). 오랫동안 그는 전통적인 연대기적 구조(chronological structure)의 보고서를 써 왔다. 하지만 그는 IEP 회의에서 교사 및 다른 전문가들이 세심하게 작성된 그의 보고서 세부 내용을 대충 훑어보거나 건너뛰어서 보고서 끝에 있는 요약과 치료적 권고로 곧장 넘어갔다는 사실에 짜증이 났다.

[빠른 참조 1-2]

John Willis는 날카로운 유머와 유쾌한 인용문, 그리고 위대한 보고서를 쓰기 위한 실제적이고 실용적인 지혜(우리는 이 표현들을 가볍게 여기지 않는다)로 가득 찬 '보고서 논평(report comments)'이라는 뉴스레터를 독립적으로 출판하고 있다. W. Joel Schneider와의 긴 인터뷰에서, John은 그의 전 경력을 걸쳐 심리평가에 대해 배운 많은 것들을 공유했다. John의 뉴스레터나 인터뷰로부터 얻은 많은 통찰들은 이 책의 여러 부분에 통합되었지만, 원작에 비해서는 품위와 매력이 떨어질 것이다.

그는 다들 왜 이렇게 자주 건너뛰며 읽는지에 대해 곰곰이 생각해 본 끝에 다소 관대한 결론을 내렸다. 그것은 독자들의 잘못이 아니다. 그가 잘못한 것이다. 전통적인 보고서의 순서는 **작성자**에게 상당히 직관적인 의미를 제공한다. 결국, 그것은 평가 내내 작성자 자신에게 일어났던 이야기인 것이다. 그러나 이 구조가 일반 **독자**에게 가장 적합한 것은 아닐 수 있다. 평가 과정에서는 많은 우여곡절이 발생할 수 있는데, 이 모든 것들이 특별히 중요한 내용으로만 이루어진 것은 아니다. 만약 우리가 먼저 무슨 일이 일어났는지 쓰고 난 후에 그 의미를 이해하게 된다면, 우리는 불가피하게 주요 결론에서 벗어나고 주의를 분산시키는 수많은 정보를 포함한 보고서를 쓰게 될 것이다. 이러한 우회적인 서술은 독자들에게 상당히 혼란스러울 수 있는데, 독자들은 이 보고서의 모든 세부 내용이 중요한 이유가 있어서 포함되었다고 가정하기 때문이다. 우리는 자료와 세부 사항을 검토하는 데 많은 시간을 쏟아부었고 그 세부 사항들이 어떤 결론으로 이어지는지 알고 있기 때문에, 대부분의 독자들이 보기에는 거의 무관한 것 같은 세부 사항들을 부분 부분으로 읽으면서 모든 것을 온전히 머릿속에 간직하는 것이 얼마나 어려운지 생각하지 못할 수도 있다.

John은 이제 자신의 요약, 진단적 인상, 전문적 권고를 보고서의 마지막이 아닌 시작 부분에 배치한다. 이러한 개요는 독자가 보고서 후반부에 제시된 세부 사항을 이해하고 기억할 수 있게 돕는 통합된 서술 체계를 제공한다. 보고서는 결말을 알았을 때 흥이 깨지는 추리소설이 아니다. 궁극적으로, 우리 보고서의 독자들은 그 사람을 평가한 이야기가 아닌 평가받

주의

당신의 평가 보고서를 읽는 독자들은 어떻게 당신이 평가했는지 이해할 필요는 없지만, 평가받는 그 사람에 대한 이야기를 이해할 필요가 있다.

잊지 말 것

평가 보고서의 주요 목적은 의뢰 시 질문(들)을 설명하고 답변하는 것이다.

은 그 사람에 대한 이야기를 이해해야 하는 것이다. 순서와는 무관하게, 평가 보고서의 주요 목적은 의뢰 시 질문(들)을 설명하고 답변하는 것임을 명심해야 한다.

깔끔하게 정돈된 자료 대 사려 깊고 통합적인 해석

검사자료는 정돈되고 깔끔한 규격화된 구조인 검사배터리(test batteries)를 통해 만들어진다. 예를 들어, 우리는 지능검사 배터리를 통해 한 사람의 인지적 능력에 대해 필요한 대부분의 것을 알 수 있다. 이 점수들은 좀 더 전문적인 인지능력 검사배터리를 통해서 보완할 수도 있다. 학업성취도 자료는 별도의 배터리들로 얻는 경우가 많다. 성격자료는 질문지를 통해 얻는다. 보고서에서 각각의 배터리, 각각의 설문지별로 결과를 제시하는 것보다 더 자연스러운 방법에는 어떤 것이 있을까? 다시 말하지만, 이 검사별 순서는 독자가 아닌 작성자에게만 자연스러워 보인다.

우리의 독자들은 검사배터리에 대해 알지 못하거나 거의 관심이 없다. 배터리나 질문지의 자료가 어떤 것인지 잘 모르고 사실 알 필요도 없다. 독자들에게 이 세부 사항을 똑바로 기억하라고 요구하는 것은 무리한 요구를 하는 것이다. 일반적으로 대부분의 독자들은 결론이 검사에서 나온 것인지, 관찰에서 나온 것인지, 면담에서 나온 것인지, 공식적인 기록(official record)[2] 검토에서 나온 것인지에 대해서는 크게 신경 쓰지 않는다. 예를 들어, 이전에는 성실했던 고등학생이 뇌 손상을 입은 후에 건망증이 심해지고 충동적이며 체계적이지 못해졌다고 가정해 보자. 학생의 충동성에 대한 독자-친화적인 설명은 모든 관련 정보를 보고서의 한 항목에 모두 통합할 것이다. 배경정보 항목에서 그 학생이 가진 충동성의 과거력(history)을 논의하고, 행동관찰 항목에서 관찰된 충동성을 언급하고, 인지능력 항목에서 충동성 검사의 낮은 점수를 기술하며, 학업성취도 검사에서 나타난 충동성에 대한 추가적인 관찰결과를 설명하며, 설문지와 부모 및 교사 평정지에서 자기 보고된 충동성을 언급하고, 면담에서 얻은 충동성에 대한 추가적인 의견을 쓰는 것은 별로 도움이 되지 않을 것이다. 여기에서는 한 가지 행동인 충동성에 대해서만 기술되었을 때 비로소 혼란스러워 보이지 않을 것이다. 하지만 6개 정도의 다른 중요한 연관된 행동들이 있을 수도 있다. 만약 그것들이 배터리별, 항목별로 보고된다면 보고서의 주제는 뒤엉킨 스파게티처럼 읽힐 것이다.

2) 예를 들면, 학생생활기록지, 성적표, 근무평가표 등을 말한다(역자 주).

우리의 독자들은 검사, 방법론, 절차에 대해 자세히 알 필요가 없다. 그들은 주로 그것이 무엇을 의미하는지에만 신경 쓴다. 이것은 우리가 모든 정보 출처에서 나온 것을 통합하는 어려운 작업을 해야 한다는 것을 의미한다. 이상적인 보고서는 소수의 주요한 주제(예: 그 사람 생활의 여러 영역에서 나타나는 다양한 우울증 징후)에 따라 일관성 있게 구성되어야 한다.

자기 자신을 포함한 모든 사람을 과도한 전문용어로 속이는 방법

> 나는 '속으로 말하기(whispered to herself)'보다 '하위발성(sub-vocalized)'[3]이라는 말을 더 선호하지만, 아마도 그것은 나만 그럴 것이다. '하위발성'은 나에게 마치 노틸러스[4]에서 말하는 것처럼 들린다. 보고서를 읽는 일부 부모님들은 그것에 동의할 것이다.
>
> –John Willis (2006a)

전문용어의 사용을 포함한 모든 일에는 어울리는 때와 장소가 있다. 전문용어를 사용하기에 심리평가 보고서는 어울리는 장소도, 적당한 때도 아니다. 그러나 자기 글에 대한 신중한 정원사인 우리조차도 길가의 민들레처럼 튀어나오는 작은 전문용어들을 발견하게 된다. 어떤 숨겨진 힘이 이런 식의 글쓰기를 이렇게까지 거부할 수 없게 하는가?

그것을 똑바로 바라보자. 심리평가 전문가들은 대체로 명석하고 능력 있는 사람들이고 어휘력과 학력이 높은 사람들이다. 우리들 대부분은 겸손하려고 노력하지만, 직책과 지위에는 저항하기 어려운 어떤 혜택과 특권, 유혹이 따르게 마련이다. 우리가 그렇게 문장의 방향을 비틀었을 때 얻게 되는 것 중 하나는 우리가 도전받지 않을 전문성을 가진 중요한 사람이라는 것을 전달하는 것이다.

논리적으로 추론할 수 있는 능력(the ability to reason logically)이라는 말은 유동적 지능(fluid intelligence)으로 바뀐다. 만약 주의(attention)가 너무 평범해 보이면, 실행기능(executive function)이라는 단어는 보고서를 약간 고전적이고 신비롭게 보이도록 한다. 보상(reward)은 안 돼! 오직 속물들(philistines)과 야만인들(troglodytes)만 그렇게 말하는 거야! 그것은 정적 강화(positive reinforcement)라고 불러야 해. 그게 얼마나 더 나아 보이는지 한번 볼래? 그리고 끝으로, 우리가 정말로 모든 반대 의견을 걷어내고 설득력을 돋보이게 해야 할 때, 우리

3) '혼잣말을 하다'라는 매우 현학적이고 드물게 쓰이는 표현이다(역자 주).
4) Nautilus: 쥘 베른의 『해저 2만 리』에 나오는 잠수함 노틸러스호를 말한다(역자 주).

는 신경-(neuro-)이라는 단어가 가진 매혹적인 매력을 잊지 말아야 해(즉, 완전히 실용적인 단어가 접두사 neuro-로 더 예뻐지게 됐다). 대중들은 우리로부터 신경-회로(neuro-circuitry), 신경-가소성(neuro-plasticity), 신경-다양성(neuro-diversity) 같은 신경-시학적(neuro-poetic) 음률을 듣는 것을 가장 좋아한다고.[5)]

전문용어는 다른 사람들에게 깊은 인상을 주기만 하는 것은 아니다. 그것은 자기기만이라는 보다 음흉한 기능을 가지고 있다. 저명한 물리학자 Ernest Rutherford는 다음과 같이 말했다. "과학적인 발견에 대한 주장은 바텐더를 이해시킬 수 없다면 아무런 가치도 없다." 전문용어는 추측(assumption)이 시작되고 추론(reasoning)은 멈추며 호기심(curiosity)이 죽는 곳이다. 전문용어는 수십 년 동안 드러나지 않고 남아 있는 무지의 꾸러미들을 숨길 수 있는 곳이다. 계산을 잘 못 하시나요? 저는 당신이 왜 난산증(dyscalculia; dys = '나쁜', calculia = '계산')을 갖게 되었는지 궁금하군요. 그래. 자, 다 됐어. 이제 모두 납득이 가네.

우리가 스스로를 너무 가혹하게 대할 필요는 없다. 만약 우리가 고압적인 태도를 취하지만 않고 전문용어를 약간의 양념 정도로만 사용한다면, 좋은 일이 될 수도 있음을 기억하라. 아주 약간의 후추처럼 전문용어로 글에 맛을 더했을 때 사람들은 실제로 더 편안하고 안심하게 된다. 그것은 일종의 편안한 타협이다: 우리는 인간의 신비를 설명하는 척하고, 독자들은 그것이 그들에게 무언가 의미가 있는 척한다. 음악가 Brian Eno(Sheppard, 2008, p. 401)는 그것을 마지막 환상(last illusion)이라고 했다. 누군가는 밖에서 무슨 일이 일어나는지 알고 있다는 믿음. 그것은 흔한 속임수라고도 할 수 있다. 그래도 보고서에서 모든 전문용어를 삭제하면 어떻게 되는지 지켜보자. 실제로는 가르치려고 하는 교사보다 더 많이 배우는 사람은 없다. 당신은 당신과 독자들이 당신이 말하고 있는 것을 훨씬 더 명확하게 이해한다는 것을 발견할 것이다. 단순히 무언가를 세련되게 전달해야 한다면, 당신은 실용적인 언어를 통해서 언제나 그렇게 할 수 있다.

5) 이 단락과 다음 단락의 대부분은 현학적인 전문용어 남발의 문체를 표현하기 위해 구어체를 사용했고, 각각의 전문용어에 영어 단어를 표기하였다(역자 주).

자가평가

1. 사람들에게 다소 혼동이 되더라도 일반적으로는 다양한 의견을 지지하는 세부 내용으로 심리평가 보고서를 매우 정확하게 작성하는 것이 좋다. 참인가? 거짓인가?

2. 심리평가 보고서는 주로 심리학과 교육 등 관련 분야 내의 전문가 간 의사소통에 활용되기 때문에 보고서에는 상호 간에 이해 가능한 전문용어를 사용하는 것이 허용된다. 참인가? 거짓인가?

3. 다음 중 보고서를 정리하는 가장 좋은 방법은 무엇인가?
   (a) 연대기적으로(시행된 검사 순서대로) 정리한다.
   (b) 시행된 검사배터리 중 가장 큰 것부터 가장 작은 순서대로 정리한다.
   (c) 중요도 순으로 주요 결과를 먼저 요약한다.

4. 검사점수는 평가에서 얻은 가장 귀중한 정보이므로, 전반적인 보고서의 주요 초점이 되어야 한다. 참인가? 거짓인가?

5. 심리평가 보고서의 주요 목적은 다음 중 어느 것인가?
   (a) 검사자료를 요약하기 위해서
   (b) 어떤 사람에게 특정 서비스 또는 개입에 대하여 확인하기 위해
   (c) 의뢰 시 질문(들)에 답하기 위해서
   (d) 그 사람의 현재 상황과 행동을 기술하기 위해서

6. 보고서는 다음 중 어느 수준으로 작성될 때 가장 유용한가?
   (a) 개별화된
   (b) 기계적인
   (c) 구체적인
   (d) 추상적인

7. 보통 대부분의 평가 보고서에 제외된 보고서 작성의 중요한 측면은 무엇인가?
   (a) 정확성
   (b) 공감
   (c) 철저함
   (d) 압축

정답: 1. 거짓; 2. 거짓; 3. c; 4. 거짓; 5. c; 6. a; 7. b.

제2장

보고서를 품위 있고 아름답게 만들기

형태는 기능에 부가되는 것이 아니다. 그렇기 때문에 디자인과 미학은 중요하다. 형태는 기능에 필수불가결한 것이다. 읽히지 않는 지도는 기능할 수 없다. 진정으로 지도 사용자들을 끌어들이기 위해서는 그들에게 볼 만한 가치가 있는 것을 제공해야 한다. 그들이 배우는 데 시간을 쓰고 싶어 할 만한 그 무엇. 아름다움에 대한 인간의 욕구를 인식한 그 무엇.

–Tim Wallace & Daniel Huffman (2012, p. 1)

보고서 작성에 있어서 추구해야 할 고전적인 이상은 대부분 진실과 선의지만, 그래도 아름다움의 역할을 경시해서는 안 될 것이다. 보고서에서 관찰된 진리는 행동의 선의를 고무시키는 역할을 하지만, 아름답지 못하다면 그 의도가 훼손될 것이다. 그것이 천박하다고 말하고, 불공평하다고 말해도 좋다. 하지만 아름다움의 호소력은 설득의 한 부분을 차지한다. 딱딱한 진실은 거부되는 경우가 많다. 당신의 글에 약간의 전문적인 광택을 더한다면 당신의 능력을 드러내고 (독자에 대한) 존중의 마음을 전달할 수 있다. 당신의 보고서에 미적 수준을 높이는 데에는 시간을 들일 만한 가치가 있다.

잊지 말 것

인쇄술에 대한 전문가의 권고

우리는 이 장을 준비하면서 Matthew Butterick의 저서인 『실용적인 인쇄술(practical typography)』(2010~2018)에 크게 의지했다. 이 책은 https://practical typography.com/에서 찾아볼 수 있으며, 자유롭게 접근 가능하고, 글이 훌륭하며, 그 서명마저도 적절하다. 또한 당신이 인쇄된 단어의 수학-시학적(methmetico-poetic) 정신에 대해 소통하기를 원한다면, Robert Bringhurst(2012)의 『인쇄술적 스타일(typographic Style)』은 그 규칙들에 대한 절대적인 교과서가 되어 줄 것이다.

매력적인 보고서를 쓰기 위한 시대를 초월한 지침은 없다고 봐도 좋다. 취향은 달라지고 유행은 변하기 때문이다. 그럼에도 불구하고, 인쇄술(typography)에 대한 약간의 실용적인 지식만으로도 당신은 보고서의 외관, 가독성, 설득력을 현저하게 향상시킬 수 있다.

아름다운 보고서를 위한 물질적 재료

보고서를 아름답게 만들고 싶다면, 아름다운 것들로 보고서를 만들라. 만약 당신이 보고서를 클립도 없는 값싼 종이에 인쇄한다면, 당신은 이미 그 문서의 가치에 대해 말하고 있는 것이다. 당신의 보고서는 결국 부엌 서랍에 처박혀서 오래된 영수증, 유통기한이 지난 쿠폰, 길 잃은 고무줄 속에 엉켜 있다가 분실될 가능성이 높다. 그런 부드러운 작별 인사는 나누지 않도록 하자.

만약 당신의 보고서가 안전하고 명예로운 장소에 보존되어 나중에 다른 전문가들과 만날 수 있도록 기억되기를 원한다면, 당신은 적절한 준비를 할 필요가 있다. 첫째, 보고서 인쇄에만 사용하는 약간 비싸고 밝고 불투명하며 두꺼운 종이를 숨겨 둔 것이 없는지 확인해 보자. 그런 값비싼 종이는 프린터에 두지 말자. 그렇지 않으면 당신의 동료들이 아무 서류에나 그것을 낭비할 것이다. 종이는 청첩장 같이 호화스러울 필요는 없지만, 일반적으로 사용하는 종이보다는 품질이 1~2등급 더 좋아야 한다(추천된 종이 품질과 크기는 [빠른 참조 2-1]과 [빠른 참조 2-2]를 살펴볼 것). 만약 당신의 독자가 그 질감을 즐기기 위해 손끝을 종이 위로 살짝 문지르는 것을 보게 된다면, 당신은 성공한 것이다.

당신의 보고서는 전문적인 옷을 입고 일자리에 나와야 한다. 즉, 모든 보고서의 첫 페이지에는 당신의 조직이나 개인 치료실의 공식 로고가 인쇄되어 있어야 한다. 만약 당신의 공식 로고(letterhead)[1]가 없다면? 구매할 필요가 있다. 생각보다는 그렇게 비싸지 않다. 만약 당신의 조직에 공식 로고가 없다면? 영향력을 만들고 싶다면 로비를 해야 한다. 공식 로고가 없는 보고서는 공식적인 보고서가 아니다. 그것은 단지 거친 초안에 불과하다.

당신이 보고서에 서명하는 것은 영혼을 담는 직업적인 의식일 수 있다. 즉, 한 프로젝트가 끝나고 다른 것이 시작된다는 개인적인 축하가 될 수 있다. 사려 깊어 보이는 서명 스타일은 개인적인 동시에 권위적이다. 평범한 펜으로 서명하는 것이 보고서의 시각적 호소력을 현저하게 떨어뜨리지는 않겠지만, 정말 좋은 펜으로 서명한다면 틀림없이 그 호소력은 증가된다. 우리들 중 일부는 잘 균형 잡힌, 당황스러울 정도로 비싼 펜을 책상 위에 올려놓는다. 그것은 오직 보고서에 서명하기 위해서만 사용할 수 있고 필요한 경우라면 여왕과의 사적인 서신에 사용해도 된다. 무슨 일을 하든지 간에, 자신의 이름을 스타일에 따라 화려하게 서명하는 것에 자부심을 가져 보자.

당신의 보고서에 지속적인 아름다움을 부여하기 위해서는 보호용 슬리브나 튼튼하면서도 깔끔한 제본이 필요할 것이다. 당신의 고객들은 종이 보고서를 받게 될 것이라고 생각하지, 매력적인 표지를 갖고 있을 거라고 기대하지는 않을 것이다. 그것은 조금 더 비싸지만, 당신의 입장에서는 품위 있는 행동이며, 그리고 항상 좋은 평가를 받게 된다. 알려진 모든 역사를 통틀어서, 부엌 서랍에 밀어 넣어지고, 낡은 지우개, 말라버린 펜, 낡은 달력,

1) Letterhead는 반드시 디자인된 로고나 도안은 아닐 수 있다. 편의상 로고로 번안한 것이다. 원래 의미는 잘 디자인된 글꼴로 만들어진 회사명이나 업체명을 말한다. 예를 들면, 이 책의 출판사가 사용하는 고유한 회사명 혹은 상표디자인을 보면 된다(역자 주).

심하게 녹슨 동전과 같은 우울한 수집품들과 함께 하는 수모를 겪었던, 아름답게 제본된 평가 보고서는 없다.

[빠른 참조 2-1]

인쇄용 종이의 질적 차원

밝기: 고품질의 종이는 빛을 잘 반사하여 검은 잉크와 더 큰 대조를 이룬다.

불투명성: 저품질 종이는 다소 투명하지만 고품질 종이는 투과되는 빛을 차단한다.

무게: 고품질의 종이가 두껍고 묵직하게 느껴진다.

프린터 종류: 레이저 프린터는 부드럽고 딱딱하며 열에 강한 종이일 때 가장 잘 작동한다. 잉크젯 프린터는 토너 잉크를 빨리 마르게 하는 가장자리가 날카로운 특수 코팅이 된 종이가 필요하다.

[빠른 참조 2-2]

인쇄용 종이 크기

미국에서는 임의적이고 불편한 측정치를 선호한다(예: 피트, 파운드 및 °F). 실제로, 우리는 문서를 거의 항상 $8\frac{1}{2}\times11$인치 종이에 인쇄한다. 다른 나라들은 이 크기와 비율이 이상하고 다소 보기에는 안 좋다고 생각하지만, 그들은 세상의 멸시에도 아랑곳하지 않는 것 같다. 통찰력을 갖고 보면 11과 같은 숫자에서는 숨겨진 매력을 발견할 수 있지만 $8\frac{1}{2}$은 어느 누구도 좋아하지 않는다는 것을 인정할 필요가 있다. 어쨌든 국제 규격의 종이 크기는 훨씬 더 합리적인 체계를 따른다. 만약 당신이 당신의 보고서가(적어도 미국에서) 독특하게 보이기를 원한다면, 그것을 그것의 미국식보다 약간 더 폭이 좁고 조금 더 위로 긴 A4 용지 크기로 인쇄해 보자. A−시리즈의 $1:\sqrt{2}$ 가로 세로 비율은 1페이지의 내용을 절반 크기로 2페이지, 4분의 1크기의 4페이지로 맞출 때 공간을 낭비하지 않게 해 준다.[2)]

2) 이 부분은 국제 규격의 A4를 가장 널리 사용하는 한국에서는 문제될 것이 없다(역자 주).

세련된 일관성을 유지하기

우리 보고서의 독자들 대부분은 우리 작품의 질을 판단할 처지가 아니다. 그러나 보고서에는 마무리의 허술함이나 비일관성은 배제되어야 한다. 사소한 실수는 수가 적을 때는 일반적으로 용인된다. 우리는 인간에 불과하다. 그러나 터무니없는 오자와 황당한 문법적 실수, 검사점수의 부정확함, 명백한 누락의 징후로 가득 찬 보고서는 그 누구에게도 진지하게 받아들여지지 않는다.

> 나는 어떤 학장님이 전체 팀 앞에서 내 보고서에 있는 철자를 믿을 수 없다면, 그 안에 있는 어떤 정보도 믿을 수 없다고 말했던 것을 여전히 기억하고 있다. 최근(약 1975년)에 이런 일이 있었으므로 아직 내 마음속에서는 생생하다.
>
> –John Willis (2006b)

사소한 서식(format)상 불일치의 문제는 훨씬 미묘하다. 일부 단락 사이에 공간이 없는 경우, 일부 단락은 들여쓰기가 되어 있지만 나머지는 그렇지 않은 경우, 이유 없이 글꼴 크기가 변경되었을 때, 표제가 굵어지거나(혹은 종종 그렇지 않거나), 표의 행과 열 크기가 제멋대로인 경우, 최종적인 모양새는 엉성하고 전문적이지 않아 보인다.

일관된 서식은 이상적인 경우에 내 주의를 끌지 않기 때문에, 감탄과 찬사로 이어지지는 않는다. 그러나 편집 과정에서 당신이 쏟는 질적인 노력과 관심은 독자들의 신뢰도와 다른 전문가들의 평판에 미묘한 영향을 끼친다. 그 자체로, 좋은 서식은 잘못 작성된 보고서를 구제할 수 없지만, 나쁜 서식은 공식적인 보고서의 권위를 손상시킬 수 있다.

> **주의**
>
> 서식이 일치하지 않으면 보고서를 읽기가 어렵고 의사소통에 방해가 된다.

만약 당신의 보고서가 그렇게 세심하게 쓰이지 않았다고 해도, 아무도 당신에게 당신의 보고서가 못났다고 직접적으로 말하지는 않을 것이다. 많은 사람들은 적어도 의식적으로는 그런 모순을 알아차리지도 못할 것이다. 하지만 어느 정도 수준에서는 게으름뱅이라는 느낌으로 기억될 것이다. 부정적인 첫인상은 무효화될 수 있지만, 그래도 정도는 있다. 전문가적인 라포와 효율적인 의사소통에 방해가 되는 불필요한 장벽을 만들지는 않도록 하자.

물론, 이러한 노력이 이상적으로 들리고 궁극적으로는 실용적이지 않다고 생각할 수도 있다. 사실, 만약 당신이 바쁜 전문직 종사자가 사소한 서식 불일치에 몰두할 것을 기대하는 것은 불합리하다고 생각한다면, 당신의 말이 전적으로 옳다. 보고서는 길고, 고도로 구조화되고, 복잡한 문서다. 설사 그럴 시간이 있다 하더라도, 모든 것이 완벽하다는 것을 직접 확인하는 일은 지루함에 대한 초인적인 인내력이 필요할 것이다.

예를 들어, 보고서에 인지능력 항목이 있고 그 시작 부분에 굵게(bolded), 가운데 정렬된(centered) 글자 크기 14의 제목을 배치한다고 가정해 보자. '인지능력'을 타이핑하고 굵게, 가운데로 맞춘 다음 글꼴 크기를 늘려도 별로 힘들지 않아 보인다. 그러나 보고서에 그러한 부분이 많다면 매번 세 단계를 모두 정확히 같은 방식으로 수행해야 한다는 것을 잊을 수 있다. 그 외에도, 보고서에는 2단계 표제(예: 다양한 넓은 범주의 능력)나 3단계 표제가 있을 수 있으며, 각 표제마다 사용자가 선택한 서식 스타일이 다를 수 있다. 표(tables), 표 제목 정의(table captions), 표 표제(table headings), 표의 열과 행, 표의 테두리(borders) 및 주석(notes)이 있으며, 이 모든 것은 일관성 있는 스타일이어야야 한다. 그림(figure)과 그림 제목 정의(figure caption)도 잊지 말자.[3)]

당신이 효율적으로 작업하기 위해 따라야 할 것들은 너무 많다. 이러한 서식 관련 잡일 중 상당수는 템플릿(templates)[4)]의 적절한 사용으로 상당히 줄일 수 있다. 하지만 템플릿을 사용해도 확인이 필요한 작은 요소들은 무수히 많다.

다행히도, 인쇄상의 미적인 일관성은 약간의 노력으로도 확보할 수 있다. 만약 당신이 대부분의 사람들과 같다면, 아마도 워드프로세서 세계에서 일어난 조용한 혁명을 알아차리지 못했을 것이다. 그것은 수십 년 전에 타이핑 프로그램인 LaTeX[5)]로 시작되었고 결국 웹 디자인에까지 확산되었다. 그리고 현재 MS 워드, 애플 페이지, 코렐 워드퍼펙트(Corel WordPerfect), 오픈 오피스(Open Office), 오피스 리브레(Office Libre), 구글 오피스(Google Office)[6)]를 포함한 모든 주요 워드프로세서 프로그램의 기능이 되었다.

새로운 작성 방법은 문서의 스타일을 문서의 내용과 엄격하게 구분하는 것이다. 이 구

3) 여기서 사용된 명칭은 주로 Office 365 버전의 한글판 MS word의 용어를 따른다(역자 주).

4) MS 오피스, 한글 오피스용으로 미리 제작해 놓은 서식 파일을 말한다. 주로 미적 감각을 살려 꾸며 놓은 것들이 많으며, 편의에 따라 제작해 놓은 것을 판매하거나 무료로 배포하기도 한다(역자 주).

5) 1985년 미국의 컴퓨터 과학자 레슬리 램포트가 텍스(TeX) 조판 시스템에 추가 기능을 넣어 개발한 무료 소프트웨어 패키지다. 현재는 주로 이공계 논문 작성에 주로 사용된다. 사용자는 프로그래밍용 코딩과 유사한 방식으로 문서를 작성하게 된다(역자 주).

6) 한국에서는 구글 오피스가 클라우드 기반 서비스로 각광받고 있지만, 아직까지는 미적인 기능의 제한으로 공식 문서나 상업적 문서에는 제한적으로 사용된다(역자 주).

분은 무엇을 의미하는가? 작성 시 사소한 수준의 서식 변경은 하지 않는다는 것을 의미한다(예: 굵은 글씨, 기울인 글씨, 들여쓰기, 줄 간격 등). 문서의 각 부분을 특정 서식으로 변경하는 대신 문서의 각 항목이 어떤 역할을 수행하는지를 지정한다(일반 단락인가? 표제인가? 표 제목 정의인가? 표 주석인가? 등). 각각의 텍스트 유형은 자동으로 적용되는 스타일 변경 세트를 가지고 있다.

예를 들어, 첫 번째 수준 표제를 입력할 때 텍스트 크기를 굵게 하고 가운데로 정렬해 14 포인트로 늘리는 대신, 소프트웨어의 스타일 기능을 사용하여 그 줄(line)이 첫 번째 수준 표제 서식이 되도록 지정한다. 첫 번째 수준 표제가 어떻게 될지를 미리 지정해 뒀다면, 그 즉시 굵은 글씨, 가운데 정렬, 14포인트 크기로 변경될 것이다. 첫 번째 수준 제목 스타일을 수정하면(예: 왼쪽으로 정렬하기 위해) 문서의 모든 첫 번째 수준 표제가 즉시 수정된다. 스타일을 사용하면 시간을 절약할 수 있을 뿐만 아니라 문서의 모든 항목이 제대로 되어 있다는 사실에 안심할 수 있다.

형식적으로, 워드프로세서의 **스타일 기능**은 사전에 설정된 서식의 모음에 이름을 붙인 것이다. 원하는 종류의 맞춤 스타일을 만들 수 있지만, 기본 제공 스타일에는 일반 단락(즉, 본문), 표제(첫 번째, 두 번째, 세 번째 수준), 제목, 표 제목, 인용문 및 참조가 포함된다. 각각의 표를 지루하게 스타일링하는 대신 사용자 지정 표 스타일을 적용할 수 있다. **기울임꼴**(italicizes) 대신에 사용할 수 있는 **강조**(emphasis) 스타일이 있다. 강조된 단어가 이탤릭체 텍스트의 중간에 있는 단어라면 그 단어를 기울임꼴로 하고, 기울임꼴 텍스트의 중간에 있다면 기울임꼴을 제거한다. 물론 어떤 강조 스타일(예: 글꼴 색 변경)도 원하는 대로 선택할 수 있다. 일반적으로 단어들을 굵게 하는 강한 강조 스타일이 사용되지만 굵은 글꼴을 대신해서 원하는 어떤 종류의 강한 강조도 적용해서 사용할 수 있다(예: 소문자).

이 모든 서식은 구현이 쉽고 멋져 보이지만 익숙해지려면 다소 시간이 걸린다(MS 워드 서식에 관한 자료의 훌륭한 출처는 [빠른 참조 2-3]을 볼 것). 사례별로 서식 변경을 하고 싶다는 충동을 억누르는 데는 약간의 규율이 필요하다. 그러나 그러한 훈련에 따른 보상들은 많다. 서식에 소요되는 시간이 훨씬 적기 때문에 생산성은 향상되고, 보고서에는 전문가 수준의 일관성이 부여된다. 게다가 때때로, 당신은 보고서를 출력을 위한 꾸미기를 원할 것이다. 한 줄 한 줄 지루하게 변경하는 대신, 스타일을 사용하면 문서 전체의 변환이 즉각적이고, 극적이며, 필요할 경우 쉽게 되돌릴 수 있다. 이러한 유연성은 멋진 형식을 실험해 보고 최종적으로 성공시키는 재미가 있다.

[빠른 참조 2-3]

MS 워드에서 스타일 기능 사용법 배우기

Scott Hanselman은 많은 기술적인 문제에 대한 권위자다. 그는 온라인 비디오 시리즈인 'MS 워드를 진짜로 사용하는 방법(How to Really Use Microsoft Word)'에서 스타일 기능의 사용 및 많은 다른 주제들을 설명한다.[7]

감각적이지만 튀지 않는 글꼴

> 잘 선택된 단어들은 잘 선택된 활자로 표현될 자격이 있다. 거기에는 감성, 지성, 지식, 기술이 갖추어져 있어야 한다.
>
> –Robert Bringhurst (2012, p. 18)

옛날에는 전문 인쇄인이 상점에서 사용하는 소수의 글꼴들만 선택할 수 있었다. 타자기 시대에는 단 하나의 글꼴(등폭 글꼴; monospaced)만 쓸 수 있었는데 그건 대체로 보기에 좋지 않았다. 오늘날 우리는 재미있고, 세련되며, 정교하고, 내 욕구에 완벽히 맞추어진 수많은 글꼴 중에서 선택을 할 수 있다. 하지만 이러한 모든 선택지들을 너무나 손쉽게 구할 수 있기 때문에, 우리 대부분은 워드프로세서가 어떤 기본값을 가지고 있는지만 보고 그대로 사용한다.

기본 글꼴에 문제가 있는 것은 아닌가? 아니다. 만일 Arial 글꼴이 아니라면 문제는 없다[왜? 구글 닥(Google Doc)은 도대체 왜?] 그러나 기본 글꼴은 약간 둔해 보일 것이고, 아마도 당신이 보고서의 겉보기에 대해 신경 쓰지 않는다는 (거짓) 신호를 보낼 것이다. 이제, 당신이 다른 모든 글꼴보다 Times New Roman 글꼴을 정말 진심으로 사랑하는 것이 가능해졌다. 다른 어떤 글꼴도 그만하지는 못할 것이다. 당신과 Times New Roman은 서로를 이해하고 있다. 좋다. 하지만 당신 보고서의 첫인상은 다소 평범해 보일 수 있다. 전문적인 서식이 되려면 약간의 추가적인 조치를 취할 필요가 있다. 좋은 소식은 Times New Roman은 사실 약간만 다듬으면 놀랄 만큼 신선해 보일 수 있는 아름다운 글꼴이라는 것이다. 이것

7) 한국어로도 많은 한글 및 MS 워드 스타일 기능 사용법에 대한 교재와 인터넷 사이트, 유튜브 클립이 있다(역자 주).

주의

Arial이 보고서용 글꼴이 아닌 이유

비틀즈 노래를 요청했지만 티니 팀의 비틀즈 음악 커버만 틀어주는 라디오 방송국을 상상해 보자. Arial은 Helvetica를 대체하는 글꼴로 원본의 완성도에 비해 짜증 날 정도로 모자란다. 그것은 또한 마이크로소프트의 깔끔하지 못한 결정과도 관련이 있다. 그것은 1990년부터 2007년까지 파워포인트의 기본 글꼴인 Arial을 만들 때 Helvetica 라이선스 비용을 피하기 위한 결정이었다. 반면 애플은 고객이 항상 Helvetica를 사용할 수 있도록 Helvetica에 대한 라이선스 수수료를 지속적으로 지불했다.

Arial은 팬이 없지만 일부 평론가들은 복제본과 원본의 차이를 구별할 수 있는 사람은 거의 없다고 지적했다. 그래서 뭐 어쩌라는 건가! 사람들은 가짜 다이아몬드, 위조지폐, Mr. Pibb[9]에 대해서도 같은 말을 할 수 있다.

만일 Helvetica를 좋아하지만 비용은 좋아하지 않는 사람이라면, 훨씬 더 좋은 방법이 있다. Tex Gyre Heros는 Arial과 마찬가지로 Helvetica를 베낀 것이지만, 적어도 그것은 원작의 장점을 최대한 훔치려고 했기 때문에 더욱 충실한 면이 있다. Helvetica의 복제가 아니라 단지 정신적인 면만 공유하는 다른 무료 글꼴들에는 Lato, Roboto, and OpenSans가 있다.

은 또한 다소 남용되는 듯한 거의 모든 다른 글꼴들에도 해당된다. Arial[8]만 빼고.

일부 글꼴에서는 대문자 I, 소문자 l 및 숫자 1을 구분이 불가능한 수직선으로 표현한다. 영(zero)과 대문자 O는 종종 동일하게 쓰인다. 이것은 컴퓨터 프로그래머들이 그들의 코드를 디버깅해야 하는 골칫거리다. 매우 작은 글자의 경우, 소문자 b와 소문자 h의 차이, 심지어 소문자 i와 소문자 l의 차이를 알아채기 어려울 때도 있다. 이 문제를 해결하기 위해, 인쇄인들은 Serif를 포함한 다른 글자들을 더욱 뚜렷하게 하는 다양한 방법을 사용한다. Serif는 문자의 말단부에 장식적인 변형과 돌출을 보여준다. 대부분의 책에는 Serif 글꼴이 인쇄되어 있으며, 세월이 지나면서 Serif 글꼴은 진지함, 존중, 전통을 연상시키게 되었다. 사실 이 주장에 대한 증거는 희박하고 일관성이 없지만, Serif는 오래 읽기에 편안하다.

윈도우즈 시스템에서 MS 워드의 기본 글꼴은 현재 Calibri이다. 깔끔한 글꼴이지만 sans serif 글꼴이 있다는 것은 serif로는 부족함이 있다는 뜻이다. 1960년대부터 sans serif 글꼴은 자신감 있고 현대적인 감성이지만, 또한 일종의 힙한 비격식성(hip informality; 현재는 애플사에 대한 우상 숭배적인 호소력)과도 연관되어 왔다. 당신의 개인적인 취향은 serif나 sans serif 글꼴 같은 것을 당신의 보고서 및 성격에 가장 적합하다고 판단하게 할 수 있다. 만약 당신이 강한 선호를 가지고 있지 않다면, serif 글꼴은 아마도 진지한 문제에 관한 글을 쓸 때 더 안전한 선택이 될 것이다.

거의 모든 컴퓨터에는 수많은 글꼴이 설치되어 있다. 그것들은 당신이 한 기계에서 입

8) 영문 글꼴명은 대체할 한국어가 없으므로 원어를 그대로 표기한다(역자 주).

9) Dr Pepper의 대항마로 코카콜라에서 판매한 탄산음료를 말한다. 코카콜라사는 Dr Pepper의 맛을 어설프게 모방한 것으로 보인다(역자 주).

각 항목 내의 좁은 하위 능력은 필요한 경우 자체적인 단락으로 기술할 수 있다.

단락의 맨 앞에 제목 유지하기

보고서 서식에서 보다 번거로운 측면 중 하나는 '고립된(widowed)' 표제를 관리하는 것이다. 즉, 때로는 페이지가 표제와 그것이 설명하는 단락 사이에 끼어들 수 있다. 이러한 분리는 정보를 체계화하고 쉽게 찾게 해 주는 표제의 존재 목적을 훼손한다. MS 워드에서 이 문제는 어느 정도 잘 알려진 기법을 사용하여 자동으로 관리할 수 있다. 제목 스타일에서 단락 창으로 이동하라. 줄 및 페이지 나누기 탭을 누르고 다음을 사용하여 '현재 단락을 나누지 않기'를 선택하라. 이제 당신의 표제는 뒤따르는 단락과 절대 분리되지 않을 것이다.

서로 다른 대시[23]의 다양한 역할

비록 인쇄인이 사용하는 일부 대시(DASH)는 여기서 언급할 필요가 없을 정도로 불명확하지만, 좀 더 일반적인 대시를 적절히 사용한다면 당신의 보고서는 약간 더 빛이 날 것이다.

겸손하지만 과로하는 하이픈

표준 키보드에는 중간 위치에 수평선을 위한 기호가 하나 있는데, 바로 하이픈(hyphen)이다. 그것은 매우 유능한 하인이며, 어떤 일이든 정해진 대로 순종적으로 수행한다. 아무도 하이픈이 보다 정확한 대안 대신 사용될 때에도 그것이 무엇을 의미하는지 오해하지는 않겠지만, 좀 더 주의 깊게 하이픈을 올바르게 사용한다면 아주 약간의 노력으로도 보고서에 우아함을 살짝 더할 수 있다.

전문적인 문서 형식에서 하이픈은 활자 간의 접착제로 쓰인다. 그것은 선을 가로질러 끊어진 단어의 음절을 묶는다. 그것은 보통 별개로 쓰이지만 함께 쓰이게 되면 '애국가의 과장된 연출'[24]처럼 형용사 구절을 구성한다. WISC-V 및 KTEA-3와 같이 검사 명칭에 버

23) 대시, 하이픈 등은 한국심리학회 발간 『학술논문 작성 및 출판지침』(2011, p. 89)에서는 줄표, 붙임표로 번역된다. 하지만 여기서는 MS word의 버튼 명칭과 일치시키기 위해서 대시, 하이픈이라는 영단어를 그대로 음차해서 사용할 것이다(역자 주).

24) an over the top rendition of the national anthem의 번역이다. 'over-the-top'처럼 하이픈이 연속으로 쓰이는 경우를 보여주기 위해서 인용되었다(역자 주).

전 번호를 붙이는 데 사용되기도 하지만 WJ IV나 SB5의 경우에는 사용하지 않는다. 일부 검사에서는 두 가지 방식을 모두 사용하길 원한다(BASC3/BASC-3).

하이픈을 포함한 이름을 가진 검사에 대해 언급할 필요가 있는 경우, 단어 잘림 방지 하이픈(nonbreaking hyphen: 삽입 → 기호 → 다른 기호 → 특수문자 → 줄 바꿈 하지 않는 하이픈, 또는 단축키 Ctrl + Shift + _)을 삽입하여 줄 끝에서 그 명칭이 깨지는 것을 방지할 수 있다. WJ IV 및 잘림을 방지하고자 하는 다른 용어를 위해서는 단어 잘림 방지 스페이스(Ctrl + Shift + Space)도 있다(예: 숫자와 단위 사이의 공백: 10cm; 등식: 4 + 1 = 5).

Em 대시

em은 글꼴의 점 크기와 같은 활자 단위다. em 대시(—)는 대문자만큼 넓은 선이다. 앞에 붙는 em은 많은 글꼴에서 대문자 M이 거의 네모꼴이기 때문에 그렇게 이름이 붙여졌다는 주장이 있다. 따라서 어떤 사람들은 공백에 얼마나 많은 M들이 들어갈 것인가라는 관점에 대해서 논의해 볼 수 있을 것이다. em 대시(em dash)는 다양한 기능을 가진 문장부호다.

- 비공식적이고 구어적 리듬을 나타내는 괄호의 대용 기능: 난 항상—그리고 난 정말로 항상—WJ IV에 하이픈이 없다는 걸 잊는다는 뜻이지.
- 콜론(:)의 덜 공식적인 대용 기능: 그녀의 수학 기술은 세 영역에서 개선되었다—특히 긴 나눗셈, 분수 전환, 십진수 곱하기의 세 분야에서 향상되었다.
- 갑작스러운 생각 전환의 신호 기능: 다음 주에, 할머니가 나를 데리고 갈 거야—나는 떠나기 전에 물고기에게 먹이 주는 것을 잊지 말아야 해!
- 한 사람의 말이 다른 사람이나 자신의 다른 생각과 감정에 의해 중단되는 시점을 표시하는 기능: 여기서 멀어지면, 나는 절대로—

단축키 Ctrl + Alt + 마이너스 키(숫자 키패드의 마이너스만 가능)를 사용하여 em 대시를 삽입할 수 있다. 키보드에 10-키 숫자 키패드가 없는 경우라면, 삽입 → 기호 → 다른 기호 → 특수문자 → Em 대시를 클릭하여 사용할 수 있다. 자동 수정 기능을 설정하고 싶다면, 파일 → 옵션 → 언어교정 → 자동 고침 옵션을 클릭하고 입력(R) 상자에 \em을 입력하고 결과(W) 상자에 em 대시(—)를 입력하면 자동 수정 바로 가기를 설정할 수 있다. 그런 다음 \em 을 입력하면 자동으로 em 대시로 대체된다.

En 대시

만약 당신이 인쇄인에게 세 가지 소원을 들어준다면, 그 사람은 다른 품위 있는 사람들과 마찬가지로 전쟁, 질병, 가난의 종식을 바랄 것이다. 그러나 그 요청 후에 약간의 망설임을 감지했다면, "사람들에게 대시를 제대로 사용하게 해 달라!"고 불쑥 내뱉고 싶은 충동을 억눌러야 했기 때문이다. 일단 하이픈과 en 대시의 차이점을 느끼고 나면, 당신은 이전에는 그 차이를 알아차리지 못했다는 것에 놀랄 것이다.

en 대시는 em 대시 단위의 절반 크기다. 예를 들어, 10포인트 글꼴에서 en은 5포인트다. 한때 en 대시는 대문자 N만큼 넓었지만, 현대의 글꼴 설계자들은 쓰인 그대로 하겠다는 마음가짐이 덜한 것 같다.

숫자나 날짜의 범위를 언급할 때는 하이픈을 누르려던 손을 잠시 멈추고 en 대시에게 그 역할을 맡겨 보자. 예를 들어, "이 검사는 8–12세에게 적합하다."와 같은 글이 있다. en 대시는 A–F, 22–28페이지, 10:40–11:10, 월요일–금요일, 9/18–10/22, 6–8월, 2016–2020년과 같은 범위나 계열에 사용된다.

en 대시는 복합명사에 첨부되었을 때 하이픈을 대체할 수 있다. 예를 들어, WISC-V는 하이픈을 사용하지만, 웩슬러 아동 지능검사–5판[25]은 아동과 5판 사이에는 특별한 연관성이 없고 오히려 2개의 큰 문구가 결합되어 있기 때문에 en 대시를 사용한다.

숫자 키패드에 단축키 Ctrl + 마이너스 키(숫자 키패드의 마이너스만 가능)를 사용하여 en 대시를 삽입할 수 있다. 키보드에 10–키 숫자 키패드가 없는 경우라면, 삽입 → 기호 → 다른 기호 → 특수문자 → En 대시를 클릭하여 사용할 수 있다. 자동수정 기능을 설정하고 싶다면, 파일 → 옵션 → 언어교정 → 자동 고침 옵션를 클릭하고 입력(R) 상자에 \en을 입력하고 결과(W) 상자에 en 대시(–)를 입력하면 자동수정 바로 가기를 설정할 수 있다. 그런 다음 \en을 입력하면 자동으로 en 대시로 대체된다.

음수 부호

대부분의 글꼴에서 음수 부호(−)는 en 대시(–)와 거의 같아 보인다. 별 차이가 없는데

25) Wechsler Intelligence Scale for Children-Fifth Edition: 한글 번역도 뉘앙스는 살리려고 했지만, 아무래도 영문에서 그 의미가 더 뚜렷해서 주석에 따로 기재한다. 정식 한글 명칭은 '웩슬러 아동 지능검사 5판'이다(역자 주).

굳이 왜 귀찮게 하는가? 그런데 어떤 사람들, 즉 시각장애가 있는 사람들에게는 상당한 차이가 있다. 적절한 음수 부호를 사용하면 문자를 음성으로 변환하는 엔진에서도 제대로 읽을 수 있다. 같은 이유로 곱셈을 할 때는 문자 x가 아닌 수학 기호 ×를 사용한다.

[빠른 참조 2–8]은 이러한 기호와 그 기능에 대한 개관을 제공한다.

[빠른 참조 2–8]

하이픈과 대시

기호	기능
하이픈(-)	음절과 단어 결합(예: 자존감, self-esteem)
Em 대시(—)	콜론, 쉼표 및 괄호의 비공식적인 대체(예: 과나후아토는 멕시코에서 가장 매력적인 도시—그리고 어쩌면 세계에서 가장 매력적인 도시다.)
En 대시(–)	숫자 범위 및 날짜 결합(예: 4–6점)
음수 부호(−)	감산 연산자(예: 8−3 = 5)

표

표는 많은 자료를 단순한 서식으로 표시하는 좋은 방법이다. 불행히도, 우리의 독자들 대부분은 많은 데이터를 담고 있는 단순한 서식을 필요로 하는 것 같지는 않다. 많은 보고서들이 해석과 검사결과를 섞어서 표로 제시한다. 이런 서식은 효율적이기는 하지만, 작성자를 주제별로 조직화된 해석보다는 검사별(test by test) 해석 쪽으로 이끄는 경향성이 있다. 보고서 말단의 부록에 표를 넣는 것은 전체 검사결과를 제시하기 위해 유용한 방법이며, 독자를 자료와 세부 정보에 압도되게 하지 않는다.

이상적으로, 표는 정보를 조직화해야 하며 자료의 가시성(visibility)을 훼손하지 않아야 한다. 다음은 좋지 않은 표의 예를 보여 주는 것이다. 나는 그런 방식들을 얼마나 사용하고 있는지 세어 보자.

1. 테두리가 너무 두꺼워서 모든 주의를 사로잡는다.
2. 점수의 순서는 검사배터리의 구조를 밝히지 않고 있다.
3. 모든 본문이 동일한 강조 수준을 나타내고 있어 무엇을 보아야 할지 알 수 없다.

조음처리 종합검사, 제2판[26]		
척도	**점수**	**백분위**
숫자 기억(Memory for Digits)	11	63
음성 인식(Phonological Awareness)	81	10
음성 기억(Phonological Memory)	82	12
빠른 비기호 명명(Rapid Non-Symbolic Naming)	68	2
빠른 기호 명명(Rapid Symbolic Naming)	71	3
단어 혼합(Blending Words)	7	16
발음 생략(Elision)	6	9
비언어 반복(Nonword Repetition)	6	9
음소 고립(Phoneme isolation)	7	16
빠른 색채 명명(Rapid Color Naming)	5	5
빠른 숫자 명명(Rapid Digit Naming)	4	2
빠른 철자 명명(Rapid Letter Naming)	5	5
빠른 물체 명명(Rapid Object Naming)	3	1
참고: 척도점수의 평균은 10이고 표준편차는 3이다. 지수점수의 평균은 100이고 표준편차는 15이다.		

다음 표는 동일한 정보를 보여 주지만 해독성(interpretability)을 높이기 위한 서식을 나타낸다.

이전 표에 비해 많은 개선 사항이 있다.

1. 불필요한 테두리가 제거되었다. 테두리의 두께가 얇아졌다. 안쪽 테두리는 자료를 돋보이게 하기 위해 줄였다.
2. 조합점수(composite score)는 굵은 글꼴로 했다.
3. 소검사들은 들여쓰기 되었고 포함된 조합점수 아래에 배치되었다.
4. 안쪽 여백은 본문과 테두리 사이에 공간을 두었다.
5. 본문은 각 칸 안에서 가운데 정렬되었다.
6. 숫자 열은 오른쪽 정렬되었다.

26) Comprehensive Test of Phonological Processing, Second Edition: 국내에서는 공식 한국어 표준화 버전을 찾을 수 없어서 각 용어들은 역자가 임의로 번역하였다(역자 주).

7. 행을 가로질러 읽기 쉽도록 열을 좁혔다.
8. 쉽게 해석할 수 있도록 질적 범주 열[27]이 추가되었다.

조음처리 종합검사, 제2판

척도	**범위**	**점수**	**백분위**
음성 인식	**평균 하**	**81**	**10**
발음 생략(Elision)	낮음	6	9
혼합된 단어	평균 하	7	16
음성학적 고립	평균 하	7	16
음성 기억	**평균 하**	**92**	**30**
숫자 기억	평균	11	63
비단어 반복	낮음	6	9
빠른 기호 명명	**낮음**	**71**	**3**
빠른 숫자 명명	매우 낮음	4	2
빠른 글자 명명	낮음	5	5
빠른 비기호 명명	**매우 낮음**	**68**	**2**
빠른 색채 명명	낮음	5	5
빠른 물체 명명	매우 낮음	3	1

참고: 지수점수의 평균은 100이고 표준편차는 15이다.
척도점수의 평균은 10이고 표준편차는 3이다.

부록에 기본적으로 동일한 열이 있는 여러 표가 있는 경우, 유사한 열은 모두 동일한 너비로 하여 표를 더욱 뚜렷하게 보이게 할 수 있다.

27) 우수, 평균 상, 평균, 평균 하, 낮음. 이러한 범주를 말한다(역자 주).

자가평가

1. 좋은 보고서는 진리와 정확성을 전하지만, 그것이 긍정적으로 인식되는 것은 미적 측면이나 종이의 질과는 아무런 관계가 없다. 참인가? 거짓인가?

2. 보고서를 질적으로 좋아 보이게 하려면 다음 중 어느 것을 더 많이 사용하겠는가?
   (a) 고급 펜 및 고급 용지
   (b) 터치스크린 컴퓨터
   (c) 다기능 계산기
   (d) 전산화된 보고서 작성기[28)]

3. 보고서가 정확하게 잘 쓰이고 인쇄된 종이에서 품위 있게 보이려면, 첫 번째 페이지에 공식 로고를 인쇄하는 일은 불필요하다. 참인가? 거짓인가?

4. 훌륭한 보고서 작성자는 글꼴, 서식, 워드프로세서의 스타일 기능, 단락 정렬, 여백 등에 관한 최신 하드웨어 및 소프트웨어 기술에 정통해야 한다. 참인가? 거짓인가?

5. 이 장 내용에 따르면 당신이 보고서의 한 요점을 강조하고 싶을 때 모든 문구를 대문자화해야 한다는 말은 사실인가?
   (a) 모든 대문자(ALL CAPS)는 냉소주의를 나타내기 때문에 좋지 않은 생각이다.
   (b) 당신이 독자들에게 고함치고 있다고 느낄 수도 있기 때문에 좋지 않은 생각이다.
   (c) 시각장애가 있는 독자가 요점을 식별할 수 있게 도우므로 좋은 생각이다.
   (d) 모든 대문자를 사용하면 모든 사람의 즉각적인 주의를 끌 수 있고 작업기억을 촉진할 수 있기 때문에 좋은 생각이다.

---

28) Computerized report writer: 전문가를 위한 보고서 작성용 어플리케이션을 말한다. 영문 프로그램으로는 『Psychological report writing assistant』(Groth-Marnat & Davis, 2013)와 같은 사례가 있지만, 역자의 개인적인 의견으로는 완성도가 그다지 높지 않고, 최신 버전 윈도 OS를 지원하지 않는 경우가 많다. 정식 발매된 한국어 버전은 아직 접한 바 없다(역자 주).

6. 우리 의견으로는 전문 보고서 작성자가 보고서의 내용을 전달하기 위해 표제의 위계는 몇 단계가 되어야 한다고 생각하는가?
   (a) 둘
   (b) 셋
   (c) 다섯
   (d) 제한은 없다—보고서의 표제가 많을수록 복잡한 개념을 설명하기가 쉽다.

7. 독자가 한 번에 하나의 검사에 집중할 수 있도록 보고서의 본문과 표를 상호 연계한다. 참인가? 거짓인가?

정답: 1. 거짓. 2. a. 3. 거짓: 4. 참; 5. b; 6. b; 7 거짓.

제3장

명료하고, 세련되고, 목적에 부합하게 글쓰기

심리평가 보고서는 왜 존재하는가? 단순히 평가를 하고 관련 당사자를 모은 다음, 조사 결과에 대해 심도 있는 대화를 나눌 경우에 우리가 절약할 수 있는 시간과 노력을 생각해 보자. 대화를 자동으로 녹취하여 심리평가에 대한 영구적인 기록으로 사용하는 것은 왜 안 되는가? 여기에 들어오는 자여, 모든 희망을 버려라(Abandon all hope, ye who enter here). 만일 그것이 실행 가능하다고 해도 그런 방식은 평가 보고서의 본질을 근본적으로 오해한 것이다.

주먹 쥔 손을 대신해 망치가 무엇을 하는가, 움켜쥔 손을 대신해 플라이어(plier)[1]가 무엇을 하는가, 눈을 대신해 망원경이 무엇을 하는가, 마음을 대신해 글쓰기가 무엇을 하는가. 아무 도움 없이도 마음은 복잡한 문제에 대한 해결책을 떠올릴 수 있지만, 주의는 흩어지고 기억은 희미해진다. 글쓰기는 우리의 생각을 보존할 뿐만 아니라 우리의 생각을 날카롭게 해 준다. 우리는 소리를 내구성이 있는 종이에 배열함으로써 보다 유리한 위치, 즉 지속적인 관점에서 우리 마음의 산물들을 생각해 볼 수 있다. 우리의 말에서 이제 외부 대상이 된 것들은 수정되고, 재편되고, 정련되고, 재구성될 수 있다. 가장 중요한 것은 다시 찾아볼 수 있다는 점이다. Susan Sontag(2000)이 관찰한 대로 "내가 쓴 글은 나보다 똑똑하다. 다시 쓸 수 있으니까."

> 글쓰기를 메시지를 전달하는 방법이 아닌 메시지를 성장시키고 숙성시키는 방법으로 여겨라. 글쓰기는 당신이 떠올릴 수 없었던 그 무엇을 생각하게 만드는 방법이다.
>
> —Peter Elbow (1998, p. 15)

물론 쓰인 글이 작성자보다 언제나 똑똑한 것은 아니다. 교육자로서 우리는 명확하게 완벽한 문법을 구사하는 똑똑한 학생들이, 우리가 완곡하게 '어색한'이라고 표현하는, 설명이 불가능한 관점의 변화와 기괴한 문법 구성으로 거의 이해가 불가능한 글을 쓰는 것에 자주 당황하게 된다. 단순한 부주의나 무지 이상의 무언가가 여기에 작용하고 있다. 왜냐하면 그러한 오류는 글을 잘 쓰는 사람들 사이에서도 민망할 정도로 자주 발생하기 때문이다. 왜일까?

글은 단순히 인쇄물에 기록된 말이 아니다. 매일의 대화는 시의적절한 사회적 관습을

1) 한국에서는 흔히 펜치라고 부른다(역자 주).

따르는 두 마음 사이의 춤이다. 대화하는 사람들은 서로의 움직임을 예측하고 약간의 실수를 따라잡을 수 있지만, 저자들은 눈에 보이지 않는 유령과 춤을 추며 자신만의 내적 리듬에 맞춰 춤을 춘다. 그건 그렇게 신비로울 것까지는 없다. 그렇다면 왜 때때로 춤이 서툴러지는 걸까?

> 작가는 다른 사람들보다 글쓰기를 더 어려워하는 사람이다.
>
> –Thomas Mann (1947, p. 57)

글쓰기라는 고독한 탱고보다 대화가 더 자연스럽게 흘러가는 데는 또 다른 이유가 있다. 대부분의 문장은 읽도록 의도된 속도에 맞춰 구성될 수 없다. 읽는 데 몇 분이 걸리는 문단은 쓰는 데 많은 시간이 걸리고, 훨씬 긴 시간이 필요한 경우도 많다. 잘 쓰인 산문(prose)은 스톱모션 애니메이션에서 도자기 발레리나에게 우아함을 부여하는 것과 유사한 방식으로 유창한 말을 흉내 낸다. 그 움직임을 부드럽고 자연스럽게 보이려면 상당한 전문 지식(그리고 인내심)이 필요하다. 글로 유창한 말하기의 환상적 효과(illusory effect)를 얻기 위해서, 작성자는 많은 방해 요소들을 관리하고 독자들이 그 글을 어떻게 경험할 것인지를 정확하게 상상하며 단어들을 한데 묶어야 한다. 완벽한 집중은 불가능하기 때문에, 글에는 종종 작성자가 말할 때는 절대 하지 않을 오류가 포함된다. [빠른 참조 3-1]에는 작가가 글을 다듬고 개선하는 데 도움을 줄 만한 것들이 요약되어 있다.

[빠른 참조 3-1]

글쓰기 스타일

이 장을 준비하면서, 우리는 많은 문헌에 의존했고, 특히 Helen Sward(2012)의 『스타일 있는 학문적 글쓰기(Stylish Academic Writing)』와 Steven Pinker(2014)의 『스타일 감각(The Sense of Style)』에서 도움을 받았다. William Strunk와 E. B. White(1959)의 고전 『스타일의 요소(The Elements of Style)』는 글쓰기를 개선하고자 하는 사람들에게 여전히 최우선적으로 추천되는 책이다.

고전적인 작문하기

나쁜 글쓰기에 대한 주제를 다룰 때면 문법적인 골칫거리 리스트가 반드시 뒤따라 나온다.[2] 하지만 어떤 교육적인 기적이 일어나서 우리가 지금까지 가져 왔던 모든 문법적 실수가 해소되었다고 해도, 이전처럼 형편없는 작문은 여전히 남아 있을 것이다. 우리가 글을 쓰면서 겪는 실패는 문법에 대한 무지 때문이 아니라, 나는 아는 것을 독자가 모르고 있을 때 독자가 본문에서 무엇을 보게 될지를 상상하지 못한 데서 비롯된다. 형편없는 작성자들은 글쓰기에 임할 때 노력을 최소화하는 전략으로 접근한다. 그들은 주제에 대해 알게 된 것이 무엇이든 단순히 그들에게 일어난 순서대로 알고 있는 것을 말하려는 경향성이 있으며, 독자의 요구나 글의 전체적인 목표에 대해서는 거의 주의를 기울이지 않는다(Graham & Harris, 1997). 15세 소년의 WISC-V 검사결과에 대한 다음 설명을 검토해 보자.

> WISC-V는 측정값을 기준으로 5개의 범주를 가지고 있다. 다 그런 것은 아니지만, VCI는 결정화된 지능(crystallized intelligence)을 측정한다. 레날도는 72점으로 3%ile에 해당한다. 그것은 낮은 점수지만 적응적인 행동도 낮지 않다면 지적장애 범위는 아니다. 명칭에서 추론할 수 있듯이, FRI는 유동적 추론(fluid reasoning)을 측정한다. 그것은 88점, 21%ile에 해당하지만 더 높을 수도 있다. 이전 판보다 VSI는 시공간 능력(visual spatial ability)을 훨씬 더 잘 측정한다. 그는 겨우 평균(25%ile)에 불과한 90점을 받았다. WMI 80점(9%ile)은 작업기억에 약간의 약점을 나타내는데, 유의미한 차이는 아니지만 VCI만큼 나쁜 것은 아니다. 가장 좋은 PSI 95점(37%ile)은 평균 수준이지만 모집단 평균보다는 낮았다.

이 서술은 어떤 방식으로도 독자들의 요구를 충족시키지 못하지만, 진정한 의미에서 문법적 오류는 포함되어 있지 않다. 작성자는 WISC-V가 측정하는 것을 설명하고 있다고 생각하지만, 비전문가들이 아는 바에 대해 다층적인 오해를 가정한다(몇 개만 나열하자면, VCI가 나타내는 것, **결정화된 지능**이 의미하는 것, 지적장애가 식별되는 방법 등). 거의 모든 문장이 도움이 되지 않는 것을 제쳐 두고라도, 마치 이 작성자는 내적인 대화를 하면서 독자

2) 예를 들면, between you and I, alot, very unique, its alright. 원래 본문에 예시가 나오지만, 순수한 영어 문법 오류이기 때문에 주석에 제시한다(역자 주).

들이 그것에 대해 들으라는 식으로 불필요한 문장을 덧붙인다.

어떻게 하면 이러한 공감적 상상력의 실패를 예방할 수 있을까? 문학자 Francis Noël Thomas와 Mark Turner(2011)의 글쓰기 스타일은 작성자들이 자신의 경험과 독자의 경험 사이의 격차를 염두에 두는 특징을 지니고 있다. 많은 문화와 역사적 맥락에서 찾아볼 수 있지만, Thomas나 Turner가 **고전적인 스타일**이라고 부르는 것은 17세기 프랑스 지식인들 사이에서 특히 고도로 발전했었다. 데카르트, 파스칼 그리고 그들의 동시대인들은 자신들의 임무가 심오한 진리를 이해하는 것만이 아니라 서로 이해할 수 있게 해 주는 것이라는 것을 알고 있었다. 그들이 듣는 음악은 바로크였지만, 그들이 쓴 글은 그렇지 않았다.

Steven Pinker(2014)는 고전적인 스타일을 "학문적 · 관료적 · 기업적 · 법률적 · 공적 산문을 부추기는 병에 대해 내가 아는 가장 강력한 치료법"(p. 31)이라고 부른다. 우리는 고전적 스타일의 많은 특징들이 독자와 강력하게 연결되는 심리평가 보고서를 쓰는 데 이상적이라고 믿고 있다.

작문은 세계를 향한 창이다

글쓰기는 단지 종이에 무언가를 적는 것이 아니라, 타인의 머릿속에 무언가를 적는 것이다.

—Peter Elbow (Shilling & Fuller, 1997, p. 275)에서 인용

고전적인 스타일을 알려 주는 은유는 보통 다음과 같다. 작가인 당신과 독자가 함께 창밖을 보고 있을 때 당신이 독자에게 이야기하고 있다는 것이다. 당신은 독자들이 아직까지 보지 못했던 것을 먼저 알아차리고 독자들의 주의를 그쪽으로 이끌고 있다. 이 은유를 마음에 품고 글을 쓰다 보면, 그냥 내 생각을 모아서 종이 안에 쏟아 버리고 싶은 충동을 억누르게 된다. 이 은유는 우리의 과제가 단순히 생각을 널리 드러내는 것만이 아니라 당신이 본 것을 독자도 볼 수 있도록 단어로 생생한 그림을 그리는 것임을 일깨워 준다.

창밖을 함께 내다보는 작가와 독자의 비유는 구어체 대화와 훨씬 더 유사하다. 이러한 유사성으로 인해 작성자들은 화자들(speakers)이 청자에게 다양한 사람들과 사물을 말 그대로 바라보게 만드는 방식을 모방하라는 자극을 받게 된다. 예를 들어, 당신은 레날도의 지적 능력을 백분위수(%ile)로 이해시키고 싶지만, **백분위수**라는 용어가 비전문가들에게 혼동을 일으키고 있다고 가정해 보자. 당신은 다음과 같이 독자들에게 100명의 또래들이 서 있는 줄에서 레날도의 위치를 시각적으로 떠올려 보도록 할 수 있다.

> 레날도는 지적으로 또래에 비해 뒤처져 있지 않습니다. 하지만 그는 교실에서 새로운 정보와 기술을 배울 때 또래들을 따라잡기 위해 애써 노력해야만 합니다. 그의 지적 능력 대부분은 이른바 '**평균 하** 범위'에 있습니다. 이것이 무엇을 의미하는지 설명하기 위해서는 레날도와 99명 또래 청소년들이 모두 같은 검사를 받았다고 상상해 볼 수 있습니다. 청소년 100명이 모두 최하위에서 최고점까지 점수 순서대로 줄을 섰다면, 우리는 100위 중에 아래쪽 10위부터 25위 사이에 있는 레날도를 볼 수 있을 것입니다.
>
> 레날도의 언어 지식과 언어적 능력은 낮음 범위에 해당하며 그의 다른 능력에 비해 상대적인 약점에 해당합니다. 청소년들 100명의 줄에서는 하위 10위 아래로 들어갑니다. 기본적인 배경지식의 습득, 어휘력, 청해력과 같은 언어능력에 있어서 또래에 뒤떨어지는 경우가 많다는 뜻입니다. 또래들에게 다소 어렵게 느껴지는 말이 레날도에게는 넘기 힘든 장애물이 될 수 있습니다. 또래들이 별 어려움 없이 다루는 문장 구조가 레날도에게는 미로처럼 느껴질 것입니다.
>
> 그와 반 친구들이 새로운 주제를 탐색할 때, 친구들은 새로 알게 된 것들에 연결선을 그리면서 그 영역의 '정신적 지도'에 더 많은 세부 요소를 추가할 수 있습니다. 이러한 추가된 세부 요소들은 그들이 주제에 대해 더 깊이 있게 탐구하기 위해 되돌아야 할 때, 더 빨리 방향을 잡는 데 도움이 됩니다. 만약 추가적인 지시가 없다면, 레날도는 쉽게 길을 잃을 것이고, 추가적인 격려가 없다면 조용히 앉아서 자신을 제외한 다른 아이들이 발견의 여정을 계속하는 것을 지켜보는 것에 만족해야 할 것입니다.

학습을 여행에 빗댄(learning-as-journey) 익숙한 은유법은 '멀지 않은 뒤에'라는 문구를 떠올리게 한다. 우리는 레날도와 친구들이 함께 어딘가로 가는 모습을 상상할 수 있지만, 레날도는 뒤처져서 따라잡기 위해 애쓰고 있다. '**평균 하 범위**'라고 부르는 것은 독자들에게 이 용어가 전문용어임을 인식시키고, 그래서 이 용어가 무엇을 의미하는지 반드시 설명해 줄 것이라는 사실을 말해 준다. 만약 작성자가 "레날도의 능력은 대부분 평균 이하다."라고 간단히 말했다면, 독자들은 이 문서가 다른 누군가를 대상으로 한 것이라는 인상을 받게 될 것이다. 즉, 평균이 낮다는 것이 무엇을 의미하는지 이미 알고 있는 사람들 말이다.

작성자는 레날도의 위치를 100명의 아이들로 구성된 대열로 시각화함으로써 앞선 생소한 용어가 설명될 것이라는 약속을 잘 지키고 있다. 여행을 통한 시각적 은유는 어려운 길에 뻗어 있는 장애물과 복잡한 (문장)구조와 같이 고급 어휘로 확장된다. 배경지식은 추가적인 발견을 용이하게 하는 정신적 지도의 세부 요소들에 비유된다. 레날도에게 도움을 주려는 사람들은 그를 (배경지식의) 영역으로 이끌고, 교실에 수동적으로 앉아 있지 않고 여행을 재개하도록 격려하는 안내인에 비유된다.

독자는 유능한 비전문가다

고전적 스타일에 있어서, 당신과 독자는 창에 나타나는 것을 함께 다 볼 수 있다는 점에서 평등하다. 전문가인 당신만이 무슨 일이 일어나고 있는지 이해할 수 있다고 암시하는 것은 고전적 스타일의 정신에 어긋난다. 당신은 독자에게 결여된 전문 지식을 가지고 있을지도 모른다. 하지만 일단 사실을 함께 살펴보고 나면 그것을 서로 동등하게 보유하게 된다. 궁극적으로, 당신의 권위는 당신의 자격증에서는 그다지 많이 나오지 않는다. 그보다는 다른 사람들이 알아채지 못한 것을 지각하고, 다른 사람들은 표현할 수 없는 말들을 소통해 내는 능력에서 권위는 생겨난다. 하지만 일단 당신이 그것들을 설명할 수 있을 때 당신은 자신의 권위를 스스로 증명할 수 있다.

작성자는 이미 관찰, 해석, 발표의 힘든 작업을 마무리 지었다

> 고전 산문을 읽는 경험은 정련된 즐거움의 경험이다. 독자는 노력했다는 느낌이 전혀 들지 않는 성취감을 갖게 된다……. 고전적인 (스타일의) 작성자는 일관되고 필연적이며 진실된 것에 대한 확고하고 완결된 인식에 힘들이지 않고 도달했다는 자발적인 사고의 느낌을 제공하는, 겸손한 안내인이다.
>
> —Mark Turner & Francis-Noël Thomas (1997)

보고서에서는 평가받은 사람과 관련된 모든 사람들이 잘 알고 있는 것(예: 나이, 성별, 문제 목록들)을 제시할 필요가 있다. 그러나 독자에게 유용한 보고서는 그보다 더 많은 것을 제공해야 한다. 즉, 익숙한 것 또는 익숙하지 않은 것들을 새로운 각도에서 바라보는 관점이 제공되어야 한다. 다음 설명에 대해 생각해 보자.

> 레날도는 수줍음이 많지만 또래들은 좋아하고 있는데, 그 이유의 일부는 그가 운동을 잘하고 매우 예의 바르기 때문입니다. 그의 선생님들은 그를 나이에 비해 매우 성숙한 아이라고 묘사합니다.

이러한 서술에는 아무런 문제가 없지만, 이미 레날도를 잘 아는 사람에게는 새로운 정보가 들어 있지 않다. 그러한 진술만으로 구성된 평가 보고서는 의사결정자들이 내릴 판단에 아무 영향도 미칠 수 없을 것이다. 일상 속의 지인들이 레날도에 대해 놓치기 쉬운 것은 무엇인가? 레날도를 매우 성숙한 아이로 보는 선생님이 보지 못하고 있는 것은 무엇인가? 고전적인 스타일에서 작성자는 만일 직설적으로 서술했을 때에는 남들이 보지 못했을 것들이나 볼 수 없던 것들을 알아채도록 해 주는 힘든 작업을 하게 된다. 예를 들어, 추가적인 평가는 다음과 같은 것들을 드러낼 수 있다.

레날도는 다른 청소년들에 비해서 교사와 또래 아이들에게 유난히 예의 바르고 격식을 차립니다. 예를 들어, 그는 선생님들과 다른 어른들에게 자신을 소개할 때 강한 악수를 하면서 격식을 차리고, 그들에게 존칭을 사용합니다("햄프턴 씨, 만나서 반갑습니다!"[3]).그의 과도한 구식의 예절은 또래 친구들에게는 기이하지만 해롭지 않으며 어떤 면에서는 귀엽게 보입니다. 그의 또래 친구들은 레날도가 진심으로 "아침 잘 보내!"와 "이렇게 좋은 날 어떻게 지내니?"[4]라는 따뜻한 인사를 한다고 생각합니다.

레날도는 실제로 마음이 따뜻하지만 첫인상보다는 훨씬 더 수줍기도 합니다. 교실과 운동장에서는 그의 역할이 항상 명확하기 때문에, 그는 편안하게 있을 수 있습니다. 하지만 그는 구조화되지 않은 사회적 상호작용에 직면했을 때에는 또래 친구들의 재빠른 농담에 쉽게 압도됩니다. 그는 엉뚱한 말을 해서 놀림감이 될까 봐 끊임없이 걱정합니다. 우리는 격식을 차리고 예의를 갖추는 그의 행동이 어색한 상황에서 안전을 확보하기 위한 일종의 대본이라는 것을 알게 되었습니다.

불행히도, 그를 불안과 취약함으로부터 지켜 주는 것은 보다 친밀한 관계를 형성하는 것도 가로막게 됩니다. 레날도는 모든 사람들에게 거의 정확히 동일하게 친절하지만 여유 없는 격식을 차린 태도로 대하기 때문에, 가까운 친구가 생기지 않게 합니다. 오랫동안 레날도는 충분히 많은 친근한 지인을 가질 수 있었지만, 지난 1년 동안 그는 점점 더 외로움을 느끼게 되었습니다.

아직 다루어야 할 것이 남아 있지만, 이 보고서는 독자들이 레날도의 예의범절이 사실

---

3) Pleased to meet you, Mr. Hampton, sir!": 한국어에서는 sir와 같은 뉘앙스가 살지 않아서 주석에 원문을 첨부한다(역자 주).
4) "Good morning to you!", "How are you this fine day?": 할머니들이 할 법한 말로, 아이들끼리 주고받는 인사말로는 어색한 표현이다(역자 주).

완전히 긍정적이지만은 않다는 것을 알려 주고 있다. 그의 존경을 보여 주는 순응성은 선생님들에게는 활기찬 성숙함으로 보일지 모르지만, 그것은 사실 뒤떨어진 사회적 기술에 대한 보상 행동이다.

이 서술이 검사자나 평가 과정이 아닌 레날도에게 초점을 맞춘다는 점에 주목하자. 레날도에 대한 독자의 이해를 높이기 위해서는 생생한 일화를 제시해야 한다. 그래야만 당신의 경험이나 평가 과정에 대한 서술이 적절하게 느껴질 것이다. 예를 들면 다음과 같다.

> 평가 도중 어느 순간, 레날도는 실수로 검사자료의 일부를 바닥에 떨어뜨려 서류 더미를 흩뜨렸습니다. 이 작은 실수에 대한 레날도의 반응은 일견 공포로 얼어붙은 것처럼 엄청났습니다. 내가 괜찮다고 하자 그는 얼른 경직된 몸을 풀고서 서류를 집어 들고 너무나 격렬하고 강렬하게 사과했습니다. 다른 사람들은 그가 방금 가보를 깨뜨렸다고 생각했을지도 모릅니다. 내가 반복적으로 손해 입은 것이 없고 전혀 화가 나지 않았다고 거듭 다짐한 후에도 그는 우리가 검사를 다시 시작하기 전에 여섯 번이나 엄숙하게 사과했습니다. 그는 검사가 끝나고 한 시간 뒤 다시 사과했습니다.
>
> 이러한 상호작용을 통해서 나는 처음으로 왜 레날도가 자신의 경계를 늦춰도 된다고 느끼지 못하는지를 이해하게 되었습니다. 비록 권위적인 성인이라는 인물상(fugures)이 겉으로는 친절해 보일지 모르지만, 그는 언제라도 그리고 아주 작은 도발과 사소한 실수에도 신속하고 가혹하고 엄한 처벌을 받게 될 것이라고 예상합니다. 비록 그의 사과가 일시적으로 어른들의 분노를 잠재울지 모르지만, 그는 그것이 예고 없이 다시 불타오를 것이라고 예상합니다. 레날도는 처벌을 피하고 싶지만, 레날도는 일정 부분 그것이 정당하다고 믿으며, 어느 정도는 그의 작은 실수에도 가혹한 반응을 할 만한 이유가 있다고 생각합니다.

고전적인 작문은 단순하지만 지나치게 단순하지는 않다

주의 깊게 배열된 단순한 단어들은 읽고 난 다음에 오랫동안 기억에 남고 행동에도 영향을 미친다. 고전적 스타일의 대가들이 쓴 간결한 한 문장 3개를 살펴보자.

> 하루 종일 재치 있는 사람만큼 내가 두려워하는 것은 없다.
>
> —Marie de Rabutin-Chantal, Madame de Sévigné (1626~1696) Bent (1887, p. 488)에서 인용

여기서 Madame de Sévigné는 우리가 항상 느꼈지만 결코 표현하지 못했던 진리에 대한 유쾌한 인식으로 우리에게 충격을 준다. 게다가 그녀는 과도한 위트의 위험성에 대하여 그녀의 일반화가 우리에게 적절한 한계를 적용할 것이라는 믿음에 큰 경의를 표해 주었다. 항상 재치 있는 남자는 사나운 짐승, 불치병, 침략하는 병사들보다 과연 덜 무서운가 하는 그녀의 말에 도전하게 되면 그녀의 명백한 과장이라는 마법을 깨트릴 것이고 마담의 기분을 상하게 할 것이다.

> 칭찬의 거절은 두 번 칭찬받기를 바라는 것에 지나지 않는다.
>
> —François VI, Duc de La Rochefoucauld (1871/1678, 격언 149)

La Rochefoucauld는 최대의 효율과 최소의 노력으로 지나치게 겸손한 사람에게 말로 주짓수 기술을 건다. 그는 자신을 관심의 중심에 두지 말라고 한다. 사람들이 너에게 친절하게 대하는 것을 너무 어색해하지 말라. 그냥 그 사람에게 감사하고 거기에서 끝내라.

> 지금 이 편지는 아주 긴 편인데, 단순히 내가 그것을 짧게 쓸 여유가 없었기 때문이다.
>
> —Blaise Pascal (1859/1656, p. 417)

종종 인용되는 Pascal의 사과문은 완전히 잊혀질 수 있었다(예를 들어, “긴 편지를 쓴 것은 미안하지만, 제대로 편집할 시간이 없었습니다.”). Pascal이 능숙하게 우리에게 한 가지를 기대하게 하고 의외의 것으로 우리를 놀라게 했기 때문에 이 문장은 영원한 생명을 얻었다. 이런 식으로 간결하게 편집하는 것은 어려운 일이지만, 다소 평범한 관찰을 신선하고 통찰력 있게 느껴지게 해 준다.

고전적 작문의 이러한 예시는 보고서에는 적합하지 않은 유머 스타일을 가지고 있지만 그럼에도 불구하고 충분히 교육적이다. 이 세 작가는 심지어 명백하게 긍정적인 품성인 위트, 겸손, 간결함조차도 위험, 단점 및 비용(지불할 대가)을 숨기고 있음을 알아차렸다. 심리평가 전문가들 역시, 어떤 미덕의 단점과 자기패배적인 행동에서 드러나는 숨겨진 감각을 본다. 이러한 고전적 스타일의 대가들과 비슷하게, 평가 전문가들은 놀랍고 아이러니하며 대조적인 방식으로 메시지를 기억시킬 수 있다.

- 대니얼은 걱정하고 있을 때를 제외하면 결코 편안해하지 않습니다. 걱정이 그의 계획

에 도움이 됩니다. 걱정이 그를 안전하게 지켜 줍니다. 대니얼에게 걱정을 그만하라고 요구하는 것은 그에게 재앙을 불러 오라고 요구하는 것과 같습니다.

- 아트와 래니는 지난 20년간의 싸움으로 인해 서로 갈라놓을 수 없을 정도로 맹렬히 사랑하게 되었습니다.
- 비록 잭슨이 다른 아이들을 위협하지만, 그는 어떤 면에서 그들보다 더 두려워하고 있습니다. 괴롭히는(bully) 사람만큼 괴롭힘당하는 것을 두려워하는 사람은 없습니다.
- 지나가 세균을 더 두려워하게 된다면, 그녀는 손을 그렇게 자주 씻지 않을 것입니다. 몇 년 동안 계속 문질러 온 그녀의 피부는 더 이상 감염으로부터 그녀를 보호할 수 없기 때문입니다.
- 수년 동안의 지연행동(procrastination)은 오늘날 칼라가 생산적인 사람이 되도록 해 주었습니다. 지연행동에는 단점이 있을 수 있지만, 그것은 더 나쁜 문제인 완벽주의와 싸워 왔던 그녀의 파트너였습니다. 그녀의 좌우명은 "과제는 할당된 시간에 맞게 확장된다"입니다. 오직 다가오는 마감 시간만이 그녀를 우선순위에 정신을 집중하고 효율적으로 작업할 수 있게 바꿀 힘을 가지고 있었습니다. 그러나 최근 이 전략은 큰 역효과를 낳았습니다.

만약 전체 보고서가 이런 식으로 역설적이라면 그것은 잘못된 논조가 되겠지만, 기억할 만한 몇몇 문장들은 사람의 인생을 바꿀 수도 있다.

습관적인 위험회피는 불필요하고 매력적이지 않으며 짜증 난다

비난을 면하기 위해서라면—아무것도 하지 말라, 아무 말도 하지 말라, 아무것도 되지 말라.

—Elbert Green Hubbard (1909, p. 38)

만약 당신이 깐깐한 사람이 되고 싶다면, 당신이 하는 모든 서술에 대해 필멸의 인간 존재 안에 뿌리 깊게 자리 잡은 불확실성을 떠올려 볼 수 있다. 하지만 일상적인 의사소통에서 우리는 합리적 의문점이 있을 때에만 의심하기 시작한다. 만일 낯선 사람에게 시간을 알려 달라고 하고 그가 3시 15분이라고 말하면, 우리는 그에게 감사하고 그에 따라 움직일 것이다. 그가 "3시 15분일지도 모른다"고 하면 여전히 고맙다는 인사는 하겠지만, 그다음에 시계를 가진 다른 사람을 찾아다닐 것이다.

많은 학문적 글에서, 명료함은 완벽한 논리보다 크게 뒤떨어진다.

–Richard Hugo (1992, p. 11)

의심의 표현에는 이유가 있다. 누군가 셸비가 당신에게 화가 났다고 전해 준다고 가정해 보자. 당신은 그 정보를 가지고 무엇을 할지 결정해야 한다. 누군가 셸비가 당신에게 화를 낼지도 모른다고 말해 준다고 생각해 보자. 이 정보는 다른 행동 경로로 이어질 수 있다. 만약 그 사람이 셸비의 분노에 대해 상당히 확신하고 있지만 모든 것이 불확실하다는 철학적 입장 때문에 '그럴지도 몰라(might)'을 덧붙인다면, 그녀가 말한 것은 정확하지만 그녀가 소통한 것은 부정확한 것이 된다. 우리는 사회적 관습에 따라서, 말하지 않은 많은 것들로 의사소통한다. 우리가 문장에 의심을 적용하는 방식에 대중들이 익숙하지 않다면, 우리는 잘못된 의사소통을 하고 있는 것이다. 당신이 글을 쓴다고 가정해 보자.

그녀의 어머니는 줄리아에게 '심한 땅콩 알레르기'가 있다고 보고했습니다.

이 문장 기저에 있는 의미(subtext)는 다음과 같다. "내가 얼마나 조심스러운지 보라. 내가 모든 정보를 어디서 얻었는지 말해 주겠다. 또한 나는 알레르기 전문가가 아니어서 그 알레르기가 얼마나 심한지 말할 만한 입장이 아니다. 그래서 나는 줄리아 어머니의 말을 내 말 대신 사용하고 있다." 많은 독자들은 이것이 우리가 의도한 전부라는 것을 이해할 것이다. 하지만 몇몇 독자들에게는 다음과 같은 글을 쓰는 것이 더 나을지도 모른다.

줄리아의 어머니라고 주장하는 그 '여성'은 근거 없이 줄리아가 소위 땅콩 알레르기를 가지고 있다고 주장했는데, 그것은 불특정한 이유 때문에 '심하다'고 기술되었습니다.

우리는 왜 지극히 정밀한 언어로 보고서를 작성하는가? 우리는 정확하기를 원하고 …… 존경받기를 원한다. 우리는 또한 틀리거나 도전받지 않기를 원하고, 만약 우리가 틀렸다면 책임지지 않기를 원한다. 당신은 실제로는 중등도인 알레르기를 심한 알레르기라고 했다는 이유로 고소당할 수 있는 경우가 언제인지는 절대 알 수 없을 것이다. Steven Pinker(2014)는 그 점을 직시했다.

작성자들은 당신의 내부 장기를 보호하라(Cover Your Anatomy)[5]를 줄여 CYA라고 부르는 관료적 요체와 유사한 위험회피(hedge) 습성을 익히게 된다. 그들은 비판자들이 그들이 틀렸다는 것을 증명하려고 할 때, CYA가 곤경에서 벗어나게 해 주거나 혹은, 적어도 그들이 유죄를 인정하더라도 더 약한 처벌을 받게 해 줄 것이라고 희망한다. …… 마치 일상적인 대화에서 우리가 화자(speaker)는 '일반적으로(in general)' 또는 '다른 특별한 조건이 없는 한(all else being equal)'을 의미하고 있음을 알고 있는 것처럼, 고전적 스타일의 작성자는 독자들의 상식과 보통의 자비심에 의지하게 된다. 만약 리즈(Liz)가 시애틀을 떠나고 싶어 하는 이유는 비가 많이 오기 때문이라고 말하는 사람이 있다면, 당신은 그가 시애틀에서는 상대적으로 비가 많이 내리거나 다소 많이 온다는 사실을 증명하지 못했다는 이유로, 일주일에 매일, 하루 종일 비가 내린다는 주장을 하고 있다고 해석하지는 않을 것이다. …… 위험회피를 하지 않은 서술을 한 글에 대해 거의 자비를 베풀지 않는 비양심적인 변호사는 어떤 식으로든 그 작성자를 공격하기 위한 기회를 찾을 것이다. …… 뛰어난 작성자들이라고 해서 그들의 주장에 대해서 위험회피를 절대로 하지 않는 것은 아니다. 그들의 위험회피는 자동적인 것이 아니라 선택된 것이다(pp. 44-45).

먼저 과도하게 위험회피된 문구로 시작해 본 다음에 몇 가지 대안을 모색해 보자.

어머니가 응답한 78점의 CBCL 외재화(externalizing) 점수는 줄리아가 또래들보다 반사회적 행동에 더 자주 관여할지도 모른다는 점을 시사한다.[6]

시사한다?(Suggests) 일지도 모른다?(May) 이 말들은 평가 과정에 내재된 불확실성에 대한 존중의 표시로 의도된 것이 분명하지만, 또한 평가를 애매모호하게 만들었고 반만 완성되었다. 만약 평가자가 줄리아에 대한 다른 정보를 가지고 있지 않다면, 그렇다. CBCL 외재화 점수는 줄리아가 가지고 있을지도 모르는 문제의 존재를 시사하는 것에 지나지 않는다. 그러나 거기서 중단하는 것은 평정척도가 무엇을 위한 것인지 평가자가 이해하지 못하고 있음을 의미한다.

평정척도는 정보를 효율적으로 수집하기 위한 도구로, 우리가 관심을 가지고 검증하려는 특정한 분야에 초점을 둘 수 있다. 그러나 어떤 평정척도도 그것이 확증되지 않는 한, 보고서에서 언급할 만큼 충분히 신뢰할 만하다는 것을 말해 줄 수는 없다. 일단 그녀의 부모님

5) 나중에 문제가 될 약점을 가리라는 뜻을 직역하였다(역자 주).

6) Julia's mother's CBCL Externalizing score of 78 suggests that Julia may engage in antisocial behavior more often than her peers: 이후의 단락에 대한 이해를 돕기 위해 원문을 추가한다(역자 주).

과 교사들, 그리고 줄리아 자신이 우리에게 그녀가 오래전에 무단결석, 좀도둑질, 주먹질을 한 적이 있다고 말해 준다면, 그 점수는 요점에서 벗어난 것이 된다. 우리는 특정한 점수가 아니라 전체적인 증거에 기반해서 해석을 한다. 확증된 점수는 여전히 우리에게 그 문제가 얼마나 드물게 발생하는지에 대해 무언가를 말해 줄 수는 있겠지만, 시사한다(suggests)와 일지도 모른다(may) 같은 단어들을 고집하는 것은 조심스럽게 왜곡된 인식을 드러낸다.

고전적으로 작성된 보고서에서의 정보, 해석 및 결론(information, interpretations, and conclusions)은 검사자에 의해 철저히 검토되었으며, 적어도 이론상으로는 누구라도 검증해 볼 수 있다. 이러한 이유로 보고서는 단순하고 직접적이며 위험회피 없이 서술된다. 필요할 때는 의견, 예측 및 선호(Opinions, predictions, and preferences)는 분명히 그런 이름을 달고 나가지만, 그럼에도 손으로 구겨 버리고 싶은 충동은 배제해야 한다. 이런 식으로, 작성자는 그 의견이 무엇을 나타내는지를 알아내는 독자의 능력에 대한 존중을 나타낸다. 보고서에 단순하고 직접적인 진술을 사용하는 방법에 대한 예시는 [빠른 참조 3-2]를 보자.

마치 작성자들이 자신의 의견을 불변의 법칙처럼 제시하는 것 같은 고전적인 스타일이 처음에는 지나치게 대담해 보인다. 여기에는 걱정해야 할 합당한 이유가 있기는 하지만, 그 걱정은 과장되어 있다. 고전 작문의 명료하고 사심 없는 의견 표명과 오만한 허풍 간의 차이를 알아차리는 것은 어렵지 않다. 만약 우리가 사회적 생물로서 잘하는 것이 있다면, 그것은 잘난 척을 인식하는 것인데, 잘난 척하는 사람의 이익이 우리 자신의 이익과 일치하지 않을 때는 특히 그러하다. 게다가 오만한 허풍선이가 허풍 떠는 것을 막을 수 있는 글쓰기 지침은 세상에 없다. 따라서 우리는 선의를 가진 분별 있는 사람들을 위해 적절한 규칙을 설정하는 것이 나을 것이다.

보고서 진술의 정확성에 대해 미련이 남아 있다면, 당신은 더 분명한 것을 말할 수 있을 때까지 더 많은 증거를 수집해야 한다. 구문 단위의 세밀한 분석을 통해 이득을 보는 사람은 아무도 없을 것이다. 이러한 세밀한 분석은 건조하고 무의미한, 어쩌면 며칠이 걸릴지도 모르는 작업으로 채워질 것이다. 이런 의혹을 품고 있는 말들은 확실히 필수불가결한 도구라고 하겠지만, 모든 서술에 기계적으로 삽입하기보다는 기술적인 판단력을 갖고 사용해야 한다.

고전적인 스타일로 글을 쓰는 것은 작성자에게 분명하고 직설적인 면을 허용해 주지만, 고압적인 태도를 허용해 주는 것은 아니다. 직설적인 글쓰기를 하는 자유에는 평가 단계 동안의 엄밀한 과학적 겸손과 자기검열적 회의라는 대가가 따른다. 평가는 최소한의 정보로 그 사람의 가장 깊은 비밀을 추측해 내는 테이블 마술이 아니다. 오히려 우리는 그 사람

[빠른 참조 3-2]

불필요한 단서 조항 및 과도한 자료를 제거하기

서술	편집 이유
~~줄리아 어머니의 기억이 정확하다면~~, 줄리아는 6주 일찍 태어났다.	만약 누군가가 그런 문제에 대해 정확하게 말할 수 있는 사람이 있다면, 그것은 줄리아의 어머니가 될 것이다.
줄리아의 선생님은~~에 따르면~~, 줄리아를 자습 시간에 집중시키기 위해서 그녀에게 추가적인 보상을 준다~~고 한다~~.	줄리아 선생님의 진술을 의심할 이유가 없다. 원래의 표현은 줄리아의 선생님이 거짓말을 했거나 기껏해야 혼란스럽다는 것을 암시할 뿐이다.
~~BASC-3 성격 보고서에서~~는 줄리아는 높은 수준의 불안감을 가지고 ~~있을 수~~ 있~~음을 나타낸~~다.	평정척도는 단독으로 사용되기에는 불충분하다. 당신의 판단은 다른 것들에 위탁할 수 없다. 해석이 적절히 지지되면, 평정척도를 출처로 참조하는 것은 불필요하다.
~~노출 치료는 줄리아가 개에 대한 자신의 두려움을 약해지도록 관리하는 데 도움이 될 수 있지만 확실한 것은 알 수 없다.~~ 나는 줄리아가 개에 대한 그녀의 두려움이 약해지도록 관리하는 것을 돕기 위해 노출 요법을 추천한다.	거의 대부분의 것들이 줄리아에게 도움이 될 것이다. 당신의 치료적 권고는 무엇인가? 일부러 당신의 제안에 대한 신뢰도를 저하시킬 필요는 없다. 권고가 보장이 아니라는 것은 이미 널리 알려져 있다. 바로 적용할 수 있는 제안을 할 준비가 되어 있지 않다면, 당신의 평가는 아직 끝나지 않았다는 뜻이다.

과 협력하여 작업을 한 다음에 가능한 해석이 사실인지 여부를 모든 관련 당사자들과 함께 검증한다. 따라서 적절히 검증된 해석이 보고서에 나타날 때는 그다지 놀라운 것이 아닌 게 된다. 최선의 노력에도 불구하고 보고서에서 해석적 오류가 발견된다면 보고서를 수정하면 된다.

분명한 것은 만약 당신이 그 보고서가 소송에 제출될 것이라는 예상을 하고 있다면, 위험회피는 정당한 것이다. 만약 고전적 스타일을 받아들여서 당신이 보고서에서 불필요한 단서들과 위험회피 수단을 제거하려 하지만 그럼에도 불구하고 안전하게 쓰고 싶다면, 당신의 보고서에 오류의 가능성을 인정하고 당신의 관찰, 결론, 권고 사항들이 절대적으로 확실한 주장이 아니라 단지 최선의 추측이라는 포괄적

주의

만약 당신이 당신의 진술을 확신할 충분한 증거가 없다면, 그것을 쓰지 말고, 결정적인 말을 적을 수 있도록 더 많은 증거를 수집하라.

거부권(blanket disclaimer)을 포함시킬 수 있다.

독자에게 도움이 되는 뛰어난 글쓰기 스타일

> **쉽게** 글을 쓰고, **길어지는 것**을 삼가라.
>
> 그러나 **쉽게 글을 쓰면 읽기**는 정말 어려워진다.
>
> –Robert B. Sheridan (1819, p. 27)

평가 보고서 글쓰기 스타일의 장점을 배우는 것이 훌륭한 문학작품을 창작하는 것을 의미하는 것은 아니다. 목표는 유용함과 진실을 가장 잘 전달하는 스타일을 찾는 것이다. Steven Pinker(2014)는 글쓰기 스타일에 세심한 주의를 기울여야 할 세 가지 방식을 언급했다.

첫째, 저자들이 자신의 메시지를 전달할 수 있도록 하고, 독자들이 불투명한 작문을 해독하기 위해 귀중한 시간을 낭비하는 것을 막는다.

둘째, 스타일을 통해 신뢰를 얻는다. 만약 독자들이 저자가 일관성과 정확성에 관심을 가지고 글을 쓰고 있다는 것을 인식하게 된다면, 글쓴이가 독자들이 쉽게 경험할 수 없는 그런 미덕에 신경을 쓰고 있음에 안심하게 될 것이다.

셋째, 스타일은 세상에 아름다움을 더한다. 글을 읽고 있는 독자들에게는, 산뜻한 문장, 매혹적인 은유, 재치 있는 말 한마디가 인생의 가장 큰 즐거움 중 하나가 될 수 있다(pp. 8-9).

끝을 염두에 두고 시작하라

> 만약 당신이 어디로 갈지 모른다면, 당신은 그곳에 가지 못할 것이다.
>
> –Yogi Berra (Berra & Kaplan, 2001, p. 72)

보고서를 쓰기 전에, 당신은 스스로 무엇을 쓰고 싶은지 정확히 알지 못할 수도 있다. 하지만 사람들이 보고서를 다 읽었을 때 그들이 알아줬으면 하는 것은 정확히 써야 한다. 그러므로 당신이 알고 있는 모든 것을 쓰지 말자. 알아 둘 만한 가치가 있는 것에 대해서만 쓰자.

잊지 말 것

전체적인 서술, 결론, 그리고 치료적 권고에 중점을 두라.

당신이 강조해야 하는 것은 전반적 서술, 결론 그리고 치료적 권고다. 그러므로 모든 솜털, 충전재, 부가적인 상투적인 문구들(boilerplate incidentals)을 제거하자. 모든 원자료, 통계적 세부 정보 및 해석 과정의 기술적 측면들을 제거하자. 만약 꼭 그것들을 포함시켜야만 한다면, 부정적인 영향을 미치지 않는 부록에 넣자.

사고를 조직화하라

가장 매력 없는 문학 장르 중 하나는 표준 5단락 에세이[7]다. 교사만이 (의무에 따라) 읽고, 학생만이 (압력에 의해) 쓴다. 평가 보고서는 학생 논술문과는 거의 공통점이 없지만, 우리는 보고서의 전반적인 것부터 문장 수준까지 포괄하는 구성방식을 고민해 보기 위해 표준 에세이 서식을 참고해 볼 수 있다. 명제에 대한 진술문에서 에세이가 도출되는 것과 마찬가지로, 보고서에 전반적인 일관성을 부여하는 총괄적인 주제가 있어야 한다. 예를 들면 다음과 같다.

- 비록 제이컵은 어렸을 때 학대받고 버림받았지만, 그에게는 회복탄력성(resilient)이 있었다.
- 레파라타의 난독증(dyslexia)은 그녀의 학업성취뿐만 아니라 삶의 모든 측면에 영향을 미쳤다.
- 제냐의 현재 위기는 과거의 위기보다 더 극심하다. 과거에 그녀의 안전을 지키는 데 효과가 있었던 것들이 이제는 충분하지 않다.

보고서의 각 항목들은 에세이의 부연단락(supporting paragraphs)과 같다. 에세이를 부연하는 각 단락들은 주제문(a topic sentence)을 가지고 있기 때문에, 각 항목은 주요 하위 주제(subtheme)를 가지고 있다. 예를 들어, 배경 항목(background section)은 독자들이 현재 걱정하고 있는 것을 이해하는 데 도움이 된다. 독자의 이해를 증진시키지 않는 정보는 생

7) the standard five paragraph essay: 영미권 중등교육에서 주로 사용하는 표준 글쓰기 서식이다. 구성은 다음과 같다. 1도입 단락, 부연 및 발전을 위한 3본문 단락, 1결론 단락으로 구성된다. 교육을 위한 기초 서식이기 때문에 사고를 충분히 전개하기에는 한계가 있다는 비판도 받는다(역자 주).

략한다. 검사행동 항목(test behavior section)은 독자가 검사점수가 유효한지 여부를 알 수 있게 하고 검사 받은 사람의 현재 기능 수준을 생생하게 묘사한다. 이러한 목표와 거리가 먼 부가적인 관찰은 생략한다. 정보는 각 항목 내에서 체계적으로 처리되며, 항목 간에 불필요한 혼합은 배제한다. 예를 들어, 배경정보에 대한 항목에 검사행동을 기술하지 말고, 검사 해석 항목에 교육적 제안을 넣지 말자.

보고서 항목들 중 일부에는 각 항목의 주된 하위 주제(subtheme)에 대해 상세히 설명하는 하위 항목이 있다. 예를 들어, 배경정보 항목은 발달력, 병력, 교육력, 사회경제 환경 및 현재 가족 상황에 관한 별개의 단락으로 구성될 수 있다. 마찬가지로 행동관찰에는 라포 수준, 주의집중 수준, 태도 및 좌절 감내력에 관한 별개의 단락이 포함될 수 있다. 어떤 항목은 한 단락만 필요한 반면, 다른 항목은 여러 단락으로 된 충분한 정보가 포함될 수 있다. 이 책의 다음 장에서는 다양한 항목 내에서 주제를 구성하는 방법에 대한 구체적인 제안들이 제공된다.

일반적으로 잘 쓰인 단락에는 독자에게 무엇이 뒤따르는지 알려 주는 도입문(an introductory sentence)이 있다. 그다음 문장은 그 단락의 요점을 상세히 기술한다. 단락의 마지막 문장은 요점을 요약하거나 다음 단락으로 전환한다. 한 단락에 너무 많은 다양한 아이디어가 포함되어 있는 경우, 그 정보를 복수의 단락으로 다시 구성하자.

표준 에세이의 결론 단락은 주장을 요약하고, 명제를 확인하며, 이 명제가 더 넓은 논제(broader issues)와 어떻게 연결될 수 있는지를 기술한다. 마찬가지로, 보고서의 요약은 주요 결과들을 개관하고 주요한 우려 사항들을 해결하기 위해 수행될 수 있는 권고들을 다룬다.

부드러운 전환

급격한 주제의 전환은 독자들을 혼란스럽게 한다. 훌륭한 작가들은 **결속기제(cohesive ties)**, 즉 생각을 연결하고 생각 사이의 관계를 명확히 하는 단어들로 독자들이 주제 전환을 쉽게 따라갈 수 있게 한다. 결속기제는 시간, 원인과 결과, 추가 또는 대비를 통해 생각들을 연결함으로써 글쓰기의 연속성을 유지하는 데 도움이 된다(Bates, 2000). '잊지 말 것' 상자에서는 전환의 신호가 되는 일반적인 단어 목록을 제공한다. [빠른 참조 3-3]에는 부실하고 양호한 전환의 사례들이 제시되어 있다.

우리가 보고서에서 발견하게 되는 일반적인 오류는 작가가 단락을 바꿔쓰기만 해도 전환의 신호가 된다고 가정하는 것이다. 단락의 들여쓰기와는 무관하게, 화제의 급격한 변화는 글이 해체된 것처럼 보이게 한다.

잊지 말 것

전환어

시간 연결	원인 결과 연결	추가적 연결	대비적 연결
• 그 뒤에(Then)	• 따라서(Therefore)	• 게다가(In addition)	• 하지만(However)
• 다음에(Next)	• 결과적으로 (Consequently)	• 또한(Also)	• 그러나(But)
• 그 후에(After)	• 그 결과로서 (As a result)	• 나아가서 (Furthermore)	• 반대로(Conversely)
• 하면서(While)	• 그렇기 때문에(Thus)	• 유사하게(Similarly)	• 그럼에도 불구하고 (Nevertheless)
• 그 이후로(Since)	• 그래서(And so)	• 마찬가지로(Likewise)	• 비록 ……이지만 (Although)
• 나중에(Later)	• 이러한 이유로 (For this reason)	• 더욱이(Moreover)	• 반면(Whreeas)

[빠른 참조 3–3]

전환을 개선한 방식들의 예시

부실한 전환	양호한 전환
카일은 상당히 불안했다. 그의 목소리가 떨렸다. 그의 자세는 긴장되어 있었다. 그는 검사 받는 동안 주의력과 집중력을 유지했다.	카일의 불안감은 긴장된 자세와 떨리는 목소리로 뚜렷하게 드러났다. 그러나 검사 받는 동안, 카일은 불안한 생각이 그의 주의집중에 지장을 주지 않도록 자신의 불안을 관리하기 위한 조치를 취했다.
로런의 언어 기술은 잘 발달되어 있다. 그녀의 운동 기술(motor skills)은 대부분의 또래 아동들 수준보다 높았다.	로런의 언어 기술은 잘 발달되어 있다. 그와 유사하게, 운동 기술(motor skills)은 대부분의 또래 아동들 수준보다 높았다.
조너선은 입원이 필요한 큰 부상이나 질병을 겪은 적은 없다. 16세경 그는 심리치료로 우울증을 치료받았다. 그 이후 그는 21세에 다시 치료를 받았다.	조너선은 입원이 필요한 큰 부상이나 질병은 겪은 적이 없었다. 그러나 그는 16세에 한 번, 21세에 다시 한번 우울증에 대한 심리치료를 받았다.

회피적인 용어는 불친절하고 어색하다

대중은 전문가들이 민감한 주제에 대해 단도직입적이어야 한다는 것을 알고 있다. 정확한 범주 명칭(descriptor)을 사용하는 것은 그 표현이 모욕적이지 않은 한 완벽히 수용 가능하다. 아무도 우리의 완곡어법을 좋게 보지 않는다.

- 뼈대가 큰 → 과체중인
- 큰일 보러 가다(go number 2) → 대변 보다
- 뒤쪽 → 엉덩이
- 은밀한 곳 → 생식기
- 매월 찾아오는 것 → 월경
- 욕구의 자기 만족 → 자위
- 부부간의 즐거움 → 성관계
- 가족이 생긴(in a family way) → 임신한
- 더 이상 우리와 함께할 수 없는 → 사망한
- 삶을 버리다 → 자살하다

[빠른 참조 3-5]

간접표현 피하기

간접표현	대체표현
그는 대부분의 아이들보다 중간 부위에 에너지 저장 조직을 조금 더 가지고 있다.	그의 체중은 약 50파운드고 그의 키와 연령에 대한 의학적 권고를 기준으로 과체중이다.
그녀의 아버지는 현재 일반적으로 합의된 행동 규칙을 준수하는 데 어려움을 겪는 사람들을 위한 특수 시설에 살고 있다.	그녀의 아버지는 감옥에 있다.
그는 대부분의 사람들이 익숙해져 있는 많은 물질적 편의 시설의 이점을 누리지 못하고 자랐다.[14]	그의 가족은 돈이 거의 없었다.

14) 사실 한국어에서 이런 식의 표현을 찾아보기는 쉽지 않다. 하지만 역자의 경험상 수련생들은 번역서에 있는 문장을 그대로 활용하거나 가치중립적인 표현을 찾다가 이런 글을 쓰게 된다(역자 주).

> **주의**
> 회피적인 언어를 사용하지 말 것

간접표현(Circumlocutions: 문학적으로는 '에둘러 말하기')은 미묘한 문제를 너무 간접적으로 다루어서 결국 아무도 읽지 않게 만드는 긴 구절이다. 보고서에는 그런 것들이 끼어들 자리가 없다. [빠른 참조 3-5]는 간접표현과 그에 대한 대체표현의 몇 가지 예를 제공한다.

긴 단락은 자연스럽게 나누라

한 페이지 혹은 그보다 긴 단락을 마주했을 때, 당신은 아마도 오랜 시간 동안 애쓰며 매달릴 것이다. 많은 독자들은 긴 단락을 건너뛴다. 그리고 긴 단락들은 대개 혼란함과 엉성함의 징후이기 때문에 그럴 만한 이유가 된다. 단락 나누기를 하려면 언제 독자들이 당신의 생각이 끝날 것이라고 기대하는지를 아는 것이 도움이 된다. 단락이 너무 오래 지속되면 요점을 잃기 쉽다.

독자들은 단락이 대부분 페이지의 4분의 1 이하인 경우에 당신의 문서를 읽는 것이 더 쉽다는 것을 알게 될 것이다(Sattler, 2001, p. 711). 당신은 보통 긴 단락을 더 다루기 쉬운 작은 조각으로 쪼개기 위해 자연스럽게 나눌 지점을 찾을 수 있다. 자연스럽게 나누어진 지점이 없다면, 당신은 아마도 더 간결하게 설명될 수 있는 과도하게 복잡한 생각을 가지고 있을 것이다.

한 단락에 얼마나 많은 문장이 있어야 하는지에 대한 엄격한 규칙은 없다. 궁극적으로 단락의 일관성은 단락 길이보다 훨씬 더 중요하다. 그럼에도 많은 작성자들은 각 단락마다 최소한 2개의 문장을 가지고 있는지 확인하고 3개에서 5개의 문장을 이상적인 목표로 삼는다. 가끔은 단문장으로 된 단락도 필요하지만, 그런 단락을 연속해서 여러 개를 쓰게 되면 일관성이 훼손된다.

단순한 구조로 문장 쓰기

웅변가들은 작성자들이 할 수 있는 것보다 훨씬 더 긴 문장을 이어 나갈 수 있다. 손의 흔들림, 극적인 멈춤, 혹은 목소리의 높낮이를 가지고, 웅변의 달인들은 긴 문장의 미로 속으로 당신을 이끌 때 필요에 따라 당신의 주의를 끌어갔다가 다시 되돌릴 수 있다. 작성자들의 경우에는 미로 같은 종속절, 부가적인 삽입 어구, 자기 간섭의 미로를 따라갈 만큼 인내심이 강한 독자를 거의 찾을 수 없을 것이다. 예를 들면 다음과 같다.

> 오랫동안, 다소 복잡한 주제에 대해 생각했기 때문에, 작성자들은 이해 가능한, 그들 자신의 생각에 몰두하면서, 그들이 하나의 문장으로, 불가사의하게 긴, 모든 주제의 요소적 생각들을 일관성 있게 통일된 것으로 보아서, 그것들을 함께 엮는 것을 지극히 당연하다고 느낀다.

이 문장은 횡설수설하는 것처럼 보일지 모르지만, 합리적인 순서로 다시 배열한다면 그렇게 혼란스럽지 않다.

> 작성자들이 오랫동안 복잡한 주제에 몰두한 후에, 그들은 그 모든 요소들을 통일된 전체로 보게 되고, 따라서 이해 가능한 하나의 긴 문장으로 이 모든 생각을 함께 엮는 것을 지극히 당연하다고 느낀다.

Steven Pinker(2014, p. 106)가 관찰한 바와 같이, "문장의 난이도는 단어 수뿐만 아니라 그 기하학(적 구조)에 달려 있다." 훌륭한 작가들은 필요할 때 긴 문장을 쓸 수 있고 가끔 쓰기도 한다. 실제로 지금까지 쓰인 최고의 문장들 중 일부는 상당히 길다(예: 『햄릿』의 독백 도입부). 그렇더라도 보고서에 있는 대부분의 긴 문장은 작은 문장으로 나누었을 때 더 잘 읽힌다. 예를 들어, 이전에 본 긴 문장은 분할하여 단순화할 수 있다.

> 만약 당신이 초보자에게 복잡한 주제를 가르쳐야 한다면, 처음에는 모든 다른 생각들이 얼마나 단절된 것처럼 보였는지를 기억하라. 그 모든 것의 대통합을 말도 안 되게 긴 한 문장으로 설명하려 하지 말라.

독자들의 주의를 잡아 두기 위해서, 긴 문장과 짧은 문장의 균형 잡힌 다양성을 유지하라. 종종 관련된 여러 요점을 하나의 문장으로 결합하는 것이 도움이 되는 경우가 있다. 예를 들어, "그녀는 우울증에는 프로작을 먹는다. 잔탁은 위궤양을 위해 먹는다. 그녀의 주치의는 그녀의 불안감 때문에 가끔 발륨을 처방했다."를 개선한 문장은 이렇다. "그녀는 우울증에는 프로작, 위궤양에는 잔탁, 간헐적인 불안감을 위해서는 발륨을 복용한다."

장황한 문장을 줄이는 또 다른 방법은 일련의 문장을 재구성하여 동일한 단어나 생각의 반복을 배제하는 것이다. 예를 들어, "줄리아의 어머니는 딸이 잠들기 힘들어한다고 보고했다. 그녀는 또한 딸이 잠든 채로 유지하기가 힘들다고도 했다."를 개선한 문장은 다음과 같다. "줄리아는 잠드는 데 오랜 시간이 걸릴 뿐만 아니라, 밤새 자주 깬다." 하지만 너무 많은 구(phrases)도 문장을 어렵게 만들 수 있다. "그녀는 자기 전에 너무 많이 먹었다고 말했는데, 저지방 식사를 고수하지 않았기 때문에 죄책감에 압도되었다." 좀 더 간결한 문장은 "자기 직전, 그녀는 저지방 식단이 허용하는 것보다 더 많이 먹었고 죄책감에 압도되었다"[15]일 것이다.

[빠른 참조 3-6]은 다양한 유형의 짧게 끊기는 문장 및 불필요하게 긴 문장의 예를 추가로 제공한다. 그리고 그 문제를 해결하는 방법에 대한 예시가 나와 있다. 또한 [빠른 참조 3-6]에는 불필요한 단어를 포함하고 있는 자주 사용되는 몇 가지 구문과 그것들을 제거하는 방법이 제시되어 있다.

[빠른 참조 3-6]

문장 길이 개선하기

목표	문제 사례	해결 사례
내용상 병렬적인 문장은 결합할 것	캔디스의 그해 첫 입원은 우울증에 의한 것이었다. 그녀가 병원에 두 번째로 입원한 것은 거식증 때문이었다. 세 번째는 그녀가 자살 시도 때문에 병원에 입원했을 때였다.	병세가 악화되자 캔디스는 그해 세 차례 입원했는데 처음에는 우울증, 그다음으로는 거식증, 나중에는 자살 시도 때문이었다.
동일한 단어, 주어 또는 구를 반복하지 말 것	그녀의 심리학자는 그 문제를 개선하기 위해 인지행동치료를 시도했다. 그녀의 심리학자는 인지행동치료가 성공적이지 못하다고 느꼈다. 그녀의 심리학자는 캔디스가 인지행동치료가 성공하기 위해 필요한 과제에 참여하지 않았다고 지적했다. 그 후 그녀의 심리학자는 동기강화상담을 시도했다.	그녀의 심리학자는 인지행동치료를 시행하려고 했지만, 캔디스가 어떤 과제도 완수하려고 하지 않는 것이 분명하자, 그는 동기강화상담 접근법으로 전환했다.
한 문장에 많은 전치사절은 피하라.	그녀는 스스로가 로맨틱한 유형의 대인관계 영역에서 발생하는 모든 문제의 근본적인 원인이라고 믿었다.	그녀는 자신의 성격에 대한 깊은 결함이 자신의 로맨틱한 관계의 어려움의 궁극적인 원천이라고 믿었다.

15) 과도하게 많은 구나 절의 사용, 특히 부사구나 관계대명사절의 사용은 영어에서만 적용되는 문제이기는 하다(역자 주).

독자가 알고 있는 단어를 사용하라

짧은 단어가 쓰일 곳에 절대 긴 단어를 쓰지 말라.

–George Orwell (1946, p. 264)

어떤 사람들은 명품 자동차 같은 고급 어휘를 떠올린다. 사실 그 단어들은 평범한 다른 차들과 거의 같은 일을 한다. 그 단어들이 사람들을 더 멋져 보이고 더 눈에 띄게 한다는 점을 제외하고는 말이다. 그런 사람들은 가능한 한 평범한 단어를 업그레이드하기 위해 용어사전(thesaurus)을 활용해서 세련되게 들리도록 노력한다. 하지만 이 전략에 대해 잘 알려지지 않은 사실은 일반적으로 역효과를 낳는다는 것이다. 의외로 이런 글을 쓰는 사람들은 대개 지능이 높아 보이기보다는 더 낮은 것으로 인식된다(Oppenheimer, 2006). 왜 일까?

새로운 단어가 우리의 언어에 추가되는 것은 속물들이 다른 사람들을 감동시키기 위한 신선한 방법이 필요하기 때문이 아니다. 오히려 새로운 단어는 현존하는 단어로는 불충분할 때 발명된다. 이러한 이유로, 완전히 상호 교환되는 진정한 동의어는 극소수에 불과하다. 각각의 단어는 모두 용도가 다르다. 따라서 고급 어휘는 크고 비싼 차보다는 굴착기, 소방차, 콤바인 수확기 등을 합쳐 놓은 것에 가깝다. 그것들은 필연적으로 무겁고 부가적으로 비용이 많이 든다. 범용적이지 않으며, 그것들은 몇 가지 전문화된 작업수행을 위해 특화되었다. 그러나 잡초를 뽑는 데는 굴착기를 이용하지 않고, 촛불을 끄기 위해 소방차를 부르거나, 뒤뜰에서 딸기를 따기 위해 콤바인 수확기를 쓰지 않는다. 사람들이 과량의(a plethora) 친한 친구들이나, 우편 배달원에게 다소 격분(livid)하거나, 누군가의 생각이 글자 그대로 폐물(literally rubbish)이라고 쓴다면, 그 글은 그만큼 멍청해 보인다.

누군가 고급 어휘를 정확하게 사용할 수 있다 하더라도 심리평가 보고서에서 그렇게 하고 싶다는 유혹은 떨쳐 내야 한다. 만약 당신의 주치의가 세련된 전문가적 의상을 가지고 있다면, 당신은 감명받을지도 모르겠지만, 그녀가 일할 때 파티복을 입었다면 그렇지 않을 것이다. 마찬가지로 독자들이 당신의 화려한 말을 완벽하게 이해한다고 해도, 그들은 당신의 보고서가 지나치게 과장되었다고 인식하고 당신의 판단에 의문을 품을 것이다. [빠른 참조 3-7]은 어휘를 단순화하는 데 도움이 되는 온라인 사이트들을 소개한다.

메모

과량(plethora)은 원래 너무 부어서 터질 것 같은 상태를 뜻하는 의학 용어였다. 그것은 단지 많은 것이 아니라, 너무 많은 것을 의미한다. 어떤 사람은 친구가 너무 많을 수도 있지만, 소중한 친구는 그리 많지 않을 것이다.
격분(livid)은 원래 납의 푸르스름한 색을 의미했다. 그것은 희거나, 불그스름하거나, 푸르스름하다는 뜻으로 사용되어 왔다. 사람은 극도로 화가 나면, 얼굴에 홍조가 돈다(즉, 얼굴이 창백해지거나 붉어진다). 사람은 조금 화가 날 수는 있지만 조금 격노할 수는 없다.
문자 그대로(literally)는 은유적이지 않다는 뜻이다. **문자 그대로(literally)**를 비유적으로 사용하는 사람들은 문자 그대로 그 의미를 이해해 주길 바란다.

[빠른 참조 3-7]

이 단어는 너무 로코코 양식[16]인가?

단어가 널리 이해되는지가 확실하지 않은 경우, 단순화되어야 하는 단어와 구를 확인하는 데 도움이 되는 많은 웹 사이트가 있다(예: rewordify.com 및 simplish.org).

시간적 틀을 선택하고 그것을 유지하라

대부분의 보고서는 과거와 현재 그리고 미래 시제가 혼재되어 있다. 시제를 전환하는 것은 시간에 대한 관점이 일관되어 있는 한 독자에게 혼란을 주지 않는다. 예를 들어, 이 문장에서는 동사 시제가 현재에서 과거 시제로 전환되지만, 혼동되지는 않는다.

로드니의 현재 건강상태는 양호하지만, 지난해에는 아파서 몇 달 동안 일을 할 수 없었습니다.

이런 시간적 관점에서 작성자나 독자는 현재의 로드니를 함께 보고 있다. 하지만 때때로 그들은 로드니의 과거를 되돌아봐야 한다. 다른 시간적 관점에서 다시 쓰인 다음 문장도 완벽하게 이해할 수 있다.

평가 당시 로드니는 건강했지만, 몇 달 동안 일을 하지 못하게 했던 일련의 질환에서 막 회복한 참이었습니다.

16) 18세기 프랑스의 화려하고 과할 정도의 장식성이 두드러지는 예술 양식이다. 여기서는 과도하게 화려한 용어의 사용에 비유하고 있다(역자 주).

이런 시간적 관점에서 작성자와 독자는 가까운 과거의 스냅사진, 즉 평가했던 시점을 바라보고 있다. 그러면 독자는 더욱 먼 과거로 향하게 된다. 경고 없이 시간 관점을 바꾸는 것은 독자들에게 위화감을 준다.

> 로드니는 현재 건강합니다. 식욕과 기분도 정상이었습니다. 하지만 그는 잠을 잘 자지 못하고 있습니다.

비록 시간적 관점의 전환으로 헤어 나오지 못할 혼란에 빠지는 독자는 거의 없겠지만, 독자들은 이러한 불일치를 해결하기 위해서 정신적 에너지를 소모해야 한다. 당신은 독자들이 당신의 서술에 자연스럽게 이끌려서 보고서에 제기된 문제들에 전적으로 주의를 기울이기를 원한다. 하지만 어떤 종류의 방해물도 그 보고서의 흡인력을 약화시키게 된다.

만일 한자리에 앉아 보고서를 쓰게 된다면 아마도 당신은 시간적 관점에서 일관된 보고서를 쓸 수 있을 것이다. 당신이 여러 환경에서 보고서를 완성한다면 보고서의 서로 다른 부분에서 상이한 시간적 관점을 채택하기 쉬운데, 이것은 엄청나게 주의를 분산시키지는 않겠지만 당신이 게으르다는 인식에는 기여할 것이다. [빠른 참조 3-8]의 지침은 이러한 불일치를 방지하는 데 도움이 된다. 일반적으로는, 당신과 독자가 지금 그 사람의 현재 기능을 함께 보고 있는 것처럼 쓰되, 평가 중에 발생한 사건은 가까운 과거로 쓰는 것이 좋다.

보통 어떤 시제가 필요한지 파악하는 것은 쉽지만, 때로는 모두 적당해 보일 때가 있다. 예를 들어, 이 문장에서, 빈칸을 채워야 할 것은 무엇인가, '보고한다'인가 '보고했다'인가?

> 샘의 어머니는 샘이 의붓아버지를 원망한다고 _______.

샘이 원망을 보고하는 것이 습관적(또는 더 나빠지거나, 여전히 진행 중)이기를 바라는 사람은 없을 것이다. 따라서 '보고했다'가 더 바람직하다. 하지만 만약 작성자가 동사를 믿음이나 지각을 반영한 것에 대한 보고로 생각한다면, 현재 시제의 '보고한다'는 자연스럽게 보일 수도 있다. 그런 경우 "샘의 어머니가 자신이 ……라고 믿는다고 보고했다."라는 말을 축약한 것이라고 할 수 있다.

일단 이러한 두 가지 개념이 이해되면, 그 믿음이 훨씬 더 중요하다는 것은 분명하다. 결국, 그 믿음은 진행 중이며 보고하는 행위는 진행 중이 아니다. 만약 어머니의 의견이 샘 본인을 포함한 복수의 정보원에 의해 확인된다면, 우리가 무슨 일이 일어났는지를 알게 된 방법에 대한 세밀한 문서보다는 무슨 일이 일어나고 있는지를 설명하는 것이 나을 것이다.

> 최근에 샘과 그의 의붓아버지는 식사 예절과 집안일로 자주 논쟁을 벌였습니다. 샘은 의붓아버지가 자신의 권위를 주장하는 방식에 대해 불쾌함을 느꼈습니다. 왜냐하면 ……

그러나 누군가의 의견을 기술할 만한 이유가 있다면 따로 분류할 수 있다. 예를 들어, 이 정보를 확인하기 위해 적절한 단계를 수행한 후 평가 프로세스 중에 누가 무엇을 말했는지를 하나하나 보고하는 대신 다음과 같이 기록할 수 있다.

> 샘은 의붓아버지와 좀처럼 이야기를 나누지 않습니다. 샘에 따르면, 그는 의붓아버지와 공통점이 거의 없기 때문에 말을 하지 않습니다. 그러나 샘의 어머니는 샘이 의붓아버지를 원망한다고 믿고 있습니다.

만약 누군가가 당신이 어떻게 이 정보를 알게 되었는지(예: 샘이 이 의붓아버지에게 거의 말을 하지 않는다는 것) 알려 달라고 요구할 수 있다는 점을 걱정하고 있다면, 당신은 이례적으로 드물게 일어날 일들에 대해 걱정하는 사치를 부릴 수 있다는 사실에 감사해야 할 것

[빠른 참조 3-8]

과거 및 현재 시제

가이드라인	예시
과거 시제를 사용하여 그 사람의 과거력을 기술하라.	샘은 2학년 때 성적이 나빠졌다.
행동관찰과 검사결과를 설명하려면 과거 시제를 사용하라.	샘은 겨우 몇 초 정도의 노력이 필요한 질문에도 쉽게 포기했다.
민족성 · 성별 · 신체적 특성과 같은 지속적 특질을 설명하려면 현재 시제를 사용하라.	샘은 평균 키와 몸무게를 가진 16세의 학생이다.
학년이나 직업과 같은 사람의 현재 상황에 대해 논의하려면 현재 시제를 사용하라.	샘은 고등학교 3학년이다.
현재 기능을 설명하려면 현재 시제를 사용하라.	일반적으로 샘은 사교적인 기술이 훌륭하지만 장기적인 우정을 유지하는 데에는 어려움을 겪는다.

이다. 설사 그런 일이 일어나더라도, 당신의 기억이 아니라 잘 정리된 메모만으로도 그 질문에 답하기에는 충분할 것이다.

명료하게 쓰라

> 모호함은 작문의 방해자일 뿐 아니라, 삶과 희망의 파괴자이기도 하다. 그것은 부정확한 단어로 표현된 표지판으로 인한 고속도로에서의 죽음, 좋은 의도의 편지에 잘못 쓰인 문구로 인한 연인들의 가슴 아픈 이별, 부정확한 전보 때문에 기차역에서 만나기를 기대했지만 만나지 못한 여행자들의 고통과 같다.
>
> —William Strunk & E. B. White (1959, p. 65)

'명료하라'는 지침은 그 의도상으로는 분명하지만, 사실 아무것도 가르쳐 주지 않는다. 모호한 것이 나쁘고 명료한 것이 좋다는 것은 분명하지만, 종종 어떤 것이 좋은지 알기 어렵다. 모호함을 피하는 한 가지 방법은 유능하지만 전문가가 아닌 사람이 당신의 글을 얼마나 이해할 수 있을지를 스스로 상상해 보는 것이다. 다른 방법은 당신이 존경하는 작성자들이 어떻게 그들의 생각을 표현하는지 세심하게 살펴보는 것이다. 그런 과정을 넘어서야 당신은 피해야 할 특정 구절들에 대한 가르침을 얻을 수 있다.

Jefferson Bates(2000)는 이 주제에 관한 멋진 책을 썼는데, 이 책은 『엄밀한 글쓰기: 잘못 이해될 수 없도록 쓰는 법(Writing with Precision: How to Write So That You Cannot Possibly Be Misunderstood)』이라는 그 자체로 명료한 제목을 달고 있다. 우리는 여기서 평가 보고서에서 자주 발생하는 몇 가지 불분명한 문구의 사례를 조명해 볼 것이다.

강하고 구체적인 단어를 사용하라

때때로 당신은 어떤 사람이 슬프거나, 화나거나, 두려워하거나, 혐오감을 느끼는지 알 수 없다. 속상하다(upset)는 등의 막연한 단어가 그런 상황에 완벽히 들어맞는다. 그러나 평가에서 사람이 속상하다는 것을 알아봤자 그것은 추가적인 평가를 촉구할 뿐이다. 모호한 용어를 사용할 때, 독자는 이미 알고 있는 것이든 의심하고 있는 것이든 뭐가 되었든지 간에 그걸로 그 빈자리를 채우기 쉽다. 당신은 강한 단어, 엄밀한 세부 요소, 생생한 심상을 사용함으로써 독자들이 새로운 시각으로 볼 수 있게 해 줄 수 있다.

'속상하다'와 비슷하게, '좌절되었다(frustrated)'는 어떤 사건에 대한 부정적인 반응을 나타내는 일반적인 용어로 남용된다. 만약 한 사람의 계획이 불만족스러운 결론에 도달했다면, 그때 '좌절되었다'를 적절한 좁은 의미로 사용하라. 그렇지 않는다면, 독자들이 알기에는 보다 어려운 용어들(예: 방해받은, 안달이 난, 쩔쩔매는, 풀이 죽은, 위협받은[17])은 피하고, '압도된, 기분이 상한, 언짢은, 충족되지 못한, 짜증난, 낙담한, 환멸을 느낀, 열등감을 느끼는'[18]과 같은 보다 구체적인 용어를 사용하라. 가능한 한 더 구체적인 단어로 대체해야 할 또 다른 용어들로는 '좋은, 나쁜, 훌륭한, 많은, 대부분, 거의, 근접하게, 곧, 좋아하다, 원하다, 바라다'[19] 등이 있다.

권고 사항들 중 일부는 구체적으로 들리는 것 같지만 결국은 공허한 격려에 불과하다.

좀 더 인내심을 가져라. 무언가를 하기 전에 생각하라. 자기패배적인 행동을 그만둬라.

아무도 이런 조언은 바라지 않는다. 차라리 "잘못된 일을 하지 말고 옳은 일을 하라"고 말하는 편이 나을 것이다. 예를 들어, 인내심을 기르라고 조언한다면, 인내심을 기르기 위한 정보가 뒤따라야 한다(예: 충동적인 지출을 방지하기 위해서 미리 계획한 대로 구매에 필요한 현금만 휴대하는 방법).

'매우'의 사용에 유의하라

'매우(very)'는 기이한 강의어[20]다. 그것은 그 자체로도 밋밋한데, 사용되면 더욱 강렬하게 밋밋하게 만든다(예: 매우 슬프고, 매우 화나고, 매우 기쁘다). 만일 어떤 단어가 이미 강렬하다면, '매우'는 정도를 넘어서게 한다(예: 매우 절망하고, 매우 광분하고, 매우 지복하다[21]). 이러한 것은 신뢰도를 떨어뜨려 단어를 약화시킬 수도 있다.

만약 누군가가 "우리 부엌이 깨끗하다"고 말한다면 그대로 두면 된다. 만약 그 대신에 "우리 부엌이 매우 깨끗하다"고 말하면 우리는 의아함을 느낀다. 다음 각 진술에서 '매우'를 삭제하고서, 그 문장이 더 설득력 있게 느껴지는지 확인해 보자.

---

17) stymied, irked, discomfited, crestfallen, cowed: 드물게 사용되는 단어들의 예시다(역자 주).

18) crushed, offended, disgruntled, unfulfilled, annoyed, discouraged, disillusioned, humbled: 보다 익숙하게 사용되는 단어들의 예시다(역자 주).

19) good, bad, nice, many, most, almost, nearly, soon, to like, to want, to wish: 자주 사용되지만 이 단어가 지칭하는 양적 정도가 모호한 단어들의 예시다(역자 주).

20) Intensifier: 문법 용어로, so나 very처럼 다른 말의 뜻을 강화하는 형용사나 부사를 말한다(역자 주).

21) Very despondent, very furious, very blissful: 한국어로는 어감이 살지 않는데, very가 수식하는 단어들은 정도에 있어서 이미 최고 수준을 나타낸다(역자 주).

- 나는 매우 정직하다. → 나는 정직하다.
- 이 차는 매우 신뢰할 수 있다. → 이 차는 신뢰할 수 있다.
- 나는 그 일을 매우 철저하게 할 것이다. → 나는 그 일을 철저하게 하겠다.

신문 편집자 William Allen White(1935, p. 37)는 야심에 찬 기자들에게 재미있는 조언을 했다.

> 절대 '매우'라는 단어를 쓰지 말라. 그것은 영어에서 가장 약한 단어다. 아무 의미도 없다. 만약 당신이 '매우'를 써야겠다는 충동이 올라오는 것을 느낀다면, '매우(very)' 대신에 '빌어먹을(damn)'을 써라. 편집자는 '빌어먹을'이라는 단어를 삭제할 것이고, 당신은 좋은 문장을 얻게 될 것이다.

White의 충고가 맞는지 한번 시도해 보자. "크리스털은 최선을 다하는 데 매우 의욕적이었다."로 시작하라. 이제 '매우 의욕적이었다'를 '빌어먹게 의욕적이었다'로 대체해 보자. 미소가 지어진다. 이제 당신 마음속에 있는 세 가지 버전의 문장을 모두 비교해 보자. White가 옳았던 것 같다. 모든 단계에서 문장의 의미는 본질적으로 같았다. 만약 크리스털이 의욕적인 것이 비전형적인 수준이었다면, 그 단어는 이 사실을 전달하는 데 매우 실패했다. 그녀의 행동을 묘사하고 더 강한 단어를 사용하는 것이 보다 효과적일 것이다.

> 크리스털은 어려운 검사 문항에 도전하는 것을 즐겼습니다. 대부분의 사람들은 어려운 문항에 몇 분 동안은 열심히 노력하지만, 해결책이 나오지 않으면 이내 넘어갑니다. 그와는 대조적으로 크리스털은 제한 시간이 끝난 후에도 계속 하고 싶어 했고, 때로는 나의 완곡한 촉구에도 그녀는 앞으로 넘어가려고 하지 않았습니다.

물론 어떤 단어도 명시적으로 금지되어서는 안 된다. '매우'도 쓸모는 있다. '매우'가 문제가 되는 점은 단어의 의미 때문이 아니라 그것이 남용되기 때문이다. 그것은 너무 쉽게 떠오르기 때문에 사려 깊은 표현들을 훼손한다. '매우 화가 난' 대신에, 그리고 상황에 따라 '격노한, 흉포한, 격분한, 들끓는, 성난, 불끈한'[22]과 같은 단어를 사용하라. 그래서 더 나은 분노를 묘사하라. "그는 격노가 가라앉을 때까지 10분 동안 나에게 주먹을 휘두르고 욕을 했다."

구어체의 사용을 피하라

우리 일상의 비공식적인 언어를 채우고 있는 많은 단어들은 부정확하거나 다중적인 의미를 가지고 있다. 이러한 용어들을 구어체(colloquialisms)라고 부른다. 그러한 용어의 예로는 **보고서 써내기**(write up for report), **생각이나 믿음에 대한 느낌**(feel for think or believe), **특정 숫자가 적잖게 많은**(lots or quite a few for a specific number), 그리고 **화가 나서 뚜껑이 열린**(made a fuss about for became angry)[23] 등을 들 수 있다. 이러한 용어는 쉽게 오해를 유발하므로 보고서에는 사용을 피하라.

이 규칙의 예외는 어떤 사람이 한 말을 직접 인용할 때다. 이런 경우라면 작성한 내용이 직접 인용문이라는 것을 명시하자. 구어체의 경우와 마찬가지로, 많은 독자들이 알지 못하거나 완전히 이해하지 못할 수도 있는 외국어 구절(예: 프랑스어로 '그것이 인생이다'라는 뜻의 c'est la vie, 이탈리아어로 '달콤한 인생'이라는 뜻의 la dolce vita)의 사용도 피하도록 하자.

모호한 일반론을 명료한 구체적 정보로 대체하라

보고서에서는 가급적 기술적 용어(technical terms)를 사용하지 않고 구체적으로 기술해야 한다. "로라는 은행 업무를 좋아한다"라고 쓰는 것에는 아무런 문제가 없다. 좋아하는 것은 좋은 것이지만, 그냥 그뿐이다. 그녀는 그 일에서 무엇을 좋아하는가? 왜 독자는 이것을 알아야 하는가?

> 로라는 대출 담당자로서 자신의 일을 자랑스럽게 여깁니다. 그녀는 고객들이 집 주인이 되도록 돕기 위해 장시간 일하는 것으로 유명합니다. 때때로 일은 스트레스를 주지만 집에서 그녀의 10대 자녀와 격렬한 말다툼을 벌인 후에, 로라는 상대적으로 평화로운 은행에서의 평일이 찾아오길 기대합니다.

모든 기술적 용어 뒤에 항상 전체 단락이 따라와야 하는 것은 아니지만, 주요 관심사에는 자세한 부연 설명이 필요하다. 부주의함이 의뢰사유라면, 단순히 학생이 수업 중에 주의를 기울이지 않는다고 말하는 것만으로는 충분하지 않다. 그보다는 무엇이 그 학생의 주의를 산만하게 하는지를 묘사하는 것이 나을 것이다. 만약 어머니가 된 젊은 여성이 우

---

22) outraged, ferocious, enraged, seething, exasperated, fuming: '매우 화가 난'에 대한 보다 뉘앙스를 살린 단어들이다. 한국어에서는 다소 어색한 표현이 되지만, 영어와 마찬가지로 보고서에서 섬세한 단어의 선택은 중요하다(역자 주).

23) 한국어 표현에 맞게 구어체로 의역한 것이다(역자 주).

울하다면, 자기비난적인 사고, 자신의 관계에 대한 환멸, 미래에 대한 암울한 전망을 묘사하는 것이 좋을 것이다. 만약 10대들이 '행동화(acting out)'를 했다면, 그 청소년은 무엇을 한 것인가? 잘못된 행동을 유지하게 만드는 보상은 무엇인가? [빠른 참조 3-9]에 제시된 바와 같이 당신의 기술이 충분히 구체적이 되도록 하기 위해 스스로에게 이러한 질문을 제기해 보자.

[빠른 참조 3-9]

구체적이고 명료하게 기술하기

일반적	구체적
조지와 마사는 자주 싸운다. (무엇에 관해서? 왜?)	조지와 마사는 저녁식사 시간에 손님들 앞에서 서로를 비난하곤 한다. 언쟁은 각자의 개인적인 비밀과 관계에 대한 노골적인 세부 정보를 드러내서 상대방에게 모욕감을 줄 때 확대된다. 하지만 몇 시간 동안 공개적으로 불평을 늘어놓고 나면, 그들은 손님들이 떠난 다음에는 왠지 서로 가까워졌다고 느끼고 그동안 서로 피해 온 주제에 대해 솔직하게 이야기한다.
페리스는 공부에 의욕이 없다. (그는 공부의 어떤 점을 싫어하는가?)	페리스는 학교는 좋아하지만 학교 공부는 싫어한다. 그는 교사들로부터 특별대우를 이끌어 내는 능력 때문에 다른 학생들로부터 선망을 받는다. 그는 부모, 교사, 학교 관리자들 머리 위에 올라앉아 있어서, 그와 그의 친구들이 아무런 책임을 지지 않고 수업에서 빠지도록 하는 것으로 유명하다. 그는 영리하고 창의적이며 자신감 넘치지만 수업을 빼먹은 것에 대해서는 무관심하다. 어른들을 조롱하면서 반 친구들에게 깊은 인상을 주는 것에 비하면, 출석하고 숙제를 마무리하는 것은 지루하고 지겨운 일일 것이다.

모든 기술적 용어를 구체화하라

심리학과 교육학 분야에는 한 사람의 수행과 행동을 기술하는 용어가 많다. 분야에 따라 동일한 문제를 기술할 때에도 서로 다른 용어를 사용할 수 있다. 예를 들어, 학교심리학자는 읽기문제를 **학습장해**(learning disability)로 기술한다. 임상심리학자는 읽기 문제를 **읽기장애**(reading disorder)로 기술한다. 신경심리학자는 그 상태를 **난독증**(dyslexia)이라고 부른다. 그리고 언어병리학자는 그 문제를 **읽기장해**(reading disability)로 부른다. 어떤 전문 영역에서 선호되는 기술적인 용어(technical terms)가 일반적으로 사용되는 경우, 우리는 용어의 정확한 의미를 분명하게 해야 한다.

기술적 용어의 사용을 최소화하라

단순한 언어는 복잡하고 기술적인 전문용어보다 언제나 더 좋다(Kamphaus, 1993). 아이가 심한 난서증(dysgraphia)을 겪고 있다고 말하기보다는 글을 쓸 때 글자의 작성에 심한 어려움을 겪는다고 하는 것이 더 낫다. 기술적 용어 또는 난해한 단어를 과도하게 사용하는 보고서는 '전시주의(exhibitionism)'의 일례로 설명되어 왔다(Tallent, 1993). 기술적 용어를 사용하지 않고 글을 쓰는 데에는 명료한 사고가 필요하다(Tallent, 1993). 더욱이 그 주제에 대해 훈련을 받지 않은 부모나 다른 사람들(예: 학교 교사)은 전문용어를 이해하지 못할 뿐만 아니라 겁먹거나 당황해서 설명해 달라고 말할 수도 있다. 어떤 팀 회의에서 언어치료사는 에롤을 비유창성(dysfluent)을 갖고 있다고 기술했고, 이에 대해 부모는 그가 말더듬(즉, 비유창성) 문제가 있다고 대답했다. 이와 같은 오해는 복잡하고 기술적인 단어를 사용하지 않음으로써 피할 수 있다. 하지만 단어가 너무 복잡한지(즉, 일반 독자에게 불분명함) 판단하기가 어려울 때가 있다. 일반적으로는 간단한 것으로 충분할 때는 복잡한 단어를 피하라(Tallent, 1993). 평가 보고서는 광범위하고 과장되며 풍부한 어휘력을 과시하는 장소가 아니다(Kamphaus, 1993).

> **잊지 말 것**
>
> 단순한 단어들로 충분할 때는 복잡한 단어들은 쓰지 말라.

익숙하게 사용하는 '변질된' 단어를 배제하라

시간이 지남에 따라 단어의 의미는 바뀔 수 있는데, 이는 본래의 의미를 배우기 위해 열심히 노력한 사람들을 상당히 안타깝게 한다. 때로는 단어의 의미가 너무 극적으로 바뀌어서 그 단어의 관습적인 의미를 사용하게 되면 오해를 받거나 짜증나게 지적이지 않은 사람으로 여겨진다. 그런 단어는 '변질되었다(skunked)'고 한다. 만약 당신이 '감동적인 경외감(inspiring awe)'의 의미[뛰어난(excellent)에 대응하는]로 훌륭한(awesome)을 쓰거나, 혹은 '~으로 채워지다(be made up of)'의 의미[구성하다 혹은 짜여지다(constitute or compose)에 대응하는]로 포함하다(comprise)를 쓰거나, 혹은 '공명정대한(impartial)'의 의미[지루한(bored)에 대응하는]로 흥미 없는(disinterested)을 쓰거나, 혹은 '충격적일 정도로 사악한 행위(a shockingly evil act)'라는 의미[막대한(huge)에 대응하는]로 엄중함(enormity)을 사용한다고 주장한다면, 당신은 오해를 받을 것이다. 보고서에서는 사람들을 혼란스럽게 할 것 같은 단어를 고집할 이유가 없다.

변질되지 않는 단어(즉, 단어에 새로운 의미가 부가되지 않는)도 있지만, 좀 더 익숙한 단어처럼 들리기 때문에 오해를 유발하는 경우도 많다. 예를 들어, **멍한**[bemused: 유쾌한(amused)에 대응하는]과 **포괄적인**[comprehensive: 이해 가능한(comprehensible)에 대응하는] 그리고 어미에서 두 번째 음절인[penultimate: **궁극적인**(ultimate)에 대응하는]이 있다.

마지막으로, **데이톰**(datum)의 전통적인 복수형으로서 **데이터**(data)는 아마도 언제나 변질되어 사용될 것이다. '데이터가 명확하다(The data are clear)'라고 주어-동사의 수적 일치를 적용해서 올바르게 사용한다 해도 당신의 전문성에는 문제가 있는 것처럼 보일 것이다. 당신에 대한 독자들의 신뢰를 굳이 깎아내릴 필요는 없다. **미디어**(media)가 **미디엄**(medium)의 복수형이 아닌 단수형 물질명사가 된 것과 마찬가지로 **데이터**는 점차 물질명사로 인식되고 있지만, (아직) 학문적 영역에서는 아니다. 우리는 보고서를 작성할 때 단독 형식으로는 **데이터**의 사용을 피하는 것이 좋다고 권고한다. 대신 **정보**(information), **사실**(facts), **결과**(findings), **관찰**(observations) 또는 **데이터 포인트**(data points)[24]를 사용해 보자.

약어를 정의하고 축약을 회피하라

작성자들은 지면을 절약하거나 글을 단순화하기 위해 약어(acronyms)를 사용한다. 교육 또는 임상 환경에서 널리 알려진 약어의 경우에도 보고서에 처음 나올 때는 전체 단어를 적어 준다(예: 주의력결핍 과잉행동장애를 줄인 ADHD).

약어는 검사명에 널리 사용된다. 만일 검사명을 처음 사용한다면, 전체 명칭을 적은 다음에 약어를 입력하라. 예를 들어, "웩슬러 아동 지능검사, 5판(WISC-V: Weachsler Intelligence Scale for Children-Fifth Edition), 및 카우프만 학업성취도 검사, 3판(KTEA-3: Kaufman Test of Educational Achievement-Third Edition)의 통합적인 형식이 시행되었다"라고 적으라. 약어가 이미 정의되었기 때문에, 보고서의 다음 부분부터는 검사를 언급할 때 약어의 사용이 허용된다.

종종 검사 도구에 친숙성이 낮은 보고서 작성자들은 검사 개발자가 지정한 것 대신에 자신만의 약어를 개발하기도 한다. 예를 들어, 우드콕-존슨 IV 성취도 검사(Woodcock-Johnson IV Tests of Achievement) 매뉴얼에 쓰인 약어는 WJ IV ACH이다. 자신만의 약어(예: WJ 4-A)를 창조해서는 안 된다.

---

24) data points: 데이터에서 식별 가능한 요소를 지칭하는 용어다(역자 주).

검사의 어떤 버전을 사용했는지 확인하고 해당 버전의 약어를 입력하라(즉, 아라비아 숫자 또는 로마 숫자—ITPA-3인지 ITPA-III인지 여부). WISC-V를 시행하고 최초 검사 버전인 WISC를 시행했다고 하지 말라. 일반적인 지침에 따라, 언제나 검사 매뉴얼이나 검사 프로토콜에 사용되는 것과 동일한 약어를 사용해야 한다.

검사명과 마찬가지로 특수한 프로그램에도 약어의 전체 명칭을 적어야 한다. "로버타는 현재 학교의 GATE 프로그램에 등록되어 있다"라고 적지 말라. 그 대신 "로버타는 현재 학교의 영재아동 교육 프로그램(GATE: Gifted and Talented Education)에 등록되어 있다"라고 쓰자. 보고서 후반부에 약어를 사용할 계획이라면 '영재아동 교육 프로그램(GATE)'과 같은 문장을 포함시키자. 또 보고서를 작성할 때는 모든 약어(예: bldg., misc., psych., %ile)의 사용을 피하도록 하자. 명료한 글쓰기를 위해 장애물을 제거하는 사례들은 [빠른 참조 3-10]을 참조하라.

[빠른 참조 3-10]

명료하고 정확하게 글쓰기

깨끗한 글쓰기를 막는 장애물	예시	해결책
수식어구 (qualifiers)	• 레이키샤는 꽤(pretty) 발음이 정확했다.	• 레이키샤는 자신의 대답을 명료한(clearly) 발음으로 표현했다.
	• 후안은 약간(a little) 수줍어했다.	• 후안이 어머니의 다리 뒤에 숨었을 때 수줍음이 역력했다(evident).
단어의 오용 (misuse of words)	• 엘리자베스는 검사자를 만나고 싶어 안달이었다(anxious to meet).	• 엘리자베스는 검사자를 만나고 싶어 했다(eager to meet).
	• WISC-V는 16개의 소검사로 구성된다(is composed).	• WISC-V에는 16개의 소검사가 있다(has).
	• 아이가 바닥에 놓여 있다(laid down).[25]	• 아이는 바닥에 누웠다(lay down).
	• 가족 간의 불화는 아이에게 부정적인 정동(negative affect[26])을 주었다.	• 가족 간의 불화는 아이에게 부정적인 영향(negative effect)을 끼쳤다.

25) Lay와 lie의 혼동은 흔히 하는 오류로 옆 열의 해결책에 올바른 문법이 나온다(역자 주).

26) Affect는 동사로는 '영향을 미치다'가 되지만 명사로는 정서, 정동이라는 뜻이 된다(역자 주).

부정문으로 진술하기 (Stating in negative terms)	• 필리프는 간결한 대답을 하지 않았다 (did not provide succinct answers).	• 필리프의 대답은 장황했다(were wordy).
	• 하이디의 개인적인 질문에 대한 반응은 긍정적이지 않았다(not positive).	• 하이디는 인터뷰를 하는 동안 눈물을 흘리고 철수적이었으며, 개인적인 질문들에 대해서는 일정 수준의 불편함을 표현했다(indicating her level of discomport).
과장하기 (overstatement)	• 슬론은 불안으로 마비되었다 (paralyzed with anxiety).	• 질문에 정확하게 대답하고자 하는 슬론의 욕구는 그가 신속하게 반응하지 못하게 했다.
	• 이사벨의 그리기 기술이 부족하여 그녀는 실패하였다.	• 이사벨은 몇 가지 시각 운동 과제에서 평균 이하의 점수를 받았다.
모호한 용어 (Ambiguous terms)	• 후아니타는 감정 조절이 부족했다.	• 후아니타의 감정은 슬픔과 행복 사이에서 급속도로 요동쳤다.
	• 이안은 철자 오류에 대한 비판에 지나치게 민감했다.	• 이안은 그의 선생님이 철자 오류를 고치라고 제안했을 때 울었다.
기술적 용어 (Technical Terms)	• 기초가 확립되지 않아(no basal) 검사가 중단되었다.	• 비록 나는 WISC-V를 시행했지만, 많은 검사 문항이 제시에게 너무 어려운 것으로 판명되었고, 더 적합한 검사가 선택되었다.
	• 모니카가 어머니의 요청에 무의식적 수동-공격성으로(passive-aggressive) 대하는 경향은 어머니와의 관계가 좋지 않게 만든 원인이 되었다.	• 모니카가 어머니의 요청에 대해 일관성이 없는 반응을 보인 것은 그들의 관계가 좋지 않게 만든 원인이 되었다.
장황한 언어 (fancy language)	• 케샤의 수다스러운 본성(loquacious nature)은 단순한 단어를 정의해 달라고 했을 때에도 그녀가 늘어놓은 긴 논설(lengthy disquisition)에서 뚜렷이 드러났다.	• 케샤는 간단한 단어를 길게 정의했다.
	• 줄리아의 독특한 대인관계 표현(interpersonal presentation)은 가족 체계 내에서도 문제가 되었다.	• 줄리아의 부모님과 오빠는 그녀의 코걸이와 문신에 대해 불평했다.

구어체 (Colloquialisms)	• 젠더와 그의 아버지는 대합실에서 누가 지불을 책임져야 하는지에 대해 뚜껑이 열렸다(blowout).	• 젠더와 그의 아버지는 대기실에서 누가 지불의 책임이 있는지에 대해 논쟁했다.
	• 디미트리는 약간 혼란스러웠고 오늘이 무슨 날인지 몰랐다(didn't know what day it was).	• 디미트리는 그날이 무슨 날인지 기억할 수 없었다(could not recall what day it was).
약어, 두문자어, 단어의 축약 (Abbreviations, acronyms, and contractions)	• CBT	• 인지행동치료
	• ADHD	• 주의력결핍 과잉행동장애
	• KBIT-2	• 카우프만 지능검사 제2판
	• 안 함(Don't)	• 하지 않음(Do not)
	• 못함(Can't)	• 할 수 없음(Cannot)

기술적인 문제는 중요하다

만약 당신이 기술적인 세부 사항(technical details)을 좋아한다면, 이 부분은 당신의 관심을 끌 것이다. 만약 기술적인 문제로 고민하거나 겁먹고 있다면, 우리는 당신에게 계속 읽으라고 설득하기에는 시간이 짧다는 것을 알고 있다. 문법과 문장부호에 관한 한, 규칙은 지배자가 아니다(rules are not rulers). 그것들은 도구들일 뿐이지 독재자가 아니다. 그것들은 독자의 이익을 위해 존재한다. 그것들은 그 자체로 완결된 것이 아니다. 그것들은 독자에 대한 존경과 배려를 보여 주는 상식적인 예절이라고 생각하는 것이 낫다. 이른바 규칙이라고 하는 것이 독자의 경험을 부드럽고 편안하게 하지 못한다면 그것을 따를 필요가 없다.

문법

영문법에 대한 전반적인 검토는 본서의 범위를 벗어나지만, 많은 평가 보고서에서는 문제가 되는 특정한 유형의 문법 오류들이 있다([빠른 참조 3-11]을 볼 것[27]). 문법을 좀 더 종합적으로 살펴보려면 [빠른 참조 3−12][28]를 살펴보자.

문장부호

문장부호는 쉼표, 마침표, 따옴표, 콜론(:), 세미콜론(;)[29]의 정확한 사용을 포함한다. 문장부호는 독자에게 하나의 아이디어가 끝나고 새로운 아이디어가 시작되었음을 암시한다. 그것은 또한 멈춤(pause)과 어조의 변화(inflection)를 명확히 하는 데 도움이 된다. 문법상의 오류와 마찬가지로 문장부호의 오류는 독자를 혼란스럽게 하고 주의를 분산시킬 수 있다.

보고서에서 일반적으로 반복되는 한 가지 오류는 인용부호와 관련된 문장부호의 위치다. 학생들과 임상 수련생들은 둘 다 인용 표시가 끝나기 전에 문장부호를 붙여야 하는지 끝난 후에 붙여야 하는지 여부를 기억하는 데 어려움을 겪는다.[30] 심지어 어떤 사람들은 인용문 안에 문장부호를 넣고 나머지 절반은 바깥에 문장부호를 넣는다. 영국 영어와 달리 미국 영어에서 인용부호는 마침표나 쉼표일 때는 문장부호 뒤에 위치한다(그러나 세미콜론이나 물음표는 그러한 규칙의 적용을 받지 않는다). '잊지 말 것' 상자에 문장부호 및 인용부호 사용에 관한 몇 가지 규칙을 열거하였다.[31]

또 다른 일반적인 오류는 하이픈의 사용과 관련된다. 하이픈의 사용 규칙은 복잡하

27) 영문법에 대한 논의는 원문에서도 범위 밖이고 한국어판 번역본에서는 더욱 불필요하기 때문에 [빠른 참조 3−11]은 생략하였다. 다만, 한국심리학회 발간 『학술논문 작성 및 출판지침』(2011, pp. 58-62)에 유사한 내용이 있어 간략히 언급하도록 하겠다(역자 주).

[술어] ① 피동형보다는 능동형 동사를 사용한다. ② 술어는 서술하는 사건이 발생한 시점에 맞는 시제로 쓰여야 한다. ③ 불필요한 보조 용언을 삼가도록 한다. ④ 과거형, 피동형의 중복을 삼가도록 한다. ⑤ 부적당한 사역형의 사용을 삼가도록 한다. ⑥ 형용사를 동사처럼 표현하는 것을 삼가도록 한다.

[주어와 술어의 일치] ① 문맥에서 주어가 명확한 경우라면 가급적 주어는 생략하지 않는다. ② 문장 내에서 주어와 술어 간에 문법적 일치가 있어야 한다. ③ 여러 단문들로 이루어진 복합문의 경우, 각 단문의 주어들을 일치시키거나 적어도 주어가 서로 혼동되지 않도록 주의한다.

[수식어의 위치] ① 부사 혹은 형용사는 수식하는 단어 바로 앞에 놓는 것이 좋다. 수식 관계가 애매할 경우, 어순을 조정하거나 구두점을 사용하여 애매성을 줄인다. ② 필요 없는 부사를 남발하지 않는다. ③ 범위가 불확실하거나 너무 길어 문맥을 파악하기 힘들게 하는 관형사절의 사용을 조심한다.

28) 위와 같은 이유로 [빠른 참조 3−12]는 생략하였다. 다만 우리말 문법은 국립국어원에서 정확한 원칙을 확인할 수 있다(역자 주).

29) 콜론과 세미콜론은 정확한 번역은 쌍점, 쌍반점이다. 여기서는 MS 워드와의 일치를 위해 영문을 음차해서 사용한다(역자 주).

30) 원문의 영어 표현이 애매한데, 예를 들면 다음과 같은 상황이다. "나는 밥을 먹었다."인지 "나는 밥을 먹었다". 인지를 혼동하는 것이다(역자 주).

31) 한국어에서의 인용부호 사용은 좀 더 모호하다. 한국심리학회 발간 『학술논문 작성 및 출판지침』(2011, pp. 88-89)에서는 큰따옴표와 작은따옴표가 사용되어야 하는 상황에 대해서만 언급되어 있고 위치에 대해서는 언급되어 있지 않다. 하지만 예시문을 참고했을 때 일단은 문장부호 뒤에 따옴표가 사용되는 것 같다(역자 주).

다.[32) 『APA 출판 매뉴얼』(APA Publication Manual, 2009)은 이러한 규칙에 몇 페이지를 할애하고 있다. 심리평가 보고서에서 가장 일반적으로 하이픈이 사용되는 경우 중 하나는 사람의 연령에 관계된 것이다. 나이가 명사(예: the 10-year-old)나 복합 형용사(예: a 10-year-old girl)일 때는 하이픈을 쓴다. 일반적으로 하이픈으로 강조된 또 다른 유형의 단어는 인종성(ethnicity)이다. 규칙은 형용사와 명사 복합어에서 수식하는 용어 앞에 하이픈을 붙이는 것이다. 따라서 '중산층 여성(a middle-class woman)'은 하이픈으로 표현되지만, "그녀는 중산층이다(She is middle class)"는 그렇지 않다. 마찬가지로 '4학년 학생(fourth-grade student)'은 하이픈으로 되어 있지만, "그녀는 현재 4학년이다(She is currently in fourth grade)"는 아니다.

2개 이상의 복합 수식어가 공통 어간(a common base)을 가지고 마지막 수식어를 제외한 나머지 수식어를 모두 생략할 때에도 하이픈의 올바른 사용법은 혼란스럽다(예: long-and short-term memory, 5-, 15-and 30-minute delays).

단축형[33)]을 사용하는 것은 엄밀히 말하면 오류가 아니지만, 공식적인 글(보고서 작성과

잊지 말 것

문장부호 및 인용부호와 관련된 경험 규칙(rule of thumb)[34)]

규칙	예시
마침표나 쉼표는 인용부호가 하나의 단어만을 둘러싸는 경우에도 항상 닫는 인용부호 앞에 위치한다.	수전은 다음과 같이 말했다, "그의 장난에 질렸다." 그는 /l/음소로 시작하는 단어 발음에 어려움을 겪었다. 다음과 같은 것들이다. '작은', '길다', '왼쪽'[35)]
콜론 또는 세미콜론은 닫는 인용부호 뒤에 위치한다.	사키의 소아과 의사는 말했다. "그녀에게는 약물치료가 도움이 될 것 같다."; 그는 (임상)시험용 약물을 처방했다.
인용된 내용의 일부가 아닌 한 물음표는 닫는 인용부호 뒤에 위치한다.	타티아나의 아버지는 "왜 그녀는 더 열심히 일하지 않을까?"라고 궁금해했다. 이런 느낌이 드니, 가령 '따돌림받는'?

32) 한국심리학회 발간 『학술논문 작성 및 출판지침』(2011, p. 89)에서는 하이픈 사용 규칙에 대해 합성어일 경우로 한정하고 있을 뿐이라서 명확하지 않다. 한국어 논문 작성 및 출판에 대해서는 구체적인 규칙이 없기 때문에 하이픈 항목의 예문은 원문을 그대로 사용한다(역자 주).

33) Contraction: 영문법에 있는 is not → isn't와 같은 단어의 변형을 말한다(역자 주).

34) 한국어에서는 인용부호 사용법이 좀 더 명료한 편이다. 큰따옴표는 문장에만 사용한다. 작은따옴표는 단어에 사용하나, 큰따옴표 안에 있는 문장을 인용할 때는 작은따옴표로 문장을 인용할 수 있다. 따옴표 안에 모든 문장부호를 넣는다. 여러 단어를 인용하는 경우에는 작은따옴표를 사용하고, 닫는 작은따옴표 뒤에 쉼표를 넣는다(역자 주).

(McArthur & McArthur, 2005)에서는 윈스턴 처칠이 "This is the sort of bloody nonsense up with which I will not put."라고 써서 이 규칙에 대한 사형을 선고했다고 언급했다.

잊지 말 것

문장의 마지막이 아닌 곳에 전치사를 붙이기 쉽다면 그렇게 하라. 그렇지 않다면, 그것이 속한 곳 끝부분에 전치사를 배치하라.

부정사를 쪼갤 수 있다[40]

영어의 부정사는 동사 앞에 to를 붙여서 만들어진다(예: She had *to go* home..). 문법 재판관들은 부사를 부정사 사이에 배치해서 부정사를 쪼개서는 안 된다고 주장한다(예: I need to quickly get my work done. → I need to get my work done quickly.). 부정사를 나누지 않기 위해 부사를 재배치하면 대부분의 문장이 더 편하게 들리는 것은 사실이지만, 때로는 당신이 의미를 전달할 다른 방법이 없을 때도 있다. 예를 들어, "He was determined to really listen this time." 부사를 문장의 다른 곳 어디든 옮기는 것은 그것이 **진짜로** 의미하는 바를 바꾸게 된다. 만약 당신이 부정사를 대담하게 나누기를 원한다면, 당신은 확실히 오늘날 살아 있는 모든 문법학자들의 축복과 함께할 수 있다. 하지만 만약 당신이 몇몇 사람들이 못마땅해할 것이라는 것을 안다면, 당신은 신중하게 싸움을 선택하기로 결정할 수도 있다. 때로는 부정사를 그대로 두고 부사를 배치할 다른 장소를 찾는 것이 예의에 불과할 경우도 있다.

잊지 말 것

부정사 쪼개기를 피하기 쉽다면 그렇게 하라. 그렇지 않다면 부정사를 고민 없이 갈라놓는다.

수동태는 사용할 수 있다(그러나 남용하지 않는다)

능동태에서는 문장의 주어가 동사의 행위(주어–동사–목적어 순서)를 수행한다. 제인은 피아노를 연주했다(Jane played piano). 제인은 주어로서 연주를 하고 있다. 수동태에서는 주어가 동사의 행위를 받는다. 그 피아노는 제인에 의해 연주되었다(The piano was played by Jane). 피아노는 주어로서 동사의 작용을 받으며 연주되고 있다.

일부 글쓰기 스타일 지침은 작가들에게 그들의 수동형 문장을 능동태로 다시 쓰라고 강

40) 부정사의 사용은 온전히 영문법에서만 해당되는 문제다. 그래서 본문의 예문도 영문을 그대로 삽입한다(역자 주).

력히 권장한다. 그 충고는 의도는 좋지만 약간의 오해를 불러일으킨다. 수동태에는 아무런 문제도 없고, 능동태가 특별히 옳은 것도 아니다. 영어는 각각의 적절한 이유로 두 가지 형식을 모두 허용한다. 그것들은 숙련된 작가가 이미 알려진 정보에서 새로운 정보에 이르기까지 독자의 주의를 부드럽게 이끌 수 있도록 돕는다(Pinker, 2014). 예를 들어, 다음 문장을 생각해 보자.

> 우리의 아름다운 피아노는 수년 동안 방치되어 있었는데, 그것이 생명을 되찾게 된 것은 어느 특별한 날 아침이었다. …… 그것은 아주 색다른 음악가에 의한 것이었다. 나는 내가 본 것에 충격을 받았다. 어찌된 일인지, 제리 리 루이스의 광적인 소울은 세상 가장 둔한 인간의 손가락과 얼굴, 그리고 내 어머니의 새 남자친구인 몸을 갖고 있었던 것이다.[41]

처음 두 문장은 수동태로 쓰였다. 우선 우리는 방치된 피아노를 접하게 되고, 그다음에 신비한 피아니스트가 화자를 놀라게 한다. 마지막 문장은 능동태로 전환되어, 문장이 끝날 때 최종 공개될 때까지 연주자의 정체를 숨길 수 있다. 수동태가 능동태로 만들어지고 능동태가 수동태로 만들어지면 어떻게 되는지 보자.

> 우리는 수년 동안 우리의 아름다운 피아노를 무시했다. …… 어느 특별한 날 아침, 가장 색다른 음악가가 그것을 되살릴 때까지. 내가 본 것은 나를 놀라게 했다. 어찌된 일인지, 어머니의 새 남자친구인, 세상에서 가장 둔한 인간의 손가락과 얼굴, 그리고 몸은 한 제리 리 루이스의 광적인 소울에 사로잡혀 있었다.[42]

이 버전에는 문제가 많다. 첫째, 우리의 주의는 음악가에 (안정적으로) 정착하기 전에 피

41) 역자는 노력했으나 번역에서는 수동태의 뉘앙스가 충분히 살지 않아서 주석에 원문을 첨부한다. 핵심은 능동태를 쓰든 수동태를 쓰든 내용의 순서를 적절히 배열해야 글에서 저자가 의도한 문학적인 효과가 발휘될 수 있다는 것이다. 태의 사용에 따라 어순이 바뀌는 영어에서는 이런 재미있는 글의 배열이 좀 더 쉽다. 한국어도 불가능한 것은 아니지만 다소 부자연스러울 수 있다(역자 주). Our beautiful piano had been neglected for many years, until one extraordinary morning it was brought to life … by the unlikeliest of musicians! I was gobsmacked by what I saw. Somehow, the frenetic soul of one Jerry Lee Lewis had taken possession of the fingers, face, and body of the world's dullest human being, my mother's new boyfriend.

42) 마찬가지 이유로 원문을 첨부한다(역자 주). We neglected our beautiful piano for many years ... until one extraordinary morning the unlikeliest of musicians brought it to life. What I saw gobsmacked me. Somehow, the fingers, face, and body of the world's dullest human being, my mother's new boyfriend, were possessed by the frenetic soul of one Jerry Lee Lewis.

아노와 음악가 사이를 몇 번 왔다 갔다 한다. 그리고 우리는 능동태로 쓰이는 충격 받는(gobsmacked)이라는 단어를 듣는 것에 익숙하지 않다. 마지막으로, 우리는 문장이 끝날 때까지 이야기에서 무슨 일이 일어나고 있는지 상상할 수 없기 때문에, 피아니스트의 정체를 희극적으로 드러내는 것의 효과가 반감된다.

다음 두 문장을 검토해 보자.

> 제인이 평가 시험에서 형편없는 성적을 받은 후에, 그녀는 더 많은 수학 숙제를 받았다. 그 숙제는 제인을 어렵게 하려고 고안되었지만 그다지 그녀가 낙담하지는 않았다.[43]

> 제인이 평가 시험에서 형편없는 성적을 받은 후에, 그녀의 선생님은 그녀에게 수학 숙제를 더 내주었다. 그는 제인을 어렵게 하려고 숙제를 고안했지만 그것이 그녀를 낙담시키지는 않았다.[44]

두 문장은 서로 본질적으로 다른 문장보다 우월한 것은 아니다. 만약 작성자가 우리의 초점을 제인과 그녀의 숙제에 맞추기를 원한 것이라면, 수동태로 쓰인 문장이 더 낫다. 만약 우리가 제인의 선생님과 그의 노력에 초점을 맞추고 싶어 했다면, 우리는 능동태로 쓰인 두 번째 문장을 선호할 것이다.

그렇다면 수동태에 아무런 문제가 없다면, 우리는 왜 그렇게 자주 그것을 사용하지 말라는 경고를 받는 것일까? 다음 단락을 검토해 보자.

> 입원이 권유되었지만 어떤 조치를 취하기도 전에 여러 가지 어려움에 직면했다. 몇 가지 선택 사항들을 고려한 후에, 어느 정도 성공적인 새로운 계획이 시행되었다. 현재의 모멘텀이 유지되기 위해서는 여러 가지 치료법이 조율된 방식으로 시행되어야 할 것이다.[45]

---

43) 앞과 마찬가지 이유로 원문을 첨부한다(역자 주). After Jane performed poorly on the assessment test, she was given more math homework. The homework was designed to be challenging for Jane but not so much that she would be discouraged.

44) 앞과 마찬가지 이유로 원문을 첨부한다(역자 주). After Jane performed poorly on the assessment test, her teacher gave her more math homework. He designed the homework to challenge Jane but not so much that it would discourage her.

45) 앞과 마찬가지 이유로 원문을 첨부한다(역자 주). Hospitalization was recommended but a number of difficulties were encountered before any actions could be taken. After several options were considered, a new plan was put into place with some success. In order for the current momentum to hold, a number of treatments will need to be implemented in a coordinated manner.

잊지 말 것

문장이 수동태에서 능동태로 바뀌면 더 생생해질지에 대해서는 항상 고려해 볼 만하다. 그러나 의도한 대로 초점을 유지할 수 있다면 수동태를 유지하는 것은 부끄러운 일이 아니다.

주의

책임을 회피하기 위해 수동태를 사용해서는 안 된다. 오류를 인정할 때는 능동태로 인정하라.

수동태에서는 누가 누구에게 무엇을 하고 있는지 가려내기 쉽지 않다. 그런 식의 많은 문장들이 한데 얽혀 있다면 우리는 인간의 의도나 욕망, 관심이 결여되어 있고 서술의 행위자가 없는 맥 빠진 이야기를 얻게 된다. 축 늘어진 수동태 문장은 능동태로 바꾸어 살려낼 수 있는 경우가 많다.

이 수동태는 또한 [빠른 참조 3-15]에 나온 것처럼 실수와 옳지 않은 행동에 대한 책임을 회피하고자 하는 권위 있는 인물들이 좋아하는 것이기 때문에 나쁜 평판을 얻게 되었다.

[빠른 참조 3-15]

수동태의 남용

능동태	수동태
나는 권고된 중재안을 이행하지 못했다(I failed to implement the recommended interventions).	불행히도, 권고된 개입은 실행되지 않았다(Unfortunately, the recommended interventions were never implemented).
내가 신중하게 계획했더라면 지금 우리가 직면하고 있는 많은 문제들을 예방했을지도 모른다(If I had planned carefully, I might have prevented many of the problems we are now facing).	현재의 어려움 중 상당수는 예방됐을지 모르지만 예견된 것은 아니었다(Many of the current difficulties might have been prevented, but they were not foreseen).
나는 부모님의 기분을 상하게 하는 말을 했다(I said things that offended the parents).	부모들은 몇 마디의 말에 기분이 손상됐다(The parents were offended by some remarks that were made).

찬성(Aye)이라고 말하는 것과 아니라고 말하는 것은 똑같이 구식이다

Gaston Dorren(2015)의 말처럼 1960년대 스웨덴의 평등주의는 1960년대 스웨덴의 대명사와 마찰을 빚었다. 많은 언어와 비슷하게 스웨덴어에는 다른 수준의 격을 위한 대명사가 있다. 당신은 다른 사람에게 말하기 전에, 상대방과의 관계와 당신의 상대적인 상태

동료의 도움을 받자

> 나의 글쓰기 경험에서, 당신은 일반적으로 마치 자신이 선착장에 서서 바다 위의 배를 보는 것처럼 꽤 선명하게 볼 수 있는 어떤 전체 아이디어를 가지고 시작한다. 처음에는 배 전체를 볼 수 있지만, 일을 시작하게 되면 당신은 보일러실에 있게 되고, 더 이상 배가 보이지 않게 된다. 보일러실의 파이프와 윤활유와 부속품들이 당신이 볼 수 있는 모든 것인데도, 당신은 배의 외관을 추정해야 한다. 당신이 편집자에게 진정으로 원하는 일은 선착장에 남아 있는 사람 역할인데, 그는 다음과 같이 말한다. "안녕, 네 배를 보고 있는데, 선수가 빠져 있고, 앞 돛대가 비뚤어져 있으며, 마치 추진기는 고쳐져야 할 것처럼 보여."
>
> –Michael Crichton (1994, MacFarquhar)에서 인용

특히 당신이 그들의 호의에 보답할 용의가 있다면 당신의 보고서를 교정하고 비평할 동료를 찾도록 노력하라. 상호 개선을 목표로 진행 중인 파트너십은 드물고 아름다운 것이다. 기밀성을 유지하기 위해 보고서에 있는 모든 식별 정보를 제거하라.

자가평가

1. 수동태로 쓰인 문장은 무엇인가?
   (a) 선생님은 제이슨에게 즉시 자리로 돌아가라고 말했다.
   (b) 그 심리학자는 내담자가 참을성 있게 기다리고 있다는 점에 주목했다.
   (c) 안드레아의 반응은 그녀의 부모님을 놀라게 했다.
   (d) 그 아동은 심리학자에 의해 관찰되었다.

2. 글쓰기에서 새로운 주제로 전환할 때 가장 좋은 방법 중 하나는 단순히 들여쓰기를 하거나 새로운 단락을 시작하는 것이다. 참인가? 거짓인가?

3. 글쓰기에 대한 설명 중 맞는 것은 무엇인가?
   (a) 의심스러울 때는 항상 요점을 밝히기 위해 더 적은 단어보다는 더 많은 단어를 쓰라.
   (b) 어떤 점을 명확하게 표현할 수 있는 가장 좋은 방법은 반복해서 말하기(stating and restating)다.
   (c) 복잡하고 긴 문장은 독자의 흥미를 가장 잘 유지시킨다.
   (d) 하나의 단락 안의 아이디어가 너무 다양하여 주제 문장에 요약할 수 없는 경우에는 2개 이상의 단락으로 재구성해야 한다.

4. 어느 것이 옳은가?[49]
   (a) A 10–year–old girl
   (b) A 10–year old girl
   (c) A 10 year old girl
   (d) A 10–year–old–girl

5. 다음 중 적절한 동사 시제를 사용하지 않은 문장은 무엇인가?
   (a) Adrien was an African American male with a slender build and short, curly black hair.
   (b) Emily twisted her hair when taking tests of verbal ability.
   (c) Because Rodney excelled in his job, he advanced to the level of senior manager.
   (d) Jasmine's level of intelligence is in the Above Average range.

49) 4, 5, 6번 문항은 영문에서만 규칙이 명료하므로 예시에 원문을 제시한다(역자 주).

6. 다음 중 주어-동사 배열이 잘못된 문장은 무엇인가?
   (a) The vase of flowers was on the teacher's desk.
   (b) The members of the multidisciplinary team were all present.
   (c) The consulting psychologist and Esther's family were happy with the improvement in emotional functioning.
   (d) The box of pencils were well within his reach.

7. 평가는 엄밀하지 않다. 최선의 방법은 보고서를 아마도, 어쩌면, 때로는, 그리고 언젠가와 같은 문구로 채우는 것이다. 참인가? 거짓인가?

8. 보고서 작성의 기본 원칙이 아닌 것은 다음 중 어느 것인가?
   (a) 끝을 염두에 두고 시작하라.
   (b) 모든 문장을 세어 보고 읽을 가치가 있게 한다.
   (c) 민감하게 반응하고, 완곡한 표현을 많이 사용한다.
   (d) 중복된 단어나 구를 피한다.

9. 보고서를 작성할 때 따라야 할 좋은 규칙: 페이지 길이가 긴 단락은 피한다. 참인가? 거짓인가?

10. 최종 보고서에 부주의하고 어리석은 실수가 없게 하기 위한 좋은 제안이 아닌 것은 무엇인가?
   (a) 글꼴을 얇고 읽기 매우 어려운 글꼴로 변경한다.
   (b) 각 문장을 소리 내어 읽는다.
   (c) 초안을 인쇄한다.
   (d) 맞춤법 검사기를 사용하라. 다른 것은 필요하지 않다.

답: 1. d; 2. 거짓; 3. d; 4. a; 5. a; 6. d; 7. 거짓; 8. c; 9. 참; 10. d.

제4장

보고서 도입부

> [작가]는 의미, 느낌, 관찰의 관계 구축을 추구한다. 우리는 외로운 동물이다. 우리는 외로움을 덜기 위해 평생을 보낸다. 그러기 위한 아주 오래된 우리의 방식 중 하나는 듣는 사람이 다음과 같이 말해 달라고 하거나 적어도 그렇게 하고 싶게 하는 이야기를 말하는 것이다.
>
> "그래, 바로 이런 식이지, 혹은 적어도 그게 내가 느끼는 것이지. 너는 네 생각만큼 혼자가 아니야."
>
> –John Steinbeck (1976, p. 523)

사람들은 모든 것이 잘되고 있을 때 스스로를 평가에 의뢰하는 경우는 거의 없지만, 가끔 고통스럽거나 적어도 걱정스러울 때는 스스로를 의뢰(self-referrals)한다. (자신 또는 타인을 위해) 평가를 요청하는 사람들은 기존의 도식으로는 현재의 어려움을 이해하고 관리하기에 충분하지 않을 때, 그러한 오랜 믿음을 다시 평가하는 데 이례적으로 개방적인 사람들일 수 있다. 따라서 이러한 의뢰는 어려운 문제에 직면하고 있는 사람들, 혹은 점점 더 조급해지는 사람들 간에 상호 이해를 증진시킬 수 있는 드문 기회를 제공한다.

평가 보고서의 도입부는 강렬한 이야기(narrative)의 시작이다. 평가자와 같은 제삼자가 그동안 수검자가 문제에 대처해 온 방식에 대한 이야기를 능숙하게 다시 들려줌으로써, 당신은 수검자에 대한 정확하고 공감적인 이해를 불러일으키고, 보고서의 독자들이 그를 돕기 위한 적절한 조치를 취하도록 해 줄 수 있다.

보고서 구조의 변경

평가 전문가로서, 당신은 보고서를 상당히 자유롭게 구성할 수 있다. 어떤 전문가들은 그들의 결론을 보고서 마지막이 아니라 처음에 쓰기도 한다. 일부 작성자들은 짧은 보고서에서는 의뢰 시 질문과 배경정보를 병합하기도 한다. 우리 분야에서는 모든 상황에 최적화된 스타일은 없기 때문에, 일률적인 보고서 스타일은 존재하지 않는다. 우리는 보고서에 나름의 항목별 제목을 달았지만, 여기에 다른 대안적 명칭을 사용해도 무방하다([빠른 참조 4-1]을 볼 것).

[빠른 참조 4-1]

평가 보고서에서 대체 가능한 일부 표제[1)]

기밀평가 보고서(Confidential Evaluation Report)

- 심리학적 평가(Psychological Evaluation)
- 신경심리학적 평가(Neuropsychological Evaluation)
- 심리교육학적 평가(Psychoeducational Assessment)
- 교육학적 평가(Educational Evaluation)
- 말하기 및 언어평가(Speech and Language Evaluation)
- 의무적 재평가(Mandatory Reevaluation)

의뢰사유(Reason for Referral)

- 제시된 문제들(Presenting Problems)
- 평가 목적(Purposes of Assessment)
- 평가 이유(Reason for Evaluation)
- 의뢰 시 우려 사항(Referral Concerns)
- 의뢰된 이유(Referral Reason)
- 정보의 개관(Review of Information))

관련 배경정보(Relevant Background Information)

- 배경(Background)
- 배경정보(Background Information)
- 발달력(Developmental History)
- 발달, 교육, 의료 및 가족력(Developmental, Educational, Medical, and Family History)
- 가족 및 교육적 배경(Family and Educational Background)
- 과거력(History)
- 관련 과거력(Relevant History)
- 중요한 정보(Significant Information)

1) 번역상 차이를 드러내기 위해서 Heading은 표제, Title은 제목으로 번역했다(역자 주).

제목 및 식별 정보

대부분의 보고서는 제목과 주요 식별 정보로 시작한다. 보고서의 제목은 보통 첫 페이지 상단에 있다(예: 심리학적 평가, 신경심리학적 평가, 심리교육학적 평가, 말하기 및 언어평가). 때로는 '기밀용으로만 사용 가능'과 같은 개인정보를 보호하기 위한 고지 사항이 포함되어 있다. 제목 아래에는 식별 정보가 기록되며, 일반적으로 다음과 같은 것들을 포함한다.

- 수검자 명(Name of examinee)
- 생년월일(Birthdate)
- 생활 연령(Chronological age)
- 검사 일자(Date(s) of testing)
- 보고 일자(Date of report)
- 검사자 명(Examiner's name)

환경 및 평가 목적에 따라 다른 정보가 포함될 수도 있다.

- 기관이 지정한 내담자 ID 번호(Client ID number assigned by your organization)
- 직업(Occupation)
- 학년(Grade or year in school)
- 부모(또는 보호자) 이름(Parents' (or guardians') names)
- 교사 이름 또는 학교 이름(Teacher's name, or the name of the school)
- 평가자의 감독자 이름(Name of the examiner's supervisor)

이 자료를 표에 넣고 다음과 같이 내부 테두리를 제거하면 공간을 절약할 수 있다.

기밀평가 보고서			
손필드 심리학 협회			
성명	안토니에타 메이슨	평가 일자	10/1/2018~10/15/2018
생년월일	6/28/1990	보고 일자	10/16/2018
연령	28	평가자	커러 벨, PhD

의뢰사유

> **잊지 말 것**
>
> 보고서의 핵심 목적은 의뢰 시 질문에 답하거나 설명하는 것이다.

첫 번째 항목에는 평가를 위한 우려 사항들이 요약되어 있으며, 이는 보고서가 답변하게 될 질문들을 나타낸다. 의뢰원(referral source)의 이름, 직책(예: 3학년 교사)과 구체적인 의뢰 사유가 포함된다. 구체적인 질문이 제기되지 않은 경우, 의뢰원에 문의하여 문제의 성격과 범위를 명확히 하라. John Willis는 대학원생들에게 보고서 작성법을 가르칠 때 학생들이 이 질문들에 답할 수 있도록 반드시 결론에 의뢰 시 질문들을 포함하도록 했다.

어떤 보고서 작성 스타일에서는 의뢰사유 뒤에 평가 질문 목록이 나온다.

다음은 의뢰사유 항목의 예시다.

> 조나스는 지난 3년 동안 저소득 가정을 위한 작업치료와 학습장애 서비스를 받아 왔다. 그의 부모님과 4학년 교사인 맨텔은 그의 전반적인 운동 발달, 특히 그의 서투른 손글씨에 대해 우려를 나타냈고, 조나스를 도울 방법을 알고 싶어 했다.

일부 작성자들은 독자들이 보고서 본문을 건너뛰며 읽을 수 있다고 생각한다. 그래서 그들은 의뢰사유에 다른 항목에 속하는 것이 적절할 세부 사항을 끼워 넣는다. 하지만 세부 사항이 포함된 요약을 쓰는 이러한 관행은 그 문제를 해결할 수 없을 것 같다. 요약이 장황하면 대충 훑어보기 때문이다. 요약이 진정한 요약이 되도록 하라. 만약 당신의 요약이 몇 문장을 넘어선다면, 그것은 아마도 효과적인 요약이 아닐 것이다.

일부 평가들에서 의뢰 시 질문은 부정적인 문제에 관한 것이 아니다. 예를 들어, 학생들은 영재와 재능 있는 학생들을 위한 프로그램의 참여 자격을 결정하기 위해 사용될 수 있다. 또는 청소년의 직업 계획을 위한 아이디어를 제공할 목적으로 의뢰될 수 있다. 또한 일부 학군에서는 학생에게 제공되는 서비스가 적절한지, 계속 필요한지 확인하기 위해 주기적인 검사를 의무화하고 있다. 그러나 일반적으로 전문 클리닉이나 병원이 아니라면 대부분의 의뢰는 개인의 학문적 · 언어적 · 인지적 · 행동적 · 사회적 발달에 관한 우려에서 비롯된다.

[빠른 참조 4-2]는 당신이 의뢰 관련 항목을 공식화하는 데 도움이 될 수 있는 몇 가지

질문의 예를 제시하며, [빠른 참조 4-3]은 보고서를 쓸 때 의뢰사유가 표현되는 방식에 대한 사례를 제공한다.

[빠른 참조 4-2]

의뢰 시 질문의 예시문

심리교육학적-학교심리학적 평가(Psychoeducational-School Psychology Assessment)

- 내털리는 읽기장애가 있는가? 만일 그렇다면 어떤 교육 방법이 가장 효과적일 것인가?
- 그레이엄이 사회적으로 그리고 지적으로 유치원에 다닐 준비가 되었는가?
- 개빈은 SAT 또는 기타 표준화된 시험을 치를 때 추가 시간을 제공해야 하는 진단 가능한 장애를 가지고 있는가?
- 헤일리는 2학년에 머물러야 하는가?
- 샤린은 학교의 영재 프로그램에 참여함으로써 이익을 얻을 수 있을까?
- 식스토의 가정과 학교에서의 행동 문제는 주의력결핍 과잉행동장애의 진단(과 그에 따른 치료)에 해당하는가?
- 델리아가 학교에서 폭력적인 행동을 할 위험이 있는가?
- 리디아가 수술 후 학교로 돌아갈 때 그녀를 수용하기 위해 어떤 변화가 필요한가?
- 아나(15세)가 학업을 중단할 위험에 처해 있는가?
- 니콜(유치원 아동)이 학교 공포증을 가지고 있는가?

직업-발달장애평가(Vocational-Developmental Disabilities Assessment)

- 캐럴라인은 독립적 생활이 가능한가?
- 발달장애가 있는 앨런이 집이 아닌 집단주택이나 감독받는 아파트 환경으로 옮겨 갈 수 있는가?
- 잭슨 씨의 관심사와 능력을 고려할 때 어떤 직업 분야의 학습이 이득이 될 수 있는가?

신경심리학적 기능(Neuropsychological Functioning)

- 엘리너가 경험한 기억력 장애는 알츠하이머형 치매 등의 초기 치매를 나타내는 것인가?
- 찰스의 수년간의 알코올 남용이 인지기능에 손상을 입혔는가?
- 브라이언의 두부 손상에 따른 신경심리학적 영향은 무엇인가?
- 주의력 또는 기억력 문제가 안드레아의 학교 성적에 영향을 미치는가?
- 릴리가 고용량의 납에 노출된 것이 인지능력에 영향을 미쳤는가?

정서 기능의 평가(Assessment of Emotional Functioning)

- 샬린이 자살 성향이 있는가?
- 노엘이 기분 혹은 불안장애를 겪고 있는가?
- 미겔이 외상 후 스트레스 장애(PTSD)를 가지고 있는 것으로 보이는가?

법의학적 평가(Forensic Assessment)

- 스털링을 위한 최선의 양육권 협의는 무엇인가?
- 셰이머스가 살인을 저지를 때 정신 이상에 대한 법적 정의를 충족했는가?
- 에스터는 재판을 받을 능력이 있는가?
- 밀턴의 지적장애는 사형이 아닌 종신형으로 감형될 만한 수준인가?

[빠른 참조 4-3]

의뢰사유 예시문

아동 의뢰

- 타리크는 양부모인 에런 그리고 멀리사 퓰러와 함께 살고 있으며, 입양 절차가 진행 중이다. 타리크의 명백한 언어 지연과 지적 결핍 가능성에 대해 양부모들이 유치원 선생님들과 상의한 후 평가에 의뢰했다. 그의 양부모들도 타리크가 태아 알코올 증후군(fetal alcohol syndrome)에 걸렸는지 알고 싶어 한다.
- 애나는 그녀의 어머니인 헬렌 재페에 의해 의뢰되었다. 그녀의 어머니는 애나가 사람들에게는 거의 관심을 보이지 않지만 장난감 자동차의 바퀴와 같은 기계에 쉽게 매료되기 때문에 자폐증인 것이 아닌지 우려한다. 애나는 좀처럼 말을 하거나 눈을 마주치거나 상상 놀이에 몰두하지 않는다. 재페 씨는 애나가 작업치료, 언어치료, 가족상담, 또는 어떤 종류의 사회적 기술훈련에서 도움을 받을 수 있는지 알고 싶어 한다.
- 브루클린은 그녀의 부모인 제이슨과 에이미 리드의 요청에 따라 평가를 받았는데, 그들은 그녀의 학업 성취가 불충분하다고 걱정했다. 그녀의 부모님과 초등학교 1학년 선생님들이 합심한 노력에도 불구하고, 브루클린은 읽기와 수학에서 거의 진전을 보지 못했다. 현재 그녀는 전혀 읽지 못하고 몇 개의 글자와 숫자만 알고 있다. 브루클린의 부모는 학습장애의 원인을 파악하고 적절한 교육전략을 결정하기 위해 평가를 요청했다.
- 본 평가의 목적은 클로이 영재교육 프로그램의 자격을 결정하고, 결과에 따라 그녀의 수준에 맞게 커리큘럼을 조정하고 풍부하게 하는 방법을 생각해 보는 것이다.

청소년 의뢰

- 비록 재커리는 지적 능력이 있는 학생이지만, 그는 현재 웨스트체스터 예비학교에서 일부 과목을 낙제한 상태다. 그의 아버지와 새엄마가 이 평가를 요청했다. 웨스트체스터 예비학교의 교사들은 재커리의 아버지와 새엄마가 그의 학업수행 약화를 우려하고 있으며, 어떤 종류의 '처리 결손(process deficit)'이 있는지 궁금해한다고 보고했다. 재커리의 새어머니는 기억력의 약화 가능성을 구체적으로 언급했다. 재커리의 인지적 프로파일, 일반적 적응, 학업 기술은 교사 및 학부모 관찰, 교육력 및 현재 수준의 학업성취도와 연계하여 교육계획 수립을 위한 하나의 정보원으로 검토될 것이다.
- 켄드라는 양아버지를 칼로 위협하면서 양육이 중단되었다. 그녀는 보다 영구적인 조정 결정이 내려질 때까지 위기 아동들을 위한 임시 거주지인 세이프 하버에 머물 것이다. 세이프 하버의 감독관인 로럴 조던은 켄드라가 필요로 하는 치료 수준을 결정하고 거주 계획을 세우기 위한 심리학적 평가를 의뢰했다.
- 도널드는 현재 소년 범죄자들을 위한 최고 보안 시설에 감금되어 있다. 그의 사례관리자인 엘리너 얼은 그의 평가를 의뢰했다. 평가결과는 킬모어 카운티 감옥의 교육평가 프로그램의 일환으로 새로운 개별화된 교육 프로그램의 목적과 목표를 결정하는 데 사용될 것이다.

성인 의뢰

- 에리카 피넬은 6개월 전 자동차 사고로 두부 손상을 입었다. 비록 그녀의 신체는 거의 다 회복되었지만 부주의함, 건망증, 정신적 피로는 그녀가 고용된 레스토랑의 주방장으로서 모든 책임을 다하기 위한 능력에 지장을 주었다. 피넬의 주치의인 마두 푸리 박사는 현재 피넬의 인지기능 수준에 대한 평가를 의뢰했다. 피넬은 자신의 두부 손상이 단기 및 장기기억, 그리고 새로운 기술을 배우는 능력에 영향을 미쳤는지 알고 싶어 한다.
- 의대 예과 2학년인 노엘은 자신의 철자법 곤란을 평가하기 위해 스스로 의뢰했다. 여러 해 동안 많은 선생님들은 그녀에게 검사를 권유했지만, 그녀의 부모님은 결코 평가를 받으려고 하지 않았다. 최근 대학의 한 영어교수는 그녀의 많은 글쓰기 실수에 대해 언급하면서 난독증 검사를 위해 대학 학습장애 클리닉에 연락해 볼 것을 강력히 권고했다. 노엘은 그녀에게 철자법이 왜 그렇게 어려운지에 대한 설명과 철자법 기술을 향상시킬 수 있는 방법에 대한 제안도 원하고 있다.
- 개빈은 로스쿨 성적에 대한 우려로 평가를 스스로 의뢰했다. 비록 그는 제시된 자료의 개념을 이해하지만, 시험을 볼 때 시간이 부족한 경우가 많다는 것을 알게 되었다. 결과적으로 그는 그 정보를 이해하고 있음을 보여 줄 수가 없다. 그는 또 할당된 자료를 다 읽는

데 지나치게 많은 시간을 소비한다는 것을 발견했다. 현재 평가의 목적은 개빈의 현재 수행 수준을 판단하고, (치료적) 서비스를 받을 자격이 되는지와 그 필요성에 대해 고려하며, 적절한 적응 방식을 제안하는 것이다.

'잊지 말 것' 상자에 평가의 목적과 문제의 성격을 명확히 하는 데 도움이 되는 의뢰원에 대한 질문 유형을 나열하였다. 의뢰사유 항목에서 이 모든 질문에 답할 필요는 없겠지만, 보고서의 어느 항목에서든 전부 답해야 한다.

잊지 말 것

의뢰 시 질문에 대해 수집해야 할 중요 정보

- 언제부터 문제가 시작되었는가?
- 문제가 처음 관찰되었을 때 수검자는 몇 살이었는가?
- 문제는 얼마나 자주 발생하는가?
- 지속 시간은 얼마나 되는가?
- 강도는 어느 정도인가?
- 이 우려가 나타난 지 얼마나 되었는가?
- 왜 바로 지금 평가를 받는가?
- 문제의 구체적인 예시는 무엇인가?
- 이 평가에서 무엇을 얻기를 원하는가?
- 이 평가가 완료된 후 결과를 검토하기 위해 수검자를 다시 만난 후에, 당신이 새로 알게 된 점은 무엇인가?

[그림 4-1]과 [그림 4-2]는 의뢰 시 질문에 대한 정보를 수집하기 위한 양식을 제공하며, 당신은 상황에 맞게 수정할 수 있다.

보고서에 의뢰 시 질문을 간결하고 명료하게 진술하는 것 외에, 당신은 또한 의뢰로 이어진 특정 행동이나 증상에 대한 간략한 요약을 이 항목에 담을 수 있다. 당신은 우려 사항의 이유를 설명하기 위한 예시와 간단한 일화를 포함시킬 수 있다.

심리평가를 위한 의료 전문가의 요청서

수신: ______________________________

환자 명: ______________________________

생년월일: ____________________ 연령: ____________________

진단(적용 가능한 경우): ______________________________

의학적 문제들: ______________________________

____

____

의뢰사유: ______________________________

____

____

이번 의뢰의 원인이 된 행동이나 증상: ______________________________

____

____

검사에서 특별히 우려되는 사항:

예/아니요	검사에 지장을 줄 수 있는 운동능력의 제한
예/아니요	청력 상실(심각도를 구체적으로 쓰고, 만약 교정된다면 __________수준까지 가능한지)
예/아니요	시력 저하(심각도를 구체적으로 쓰고, 만약 교정된다면 __________수준까지 가능한지)
예/아니요	언어장해
예/아니요	영어가 모국어가 아님(내담자의 영어 숙련도는 어느 정도인가? _______)
예/아니요	언어에 대한 낮은 이해
예/아니요	낮은 협조
예/아니요	투약
	약명 ____________________ 용량 ____________________
	부작용 ______________________________

[그림 4-1] 병원 환경에서 사용되는 의뢰 요청서의 예시

출처: Tallent(1993)에서 수정됨.

주의: 의사로부터 이러한 서식에 따라 최초 요청이 있을 수 있지만, 당신은 의뢰원으로부터 보다 상세한 정보를 수집하여 서류상 요구 사항을 만족시켜야 한다.

학생의 이름	의뢰 일자		
의뢰한 사람			
나이 학년	유급한 학년		
의사소통 문제	**전혀 아님**	**가끔**	**자주**
표현 언어(문법에서 문제, 제한된 어휘)	☐	☐	☐
수용 언어(이해에서 곤란, 지시를 따르지 못함)	☐	☐	☐
교실 내 행동	**전혀 아님**	**가끔**	**자주**
과도하게 활동적임, 시끄럽게 떠듦, 자리에서 일어남	☐	☐	☐
매우 조용함, 대화를 나누지 않음	☐	☐	☐
행동화(공격적, 적대적, 반항적, 파괴적, 쉽게 울어 버림)	☐	☐	☐
부주의함(좁은 주의폭, 과제 지속 행동이 저조함)	☐	☐	☐
주변에서 방금 일어난 것을 알아채지 못하는 것처럼 보임	☐	☐	☐
또래 관계가 부실함(친구가 적음, 거부됨, 무시됨, 친구에게 괴롭힘 당함)	☐	☐	☐
학업 문제	**전혀 아님**	**가끔**	**자주**
읽기(단어 공격[2] 기술, 이해가 저조함)	☐	☐	☐
쓰기(읽기 곤란, 글자 역전,[3] 쓰지 못함)	☐	☐	☐
철자법(음성으로 철자를 말하지 못함, 글자를 빠트리거나 불필요하게 추가함)	☐	☐	☐
수학(계산, 개념, 응용이 저조함)	☐	☐	☐
사회과학, 과학(개념을 조작하지 못함, 관계를 이해하지 못함, 인과에 대한 이해가 저조함)	☐	☐	☐
신체적 문제	**전혀 아님**	**가끔**	**자주**
대근육 운동 협응(시각-손, 상지 기민성[4])	☐	☐	☐
시각(칠판을 보지 못함, 사시, 눈을 비빔, 책을 너무 가까이서 봄)	☐	☐	☐
청각(소리를 변별하지 못함, 지시의 반복을 요청함, 스피커 쪽으로 귀를 향함, 귀에 통증이 종종 있음)	☐	☐	☐
건강(예: 뇌전증, 호흡 문제 등)	☐	☐	☐
현재 받고 있는 치료	**아니요**	**예**	**빈도**
언어치료	☐	☐	______
물리치료	☐	☐	______
심리치료	☐	☐	______
작업치료	☐	☐	______
약물치료(예라고 답했다면 복용하는 것을 적으시오.)	☐	☐	______
다른 문제들: ______			
그 문제를 어떻게 해결해 왔는가? ______			
의뢰한 사람의 서명 및 직함 ______			

[그림 4-2] 학교에서 사용되는 의뢰 서식의 예시

출처: Kamphaus & Frick(2009)에서 수정됨.

이야기를 재진술하기: 배경정보

배경정보 항목의 목표는 독자가 후속 항목의 결과, 결론 및 권고를 이해할 수 있도록 준비시키는 것이다. 일반적으로 배경정보의 대부분은 초기 평가 과정에서 면담과 질문지로 수집한 정보에서 나온 것이다.

보고서의 배경 항목에 수집된 정보의 내용은 사례마다 다를 것이다. 그러나 종종 어떤 공통적인 주제들이 다루어지기도 한다. [빠른 참조 4-4]~[빠른 참조 4-7]은 수검자 또는 부모와의 면담 중에 수집될 수 있는 정보의 상세한 개요를 제공한다. 만일 정보원이 의사라면 의학적 과거력에 질문이 집중될 것이다. 제보자가 교사라면, 그 정보는 학문적 과거력에 초점을 둔 교실 내 수행을 보여 줄 것이다.

전형적으로, 당신은 초기 발달, 학교 관련 과거력, 의학적 과거력 등에 관한 별도의 단락을 쓰게 될 것이다. 한 단락에는 하나의 구분된 주제를 가진 내용만 담도록 노력하라. 만약 당신이 주제에 대해 거의 언급할 것이 없다면(예를 들어, 뮤오나의 의학적 과거력에서는 눈에 띄는 큰 질병이나 부상이 없었다), 그 정보를 시각이나 청각 검진 결과와 같은 다른 관련 주제와 통합하라. [빠른 참조 4-8]은 완전한 배경정보 항목의 예를 제공한다.

[빠른 참조 4-4]

아동 발달력을 위한 주제 예시

어머니의 임신

- 어머니가 의사의 치료를 받았는가?
- 어떤 문제나 합병증이 있었는가?
- 처방된 약 또는 처방되지 않은 약물을 복용했는가?

---

2) word attack: 단어 공격으로 알려진 이 독해 기술은 인쇄된 단어를 이해하기 위해 사용하는 기술이다. 간단히 말해서, 인쇄된 단어를 인식하고 분석하여 그것이 나타내는 구어 단어와 연결하는 능력을 의미한다. 이 기술들은 아이들이 성공적인 독자가 되는 데 필수적이다(역자 주).

3) Word reverse: 난독증에서 흔히 나타나는 현상으로, 글자가 시각적으로 반전되어 인식되는 현상이다. 이러한 경우 글자의 위아래가 반대 방향으로 보인다(역자 주).

4) Manual dexterity: 자신의 손을 사용하여 물체들을 조작하는 능력(Farber, 1991) 혹은 어떤 과제를 수행하는 동안 작은 물체를 조작하는 세밀하고 자발적인 움직임을 말한다(Backman et al., 1991)(역자 주).

- 알코올을 마셨는가? 얼마나 마셨는가?
- 담배를 피웠는가? 얼마나 피웠는가?
- 대마초 같은 불법 마약을 사용했는가? 용량은 얼마나 되는가?
- 임신 주수는 얼마나 되는가?(37~40주가 만기로 간주됨)
- 미숙아인가?(37주 이하 임신 기간)

분만

- 분만 유형은 무엇인가?
- 분만 중 태아가 받은 스트레스는 무엇인가?
- 산소 공급 중단을 야기한 원인이 있었는가?

출생 직후

- 출생 시 체중과 신장은 어떻게 되었는가?
- APGAR[5] 점수는 얼마나 되었는가? 5~10점은 문제를 예측하지 못하지만 낮은 점수는 태아의 잠재적 스트레스를 암시한다.
- 특별한 관리 또는 의학적 검사가 필요했는가?
- 어머니와 아기는 병원에 얼마나 있었는가?
- 아기의 생활 패턴을 예측할 수 있었는가?(기질을 판단하는 데 도움이 된다)
- 섭식
- 수면
- 울음의 빈도와 강도

발달적으로 중요한 사건들(습득한 연령의 목록)

- 앉기
- 기기
- 걷기

5) 아프가 검진법: APGAR의 다섯 글자는 각각 검사되어야 할 뭔가를 의미한다. 첫 번째 A는 '활동(activity)'을 의미하며 '아기가 팔다리를 움직이는가?'를 체크한다. P는 '맥박(pulse)'으로 '아기의 심장 박동은 정상인가?'를 체크한다. G는 '찡그림(grimace)'으로 '아기가 신체 접촉에 반응하는가?'를 체크한다. 두 번째 A는 '외양(appearance)'를 뜻하며 '정상적인 피부색을 가졌는가?'를 체크한다. 그리고 R은 '호흡(respiration)'을 의미하며 '숨을 제대로 쉬고 있는가?'를 체크한다. 각각의 아기들은 태어나서 1분 뒤에 검사를 받고 각 항목은 0, 1, 2의 숫자로 등급 매겨진다. 그런 다음 5개의 숫자를 합하고 그 합계를 놓고 고려를 하는 것이다. 점수가 높으면 좋지만, 점수가 낮으면 뭔가 잘못된 것이다(역자 주).

- 첫 번째 단어(말하기)
- 짧은 문구(말하기)
- 화장실 훈련

[빠른 참조 4-5]

교육 및 직업력을 위한 주제 예시

적용되는 모든 수준의 학교교육에 대한 정보

- 어린이집 및 유아원(아동용)
- 유치원 및 초등학교(아동 또는 청소년용)
- 고등학교(성인 또는 청소년용)
- 대학교(성인용)
- 기술 또는 직업 교육(성인용)

교육적 고려 사항들

- 재학 중인 학교의 유형(예: 공립, 사립, 홈스쿨링)
- 이중언어를 구사하는 교사 또는 수업
- 부모와의 분리(가장 낮은 학년에서)
- 동료 관계
- 받은 성적 등급
- 표준화된 검사점수(학교 기록에서 집단 검사)
- 출석 기록
- 학년을 건너뛰거나 반복하기
- 학교의 변화
- 문제들 또는 성공 경험들
- 교사와의 관계
- 가정-학교 의사소통
- 학교에 대한 태도
- 숙제를 하는 데 있어서의 문제
- 흥미, 학교 밖 활동

- 교육적 개입(말하기 치료, 특수교육 등). 어떤 유형의 개입이 성공하지 못하였는가? 어떤 종류의 개입이 효과가 있었는가? 성공적인 개입의 최적화된 기간은 어느 정도였는가?

이전의 심리교육적 검사결과

- 의뢰 시 질문
- 검사결과
- 검사 해석
- 진단
- 권고
- 추후평가(follow-up)

직업력(성인)

- 현재 및 과거 고용 상태, 실업 기간
- 직무에 적합한 교육 훈련(공식적 학교교육 또는 현장 교육)의 유무
- 직무 만족도
- 작업 동료 또는 상사와의 관계
- 퇴직 상태 여부, 대체 활동 또는 봉사 활동

[빠른 참조 4-6]

의학적 및 심리학적 과거력을 위한 주제 예시

의학적 과거력

- 시각
- 청각
- 질환
- 상해
- 입원
- 처방약(현재 또는 과거, 약물명, 복용량, 빈도)
- 약물 또는 알코올 사용(현재 또는 과거)
- 담배 사용
- 카페인 사용

이러한 불일치가 발생한 이유 중 하나는 매슈스 씨가 폴을 주말에만 보기 때문일 것이다. 폴의 아버지는 친권이 없고 폴은 격주 주말마다 그와 함께 지낸다. 매슈스 씨는 폴이 자료를 정리해서 학교 과제를 완성하기 위해 필요한 일상적인 도움의 양을 관찰한 적이 없다. 폴의 어머니 호프만 씨는 폴의 인식을 확인해 주었다. 그녀는 폴이 항상 학교에서 고군분투해 왔고 파인리지에서 만큼 좋은 성적을 내기 위해서는 상당한 외부 교습이 필요하다고 지적했다. 그는 현재 가정교사가 없으며, 학교에서 특수한 편의를 제공받고 있지 않다.

[빠른 참조 4-9]

아버지와 아들이 불일치하는 견해의 사례

폴은 생후 이틀 만에 입양되었다. 매슈스 씨는 폴이 매우 활동적인 아기였다고 보고했다. 그는 가만히 앉아서 집단에 참여하는 데 어려움을 겪었기 때문에 유치원에서 추가로 1년을 더 보냈다. 폴은 늘 학생-교사 비율이 낮고 교과과정이 잘 개발되어 있는 사립학교에 다녔다. 그의 초등학교인 파인리지는 소규모 수업과 개별화된 교육, 그리고 면밀한 지도감독이 가능했다. 폴은 초등학교에서 성공적이었지만, 웨스트민스터 예비 학교에서는 1학년 성적이 상당히 저하되었다. 폴은 현재 모든 과목에서 낙제점을 받고 있다.

매슈스 씨는 폴이 수업을 미리 준비하지 않기 때문에 숙제를 제대로 끝내지 못하고 시험 성적이 저하되며, 결국 그것이 학교에서 잘 해 나가지 못하는 이유라고 믿는다. 그는 폴이 더 열심히 노력하기만 한다면, 별도의 도움이나 과외 없이도 모든 과목에서 좋은 성적을 거둘 수 있을 것이라고 믿는다.

이와는 대조적으로 폴은 파인리지에 있는 동안 일주일에 세 번 과외를 받았다고 보고한다. 교사들은 또한 그를 위해 재시험을 볼 수 있게 해 주고 일대일 공부를 같이 하는 등 비공식적인 편의를 제공했다. 그는 자신이 수업에서 잘 해 나가지 못하는 주된 이유 중 하나는 그가 학교에서 하는 모든 시험에 여분의 시간이 필요하지만 이러한 편의를 요구하기에는 너무 창피하기 때문이라고 믿는다. 시간이 더 많이 주어졌던 과거에 그는 과제의 중요한 측면에 주의를 집중하는 것이 더 쉬웠다. 폴은 과제를 정리하고 우선순위를 정하고 완성하는 데 도움을 줄 수 있는 가정교사나 '과제 코치'가 필요하다고 생각한다. 그는 또한 웨스트민스터는 반의 인원이 너무 많고 교사들의 일대일 도움을 받을 시간이 없다고 말했다.

정보의 출처 확인

배경정보의 출처 확인은 선택적으로 하라. 만약 당신이 어떤 것이 사실이라는 것을 확인했다면, 보통 정보원을 확인할 필요는 없다. 예를 들어, 수험생의 어머니가 성적 하락에 대해 말하고 나서 당신이 수검자의 성적표에서 이 사실을 확인했다면, "그의 어머니가 그의 2학년 성적이 나빠졌다고 보고했다"라고 쓸 필요는 없다. 단지 "그의 2학년 성적이 나빠졌다"라고만 쓰면 된다.

정보의 타당성을 확인할 수 없는 경우라면 그 정보를 생략하는 것을 고려하라. 만일 당신이 어떤 정보를 검증할 수 없는데도 포함시켜야 한다고 믿는다면 그 정보의 출처를 밝혀야 한다. 예를 들어, 그녀의 남편이 수검자는 만성적으로 우울했다고 보고했고, 당신은 보고서에 이 문제를 언급할 충분한 이유가 있다고 가정해 보자. 만약 당신이 이 정보를 스스로 타당화할 수 없다면, 당신은 그 정보의 출처를 언급해야 한다. "그녀의 남편은 캐럴린이 수년 동안 우울해했다고 기술했다."

의견, 추정, 추측은 출처를 밝힐 필요가 있다. 일반적으로 다른 전문가로부터 얻은 정보와 이전 평가에서 얻은 정보는 출처를 밝힐 필요가 있다. 그러나 당신의 전문적 판단에 대해서는 출처를 밝힐 필요가 없다. 만약 당신이 폭식증을 앓고 있는 사람을 진단한다면, 마치 그 문제가 확정된 것처럼 "알리사는 스스로 폭식증에 걸렸다고 보고했다"라고 쓰는 것은 적절하지 않다. 그녀가 이런 식으로 자기정체성을 밝힌다는 것을 보고하는 것은 괜찮지만, 정확하게 진단해야 할 책임은 알리사가 아니라 당신(또는 다른 자격을 갖춘 전문가)에게 있다.

자가평가

1. 잘 작성된 보고서를 위해서는 다음 중 어느 것을 해야 하는가?
   (a) 보고서 전반에 걸쳐 중요한 과거력들을 제시한다.
   (b) 복수의 출처에서 사실이라고 문서로 증명되지 않은 정보는 회피한다.
   (c) 아동이 아닌 성인에게만 의뢰정보 및 배경정보를 획득한다.
   (d) 의뢰 시 질문에 답변한다.

2. 어떤 사람이 평가에 의뢰되는 이유 외에도, 의뢰 시 질문에 대해 수집해야 할 중요한 정보들은 많다. 다음 중 의뢰와 관련해 수집할 필요가 없는 것은 무엇인가?
   (a) 문제의 강도, 빈도 및 지속시간
   (b) 문제가 시작된 시점
   (c) 그 사람이 당신을 평가자로 선택한 이유
   (d) 그 사람이 지금 온 이유

3. 예시와 짧은 일화는 의뢰사유 단락을 쓸 때 시간과 공간을 낭비하는 것이다. 참인가? 거짓인가?

4. 면담 대상자들이 당신에게 말하는 일부 정보는 보고서를 넣기에는 너무 사적인 것이다. 참인가? 거짓인가?

5. 다양한 출처에서 정보를 수집할 때 다음 중 참인 것은 무엇인가?
   (a) 아이와 함께 사는 부모의 정보는 선생님들이 당신에게 준 정보보다 믿을 만하다.
   (b) 청소년의 정보는 신뢰하지 말라.
   (c) 아동의 연령과 성숙도는 아동의 자기 보고에 얼마나 많이 의존할 것인가에 영향을 미칠 수 있다.
   (d) 부모의 평가가 편파적이기 때문에 교사의 정보는 학부모의 정보보다 신뢰성이 높다.

답: 1. d; 2. c; 3. 거짓; 4. 참; 5. c.

제5장

행동관찰

행동관찰이 없는 보고서는 상용 서신 형식의 모든 장점을 갖추고 있다. 구체적이고 유관한 관찰결과로 글을 쓰는 것은 본질적인 관심사에 대해 알게 된 것뿐만 아니라, 수검자에 대해 한 명의 사람으로 관심을 갖고 있었다는 사실을 분명히 전달한다. 이 장에서 우리는 행동관찰에 대한 기술을 적절하고 생생하며 설득력 있게 하기 위한 원칙들을 제시할 것이다.

구체적인 관찰 기법을 완전하게 설명하는 것은 책 한 권이 통째로 필요한 주제다. 이 장에서 우리의 주된 초점은 행동에 대한 기술을 보고서에 통합하는 방법에 관한 것이다. [빠른 참조 5-1]에는 행동관찰의 기본 원칙과 기법에 대한 몇 가지 서적이 추천되어 있다.

행동관찰을 기술하는 목적

우리는 왜 관찰된 행동을 평가 보고서에 기록하는가? 이 질문은 처음에는 어리석어 보일 수도 있지만, 곰곰이 생각해 보면 심오한 함의를 가지고 있는 생산적인 통찰로 이어진다. 관찰이라는 행위의 가치는 꽤나 명백하다. 그러나 당신이 일단 관찰을 검토하고 결론을 냈다면, 결론만 쓰고 끝내면 되지 않겠는가? 예를 들어, 우리가 단순히 수검자가 우울하다고 쓸 수 있을 때, 독자가 느린 걸음걸이, 처진 어깨, 피곤한 눈, 개인 위생상의 실수, 그리고 분노와 자기혐오의 냉소적인 중얼거림과 같은 세세한 부분까지 열심히 살펴볼 필요가 있을까? 이런 종류의 관찰을 생생하게 서술하려면 상당한 시간과 노력이 필요하다. 왜 굳이 그런 번거로운 일을 하는가? 만약 당신이 행동을 기술하는 이유를 오해한다면, 정말이지 당신은 자신과 다른 모든 사람들의 시간을 낭비하게 만들 것이다. 그러나 능숙하고 사려 깊게 표현된 행동의 기술은 다른 것들과 마찬가지로 독자들을 감동시킬 것이다.

[빠른 참조 5-1]

행동관찰에 관한 서적들[1]

- 『Observing Children in Their Natural Worlds: A Methodological Primer』(3rd ed.) by Pellegrini, Symons, and Hoch (2013)

1) 국내에 번역되지 않은 책도 있어 원서 명을 그대로 기입한다(역자 주).

- 『Observational Measurement of Behavior by Yoder and Symons』(2010)
- 『Observing and Recording the Behavior of Young Children』(6th ed.) by Cohen, Stern, Balaban, and Gropper (2016)
- 『Understanding Children: An Interview and Observation Guide for Educators』(2nd ed.) by Daniels, Beaumont, and Doolin (2007)
- 『Functional Behavioral Assessment, Diagnosis, and Treatment: A Complete System for Education and Mental Health Settings』(3rd ed.) by Cipani (2018)

관찰의 기술은 강력하게 살아 있는 전통이지 죽어 있는 의식이 아니다

> 전통은 안내인이지 교도관이 아니다.
>
> —W. Somerset Maugham (1938, p. 227)

만약 당신이 우리의 직업적 전통에 대한 막연한 의무감으로 보고서에 행동관찰을 포함시킨다면, 당신은 보고서의 마지막에 나오는 사례개념화, 진단, 권고와는 아무런 연관성이 없고, 목적이 없으며, 요점이 없는 파편화된 행동 목록을 만들어 내는 자신을 발견하게 될 것이다. 행동을 기술하는 것은 공허한 보고서 작성 의식(ritual)이 아니다. 배경정보 부분이 원자료를 그대로 퍼부어대는 것이 아닌 것과 마찬가지로 행동관찰이 편집되지 않은 일련의 사건 기술이 되어서는 안 된다(…… 그리고 그녀는 [A]를 한 다음, 그녀는 [B]를 한 다음에, [C]를 한 다음에, [D]를 한 다음에……).

모든 행동이 명료한 함의를 갖는 것은 아니다. 특히 독자들이 당신의 보고서에 있는 모든 것에 의미가 있다는 합리적인 가정을 한다면, 행동에 대한 날것의 걸러지지 않은 기술은 주의를 분산시키고 의사소통을 잘못하게 할 것이다. 독자들에게 혼란스러운 정보를 이해하라는 불가능한 일을 강요하지 않도록 하라. 당신이 관찰을 기록할 만한 충분히 합리적인 이유를 명시할 수 없다면 그것을 생략하라.

> 제자가 계속 제자로만 남아 있다면 그것은 스승에게 고약하게 보답하는 것이다.
>
> —Friedrich Nietzsche (1896, p. 107)

전통에는 숨겨진 지혜가 담겨 있는 경우가 많지만, 그것이 모두 다 이치에 맞는 것은 아니다. 행동관찰의 존재 이유는 존경스러운 슈퍼바이저가 당신에게 행동에 대해 특정한 방식으로 쓰라고 가르쳤다는 사실만으로는 충분하지 않다. 가끔씩은 당신의 오래된 습관을 다시 검토해 보아야 한다. 당신이 배운 관행을 따르는 이유를 명확하게 설명할 수 없다면, 다른 전문가들이 그에 대한 좋은 이유를 제공할 수 있는지 찾아보라(예: "왜 보고서 작성자들은 종종 수검자의 외모, 위생, 시간 엄수에 대해 언급하는가?"). 당신은 훌륭한 이유를 찾을 수도 있고, 아니면 전통이라고 생각했던 것이 더 이상 일반적인 관행이 아니며, 어쩌면 이제는 결코 일반적인 것이 아니라는 사실을 발견할 수도 있다.

> 전통은 훨씬 더 큰 의미를 지닌 문제다. 그것은 계승될 수 없으며, 당신이 그것을 원한다면 각고의 노력을 통해 이루어 내야 한다.
>
> —T. S. Eliot (1920, p. 49)

현명한 전통도 목적을 모르면 효과적으로 실행하기 어렵다. 예를 들어, 검사 중 수행불안의 행동 증거를 보고하는 것은 충분한 정당성이 확보된 오랜 전통이다. 시험불안에 대한 설명을 포함시키는 것은 독자가 왜 일부 점수는 예상외로 낮은지 이해하는 데 도움이 될 수 있으며, 수검자가 스스로를 취약하게 하는 자기 회의의 징후를 보일 때 독자가 향후 언제 개입해야 하는지를 깨닫게 도울 수 있다. 하지만 수검자가 검사 중 긴장했다는 것을 생각 없이 보고하는 것은 독자에게 모든 검사점수가 아무런 의미가 없다는 잘못된 결론을 내리도록 오도할 가능성이 있다. 일반 독자들은 가벼운 시험불안이 일반적으로 수행에 영향을 미치지 않거나 적어도 아주 많이 미치는 것은 아니라는 것을 알지 못할 수 있다. 중등도에서 심각한 수준의 시험불안도 모든 검사에서 동등하게 수행을 손상시키지는 않는다. 따라서 당신이 수검자의 시험불안에 대해 기술하기로 했다면, 가능한 그 서술은 수행에 어느 정도 방해가 되었는지에 대한 추정치와 함께 제시되어야 한다.

> **잊지 말 것**
>
> 당신이 명시할 수 있는 분명한 목적이 있을 때만 행동의 기술을 포함하라.

역효과를 내는 기술

어떤 행동에 대한 기술(description)은 명확한 목적을 가지고 쓰이지만 주의를 분산시킨다. 초심자들은 때때로 배심원들 앞에서 사건을 설명하는 변호사처럼 행동관찰을 쓰는 실수를 저지른다. 단지 관찰자료가 당신에게 특정한 가설이 옳다는 확신을 주었다고 해서, 독자를 설득하기 위해 이러한 자료를 체계적으로 제시해야 한다는 것을 의미하지는 않는다. 당신은 사례에 대한 해석을 형성할 때 모든 증거를 주의 깊게 검토해야 하지만, 대부분의 보고서가 당신이 검토한 모든 관찰들에 대한 철저한 기록으로 강화되는 것은 아니다. 길고 자세한 저술 작업은 기껏해야 당신의 시간을 낭비하고 독자들을 지루하게 할 뿐이다. 최악의 경우 혼란스러운 세부 사항의 심각한 난국은 그 보고서가 전문가만을 위해 작성되었으며, 따라서 대부분의 독자들을 소외시킨다는 분명한 메시지를 전달하게 된다.

평가 보고서는 연구자가 회의적인 리뷰어들의 반대를 예상해야만 하는 과학 논문과는 다르다. 평가 보고서의 독자들은 일반적으로 당신의 주장이 왜곡되었는지가 아니라 평가를 촉발시킨 문제들을 해결하는 것에 신경 쓰고 있다. 만약 당신이 당신의 전문가적 평판을 세심하게 쌓아 왔고 모든 관련자와 강력한 작업동맹을 맺었다면, 대부분의 독자들은 당신의 판단을 신뢰하게 될 것이다. 증거에 의해 강하게 뒷받침되는 것만 쓴다면, 나중에 구체적인 내용을 궁금해하는 사람이 누구든 언제나 권위 있는 대답을 할 수 있다.

> 항구에 있는 배는 안전하지만, 그걸 위해 배가 만들어진 것은 아니다.
>
> –John A. Shedd (1928, p. 20)

만일 당신이 행동관찰로 각각의 결론을 빠짐없이 정당화해야 한다고 믿는다면 보고서 본문의 흐름을 방해하지 않도록 부록에서 그렇게 하는 것을 고려하라. 논란이 될 만한 소송에서 면밀히 검토될 보고서를 작성하고 있는 경우를 제외하고, 그러한 범위까지 일을 진행하는 것은 일반적으로 불필요하다. 만약 당신이 가용한 최고의 평가도구를 사용하고 법규를 따른다면 당신의 보고서는 법적으로 방어될 수 있다. 언젠가 법정에서 변호사가 당신을 난처하게 할 것을 걱정해서 극단적인 방어 조치를 취하는 것은 당신이 만나고 있는 사람이 도끼 살인마일 위험을 줄이기 위해 전신 갑옷을 입고 첫 데이트에 나가는 것과 같다. 그렇다, 당신은 더 안전할 수 있겠지만 두 번째 데이트를 할 일은 거의 없을 것이다. 보고서의 주된 목적은 유용한 정보를 전달하는 것이지, 당신이 한 모든 해석에 대해 반박할 수 없는 증거를 제공하는 것이 아니다.

목적을 가진 생산적인 기술하기

우리는 행동관찰을 기술하는 두 가지 (좋지 않은) 접근방식에 대해서 경고해 왔다.

- 나는 당신에게 일어난 모든 일에 대해, 그 일이 일어난 순서대로 말해 줄 것이다.
- 나는 당신에게 이 총체적인 관찰 목록을 가지고 있다는 것을 증명할 것이다.

만일 이런 식의 작업이 아니라면 우리는 무엇을 해야 하는가? 실제로는 많은 것들이 있다.

특징적인 행동에 대한 기술은 보고서에 개성을 부여한다

동료 전문가들과 보고서에 익숙한 독자들은 당신의 보고서에서 반복되는 부분을 쉽게 발견할 수 있다. 만약 당신의 보고서에 일상적인 문구의 비율이 너무 높다면, 의사결정자들은 당신의 보고서를 심각하게 받아들이지 않을 것이다. 일상적인 부분이 부정확하다는 것은 아니지만, 그냥 무시되기가 쉽다. 적절한 관찰을 통해 보고서를 개별화하면 수험자의 독특성에 대한 당신의 진정한 관심을 오해의 여지없이 전달할 수 있다. 만약 의사결정자들이 당신이 그 보고서를 쓰는 데 시간과 에너지를 투자했다고 여기게 된다면, 그들은 당신이 말해야만 했던 것을 검토하는 데 더 많은 시간과 노력을 쏟게 될 것이다.

숙련되게 묘사된 행동은 건조한 진단적 자료에 깊이, 세부 요소 및 차원을 더한다

검사결과와 행동관찰의 제시는 관련된 항목에 통합될 때 서로 강화된다. 특징을 잘 잡아낸 검사결과는 행동관찰의 정확성과 신뢰성을 더 높여 준다. 그 외에도 행동관찰은 추상적인 검사결과를 기억 가능하게 관련지으며, 미묘한 경험들과 강하게 결합되도록 한다. 관찰이 배제된 건조한 결과가 어떻게 들리는지를 묘사하는 아래의 단락을 살펴보자.

> 작업기억은 단기기억에 저장된 정보를 동시에 저장하고 처리할 수 있도록 유연하게 주의를 움직이는 능력을 의미합니다. 알레첼리의 작업기억 용량은 저조합니다. 그녀가 작업기억 측정 과정에서 수행했던 것은 그녀의 연령에 해당하는 청소년들이 받은 점수의 5%에도 미치지 못합니다.

이 서술은 합리적이고 효과적이지만, 그것만 가지고는 불충분하다. 우리는 우리가 사용하는 개념이 훈련받지 않은 사람들에게 얼마나 낯선 것인지를 잊기 쉽다. 알레첼리의 작업기억 용량이 저조하다는 주장은 우리에게는 큰 의미가 있을지 모르지만, 훈련받지 않은 독자들에게는 별 의미가 없다. 비록 작업기억 능력의 정의에 있는 모든 단어들이 개별적으로는 이해하기 쉽지만, 훈련받지 않은 독자는 수년간의 학업, 개인적인 공부, 응용 작업에서 도출된 개념과 경험의 풍부한 연합 네트워크인 우리의 마음속에 있는 것에는 접근할 수 없다. 우리는 기억력 결손이 일상생활에서 드러나는 수십 가지 방법을 쉽게 떠올릴 수 있지만, 일반적인 독자가 그렇게 해 줄 것이라고 기대하는 것은 비현실적이다.

행동관찰은 추상화라는 건조한 뼈에 따뜻한 살을 붙인다. 특징적인 행동의 생생한 삽화로 검사점수에 생명을 부여한다. 예를 들어, 앞의 단락 다음에 이런 것들을 추가할 수 있다.

> 알레첼리의 저조한 작업기억 능력은 그녀 삶의 많은 측면에서 불리하게 작용합니다. 저는 이것을 교실 내 관찰로 묘사해 보려고 합니다. 알레첼리는 메모를 잘하려고 애쓴다고 말했기 때문에, 저는 생물학 수업 시간에 그녀를 관찰했습니다. 알레첼리는 강사에게 세심한 주의를 기울였고 반 친구들이 키득거리며 잡담을 나눌 때에도 성실하게 메모를 했습니다. 그러나 학우들이 조용할 때에는 알레첼리가 강사의 말을 듣거나 강의 노트를 작성할 수 있었음에도 동시에 두 가지를 다 할 수는 없는 것이 분명했습니다.
>
> 예를 들어, 강의의 핵심적인 지점에서 강사는 칠판에 **호흡**의 정의를 적었습니다. 알레첼리가 정의를 베끼느라 정신없는 동안 강사는 그것이 어떻게 작동하는지에 대한 가벼운 유머를 동반한 효과적인 예시를 들어서 그 개념을 기억에 남게 만들려고 했습니다. 반의 나머지 학생들은 웃었지만, 알레첼리는 정의를 베끼는 행동에 너무 열중해 있었기에 미소조차 짓지 않았습니다. 그녀는 그 농담이나 예시를 듣지 못했습니다.
>
> 강사는 다음과 같은 이유로 유머로 이 예시를 강조했습니다. 그것은 다음 시험 문제로 나왔습니다. 제가 알레첼리의 노트를 저의 노트와 비교해 보았을 때, 저는 그녀가 그 정의를 단어별로 베껴 쓴 것은 볼 수 있었지만, 강사의 예시를 요약한 것은 없었습니다. 저는 그녀에게 그 예시가 기억나지 않느냐고 물었지만, 그 예시에 대한 그녀의 회상은 희미할 뿐이었습니다. 더 중요한 것은, 그녀는 호흡이 어떻게 작용하는지 아직 이해하지 못했다는 것입니다. 작업기억이 우수한 사람들은 정보를 저장하면서도 동시에 처리할 수 있습니다. 이 경우 알레첼리는 정보를 저장(강의를 듣기)하거나 정보를 처리(노트에 개념 요약을 적기)하는 것은 가능했지만, 두 가지를

동시에 하는 능력은 같은 반 친구들에 비해 부족했습니다.

이것은 매 강의에서 반복해서 일어날 일의 한 사례일 뿐입니다. 그녀는 제한된 작업기억 용량 때문에 강의와 노트 사이에서 유연하게 주의를 전환하기 어려워했고, 자신이 인식하는 것보다 훨씬 더 많은 강의 내용을 놓치고 있습니다. 더 나쁜 점은 저조한 작업기억 때문에 그녀는 교실뿐만 아니라 축구장, 아르바이트, 또래들과의 대화에서도 정보를 놓치게 된다는 것입니다.

민감하게 해석된 관찰은 독자가 어려워하는 특질과 행동을 맥락화할 수 있게 돕는다

수검자들은 때때로 불쾌한 방식으로 행동한다. 그래서 그들은 보고서 독자들이 그들의 행동에 기꺼이 시간과 노력을 투자해서 읽을 가능성을 줄인다. 만약 당신이 좀 더 인간적인 관점에서 이 행동에 틀을 부여하는 정직한 방법을 찾는다면, 당신은 보고서 독자가 까다로운 특질이나 행동을 가진 수검자를 돕도록 하는 데 기여할 수 있다. 예를 들어, 약한 친구들을 괴롭히는 아이들은 아동들을 보호할 책임이 있는 어른들에게 강한 혐오와 경멸을 불러일으킬 수 있다. 괴롭히는 아이들을 위한 변명거리를 찾는 것은 그 아이를 제외한 아무에게도 도움이 되지 않겠지만, 어른들이 다른 아이들에게 더 큰 피해를 주지 않게 예방할 수 있도록 그들의 행동을 이해시키는 것은 가치가 있다. 여기에 발각되기 전 수개월 동안 반에서 몇 명의 소년들을 적대시하던 5학년 메이슨의 놀이터 관찰에 대한 기술이 있다.

내가 메이슨이 운동장에서 그의 친구 및 또래들과 상호작용을 하는 것을 보았을 때, 메이슨이 자신과 친구들이 보기에 약한 소년들을 계속해서 지배하고 적대시하게 만드는 강력한 유인가가 있다는 것이 명백해졌습니다. 언제나 메이슨에게는 존경과 감탄으로 메이슨을 대하는 두 친구가 따라다녔습니다. 그들은 종종 운동장 기구 위에서 과시적인 행동을 하거나 가장 재미있는 방법으로 다른 아이들을 모욕하며 메이슨의 관심과 인정을 받기 위해 경쟁했습니다. 메이슨은 감탄하는 웃음과 친구들을 향한 너그러운 칭찬으로 이 잘못된 행동을 부추겼는데, 그들은 그런 것들을 갈망하는 것 같았습니다.

메이슨과 부하들은 거들먹거리며 천천히 운동장을 돌아다녔고, 다른 아이들이 물러나거나(예: 메이슨과 패거리는 다른 아이들을 운동장 기구에서 즉시 내리게 만들어서 자신들이 앉으려고 했다), 또는 그들의 호의를 얻으려고 비위를 맞춘다는 점(예: 라이벌에 대한 험담을 가져오게 한다)에 대해 매우 의기양양해 보였습니다. 메이슨은 지배적인 방식으로 행동한 것에 대해 사회적 비난에 직면하는 대신 또래들로부터 존경과 지위 그리고 경우에 따라서는 칭찬으로 보상을 받습니다.

이러한 기술은 운동장에서 일어난 사건에 대한 자세한 설명이 아니라는 점에 유의해야 한다. 많은 사건들과 세부 사항들이 제거되어서 주된 요점에서 독자의 주의를 분산시키지 않을 수 있었다. 메이슨은 일탈적인 행동이 배척되지 않고 존경받는 상위 또래 집단의 최상위 구성원이다. 한마디로 메이슨은 **멋지다**. 그는 두려움의 대상이기도, 사랑의 대상이기도 하다. 그는 추켜세움으로 친구들에게 보상을 주고 다른 친구들을 모욕함으로써 친구들의 지위를 높인다. 이것을 안다고 해서 메이슨과 친구들에 대한 독자들의 동정심이 늘어나지는 않겠지만, 그들이 잘못된 행동을 장려하는 사회경제학을 더 명확하게 이해하는 데에는 도움이 된다.

이 기술을 통해서 대부분의 독자들은 보고서 끝에 제시될 권고 사항들을 예상할 수 있을 것이다. 메이슨에게만 집중된 개입은 성공할 가능성이 낮다. 메이슨은 자신의 지위를 자발적으로 포기하지는 않을 것이지만, 학급 전체에 대한 개입으로 더 이상 거친 행동이 보상받지 않게 된다면 그의 행동은 개선될지도 모른다. 올바른 유인가를 활용한다면 메이슨은 친사회적인 목적으로 리더십을 발휘하는 자신의 재능을 선용할 수도 있다.

관찰한 것을 기술하여 일반적인 오해를 명료화한다

때로는 명확한 행동의 제시가 심리장애에 대한 신화와 오해를 불식시킬 수 있는 기회가 되기도 한다. 예를 들어, 주의력결핍 과잉행동장애를 가진 사람들이 항상 산만한 것은 아니다. 그들은 현재에 초점을 둔 모든 강화물에 이끌리기 때문에, 그들이 흥미롭게 여기는 일이나 활동(예: 게임과 취미)이라면 몇 시간이라도 집중할 수 있다.

> 타이라는 대부분의 검사가 지루하고 금방 싫증 난다는 것을 알게 되었고, 그녀가 능력을 최대한 발휘하려면 자주 촉구(prompt)를 해야 했습니다. 하지만 몇 가지 검사들에는 그녀가 큰 흥미를 보이며 과제의 시간제한이 종료된 뒤에도 한참 동안 그 검사를 수행했습니다. 그녀는 퍼즐과 유사한 모든 검사(예: 모형에 맞추기 위해 블록을 조립하고 기하학적 모양으로 반복되는 패턴을 발견하는 것)를 좋아했습니다. 다른 과제로 넘어간 후에도 그녀의 마음은 여전히 완성할 수 없었던 검사 문항을 푸는 데 열중하고 있었습니다. 몇 분이나 몇 시간 후, 그녀의 사고는 이전의 퍼즐로 되돌아가서, 그것들을 다시 한번 시도해 볼 수 있는지 물었습니다. ADHD를 앓고 있는 많은 사람들처럼, 그녀가 어떤 것에도 주의를 기울이지 못하는 것은 아닙니다. 오히려 그녀는 흥미를 유발하는 것들에서 주의를 빼내서 그녀가 덜 흥미롭다고 생각하는 과제들로 관심을 이끄는 데 어려움을 겪고 있습니다.

이러한 기술은 타이라가 선호하는 활동에 과잉집중(hyper-focus)한다는 사실이 그녀가 덜 흥분되는 활동을 할 때는 의도적으로 산만한 척한다는 뜻이라고 믿는 회의적인 독자들에게 도움이 될 수 있다. 마찬가지로 행동관찰을 사용하여 일반적인 문제에 대한 다른 오해들을 명확히 할 수 있다(예: 우울증은 단순히 슬픈 것 이상이다. 틱이 억제될 수 있다는 이유만으로 그것들이 의도적이라는 의미는 아니다. 말을 더듬는 몇몇 사람들은 종종 유창하게 말할 수 있다. 지적장애가 있는 사람들은 특정 영역에서는 인상적인 능력을 가질 수 있다. 자살사고가 항상 자살이 임박했다는 것을 의미하거나 그런 가능성이 있다는 것을 의미하지는 않는다).

관련된 행동에 대한 세심한 설명은 독자들에게 힘든 진실을 받아들일 수 있게 돕는다

때때로 평가는 놀라운 일을 일으키는데, 어떤 독자들은 아이가 지적장애를 가지고 있거나, 청소년이 자살사고를 하고 있거나, 배우자가 알츠하이머 치매 초기라는 것을 받아들일 준비가 되어 있지 않다. 이런 경우 직접적인 관찰은 부인하기 어렵다. 관련된 행동에 대한 상세한 기술은 당신이 본 것을 주저하는 독자들이 같이 바라보고, 그들이 당신의 진단적 추론을 이해하도록 도와주며 힘든 현실을 더 쉽게 직면하도록 해 준다.

관찰자에 대한 경고: 행동관찰의 타당성에 대한 유혹

> 그럼, 너는 누굴 믿겠어? 나 아니면 네 눈?
>
> —Chico Marx, 〈Duck Soup〉 (1933) 중에서

보는 것이 믿는 것이지만, 첫인상이 총체적인 진실을 말해 주지는 않는다. 관찰된 행동이라는 세이렌[2]은 우리를 음습한 무덤으로 유혹하지 않는다. 그것은 너무나 만족스러운 진실을 노래하여 우리가 항해를 멈추게 한다. 우리는 항구 바로 밖에 있는 단 1개의 만을 본 후에 돌아와서는 항구에서 큰 바다에 대한 이야기를 한다.

직접적인 관찰은 다른 모든 형태의 증거를 능가하는 최종적인 권위를 가진 것처럼 보일

2) Siren: 그리스 신화에서 아름다운 목소리로 뱃사람을 유혹해서 배를 침몰시키는 요괴를 말한다(역자 주).

지도 모른다. 그러나 능력검사, 평정척도 및 면담만큼 직접 관찰의 모든 작은 부분에도 신뢰성과 타당성에 대한 심각한 우려 사항들이 있다(Meier, 1994). 모든 관찰된 행동이 거짓 정보를 주는 것은 아니지만, 그것이 제공하는 진짜 정보가 너무나 생생해서 다른 진실은 무시하게 만들고 우리의 해석을 불완전하게 할 수 있다. 비록 우리는 매일의 행동이 상당히 달라질 수 있다는 것을 알고 있음에도, 검사자들이 자연적인 환경(예: 교실, 운동장, 그룹 홈)에서 한두 시간 이상 수검자들을 관찰하는 경우는 드물다. 더 안 좋은 점은 대부분의 직접적인 관찰은 부자연스러운 검사 환경에서 일어난다는 것이다. 검사 환경은 지속적인 성격 특성으로 오해하기 쉬운 특정한 일시적 행동의 집합을 찾아낸다. **기본적 귀인 오류**[3](Ross, 1977)의 유혹을 지적으로는 평가할 수 있는 우리들이라고 해도, 자기 자신의 눈으로 관찰한 것을 과잉일반화하려는 충동을 뿌리치는 것은 쉬운 일이 아니다.

> **주의**
>
> 대부분의 직접적인 관찰은 부자연스러운 검사 환경에서 일어난다는 것을 기억하라. 이러한 행동들이 지속적인 성격의 특징이라고 가정하지 말라. 관찰된 행동은 개인의 전형적인 행동을 대표하지 않을 수 있다.

검사 환경 자체가 특수하기 때문에 수검자가 검사 환경 내에서 특이한 행동을 나타낼 때는 판단을 유보하는 것이 합리적이다. 검사 환경은 대부분의 다른 환경들과는 다르다. 검사 환경은 부분적으로 일대일 상호작용이 가장 많은데, 이는 집단 상호작용에 비해서 더 개인적이고 초점화되어 있다. 전형적인 검사자의 강렬하고 한결같은 관심은 대부분의 사람들에게 다소 특이한 경험이다. 평가를 받는 것은 수검자의 정상적인 일과에서 벗어나는 것으로, 대부분의 수검자들은 생소함이 사라질 때까지는 상당한 흥미를 느낀다. 게다가 수험생의 흥미와 수행을 극대화하기 위해 환경은 세심하게 통제된다. 즉, 검사는 그 사람의 최적의 수행을 이끌어 내기 위해 고안된 것이다. 따라서 관찰된 행동은 혼란스러운 가정, 시끄러운 교실, 경쟁적인 일터와 같은 환경에서 나타나는 한 사람의 전형적인 행동을 대표하지 못할 수 있다. 만일 당신이 관찰된 검사 중 행동이 가정, 학교, 직장에서의 행동과 실제로 유사하다고 믿는다면, 보충 증거로 이것이 사실임을 확증해야 한다. 직접 관찰은 반드시 필요

> **잊지 말 것**
>
> 평가 중 관찰된 행동이 평가 대상자에게 비정형적이라 할지라도, 그들은 개인의 검사 수행을 이해하는 데 매우 중요하다.

3) fundamental attribution error: 타인의 행동을 가정하는 인간의 경향은 내부적 요인(예: 성격과 의도)에 의해 설명하려는 반면, 우리 자신의 행동은 외부적 상황적 요인에 의해 설명하려는 귀인 오류를 말한다(저자 주).

하지만, 우리가 바라는 정확성은 모든 가용한 증거의 규칙적이고 체계적인 통합을 통해 이루어질 것이다.

수검자에게 비일상적인 것이라고는 해도, 평가 중에 관찰된 행동은 검사 수행을 이해하는 데 매우 중요하다. 예를 들어, 학생의 행동을 관찰하는 것은 보충 과제에서 겪은 곤란이 불안, 지식 부족, 부주의 또는 노력 부족 때문이었는지를 판단하는 데 도움이 될 것이다. 미란다가 소검사 중에 손톱을 물어뜯고 신경질적으로 머리를 꼬고 있었다면, 불안이 수행에 영향을 주고 있다고 생각할 수 있다. 그와는 대조적으로, 그녀가 언제 특정한 수학적인 연산(예: 덧셈 대 뺄셈)을 사용해야 하는지를 이해하지 못했다면, 당신은 그녀의 곤란이 지식의 부족, 부실한 추론 능력 또는 한정된 교육에 의한 것일 가능성이 더 높다고 추측할 것이다.

검사 중 관찰 사항

합리적인 주의 사항의 범위 안에서, 당신이 수검자와 함께 한 경험은 다른 사람들이 수검자를 어떻게 경험하는지에 대한 좋은 단서가 된다. 검사자는 자신의 반응에 세심한 주의를 기울임으로써 수검자의 생활 안에 있는 타인에 대한 보다 세밀하고 미묘하며 강력한 감각에 대한 공감을 해낼 수 있다. 다음은 수검자와 함께할 때 알아야 할 제안과 질문 목록이다(요약 내용은 [빠른 참조 5-2]를 볼 것). 이러한 모든 행동을 모든 보고서에 다 쓰는 것은 실수이겠지만 전혀 고려하지 않는 것은 더 문제가 될 것이다.

검사자의 경험은 행동관찰이 결론으로 이어지게 해 준다. 이러한 경험을 다시 요약하여 독자들을 이끄는 것은 당연하게 느껴지지만, 단지 그것만으로는 독자들의 요구를 충족시키지 못한다. 관찰 결과를 결론 도출에 활용한 후에, 그 결론을 명확하고 효율적이며 설득력 있게 묘사하는 몇 가지 관찰 내용을 전략적으로 제시하자.

신체적 외양

수검자의 외양은 신체적 · 심리적 · 신경학적 기능에 대한 단서를 제공할 수 있다. 의뢰 시 질문이 특정한 신체적 징후를 가진 장애(예: 다운 증후군)와 관련된 경우, 그러한 징후의 존재 또는 부재를 나열하는 것이 적절하다. 만약 의뢰 시 질문이 학대나 방치의 가능성에

[빠른 참조 5-2]

보고서에 포함할지 고려해야 할 행동 영역

- 신체적 외양(Physical appearance)
- 라포 형성 및 유지의 용이성(Ease of establishing and maintaining rapport)
- 의사소통(Communication)
- 실패에 대한 반응(Response to failures)
- 피드백에 대한 반응(Response to feedback)
- 주의력(Attention)
- 문제해결전략(Problem-solving strategies)
- 자기에 대한 태도(Attitude toward self)
- 특이한 매너리즘 또는 습관(Unusual mannerisms or habits)

관한 것이라면, 멍, 흉터, 영양실조의 징후를 기록해야 한다.

수검자의 외양에 진단적 의미가 없는 경우에도 독자들이 이후의 보고서를 읽으면서 수검자와 관련된 이미지를 떠올리도록 수검자에 대해 간략한 기술을 하는 것은 도움이 된다. 그런 경우에 당신은 보통 "마르티나는 자신감 있는 태도와 매력적인 미소를 가진 키가 크고 날씬한 청소년이다." 또는 "빅터는 어두운 색채에 직모인 검은색 머리카락을 가진 밝은 눈의 네 살짜리 소년이다. 그는 슈퍼히어로와 첫사랑에 빠져 있으며 마스크, 망토, 마법 도구 벨트로 완성되는 색다른 의상을 선보이며 각 검사 회기에 참여했다."와 같이 한두 문장 정도만 쓸 것이다.

당신은 수검자의 키, 몸무게, 체격(예: 호리호리한, 육중한, 저체중인)과 같은 외모 측면에 주목할 수 있다. 수검자의 개인(위생) 관리에서의 어려움을 부각시키기 위해 흐트러진 모습을 묘사할 수도 있다. 어른들의 권위에 반항하여 새로운 정체성을 정의하려는 청소년의 시도에 대한 생생한 느낌을 독자들에게 주기 위해, 당신은 수검자의 얼터너티브 패션, 헤어스타일, 메이크업, 타투, 피어싱에 대해 문장 몇 마디를 쓸 수도 있다(그러한 10대 패션이 빠르게 퍼져 나가서 최근 몇 년 사이에는 특수함 범주를 넘어서 다소 평범해졌다는 사실을 기억하라). 빼져

주의

문화적 규범을 벗어난 외모나 행동을 묘사할 때는 판단적인 언어를 사용하지 않도록 주의하라. 모욕적이거나 상처를 주는 기술('믿을 수 없을 정도로 뚱뚱한', '돼지처럼 생긴 얼굴', '끔찍한 냄새가 나는')은 포함하지 마십시오.

나온 셔츠, 끈 풀린 신발, 세탁하지 않은 청바지, 빗지 않은 머리가 고등학생에게는 의도적인 패션 취향일 수 있지만, 동일한 외양이 일곱 살짜리 아이에게는 부모의 감독이 부실함을 암시할 수도 있다. 물론 당신은 그런 세부 사항의 의미에 대해서 증거의 뒷받침 없이는 쓰지 않을 것이다.

수검자와의 라포 형성 및 유지의 용이성

수검자와 좋은 관계를 맺는다고 해서 타당한 검사결과가 보장되는 것은 아니지만, 부실한 라포는 정확한 결과의 산출을 불가능하게 만든다. 이러한 이유로, 검사자들은 일반적으로 평가 과정 동안 얼마나 빨리 라포가 형성되었는지 그리고 그것이 얼마나 잘 유지되었는지를 기술한다. 전형적으로, 당신의 일관되고, 따뜻하고, 전문적인 태도는 수검자들이 점점 더 친밀해지고, 말이 많아지고, 이완되도록 해 준다.

만일 당신이 라포를 빨리 형성하지 못했다면, 어떻게 수검자에 대한 접근방식을 수정했어야 했는지를 기술하는 것은 수검자와 상호작용해야 하는 보고서의 독자들에게 유용한 예시가 될 것이다. 만약 라포가 처음에는 긍정적이었지만 나중에는 교란되었다면, 당신이 어떻게 수검자와 원활한 관계를 다시 수립했는지에 대한 기술은 때때로 민감하거나 심지어 예민한 수검자들과 상호작용해야 하는 독자들에게는 중요할 것이다. 만약 라포가 형성되지 않거나 최선의 노력에도 관계의 균열을 회복할 수 없다면, 평가를 중단하고 그 과정이 성공적일 또 다른 기회를 가진 동료에게 수검자를 의뢰하는 것이 아마도 최선일 것이다. 그럼에도 당신이 평가를 완료해야 하는 상황이라면, 당신의 결론은 겸손하고 신중하며 명백히 잠정적인 것이어야 한다. 예를 들어, 고등학생인 브라이언은 읽기 평가를 위해 의뢰되었다. 검사실로 걸어 들어가면서 한 그의 첫마디는 "선생님께 한마디만 하고 싶네요. 저는 당신을 위해 어떤 책도 읽지 않을 거예요."였다. 브라이언의 읽기를 촉진하기 위한 당신의 노력에도 불구하고 그는 계속해서 거부했다. 그래서 당신은 브라이언의 태도만 묘사할 수 있었을 뿐, 현재의 읽기 기술 수준은 설명할 수 없었다.

만약 수검자가 당신과는 다른 관습, 습관, 행동 코드를 가진 문화적 집단 출신이라면, 이러한 차이가 어떻게 라포에 영향을 미쳤는지를 존중하는 마음으로 기술하는 것은 중요하다. 당신은 문화적으로 민감한 평가를 제공하고 있다는 공통적인 전문적 가치를 분명히 해야 하기 때문이다. Sam Ortiz(개인적인 대화, 2015년 11월 23일)는 보고서 작성 전에는 문화적 차이를 충분히 고려했다고 주장할 수 없다고 지적한다. 그러한 주장은 오직 당신이 스스로의 접근법을 어떻게 수정했는지를 증명해야만 신뢰할 수 있다. 예를 들어, 고등학교를 마친 후 미국으로 이민 온 24세의 레바논인 길헴의 사례에 대해 생각해 보자. 그가 조증 삽화 같은 것을 나타낸 뒤에 그의 아내가 평가를 의뢰했다.

> 처음에 길헴은 내 의도를 경계했지만 나의 첫 질문에는 정중하게 대답했습니다. 우리가 라포를 진전시키자, 길헴은 긴장을 풀고 의자를 내게 가까이 옮겨서 편안한 거리를 두고 이야기하기 위해 몸을 기댔습니다. 레바논 사람들의 친밀한 대화는 미국 사람들 간의 친밀한 대화보다 신체적 거리가 더 가까운 경향이 있기 때문에, 나는 문화적으로 조건화된 물러나고 싶은 충동에 저항해야 한다는 것을 깨닫고 있었습니다. 왜냐하면 그것은 아마도 길헴에게는 무례하거나 차갑게 보일 것이기 때문입니다. 내가 물러서지 않고 길헴이 선호하는 거리를 찾도록 했을 때, 우리의 대화는 더욱 밀접해졌습니다. 그리고 그는 내가 물러섰다면 하지 않았을지도 모르는 방식으로 자신의 희망과 두려움에 대해 마음을 열게 되었다는 것을 알게 되었습니다. 첫 만남 후 길헴은 "아내가 당신을 보러 오라고 했을 때, 나는 그것이 싫을 것 같았어요. 하지만 사실은 그동안 나를 괴롭혔던 일을 자유롭게 이야기하는 것은 안심이 되는군요."라고 말했습니다.

이 기술의 요점은 "내가 얼마나 똑똑한지 보라!"라는 것이 아니다. 오히려 이것은 길헴과 생산적으로 작업하는 여러 최선의 방법 중 하나를 제시했을 뿐이다.

의사소통

수검자의 의사소통 스타일을 기술하는 것은 (만일 이미 알고 있는 사이가 아니라면) 마치 독자들이 수검자를 알고 있는 듯한 느낌을 갖게 해 준다. 특히 수검자의 의사소통 패턴에 특이한 점이 있다면 수검자가 의도한 의사소통에 대한 민감한 해석은 다른 해석 방식으로는 거슬릴 수 있는 수검자의 말에 독자들이 귀를 막지 않도록 해 줄 수 있다. 예를 들어, 어떤 문화권에서는 통통해 보인다고 이야기하는 것이 무례로 여겨지지 않는다(이것은 실제로 다음 끼니를 걱정하지 않아도 되는 행운에 대한 칭찬일 수도 있다).

때때로 한 사람의 억양, 문법, 그리고 다른 말의 특징들(속도, 음색, 크기, 리듬)을 묘사하는 것은 유익할 수 있는데, 특히 말하는 스타일이 오해석되기 쉬운 경우에는 더욱 그렇다. 예를 들어, 느린 말투는 낮은 지능으로 오인되는 경우가 많기 때문에 다음과 같이 기록할 수도 있다.

> 캐럴은 뇌졸중 이전과 달리 이제 명확하게 말하는 데 오랜 시간이 걸리게 되었습니다. 하지만 인내심을 가진 청자는 여전히 그녀에게 이전에 유명했던 재치가 남아 있음을 알게 될 것입니다. 예를 들어…….

수검자에게 단어 인출 문제가 있다면 명백한 중단 및 말더듬(예: "나는…… 저것은 …… 나는 그것을 알지만 지금 그것을 기억할 수 없다")뿐만 아니라 단어찾기 곤란으로 인해 에둘러 말하는 완곡어법(circumlocution)에 대해서도 묘사하는 것이 좋다. 예를 들어, "타자를 하는 것[키보드]에 주스를 쏟았다.", "그녀는 나의…… 누나–내 엄마의 누나[이모]였어."와 같이 말이다. 이러한 예는 보호자와 교사들이 수검자의 의사소통 곤란이 처음 보이는 것보다 더 심각하다는 것을 알아차리는 데 도움을 줄 것이다.

실패에 대한 반응

훌륭한 교사들은 완수하지 못할 내용과 자료로 학생들을 좌절시키지 않으려고 노력한다. 그러나 검사의 목표는 쉬운 문항에서 어려운 문항까지 그 사람의 기능 범위나 조작 수준을 모두 커버하는 것이다. 검사는 실패를 최소화하기 위해 고안되었지만, 수검자가 소검사를 끝내기 위해서는 연속으로 몇 개의 검사 문항을 틀려야 한다. 당신이 소검사를 시행할 때, 문항은 쉬운 수준에서 점점 더 어려워지는 좌절의 단계로 옮겨 간다. 어떤 사람들은 실수를 범하거나 답을 모르는 것처럼 보이는 반면, 어떤 사람들은 시무룩해지거나, 화를 내거나, 좌절한다. 개인이 어려운 문항에 어떻게 반응하는지 관찰하라. 어떤 사람들은 더 열심히 하고, 어떤 사람들은 그 문항들이 너무 어렵다는 사실을 받아들이고, 어떤 사람들은 시도를 그만두고 심지어 계속하기를 거부할 수도 있다. 이러한 경향의 예시를 드는 것은 수검자의 좌절감내력(frustration tolerance)을 증진하기 위한 권고 사항을 독자들에게 예상할 수 있게 한다.

그 사람의 자신감이 너무 어려운 문항에 대한 수검자의 반응에 영향을 미치는 방식을 관찰하라. 자신감이 높은 사람들은 무능함에 대한 불편한 느낌 없이 "모른다"고 말할 수 있다. 자신감이 낮은 사람들은 그들이 해결할 수 없는 문제에 직면했을 때 큰 불안을 경험하고 검사나 자신의 능력을 비난할 가능성이 높아진다. 어떤 경우에는, 어린 아동이 울기 시작할 수도 있다. 이러한 반응에 대한 기술은 점수의 의미를 적절한 맥락 안에 엮어 넣을 뿐만 아니라 독자들이 수검자에게 더 큰 공감을 느끼도록 돕는다.

피드백에 대한 반응

사람들은 또한 칭찬, 피드백, 그리고 교정(correction)에 다양한 방식으로 반응한다. 어떤 사람들은 "잘했다"고 말할 때 미소를 지을 것이고, 반면에 다른 사람들은 칭찬을 알아채지 못하는 것 같다. 어떤 사람들은 다른 사람들보다 실수에 더 강하게 반응하는 기질을, 어떤 사람들은 부정적으로 반응하는 기질을 타고난 것으로 보이는데, 그래서 그들은 평가 중에 좌절할 가능성이 더 높다(Brooks & Goldstein, 2001).

일부 검사는 수행에 대한 피드백이 포함되어 있다. 예를 들어, WJ IV COG에서 몇 가지 검사는 검사자가 실수에 대한 교정 피드백을 제공해야 한다. 어떤 사람들은 피드백을 통해 배우고 새로운 학습을 다음 시행에 포함시키려고 노력할 것이다. 다른 사람들은 그 교정을 통해 이익을 얻으려고 하지도 않고 심지어 잘 듣지도 않는 것 같다. 이러한 관찰은 수검자가 새로운 개념을 숙달하기 위해서 수차례의 교육적 시도가 요구될 때 독자가 수검자에 대해 더 많은 인내심을 갖도록 해 줄 수 있다.

주의력

사랑(love)이라는 단어와 유사하게 주의(attention)의 의미는 문맥에 따라 확연히 달라진다. 평정척도 및 주의력 검사는 주의라는 개념의 일부분만 다룬다. 미세한 주의력 결핍은 검사로는 측정하기 어렵고 훈련되지 않은 관찰자는 알아채지 못한 채 지나친다. 다단계 수학 문제에서 '부주의한 실수들'과 작문에서의 문법적 실수를 야기하는 일시적인 주의력 오류도 있다. 이러한 오류는 검사점수에서 거의 나타나지 않기 때문에 오직 직접 관찰을 통해서만 기술될 수 있다.

한 사람의 주의력에 대한 완전한 기술은 독자들이 주의력이란 다차원적 실체이며 단순하게 정량화하기 어렵다는 것을 이해하도록 도와줄 것이다. 그런 사람들은 평가를 시작할 때는 주의를 유지하지만 평가 내내 주의를 유지하는 데에는 어려움을 겪는다. 또한 주의는 과제의 유형에 따라 달라질 수 있다. 예를 들어, 새로운 소검사는 익숙한 과제(예: 수학 계산)로 된 소검사보다 더 오랫동안 아이들의 주의를 끌 수 있다. 혹은 구체적인 재료를 사용하여 조작하는 소검사는 구술 질문이나 그림으로 하는 소검사보다 흥미와 주의를 더 잘 유지해 줄 수 있다.

수검자가 주의를 유지할 수 있는 시간의 길이를 기록하라. 어떤 사람들은 몇 시간 동안 작업할 수 있고, 30분마다 휴식이 필요한 사람도 있고, 10분이나 15분마다 휴식을 취해야 하는 사람도 있다. 주의에 심각한 문제가 있는 아동들은 과제를 지속하기 위해 많은 재지시와 강화를 필요로 한다. 어떤 상황에서는 아동을 계속 참여시키기 위해 스티커와 같은 실제로 만질 수 있는 강화물이 필요할 것이다. 어떤 사람들은 머리 위로 날아가는 비행기나 검사실 바로 밖에서 들려오는 대화 등 무관한 잡음에 정신이 팔리는 반면, 다른 사람들은 전혀 신경 쓰지 않는 것 같다.

잊지 말 것

수검자가 주의를 유지할 수 있는 시간의 길이뿐만 아니라 수검자가 주의를 기울일 때 겪는 곤란도 기억하라.

문제해결전략

문제를 해결하고 상황에 대처하기 위해는 서로 다른 접근법이 사용될 수 있다. 문제해결전략을 기록하는 데는 여러 이유가 있지만, 그중 하나는 수검자가 검사를 완수하는 방식이 점수의 의미를 바꿔 주기 때문이다. 그 사람이 문제를 해결하는 방식과 채택된 전략의 유형을 관찰하라. 예를 들어, 어떤 사람은 효과가 없는 접근법을 시도했다가 재빨리 다른 접근법으로 바꾸어 시도할 수 있다. 다른 사람은 문제를 주의 깊게 살펴본 후에야 조심스럽게 단계별로 진행할 수 있다.

어떤 수검자들은 스스로와 대화를 하는 방식으로 문제를 푼다. 예를 들면 다음과 같다.

- 자, 어서. 큰 조각을 작은 검은 조각 옆에 놓자. 하지만 조심해. 다른 조각은 흩어 놓지 말고.
- 나는 이 빨간 토막이 하얀 삼각형 토막 옆에 있어야 다이아몬드 모양이 완성된다고 생각해.
- 그건 옳지 않아. 네가 나한테 보여 줬던 거랑 비슷하지도 않아.
- 어디 보자. 그것들은 둘 다 동물이기 때문에 그것과 잘 어울려야만 하지.
- 그 말도 안 되는 단어는 실제 단어 *curb*처럼 보이기 때문에, 반드시 *furb*처럼 발음해야만 해.

검사의 형식도 한 사람의 전략 사용에 영향을 미칠 수 있다. 구두로 시행되는 수학 검사에서, 어떤 사람들은 종이와 연필을 사용하지 않고도 문제를 해결할 수 있는 반면, 다른 사람들은 필요한 정보를 적어야만 답을 찾을 수 있다. 반성적인(reflective)[4] 학생은 계획할 시간 없이 신속하게 과제를 수행하도록 요청받는 경우에는 좋은 전략을 선택하는 데 어려움을 겪을 수 있다. 이 학생의 수행은 시간제한이 없는 과제에서 더 우수할 것이다.

자기에 대한 태도

사람들은 종종 자신의 수행 수준에 대한 느낌을 평가 중에 드러낸다. 특정한 얼굴 표정(예: 눈동자를 굴리기 또는 찡그리기)을 관찰하거나, 그 사람이 하는 말(예: "난 이걸 정말 알아야만 하겠어.")을 들을 수 있다. 자신을 비하하거나 경멸하거나 허세를 부리는 말은 종종 자신감의 결여를 나타내는 반면, 얼굴을 붉히는 것과 같은 다른 행동들은 당황함이나 좌절감을 나타내는 미묘한 지표일 수 있다. 자신에 대한 태도는 신뢰로운 질문지에 의해 가장 잘 정량화되지만, 보고서에 주의 깊게 선택된 자발적 발언이 포함될 때 그러한 점수의 의미에는 뉘앙스와 구체성이 부여될 수 있다.

특이한 매너리즘 또는 습관

> 우리는 다른 어떤 것보다도 훨씬 더 단순한 인간이다.
>
> —Harry Stack Sullivan (1953, p. 16)

어떤 수검자들은 탁자에서 눈에 보이지 않는 먼지 덩어리를 손톱으로 튕기거나, 귀나 눈을 가리거나, 연필이나 다른 물체를 돌리거나, 각 반응 전에 의식적으로 종이 클립을 집어 내려놓는 등 특이한 행동을 보인다. 심지어 심각한 문제를 가진 사람들은 좌절했을 때 자기 손을 물거나 머리를 부딪치는 것과 같은 자해행동을 보일 수도 있다. 어떤 사람들은 긴장했을 때 틱-유사 움직임(흔히 머리, 눈, 입 또는 볼)이 증가할 수 있다. 특이한 매너리즘이 있다면 반드시 기록하라.

자폐스펙트럼장애 진단을 받은 청년 레이먼드는 평가를 시작하기 전에 바닥에 있는 모든 타일을 세어야 한다고 요구했다. 레이먼드는 또 그가 즐기는 특정한 유형의 문제를 계

4) 여기서 reflective는 인지심리학의 dual process model에서 의사결정의 직관적이고 빠른 처리 과정에 대응하는 의식적이고 천천히 진행되는 의사결정 과정을 말한다(역자 주).

속 풀고 싶어 했다. 모든 수학 검사가 끝났음에도, 레이먼드는 계속해서 긴 나누기 문제를 풀고 싶어 했다. 때때로 이러한 유형의 행동은 다른 정보와 결합되었을 때, 정확한 심리학적 프로파일을 형성하는 데 도움이 된다. 예를 들어, 이러한 의식적이고 반복적인 행동의 관찰은 레이먼드가 자폐스펙트럼장애에 해당한다는 임상적 인상에 기여했다.

특이한 매너리즘과 습관에 대해 쓰는 것은 몇 가지 주의 사항들과 균형을 맞춰야 하는데, 그중 일부는 서로 상충한다. 가장 중요한 것은 이런 행동을 수검자의 존엄성을 보장하는 방식으로 보고하는 것이 우리의 윤리적 의무라는 사실이다. 가능하다면 항상 특이한 행동이 나타나는 맥락이나 설명을 덧붙여서 수검자를 '이상한 사람'으로 보이게 하지 않도록 하라. 그렇다고 해서 특이한 행동을 평범하게 보이게 만들어서 그 의미를 배제하라는 것은 아니다. 이러한 우려들 간의 균형을 잡는 효과적인 방법 중 하나는, 행동은 그 자체로 정말 특이하지만 그 행동은 흔히 인간의 평범한 충동, 동기, 걱정에서 유래한다는 점을 기록하는 것이다. 예를 들어, 지적장애와 최소한의 어휘력만 가지고 있음에도 특이한 행동을 정상적 충동으로 설명할 수 있는 21세 남성에 대한 기술을 검토해 보자.

> 네스터는 손가락 마디로 자신의 얼굴을 강박적으로 때리는데, 이로 인해 볼이 정상 크기의 두 배까지 부풀어 올랐습니다. 그의 뺨은 멍든 것처럼 보이지만, 실제로는 두꺼운 굳은살 덩어리입니다. 그의 가족은 네스터가 자신을 해치는 것을 막기 위해 열심히 노력하며, 때로는 몇 시간 동안 그와 함께 앉아 있기도 합니다. 그러한 최선의 노력에도 불구하고, 네스터는 여전히 하루에 5번에서 30번 정도는 자신을 때립니다.
>
> 우리가 면담하는 동안 형 라몬은 네스터의 손목을 부드럽게 잡고 앉아서 그가 자신을 때리려고 할 때마다 달래는 말을 했습니다. 그러나 우리의 면담 도중 세 번은 네스터가 라몬의 손을 뿌리치고 자기 얼굴을 네다섯 번 연속으로 세게 때린 뒤에야 라몬이 동생의 주먹을 다잡을 수 있었습니다. 네스터가 손을 빼기 직전에는 고통스러운 표정으로 신음했지만, 나는 그의 내적 고통을 유발할 만한 어떤 사건도 알아차릴 수 없었습니다. 매번 형이 그를 진정시킨 후 몇 분간은 네스터가 긴장을 풀고 자신을 때리려고 하지 않았습니다.
>
> 라몬은 동생을 100% 막는 것은 네스터의 얼굴보다 손목을 더 다치게 할 것이라고 설명했습니다. 라몬은 네스터가 내 사무실처럼 익숙하지 않은 환경에 있을 때는 거의 아무 때나 경고 없이 자신을 때린다는 것을 알고 있었습니다. 라몬은 네스터가 자신을 때리는 이유는 가려운 곳을 긁는 것과 같이 스트레스를 완화할 수 있고, 지루할 때 가족의 관심과 보살핌을 이끌어 내기 때문이라고 믿습니다.

자연적인 환경에서 관찰하기

평가 중 임상관찰은 필수적이지만, 가능한 한 자주 일상적인 환경에서 이루어지는 관찰로 보충해야 한다. 교실, 놀이터, 식당, 가정, 직장, 양로원과 같은 일상생활 환경에서 관찰한 것들은 한 사람의 전형적인 행동에 대한 정보를 제공해 준다. 자연적인 환경에서의 관찰은 성인보다는 아동과 청소년에게 더 용이하지만, 연령과는 무관하게 평가받는 사람에게 중요하다. 자연적인 환경에서 수집된 정보는 교사와 학부모의 아동 행동에 대한 보고(또는 성인 의뢰인의 자기보고)를 타당화할 수 있으며, 구조화된 검사 환경에서 관찰한 행동과도 비교할 수 있게 해 준다.

> **잊지 말 것**
>
> 가능하다면 일상생활 환경에서 그 사람의 전형적인 행동에 대한 정보를 수집해야 한다는 것을 기억하라.

관찰체계는 평가가 사용자의 특정한 요구를 충족하도록 설계될 수 있다. 어떤 때는 행동에 대한 더 많은 양적 정보가 필요할 수도 있고, 어떤 때는 행동의 질적 요소가 가장 중요할 수도 있다. 일반적으로 훈련된 관찰자는 다양한 행동을 기록하거나 하나 또는 2개의 특정한 문제 행동에 집중하여 기록한다. 의뢰 시 질문 및 기타 검사자료는 관찰을 통해 수집할 정보의 유형을 결정하는 데 도움이 된다.

자연적인 환경에서 행동을 관찰할 때는 다음과 같은 일반적인 지침을 고려하라. 신중하고 체계적으로 계획해서, 어떤 행동을 관찰할 것인지, 어디에서 관찰이 이루어질 것인지, 그 행동을 어떻게 기록할 것인지를 결정한다. 관찰될 행동을 정의할 때, 가능한 한 구체적으로 하라. 행동에 대한 명확하고 간결한 정의는 목표행동을 다른 유사한 행동과 구분하는 데 도움이 될 것이다. 예를 들어, 당신은 게임 중에 순서를 따르거나 무언가를 함께 쌓아 나가는 것과 같은 협조적인 행동에 초점을 맞춰서 협동행동(cooperative behavior)을 정의할 수 있다. 때리거나 우는 것과 같은 다른 유형의 행동은 정의하기가 더 쉽다. [빠른 참조 5-3]에 관찰체계를 활용할 수 있는 몇 가지 행동이 열거되어 있다.

한 사람의 행동을 관찰하는 것 외에도, 당신은 어떤 행동의 선행사건[5]을 관찰하고 기록

---

5) Antecedent는 행동주의적 A-B-C 모델에서 선행사건을 말한다. 우리가 사용하는 임상 보고서의 행동관찰과 사례개념화는 1세대 행동주의 치료법의 일종인 기능적 행동평가에서 유래된 바가 크다. 그래서 많은 용어가 행동주의적 표현을 그대로 사용한다(역자 주).

[빠른 참조 5-3]

아동을 관찰하는 동안 표적으로 삼은 행동을 표집하기

ADHD	품행 문제	사회적 능력	우울증
과제에서 벗어나기	불복종	고립된 놀이	말하기
가만히 있지 못하기	파괴적임	협력적 놀이	혼자 놀기
목으로 소리내기	공격적인 놀이	칭찬하기	거부증(negativism)
물건 가지고 놀기	공격적 언사, 위협	미소 짓기	찡그리기
자리에서 일어나기	공격성	규칙 만들기	불평하기
	말싸움하기	순서 기다리기	칭얼대기
	괴롭히기		
	소리 지르기		
	모욕 주기		

출처: Kamphaus & Frick(2009). Copyright © 2009 Allyn & Bacon. 허락하에 수정됨.

하는 것이 도움이 될 수 있다. 예를 들어, 표적행동[6] 목록에 공격성이 포함되어 있고 한 아이가 다른 아이의 손에서 장난감을 잡아채는 것을 관찰했다면, 다른 아이가 먼저 동일한 장난감을 잡아챔으로써 사건이 시작된 것처럼 보인다는 것도 기록할 것이다. 그러한 선행사건-행동 패턴은 공격성을 촉발하는 명백한 사건이 없는 것과는 사뭇 다른 것이 된다.

관찰할 행동을 결정했으면 관찰할 장소도 결정하라. 학교 환경이라면 수많은 가능성이 존재한다. 의뢰 시 질문이 아동이 학습 상황에서 어떻게 기능하는지와 관련이 있다면, 아이를 관찰할 수 있는 가장 좋은 장소는 교실—아마도 가장 저조한 과목 중에 한 교실과 가장 우수한 과목 중에 한 교실일 것이다. 그러나 의뢰 시 질문이 아동의 사회적 기능과 관련이 더 많다면 운동장과 같은 덜 구조화된 분위기에서 더 유용한 관찰이 가능할 것이다.

가정관찰은 배경정보들과 혼합되고 잘 두드러지지 않기 때문에 학교관찰보다 더 어려울 수 있다. 어떤 사람들은 관찰이 진행될 때는 자연스럽지 않은 방식으로 행동한다(예: 부모들은 평상시보다 자녀에게 훨씬 더 많은 칭찬과 관심을 줄 수도 있고, 아이들이 유별나게 협조적일 수도 있다). 가정에서 관찰이 이루어지는 경우, 일정한 규칙들이 관찰로 최대한 많은 정

6) Target behavior 역시 마찬가지로 행동주의적 용어다. 선행사건인 A나 강화물이나 처벌물인 C를 조작해서 변화시킬 수 있는 행동 혹은 측정의 대상이 되는 행동이 표적행동이다(역자 주).

보를 얻어내는 데 도움이 될 수 있다. 이러한 규칙에는 관찰 중 TV 시청, 전화 통화, 문자 메시지의 금지가 포함될 수 있다. 가정에서 관찰이 진행되는 동안에는, 가족구성원들에게 아이들이 어떻게 반응하는지를 관찰할 수 있도록 부모가 아들에게 집안일을 하도록 지시하거나 저녁에 숙제를 시작하는 것과 같은 전형적인 상황을 만들어 달라고 요청하라.

관찰할 행동과 관찰할 장소를 결정했다면 표적행동에 기반해서 자료를 수집하고 기록하는 방식을 결정해야 한다. 자료 수집의 세 가지 기본 범주는 사건기록, 지속시간기록, 시간표집[7]이다. 또 다른 형태의 기록인 서술 또는 일화기록[8]은 양적인 자료수집이라기보다는 질적인 자료수집의 한 유형이다.

사건기록

사건기록이 모든 기록 방법 중 가장 간단하다. 단지 일정기간 동안 표적행동이 발생한 횟수를 기록하면 된다. 사건기록은 시작과 종료가 구분된 행동에 가장 적합하다(예: 자리에서 일어나기, 때리기). 사건기록은 언제 하나의 행동이 시작되고 끝나는지(예: 혼자 놀기, 엄지손가락 빨기, 읽기, 듣기)를 설명하기는 어렵기 때문에, 상대적으로 오랜 기간 동안 지속되는 행동은 사건기록에 그다지 적합하지 않다. 저빈도의 짧은 행동이 사건기록을 활용하기에 가장 좋은 행동의 유형이다(Keller, 1986; Shapiro, 1987).

지속시간기록

사건기록은 한 행동이 발생한 빈도에 대한 자료를 제공하지만 지속시간기록은 동작이 발생한 시간에 대한 자료를 제공한다. 지속시간기록은 관찰하는 동안 행동의 시작부터 종료까지의 시간을 기록한다. 사건기록과 마찬가지로, 지속시간기록의 대상이 되는 행동은 구분되어야 한다. 즉, 시작과 종료가 명확히 구별되어야 한다. 울기, 울화행동, 엄지손가락 빨기는 지속시간을 기록할 수 있는 행동의 좋은 예들이다. 사건기록 및 지속시간기록은 행

---

7) event recording, duration recording, and time sampling: 행동의 양상, 빈도, 속도, 비율을 측정하는 행동 측정법에 대한 기본적인 이해가 필요한 개념들이다. 고전 교과서인 Paul Chance(2014)의 『학습과 행동』(7판)을 참고하면 도움을 받을 수 있을 것이다(역자 주).

8) Narrative or Anecdotal recoding은 자료 수집의 형태이면서 자료의 출처를 의미하기도 한다. 즉, 개인적인 경험을 직접 혹은 간접적으로 듣고 본 것을 기록하는 것을 말한다(역자 주).

동의 빈도와 지속시간에 대한 총체적인 정보를 수집하기 위해 조합하여 사용할 수 있다.

시간표집

시간표집(종종 간격기록, 간격표집 또는 간격시간표집[9]이라고도 부른다)은 지정된 시간간격 내의 행동을 기록한다. 간격 내에 목표 동작의 유무를 집계한다. 시간표집 기법에는 전체간격기록, 부분간격기록, 즉각기록[10](Kamphaus & Frick, 2009; Shapiro, 1987)의 세 가지 유형이 있다. [빠른 참조 5-4]는 이러한 서로 다른 유형의 간격기록 개념을 구분하여 설명하며, [그림 5-1]은 의뢰된 아동 말레나의 과제이탈행동(off-task behavior) 빈도를 같은 반 서맨사의 행동빈도와 비교한 시간표집기록의 사례를 제공한다.

[빠른 참조 5-4]

간격기록의 유형(Types of Interval Recoding)

전체 간격기록 (Whole-Interval Recoding)	부분 간격기록 (Partial-Interval Recoding)	즉각기록 (Momentary Recoding)
그 행동이 간격의 발단 부분에 시작되어 전체 간격 동안 지속될 때 기록된다.	그 행동은 지속시간이나 발생 횟수에 무관하게 한 간격 동안에 단 한 번만 기록된다.	그 행동은 시간 간격이 끝나는 순간에 행동이 존재하는 경우에만 기록된다.
예시: 자리에서 일어난 시간이 20초 동안 지속될 때 기록함	예시: 선생님은 하루를 15분 간격으로 나누고 그 시간 내에 손 올리는 행동이 일어났는지 여부만 기록함	예시: 60초 간격 동안 각 간격의 끝에 어린이가 손을 흔들고 있는지 여부를 기록함

서술적 기록

이러한 유형의 기록은 본질적으로 양적 자료가 아니기 때문에 이전에 논의된 기록들과는 다르다. 오히려 서술적 기록(narrative recoding)은 어떤 사람의 자연스러운 행동이 진행

9) interval recording, interval sampling, interval time sampling: 행동주의 실험에서 사용되는 용어들이다(역자 주).

10) whole interval recording, partial interval recording, momentary recording: 아동 행동관찰 및 측정을 위해서 실험실 장면에서 많이 사용하는 방법이다. 모두 제한된 시간 내에 표적행동의 발생 여부를 측정한다. 사실상 정해진 시간을 하나의 단위로 하는 빈도 측정과 유사하다(역자 주).

의뢰된 아동: 말레나
비교 아동: 서맨사
반: 바스케즈 씨

날짜: 2/2/2018
시작 시간: 9:30 a.m.
종결 시간: 9:33 a.m.

행동	아동	10	20	30	40	50	60	70	80	90	100	110	120	합계
과제 중임	말레나	✓	✓						✓		✓			4
	서맨사	✓	✓	✓	✓	✓	✓	✓	✓		✓	✓	✓	11
과제에서 수동적 이탈	말레나			✓	✓					✓			✓	4
	서맨사									✓				1
과제에서 완전 이탈	말레나					✓	✓	✓				✓		4
	서맨사													0

[그림 5-1] 시간표집기록

참고: 3분 부분 간격기록에는 12개의 10초 기간 관찰이 포함되며, 그 후에는 각각의 자료를 기록하기 위해 5초간 일시 중단하였다. 3분 동안 대상 아동과 비교 아동에 대해 세 가지 행동, 즉 과제 중(on-task), 수동적 과제이탈(passive off-task), 과제에서 완전이탈(disruptive off-task)이 기록되었다. 박스에 체크하면 행동이 관찰되었음을 나타내고, 박스에 O가 있으면 동작이 관찰되지 않았음을 나타낸다. 의뢰된 아동인 말레나는 12개의 간격 중 8번은 과제에서 이탈했는데, 절반은 과제에서 수동적으로 이탈한 상태였고, 나머지 절반은 과제에서 완전히 이탈했다. 이에 비해 서맨사는 12개 중 단 한 번만 과제에서 벗어났고 완전한 과제이탈 행동은 없었다.

되는 과정에 대한 묘사를 제공한다. 특정한 표적행동에 대해 구체적인 시간틀이나 기록지침이 필요하지 않다. 서술적 기록에는 직접 관찰 가능한 행동과 관찰된 행동에 근거한 추론이 포함될 수 있다.

서술적 기록을 완료하기 위해서는 관찰시간을 설정하여 대표적인 행동표본을 지켜본다. 어떤 사람들은 하루 중 모든 시간대에 관찰하는 것이 유용하다고 생각한다. 서술은 그 자체로 환경, 환경 내 사람들, 진행 중인 행위에 대한 기술을 포함할 수 있다. 그 사람의 말과 행동, 그리고 다른 사람이 반응하는 말과 행동을 포함하여 관찰되는 사람의 행동을 자세히 기록하라. 서술을 서면이나 (녹음 또는 녹화) 장치로 기록할 수 있다. [빠른 참조 5-5]는 서술적 기록의 예시를 제공한다.

[빠른 참조 5-5]

서술기록의 예시

에비는 교실에 있는 옷장 위에 뛰어 올라가서 흥분한 목소리로 "오늘은 내가 에어리얼이고 넌 플라운더[11]야."라고 선언했다. 조용히 에비를 따라오던 친구 엘라는 얼굴을 찡그리며 온화하게 대답했다. "나는 플라운더 하고 싶지 않아. 나도 인어가 되고 싶어."

애비는 재빨리 옷장 속에 놓여 있는 반짝이는 공주 의상을 집어 걸쳐 입었다. 그녀는 자기와 친구의 역할에 대한 자신의 의견을 고집하는 것처럼 보였다. 그녀는 엘라를 외면하고 자랑스럽게 말했다. "나는 모든 인어들의 여왕인 에어리얼이야." 그리고 그녀는 팔을 머리 위로 벌려 원을 그리며 율동을 했다. 애비는 춤을 추면서 엘라의 기분은 잊어버린 것 같았다.

엘라는 속상해 보였고 눈물을 글썽였다. 그녀는 다른 공주 의상을 찾으면서 조용히 고개를 숙여 다른 의상들을 훑어보았다. 엘라는 인어들의 여왕으로 여전히 즐거운 춤을 추고 있는 애비를 가끔 올려다보았다. 옷장 맨 아래쪽에서 엘라는 또 다른 드레스를 발견했다. 애비가 입었던 공주 복장만큼 화려하거나 반짝이지는 않았지만 그래도 드레스였기 때문에, 그녀는 그것을 입었다.

"자, 나와 함께 바다의 춤을 추자!" 애비가 엘라에게 명령했다. 엘라는 어쩔 수 없이 따랐지만 분명히 그 상황이 기쁘지 않았다. 애비는 흥분과 열정에 사로잡혀 있었고, 엘라의 손을 잡아 엘라가 그녀와 함께 원을 그리며 춤을 추도록 했다. 엘라의 열의 부족이 불만스러웠던 애비는 잠시 그녀와 함께 원을 그리며 빙빙 돌다가 엘라의 손을 놓아서 원심력으로 서로가 뒤로 날아가 땅에 떨어지게 했다. 애비는 진심으로 웃었지만, 엘라는 조용히 훌쩍이며 울기 시작했다.

출판된 관찰체계

BASC-3 학생관찰체계(Reynolds & Kamphaus, 2015), 아동행동 체크리스트 직접관찰양식(Child Behavior-Checklist Direct Observation Form; Achenbach & Rescorla, 2001), 학교 내 학생행동관찰(Behavioral Observation of Students in Schools; Shapiro, 1987), 우드콕-존슨 IV 교실 행동관찰양식(Woodcock-Johnson IV Classroom Behavior Observation Form; Schrank & Wendling, 2015) 등 질적으로 우수하고 다양한 행동관찰 도구가 있다. 또한 검사 행동에 대한 체계적인 관찰을 위해 출판된 양식으로는 아동행동 체크리스트 검사관찰양식(Child Behavior Checklist Test Observation Form; Achenbach & Rescorla, 2001)과 우드콕-존슨 IV 검사회기관찰 체크리스트(Woodcock-Johnson IV Test Session Observations Checklist; Schrank

11) 디즈니 애니메이션 〈인어공주〉의 주인공인 Ariel과 시종 물고기인 Flounder를 말한다(역자 주).

& Wendling, 2015)가 있다. 이러한 도구의 사용법에 대한 지침을 제공하는 것은 이 장의 범위를 벗어나지만, 여기서 짧게 언급하고 넘어가겠다. 비록 해당 도구가 각 수검자에게 맞춰 적용하는 맞춤형 체계보다는 다소 덜 유연할 수는 있겠지만, 출판된 관찰체계를 사용하는 것의 이점은 많다.

- 이 행동 체크리스트들은 우리 분야의 최고 지성인들이 만들었으며, 당신이 자신만의 관찰체계를 만들었을 때는 예상하지 못했을 중요한 특징을 담고 있을 수 있다.
- 이러한 도구를 사용한 연구들은 그것들의 사용을 지지하는 누적타당도의 증거를 제공한다.
- 어떤 의미에서 그 도구들은 시장에 의해 검증된 것이다. 만약 실무자들이 그들의 자유의지로 그것들을 사용한다면, 그 도구들은 요구를 만족시키고 있다는 뜻이다. 만약 작성자들이 사용자 피드백을 반영하여 개정판을 냈다면, 당신은 이 분야 전체의 집단적 지혜와 경험의 수혜자라고 할 수 있다.
- 동료들과 공유할 수 있는 지역적 규준(local norm)을 구축하는 데 활용할 수 있다.

행동관찰 작성하기

보고서에서 이 항목을 작성할 준비가 되었다면 다음의 몇 가지 사항을 명심하라.

- 기술해야 할 행동을 결정하라.
- 구체적인 행동을 기술하고 예시를 활용하라.
- 지정된 행동에 관한 해석적 가설을 독자에게 설명하라.
- 구체적인 예시를 들어 이러한 가설을 뒷받침하라.
- 당신의 사고를 논리적으로 조직화하라.

당신은 수많은 행동을 관찰하게 될 것이다. 어떤 행동들은 그 사람에 대한 이해를 증가시키는 반면, 다른 것들은 그렇지 않을 것이다. 예를 들어, 한 어린 소녀가 어떤 소검사 동안 눈을 비비고 있을 수 있다. 원래 당신은 이 행동이 피로함을 의미한다고 생각했지만, 그녀는 눈에 뭐가 들어갔다고 말했다. 이런 행동은 서면 보고서에 언급할 만한 가치가 없다.

중요한 것이 무엇인지를 선택하려면, 당신이 수집한 행동 목록을 보고 가장 일관된 행동들을 기록하라. 그것들이 패턴을 형성하는지 살펴보라. 단독으로 두드러진 행동(즉, 다른 행동이나 자료에 의해 지지되거나 확인되지 않는 행동)은 대개 가장 관련성이 적은 행동이다. 당신이 관찰된 행동에 대해 쓸 때에는 관찰한 내용을 명료하게 묘사하는 단어를 선택하라. 구체적인 기술은 더 나은 의사소통을 가능하게 할 것이다. 예를 들어, "톰의 주의력은 대부분의 평가 동안에는 양호했지만, 종종 그는 주의를 기울이지 않았다"라고 기재하는 것은 톰이 평가 동안 어떻게 행동했는지를 독자들이 이해하는 데 도움이 되지 않는다. 행동에 대한 좀 더 총체적인 설명은 다음과 같다.

> 일반적으로 톰은 검사 회기 내내 집중했고 협조적이었습니다. 때로는 검사 문항을 이해하지 못해서 곤혹스러운 표정을 보이기도 했습니다. 그는 몇몇 문항들에서는 두세 번 질문을 반복해야 대답을 할 수 있었습니다. 검사 문항을 반복해 주었을 때, 그는 적절한 응답을 할 수 있었습니다. 때로는 산만해 보였고, 세 번은 과제와 무관한 질문을 던졌습니다. 최적의 조건하에서 인내심 많은 검사자와 함께 한다면 톰은 자신의 능력을 최대한 발휘할 수 있을 것입니다. 하지만 다른 조건에서 검사를 한다면 과제에 머물러 있기가 어려워서 검사점수가 낮아졌을 것입니다. 실제로 학교에서 시행되는 집단용 검사에서 그의 수행은 일관성이 없는 경우가 많은데 때로는 평균 하 수준(또래 아동 중 단지 상위 15% 수준)이었으며, 때로는 평균(또래 아동 중 상위 45% 수준)이기도 했습니다. 이번 평가에서 그의 점수는 평균에서 평균 상 수준(또래 중 상위 55~88% 수준)에 달해, 그는 적절한 조건에서 종종 국가학력평가에서 보다 더 나은 성과를 낼 수 있다는 사실이 시사되었습니다.

마찬가지로 단순히 "그는 피곤했다"라고 쓰는 것만으로는 "그의 계속되는 하품과 눈 비비기는 피로의 신호였다"라고 쓰는 것만큼 명확한 기술이 되지 않는다.

어떤 작성자들은 평가가 어떻게 진행되었는지를 "첫째는 …… 둘째는 …… 그리고 다음에는 ……", 혹은 "처음에는 ____. 한 시간 후에, ____. 마지막에 이르러서는 ____."라고 쓰는 방식으로 평가의 진행 방식을 기술하려고 한다. 예를 들어, 검사자는 다음과 같이 쓸 수 있다.

> 평가의 처음에(In the beginning) 샬럿은 조용했고 질문에 대답하기를 꺼렸습니다. 그녀는 고개를 끄덕이며 단순히 '예' 혹은 '아니요'라는 대답만 하곤 했습니다. 최초 두 번의 비언어적 소

> 검사가 완료된 **후에**(After) 샬럿은 더욱 반응성이 좋아졌고 적극적인 태도와 완전한 문장으로 질문에 답했습니다. 평가가 **끝날 무렵**(By the end of) 샬럿은 자신의 고양이 위스커스가 최근 방울뱀에게 물렸다는 사실 등 개인적 관심사를 공개적으로 이야기했습니다.

행동의 순서에 의미가 있다면 순서를 포함하라. 샬롯의 평가에서, 검사 초기에 관찰된 행동은 점진적인 유대관계 구축에 기여했다. 다른 상황에서 초기 행동은 검사 상황에 대한 불안감과 관련될 수 있고, 검사 회기의 중간쯤에 관찰된 행동은 휴식의 필요성과 관련될 수 있으며, 회기 종료 시 기록되는 행동은 피로나 권태와 관련될 수 있다.

대부분의 경우, 발생한 일에 대한 단계별 설명은 명확한 주제에 따라 정리된 단락만큼 유용하지는 않다. 한 단락은 주의력의 주제를 가지고 있을 수 있고, 다른 단락은 그 사람의 문제해결 능력을 기술할 수 있으며, 다른 단락은 그 사람의 동기와 지속성의 수준을 기술할 수 있다.

보고서의 행동관찰 항목은 일반적으로 검사 중 하나의 소검사나 수행 영역이 아닌 검사 전체에 걸쳐 발생한, 보다 일반적인 행동을 기술한다. 예를 들어, 로저가 수학 계산을 하는 동안에만 연필을 씹었다면, 당신은 수학적 능력이 대해 논의하면서 이런 행동을 기재할 수 있다. 만약 실라가 철자법 검사에서 "철자법이 엉망이에요."라고 말했다면, 이러한 발언은 평가 중 행동에 대한 일반적인 설명보다는 철자법에 대해 논의할 때 더 잘 맞을 것이다.

행동관찰 항목 대 통합된 결과

잊지 말 것

행동관찰 항목을 작성할 때 해야 하거나 하지 말아야 할 것들

하지 말 것	할 것
1. 해석적 가설을 제시하지 않고 일련의 행동을 나열한다.	1. 검사 회기가 끝나자마자 사람에 대한 해석적 가설에 대한 목록들을 작성한다(구체적인 행동에 대해 과도하게 얽매이지 않고).
2. 행동적 예시를 제공하지 않고 일련의 가설들을 나열한다.	2. 관찰된 행동의 세부 기록을 검토한다.
	3. 해석적 가설을 구체적인 행동과 혼합하여 해석과 특정 행동을 모두 통합하는 단락을 작성한다.

전통적으로, 보고서에는 행동관찰의 기술에만 온전히 할애하는 별도의 항목이 있다. 그러나 당신에게는 보고서를 다르게 구성해야 할 충분한 이유들이 있을 것이다. 한 번에 하나씩 검사배터리의 결과를 제시하는 보고서에서는 별도의 행동관찰 항목이 있는 것이 타당하다. 그럼 다른 경우에 그러한 정보는 또 어디로 가야 하는가? 그러나 주제별로 정리한 보고서에서는 각각의 결과에 대해 두 번, 검사결과에 대해 한 번, 그리고 행동관찰에 대해 한 번 언급하는 것은 불합리하다. 그렇다면 그 대신, 행동관찰과 검사결과는 관련된 주제 항목에 통합한다.

예를 들어, 만일 당신이 한 대학생의 암산문제 풀이를 관찰하는데, 그는 자신의 손을 뚫어지게 바라보고 마치 그가 조심스럽게 허공에 보이지 않는 물건을 쌓는 것처럼 제스처를 한다고 가정해 보자. 당신은 검사가 끝나면 그에게 무슨 전략이었는지 묻는다. 그는 38과 5의 합계를 계산하고 있었다고 말한다.

> 아, 그거요? 친구들은 내가 손으로 사고하는 방식에 대해 놀려대요[그는 어깨를 움츠리며 어색하게 웃는다]. 음, 저는 수직으로 세워진 숫자 열을 상상해요. 보세요[그러고 포장에서 줄자를 꺼내는 흉내를 낸다]. 그리고 그것은 다섯까지 셀 수 있죠[보이지 않는 테이프를 손으로 5단위 길이로 자르는 흉내를 낸다]. 그래서 저는 38인치 길이의 긴 막대기를 상상해요. 거의 40에 가깝죠. 그래서 여기 38이 있고 2에서 40까지 나뉘어 있어요[두 손으로 약 2인치 간격을 보여 준다]. 그리고 저는 5인치 길이의 막대기를 하나 더 가지고 있죠. 제가 그것을 긴 막대[손으로 쌓는 흉내를 낸다]에 쌓아 올리면, 그것은 40인치에서 2인치 밑에 내려가고[집게손가락과 엄지손가락으로 간격을 보여 준다], 3인치만 남아서 40 더하기 3은 43이 되죠[긴장을 풀고 자랑스럽게 웃는다].

이 관찰을 강조하고자 하는 방식에 따라, 당신은 이 관찰을 그의 수학 기술에 대한 논의에 통합시킬 수 있겠지만, 여기서는 그가 시공간적 재능을 활용하는 많은 방식 중 하나의 사례로 포함시켰다.

> 시공간적 처리(visual-spatial processing)는 서로 다른 각도에서 물체가 보이는 방식을 시각화하고 물체들끼리 서로 잘 맞게 조합하는 방법을 시각화하는 능력을 말합니다. 핀의 시공간적 능력은 또래의 91% 상위 수준의 높은 범위에 있습니다. 이것은 핀의 주된 인지적 강점 중 하나이며, 그는 그것을 종종 창의적인 방법으로 자신에게 도움이 되도록 활용합니다. 예를 들어, 그가 머릿속의 수학 문제를 해결할 때, 그는 종종 "손으로 사고한다"면서 숫자를 손으로 '움직일'

수 있는 다양한 길이의 일반적인 대상으로 시각화하여 해결책을 상상했습니다. 비록 대부분의 사람들이 이런 식으로 수학 문제를 해결하지는 않지만, 핀은 시각화하는 그의 재능이 빠르고 정확한 암산에 유용하다는 것을 알게 되었습니다. 그는 상상의 물체를 조작하는 데 몰두할 때 자신의 모습이 어떻게 보일지 신경 쓰기는 하지만, 그것은 그에게 효과적인 방법입니다. 창의적인 해결책을 시각화하는 그의 재능을 활용하는 방식의 또 다른 사례는 다음과 같습니다…….

평가절차의 타당성

주제별로 조직화된 보고서의 어느 항목에도 깔끔하게 들어맞지 않는 행동적 관찰도 있다. 이러한 이유로 일부 검사자들은 의미 있지만 통합하기 어려운 관찰을 포함하기 위해 축약된 행동관찰 항목을 추가한다. 종종 그러한 행동은 검사의 타당성에 영향을 주는 행동(예: 동기저하, 검사자에 대한 적대감 등)과 관련된다. 이러한 관찰들에 대해서는 보다 구체적인 항목 제목이 부여될 수 있다(예: 평가절차의 유효성). 예를 들면 다음과 같다.

닐은 검사의 모든 측면에서 협조적이었습니다. 그는 면담과 설문지의 모든 질문에 솔직하게 대답했습니다. 비록 그는 모든 검사에서 최선을 다했지만, 학습 검사의 어려운 부분들 중 일부에서는 그러한 노력을 하지 않았습니다. 약간의 격려를 하고 나서야 그는 다시 최선을 다할 수 있었습니다. 따라서 여기에 제시된 검사결과는 그의 인지능력과 학업능력에 대한 합리적인 추정일 가능성이 높지만, 일부 결과들은 검사 내내 열의를 유지할 수 있었다면 약간 더 높았을 가능성이 있습니다. 특히 불충분한 노력이 그의 수행에 영향을 미쳤을 가능성이 있는 사례는 다음 항목에 기록해 두었습니다.

일반적으로 보고서 작성자는 행동관찰 항목의 끝에 결과의 신뢰도과 타당도를 보여 주는 문장을 덧붙인다. 결과가 타당하다면(그리고 신뢰할 만한 경우), “그는 모든 평가 회기에 걸쳐 동기와 주의가 유지되었기 때문에, 현재의 평가결과는 조의 현재 수행 수준을 타당하고 신뢰롭게 요약한 것으로 보입니다.”라고 할 수 있다. 의심스러운 결과를 반영하는 문장은 “현재의 평가결과는 메리의 현재 기능 수준을 나타내는 타당한 지표가 아닐 수 있습니다. 왜냐하면 그녀가 평가의 막바지에 약물 복용을 잊었다고 말했기 때문입니다.”와 같을 수 있다. 평가 중 관찰된 행동으로 인해 결과의 타당성이 의문시되는 경우가 가장 많기 때문에, 그러한 문장은 행동관찰 항목이 합리적인 위치에 들어가야 한다. 하지만 특정 행동이 결과에 명확하게 영향을 미치는 경우라면, 그러한 문장은 결과 항목의 도입부에 위치할 수도 있다.

평가결과가 타당하지 않거나 일부라도 타당하지 않다고 판단되면, 결과가 타당하지 않을 때 어떤 일이 일어나는지를 명확히 설명하라. 타당하지 않은 데이터를 보고하지 말라. 예를 들어, 당신이 구어(oral language)를 평가하는 여러 측정치를 시행할 때 한 어린 소년이 응답을 거부했다고 상상해 보자. 그 아이는 협조하지 않았기 때문에, 당신은 이 소년이 답할 수 있는 것이 무엇일지 알지 못한다. 따라서 구어 소검사의 점수는 그의 현재 언어 수준에 대한 잘못된 정보를 제공할 것이다. 그러나 그의 응답 거부는 기저의 정서적 또는 심리적인 문제를 암시할 수도 있다.

주의

자료의 타당성에 의문을 제기할 수 있는 요인들의 예시

- 비키는 여러 차례 괜찮다고 말했지만, 평가 도중 거의 잠이 들 뻔했다.
- 그는 부인했지만, 리처드는 술을 마신 것으로 의심된다.
- 그 사람은 극도로 방어적이었거나, 우울하거나, 불안하거나, 반응성이 없었다.
- 당신은 내담자에게 진단되지 않은 청력 손실이 있다고 의심한다.
- 그 사람이 검사실 환경에 대해 불만을 표시했다(예: 너무 시끄럽다).
- 그 사람은 신체적 요인(예: 허기짐, 피곤함)에 관해 불평했다.

검사 중의 행동관찰을 최대화하기

검사 중의 주의 깊은 관찰이 중요한 가장 주된 이유는 수검자에 대한 유용한 정보를 산출한다는 것이다. 그리고 부가적인 이득은 검사자를 지루하지 않게 한다는 점이다. 만약 당신이 점수 계산을 위한 검사를 하는 것 이상의 일을 하지 않는다면, 검사는 끔찍할 정도로 지루해진다. 관찰한 것에 기초하여 끊임없이 새로운 가설을 생성하고 평가할 때, 검사는 항상 흥미로운 일이 된다.

당신은 검사 시 행동을 관찰하는 것이 쉽다고 생각할지도 모른다. 당신은 항상 사람들을 관찰하고 있기 때문이다. 그러나 세심한 관찰은 검사 절차의 여러 측면인 수검자와의 작업적 협력, 관찰을 통해 평가하는 수많은 가설들 사이에서 유연하게 주의를 분할하는 연습을 필요로 한다. 새내기 검사자는 종종 검사를 정확하게 시행하고 반응을 기록하는 데에만 너무 열중해서 미묘한 행동에는 주의를 기울이지 않는다. 검사의 시행과 채점에 대해 완전히 익숙해지고 나면 그 사람의 발언, 반응, 행위에 주의를 기울일 수 있다.

평가 중 관찰한 내용을 기록하라. 많은 평가가 2시간 이상 지속되기 때문에 기억에만 의존해서는 안 된다. 시행 중인 과제의 항목 옆에 메모를 기록하라. 한 사람의 검사 수행을 이해하고 해석하는 데 도움이 되는 진술뿐만 아니라 구체적인 행동을 포함하여 기록하라.

당신은 또한 종종 발언을 그대로 인용하고 싶을 것이다(예를 들어, "나는 숙제가 너무 많아서 학교를 그만두고 싶어요."). 수학 개념에 어려움을 겪는 3학년 학생인 마크는 평가 중에 "수학을 싫어하고 어머니도 마찬가지예요."라고 말했다. 비록 이 발언이 의도적인 것은 아니라고 해도, 마크의 어머니가 실제로 수학 성적에 대한 그의 부정적인 학문적 자기개념을 강화시키고 있을 가능성에 대해 당신을 일깨워 줄 수 있다.

어떤 행동이나 발언이 처음에는 적절하지 않아 보일지라도, 당신은 검사 후 2시간이 지나서 그 말이 중요한 추론을 뒷받침한다는 것을 발견할 수도 있다. 당신이 몇 시간 또는 며칠이 지나서 오류와 발언에 대해 심사숙고할 때, 어떤 행동은 가장 잘 이해된다. 예를 들어, 기록지의 여백에 있는 당신의 의견들을 검토한 후, 당신은 언어 처리와 관련된 소검사나 읽기 같은 특정한 학과목에서만 산만한 행동이 발생했다는 것을 알아챌 수 있다.

당신이 관찰한 것에 대해 쓸 것들을 검토하기 시작할 때 관찰한 행동의 목록을 작성하라. 예를 들어, "그녀는 발로 바닥을 두드렸다" 또는 "그녀는 창밖을 보았다"는 행동을 기술하는 표본적인 진술이다. 행동과 발언의 목록을 검토할 때 반복되는 주제들(예: 끈기, 부주의함, 긍정적인 자기개념을 나타내는 행동)로 분류하라. 기본적으로 공유하는 테마가 있을 때, 행동에 대한 해석을 제공하라.

예를 들어, 당신은 다른 소검사에서 몇 가지 행동이 부주의함을 나타내는 것처럼 보인다는 것을 발견할 수 있다. 만약 당신이 그 아이가 긴 지시문을 따르는 데 어려움을 겪었고 의자에 가만히 앉아 있는 것을 힘들어하는 것을 관찰했다면, 그런 행동들이 어떻게 주의력 문제를 나타내는지에 대한 문장(및 지지하는 단락)을 작성할 수 있다.

당신의 해석은 독자들이 그 행동을 이해하는 데 도움을 줄 것이다. 예를 들어, "클레어가 숫자 소검사 동안 발로 땅을 두드렸다"는 사실은 불안, 지루함, 혹은 좌절감을 나타낼 수도 있고, 심지어는 숫자의 회상을 돕는 기술일 수도 있다. 마찬가지로, "마리아는 허공을 바라보았다"라고 쓰는 것은 산만함, 사회적 회피, 과제의 요구 사항을 이해하지 못함, 시각화를 통해 문제를 해결하려는 시도를 나타낼 수 있다. 당신은 행동을 해석해야만 한다. 만약 한 아동이 한 단락의 글을 쓸 때는 울지만 다른 모든 어려운 과제에 대해서는 적절하게 반응하는 것과 같이 극적인 경우가 아니라면, 하나의 특정 행동을 단독으로는 해석하지 말라.

[빠른 참조 5-6]은 다른 행동들과 그에 대한 해석의 사례를 제공하며, 이를 조합하여 행동에 대해 명확하게 기술하는 방법을 보여 준다. [그림 5-2]는 한 단락의 해석과 한 단락의 행동을 응집력 있는 하나의 기술로 결합하는 방법을 보여 준다. 176쪽의 '잊지 말 것' 상자는 행동관찰을 쓸 때 기억해야 할 중요한 점들을 정리한 것이다.

[빠른 참조 5-6]

행동표본의 해석을 기술하기

행동	해석	보고서에서의 기술
다리 떨기, 안절부절못하는 손, 머리 꼬기	불안	에두아르도는 검사 시 스트레스를 경험했으며, 발을 동동 굴리고, 연필을 만지작거리고, 머리카락을 비비 꼬는 등 자신의 몸을 움직이면서 불편한 에너지를 이겨 냈습니다. 빈번한 공황발작을 경험하는 많은 사람들과 마찬가지로 에두아르도는 스트레스를 받을 때 방을 탈출하고 싶은 강한 충동을 경험하는데, 안절부절못하는 행동은 그러한 충동을 조절하는 데 도움이 됩니다.
의자에 앉아 엎드리기, 시선의 회피, 침묵하기	저항	미셸은 면담 중 자신에게 뭔가 문제가 있음을 암시하는 부모의 말에 분개해서 평가받기를 거부했습니다. 그녀는 부모(혹은 검사자에게)에게 공공연히 반항하는 행동을 하지는 않았지만, 의자에서 몸을 낮추고, 눈을 마주치지 않고, 질문을 받았을 때 벽을 세워서 자신의 분노를 전달했습니다. 11세 아동에게는 드문 일이지만, 미셸은 사생활과 존엄성에 대한 강한 감각을 가지고 있고, 그러한 감각을 지키기 위해 조용한 방식으로 많은 노력을 할 것입니다.
블록 쌓기, 퍼즐 조각 돌리기, 연필로 낙서하기	부주의와 산만함	이안은 비언어적인 문항을 푸는 동안 집중력과 주의를 유지하는 데 어려움을 겪었습니다. 그는 검사 자극만으로도 쉽게 주의가 산만해졌습니다. 예를 들어, 토막짜기를 지시대로 따라하는 대신, 그는 토막을 위로 쌓아 올렸습니다. 그는 또한 토막들을 돌려서 퍼즐로 조합하기보다는 도형들을 모사하라고 제공된 책자에 연필로 낙서를 했습니다. 이로 인해서 이안이 자신의 능력을 최대한 발휘하기 위해서는 지속적인 인내심과 빈번한 휴식이 필요했습니다. 그럼에도 불구하고, 이안이 좀 더 집중했다면, 어떤 검사에서는 조금 더 좋은 점수를 받을 수 있었을 것이고, 다른 검사에서는 훨씬 더 좋은 점수를 받을 수 있었을 것입니다.

구체적인 행동

- 앤디는 분명히 좌절감을 경험하긴 했지만 주어진 시간 동안 퍼즐과 유사한 검사를 지속했다.
- 문항에 실패하는 것이 후속 과제에 대한 그의 동기를 감소시키지 않았다.
- 그는 긴 질문지를 작성하면서 지루함을 호소했지만, 질문지 항목의 의미를 이해하기 위해 여러 가지 질문을 했다.
- 그는 피곤하다고 말했지만 그 후에도 그날의 검사가 끝날 때까지 노력하는 것을 멈출 기미가 없었다.

해석적 가설

앤디는 지루하거나 피곤하거나 좌절할 때도 유달리 오랫동안 주의를 집중할 수 있다.

통합된 단락

앤디는 지루하거나 피곤하거나 좌절할 때도 집중력을 유지할 수 있다는 것을 반복해서 보여 주었습니다. 예를 들어, 그는 지루하다고 생각되는 긴 과제에서도 세부 사항에 세심한 주의를 기울였습니다. 게다가 눈에 띄게 좌절한 뒤에도 어려운 과제에 집요하게 매달렸습니다. 게다가 지루함과 피로감에도 불구하고 평가 내내 성실하고 주의 깊게 수행하며 체력과 자기 조절 능력을 보여 주었습니다.

[그림 5-2] 구체적인 관찰과 해석을 통합하기

당신이 기술한 것을 설명하라

당신이 행동을 기술하는 이유를 스스로 설명할 수 없다면, 그것을 생략하라. 행동을 기술하는 이유를 설명할 수 있다면, 보통은 그 기술을 기록에 포함해야 한다. 설명(Explanation)은 독자에 대한 공감의 실패로 인해 생략되는 경우가 많다. 약간의 훈련을 받고서, 우리는 마음속에 있는 행동에 대한 정교한 분류체계(taxonomies)를 개발한다. 우리는 어떤 행동이 부주의, 충동성, 사이코패스 성향, 우울증, 조증, 정신증, 불안의 지표인지 알고 있다. 우리에게는 대부분의 행동의 의미가 명백하게 보이는 데는 오래 걸리지 않아서, 우리는 그것을 설명하는 것이 모욕이 될까 봐 걱정한다. 하지만 아마도 명백한 것을 설명하지 못해서 발생하는 오류보다는 명백한 것을 설명해서 생기는 실수가 더 나을 것이다. 예를 들어, 다음과 같은 모호한 관찰에 독자가 할 수 있는 다양한 해석들을 상상해 보자.

> 제이드는 나의 모든 질문에 대해 짧게 최소한의 대답만을 했습니다(예: 예, 아니요, 몰라요).

설명이 빠져 있다면, 제이드가 왜 질문에 대해 짧게 최소한의 대답만 했는지 독자들이 이해할 수 있는 방법은 없다. 그녀는 평가받는 것에 화가 나 있는가? 그녀는 어른에게 과도하게 예의를 차리는가? 그녀는 표현 언어에 문제가 있나? 관찰만으로는 어디에도 도달할 수 없고, 아무도 감동시키지 않으며, 아무것도 가리키지 않는다. 더 중요한 것은 '도대체 왜 이런 관찰이 포함되어야 하는가?'라는 질문이다. 하지만 적절한 틀을 갖춘 관찰은 제이드에게 도움이 되는 최선의 방법에 대한 단서를 독자들에게 제공한다.

> 제이드는 나의 모든 질문에 대해 짧게 최소한의 대답만을 했습니다(예: 예, 아니요, 몰라요). 처음에 나는 그녀가 냉담하거나 적대적인 행동을 하고 있다고 생각했지만, 그녀의 말이나 행동은 심하게 부정적이거나 심술궂지 않았습니다. 더 자세히 보고 나서 나는 처음에 놓쳤던 것을 알 수 있었습니다. 긴장된 자세, 시선회피, 꽉 막힌 목소리—그것은 그녀가 숨기려고 애쓰는 불안과 공포에 대한 감추어진 징후였습니다. 나는 대화하는 동안 제이드가 모르는 사람들과 마주칠 때 얼마나 취약해지는지를 알게 되었습니다. 심지어 나에게는 전혀 해롭지 않아 보이는 질문들(예: "좋아하는 수업이 있니?")에도 그녀는 상처를 받았습니다. 나는 제이드가 안심할 수 있도록 대부분의 청소년들에게 하는 것보다 훨씬 더 부드럽게 천천히 다가가야 했습니다.

여기서 우리는 제이드가 면담에서 최소한의 대답을 했다는 관찰 안에 담겨 있는 전략적 가치를 본다. 제이드가 관심받기를 싫어해서 보이는 방어적인 태도는 사람들이 그녀를 홀로 내버려 두게 한다는 바라던 효과를 나타낸다. 이 기술이 겉보기에는 냉담해 보이는 그녀의 태도를 재구성한다. 그래서 그녀와 함께 작업해야 하는 사람들이 제이드가 그들의 도움을 강하게 거부하는 것이 아니고 다만 자신을 보호하는 것이라는 사실을 이해할 수 있게 해 준다. 그래야 비로소 그들은 천천히 부드럽게 그녀에게 다가가서 제이드의 신뢰를 얻을 때까지 노력을 지속할 수 있을 것이다.

일관되지 않은 행동을 납득시켜라

> 모든 것에는 균열이 있다.
> 그렇게 빛은 들어온다.
>
> —Leonard Cohen (1992, p. 373)

비일관성은 인간의 일부분이다. 수검자들이 일관성 없는 행동을 할 때—때로는 짜증내지만 때로는 참을성 있고, 때로는 산만하지만 집중하고, 때로는 겸손하지만 때로는 과시할 때 그것은 그들이 자신과 모순된 것이 아니라, 우리가 그들을 너무 단순한 관점으로 바라본 것이다. 일관성이 없는 행동은 우리의 해석 작업을 더 어렵게 만들지만, 비일관성을 이해하는 것은 올바른 개입을 선택하게 해 주는 열쇠가 될 수 있다. 면담 내내 침울했던 남자가 개에 대해 말할 때는 기운을 차렸다면, 동물을 포함한 개입이 우울증을 관리하는 데 도움이 될 가능성이 크다. 혹은 만약 과경계하는 아동이 특정 작업 중에만 자신감을 보인다면, 아마도 비슷한 개념의 다른 과제들에 접근할 수 있게 도울 방법이 있을 것이다.

행동에 대한 광범위한 일반화를 수행하기 전에 관찰된 행동에 예외가 있는지를 신중하게 검토하라. 만약 10개의 행동이 한 가지 해석을 지지하지만 한 개의 행동이 패턴과 일치하지 않는 것처럼 보인다면, 거기에 어떤 차이가 있는지를 설명하려고 노력하라. 가능하다면 언제나 새로운 데이터로 가설의 정확성을 검증하라.

예를 들어, 당신이 대학생인 숀에 대한 작업가설을 가지고 있다고 가정해 보자. 그는 최근에 우울증과 자살사고에 대한 치료를 시작했고, 그에게는 건강한 관계를 수립하고 유지하는 능력을 저해하는 자기애적 성향이 있다. 당신은 그가 자신의 평범한 성취를 마치 대단한 업적인 것처럼 길게 늘어놓는 것을 지켜보았다. 그는 자신보다 지적으로 떨어지고, 운동능력도 덜하며, 매력도 덜한 사람들의 어리석음과 일반적인 무가치함에 대해 다방면에 걸친 장광설을 늘어놓았다. 그는 사무용 가구에 대한 당신의 취향을 직접적으로 모욕했고, 당신의 학위를 수여한 대학의 수준을 비웃었다.

파리에 관한 문항에 대한 정답을 말한 후, 그는 프랑스 문학의 석학과 함께 프랑스어(즉, 프랑스어 입문 강좌를 수강했다)를 공부했다고 언급했다. 그는 수학 문제에 정답을 말하지 못한 다음에, 고등학교 대수학 교사가 그를 흠모한 많은 이유들을 다양한 방식으로 아주 자세하게 설명했고, 그의 교사가 그가 대학에서 수학을 전공하기를 정말 간절히 원했음에도 자신은 관심이 없었다는 것을 설명했다. 그리고 고등학교 교사의 '불쌍한 인생'에 대한 경멸적인 평가가 이어졌다.

숀은 놀랍게도 다음 검사 회기에서 심각한 발달지연 아동(같은 사무실에서 당신의 동료를 보기 위해 어머니와 함께 기다리고 있던 아이)과 함께 대기실에서 체커[12]를 하고 있었다. 숀은 아이가 자신의 말 하나를 뛰어넘을 때마다 장난스럽게 속상해하는 시늉을 하고 있었는데, 두 사람은 즐겁게 웃고 있었다. 그는 당신을 보고 나서 아이에게 열정적으로 작별을 고

12) Checker: 단순화된 체스 같은 것으로, 체스판과 유사한 판 위에서 흰색과 검은색의 원판으로 승부를 겨루는 게임이다(역자 주).

했는데, "나는 세계적인 체커 선수고 넌 내가 받은 것 중 가장 큰 놀라움을 주었어. 넌 정말 대단해. 계속 연습하라고 친구!"라고 덧붙였다.

이것은 사랑스러운 행동인가? 그렇다! 그가 어린아이들과 연결될 수 있다는 것이 좋은 징조인가? 그렇다. 그렇다면 결국 그는 자기애적이지 않다는 뜻인가? 슬프게도 아니다. 후속 질문들은 그가 아이들과 멋진 일을 하고, 장애가 있는 아동들을 위해 나서 주는 거의 유일한 사람이며, 대부분의 사람들은 장애가 있는 아동들에게 전혀 관심을 기울이지 않기 때문에 끔찍하다고 믿는다는 것을 보여 주었다. 숀은 자신이 가장 좋아했던 뇌성마비를 앓고 있는 사촌과 함께 자란 것과, 그를 조롱하거나 무시했던 다른 아이들과 가족들로부터 그의 사촌을 얼마나 자주 보호해 주었는지에 대해 이야기했다. 따라서 장애를 가진 아이들을 돕는 것에 대한 이 존경스러운 열정조차도 그의 문제 있는 대인관계 도식과 연관되어 있었다. 하지만 그의 취약한 자존감에서 이 부드러운 지점은 그가 다른 사람들을 좀 더 관대하고 참을성 있게 대하도록 돕는 지렛대 역할을 할 수 있다. 이러한 관찰(및 아직 언급되지 않은 다른 관찰들) 기록은 다음과 같다.

숀은 그의 존경을 받을 자격이 있는 사람들과 그렇지 않은 사람들 사이에 분명한 선을 긋습니다. 그는 존경하는 사람들에게는 관심과 찬사를 아끼지 않지만, 존경하지 않는 사람들과 마주쳤을 때는 절대 자신의 의견을 굽히지 않습니다. 이러한 경향성은 때때로 그에게 일시적인 환호를 가져 왔지만, 동시에 종종 우정의 파탄으로 이어졌습니다. 그러나 숀에게 그와 다르게 행동하는 것은 일종의 부정직함, 진실해지는 것의 실패일 수 있습니다. 아마도 숀은 다른 사람들도 자신과 같이 의견을 빠르게 내고 표현한다고 가정하기 때문에, 새로 만난 사람들에게 자신의 재능과 크게 성공한 사람들과의 관계를 늘어놓으면서 자신이 존경과 감탄을 받을 만한 가치가 있다는 것을 확인받으려는 것 같습니다.

비록 숀은 좋아하지 않는 사람들에 대한 판단이 가혹할 때가 많지만, 괴롭힘을 당하는 사람들, 특히 장애를 가진 아이들의 열렬한 수호자입니다. 이런 열정은 가까운 가족구성원을 다른 아이들의 조롱으로부터 지켜 낸 그의 초기 경험에 뿌리를 두고 있습니다. 이제 성인이 된 그는 특별한 도움이 필요한 아이들에게 도움과 관심을 주기 위해 자신의 방식에서 이탈하고 있습니다.

그러나 숀은 모든 성공과 존경할 만한 자질들에도 불구하고 슬픔, 절망, 외로움의 깊이를 잘 알고 있었는데, 특히 그의 오랜 여자친구와의 마지막 이별 이후에 더욱 그러했습니다. 그동안 험난했지만 중요한 관계였던 사건의 여파로, 숀은 다른 사람들과 연결될 수 있는 새로운 방법과 삶의 의미를 주는 활동을 찾으려고 애쓰고 있습니다.

숀이 이 보고서를 읽을 것이기 때문에 그의 자기애적인 행동을 확실하게, 그리고 스스로 수용할 수 있는 용어(예를 들어, 무뚝뚝함은 일종의 진정성이 된다)로 기술해야 한다는 점에 주목하라. 그의 치료자를 위한 권고에는 그가 경멸하는 사람들이 어떤 면에서는 장애가 있는 아이들과 다를 바 없다고 부드럽게 바라보게 만드는 노력이 포함될 수 있다. 우리 모두는 우리가 선택하지 않은 취약성을 가지고 있다. 게다가 그가 마음껏 모욕하던 사람들도 그의 사촌과 비슷한 연약한 감수성을 갖고 있을 수 있는 것이다.

자가평가

1. BASC-3 학생관찰체계 및 우드콕-존슨 IV 교실 행동관찰양식은 다음 중 무엇 때문에 유용한가?
   (a) 아이들의 행동을 비교할 수 있는 규준적 기반을 제공한다.
   (b) 검사 중 관찰된 행동을 기록하기 위해 전문가가 개발한 편리한 체크리스트가 포함되어 있다.
   (c) 어린이가 교실 환경에서 보일 수 있는 모든 행동을 포함한다.
   (d) 표준화된 부모 및 교사 행동 보고보다 신뢰성과 안정성이 더 높다.

2. 보고서의 행동관찰 항목에는 기본적으로 각 검사 수행 중에 관찰된 행동을 열거해야 한다. 그러한 행동에 대한 해석은 나중에 검사결과와 해석 항목에 포함된다. 참인가? 거짓인가?

3. 보고서에 포함될 수 있는 행동의 범주 몇 가지를 열거해 보시오.

4. 행동의 구체적인 예시는 전반적인 행동 특성에 대한 기술을 유의미하게 강화할 수 있다. 참인가? 거짓인가?

5. 평가 중 발생한 일에 대한 단계별 순차적 설명은 보고서의 행동관찰 항목에서 가장 유용한 유형의 구성방식이다. 참인가? 거짓인가?

6. 자연적인 환경에서 자료를 수집하는 방식이 아닌 것은?
   (a) 돌비 녹음
   (b) 사건기록
   (c) 지속시간기록
   (d) 시간표집

7. 지속시간기록은 다음 중 어떤 행동을 하는 것으로 알려진 어린이를 관찰하는 데 특히 유용한가?
   (a) 울화행동 하기
   (b) 자리에서 벗어나서 과시하는 행동
   (c) 다른 아이들 때리기
   (d) 빈정대기

답: 1. b; 2. 거짓; 3. 신체적 외양, 라포, 언어 스타일, 실패에 대한 반응, 성공에 대한 반응, 격려에 대한 반응, 주의력, 활동 수준, 기분, 문제해결전략, 검사자와 검사 과정에 대한 태도, 자기 자신에 대한 태도, 특이한 매너리즘 또는 습관; 4. 참; 5 거짓, 6. a, 7. a.

제6장

검사결과에 대해 의사소통하기

무용단의 위대한 수석 발레리나는 눈부신 기술을 가지고 있지만 당신을 눈부시게 하는 것은 그녀의 목표가 아니다. 그녀의 목표는 공연의 예술성으로 관객들을 사로잡고, 춤에 몰입하는 경험으로 관객들을 즐겁게 하는 것이다. 마찬가지로 많은 심리평가 전문가들은 눈부신 심리측정적 역량을 가지고 있지만 최고의 보고서 작성자들은 화려함을 목표로 하지 않는다. 검사를 하고 그 결과를 심리측정적으로 엄격하게 해석하는 것은 수년간의 공식적인 훈련이 필요하고, 숙달하기 위해서는 추가의 수년간의 지속적인 노력이 필요한 정말로 고도의 기술이다. 그럼에도 발레리나처럼 우리 직업의 진정한 예술성도 너무나 효과적이고, 너무나 자연스럽고, 감동적으로 전달되어서 오히려 우리의 기술적 측면들은 거의 부차적인 것으로만 인식된다.

핵심적인 평가절차는 자료 중심적(data-driven)이어야 하지만, 목적성과 설득력을 부여하기 위해서는 서술적인 지지대가 필요하다. [그림 6-1]에 묘사된 바와 같이, 평가절차는 다음과 같은 구분된 세 단계로 진행된다.

1. **사람들의 말을 듣기.** 평가절차는 의뢰 시 우려 사항과 서술된 내용에 나오는 사람들의 삶에 대한 세심한 관심에서 시작된다. 평가자는 능동적이고 공감적인 청취 기술을 사용하여 면담 대상자와 연속적으로 의사소통하고, 오해가 발생할 때마다 이를 명료화한다. 일정한 지점에 도달하면, 검사자, 수검자 및 기타 면담 대상자는 검사자가 공식적인 자료수집 단계를 진행할 만큼 충분히 의뢰 시 우려 사항을 이해했다는 사실에 동의하게 된다.
2. **자료로부터 배우기.** 검사자는 구조화된 관찰, 평정척도 및 직접적 검사를 사용해서 추가 정보를 알아내고 의뢰 시 질문에 답하기 위한 시도를 한다. 검사자는 현재의 이론에 의해 안내되고 가용한 최고의 심리측정적 모형에 의해 지지되는 바에 따라서, 관찰과 검사에서 얻어진 자료 중심적인 통찰력을 면담에서 알게 된 이야기에 불어넣는다.
3. **이야기를 재진술하기.** 검사자는 자료 중심적 사례개념화를 업데이트하여 설득력 있고 이해하기 쉬운 서술 형식으로 다시 풀어 쓴다. 공감을 유발하는 능숙하게 재진술된 서술은 독자에게 의뢰 시 문제들에 대한 만족스러운 설명을 제공하고 독자가 생산적인 행동을 취하도록 독려한다.

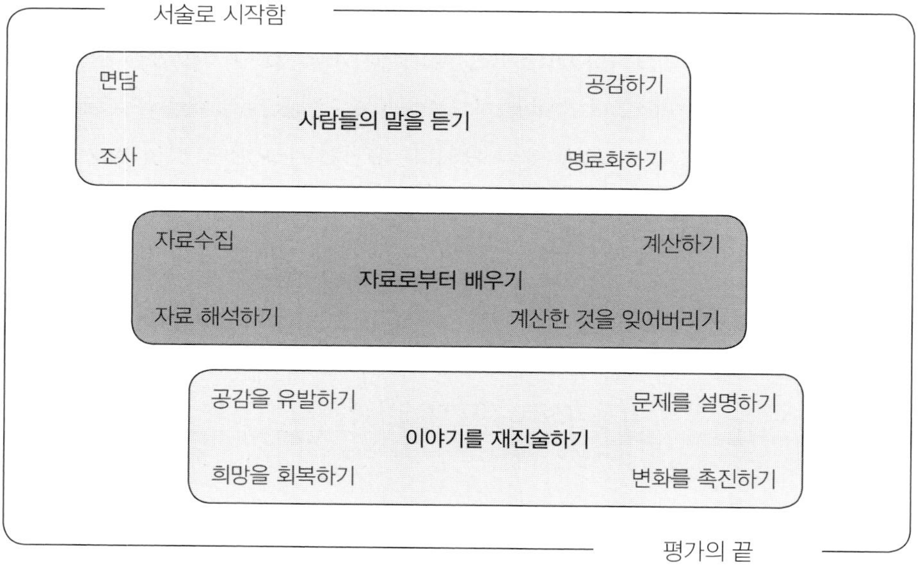

[그림 6-1] 평가의 3단계

가설 중심 평가(Hypothesis-Driven Assessment)

이 책은 검사의 선택과, 해석방식 등 평가수행 방법에 대한 구체적인 내용을 다루기 위한 것이 아니지만, 그 절차를 간략하게 개괄적으로 설명하겠다. 본질적으로 평가는 작은 단위에 적용되는 과학적 방법이다. 광범위한 과학 이론을 타당화하는 데 사용되는 절차가 수검자의 개별화된 사례개념화에도 동일하게 적용된다([그림 6-2] 참조).

이상적으로, 당신은 의뢰인들의 말을 면밀하게 듣고서 평가를 통해 의뢰 시 질문에 의미 있는 응답이 이루어질 수 있게 명료화한다. 그런 다음 당신은 유연한 평가 계획을 통해서 검증이 가능한 가설의 목록을 생성한다. 새로운 데이터 및 관찰이 수집되면, 절차를 진행하면서 가설을 평가하게 된다. 종종 가설은 수정되고 다듬어져야 하며, 의뢰 시 질문에 대한 그럴듯한 설명을 찾고 사례개념화를 업데이트할 수 있을 때까지 계획, 검사 및 가설 검증을 추가로 진행해야 한다.

강한 주장에는 강하게 수렴되는 일련의 증거가 필요하다

단일 자료에 근거한 강한 주장은 해석상의 오류, 부정확한 예측, 그리고 수검자에게 잘 맞

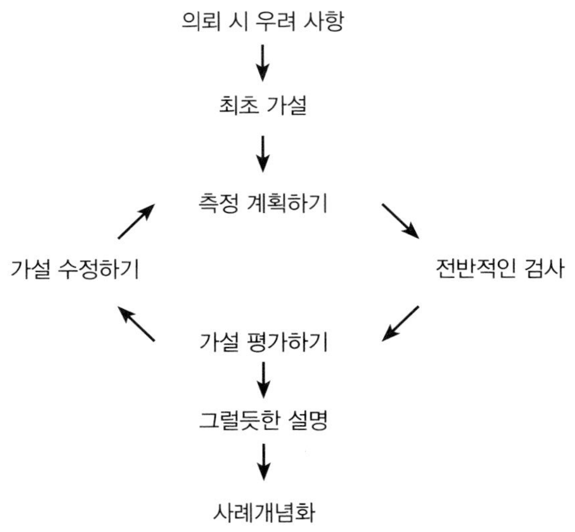

[그림 6-2] 가설 중심 평가의 절차

지 않는 개입 제안 등을 유발할 가능성이 크다. 어떤 내용이 해석할 만한 가치가 있다면 다양한 출처에서 나온 증거가 그 해석을 뒷받침하는지 충분한 시간을 두고 살펴볼 필요가 있다.

모든 자료 출처를 검토하여 해석적 가설을 지지하는 추가 증거를 찾아라. 심지어는 당신의 가설을 기각할 수 있는 데이터도 찾아라. 검사점수, 행동관찰, 배경정보 및 이전 평가 자료 간의 일관성을 탐색하라. 공통된 주제를 보고할 때, 다양한 질적 정보의 조각들을 공식 및 비공식 검사결과뿐만 아니라 인지 및 학습 검사결과와 연결하려고 노력하라.

측정한 질적 · 양적 결과들은 평가의 유형과 무관하게 수검자에 대한 공통된 주제를 시사할 것이다. 주제를 따라가기 위해 [빠른 참조 6-1]에 제시된 것과 같은 자료 차트를 만들어 볼 수 있다. 모든 열에는 현저하게 모순되는 모든 자료를 넣어라. 자료 차트에 기재된 바와 같이, 당신의 결론은 여러 자료 표집에 기반해 내려질 것이다.

예를 들어, 한 아동이 사회성이 좋지 않다고 추측하는 데에는 교사평정척도점수만으로는 불충분하다. 적어도 당신은 그 의미를 교사에게 확인할 필요가 있다. 이상적으로는, 교사의 관찰과 일치하는 일련의 수렴되는 여러 증거가 있을 것이다. 그 아동은 당신과의 상호작용이 어색했고, 교실 내에서 관찰하는 동안 빈약한 사회성을 보였으며, 부모님은 친구 관계가 유지되지 못하는 것에 대해 걱정하고 있었고, 아이의 이야기하기 과제의 반응에서

주의

단일 자료를 근거로 강력한 주장을 하지 말 것. 항상 지지하는 증거를 찾을 것.

> **잊지 말 것**
>
> **경험 규칙**(Rule of Thumb)
> 질적으로 구분되는 세 종류의 증거가 동일한 결론을 나타내면, 그 결론은 정확할 가능성이 높다(모순되는 증거가 없는 한).

특이하고 비현실적인 사회적 도식이 다수 발견되었다. 그러한 결과를 종합했을 때, 이러한 결과들은 그 아동이 사회적 기술을 개선하는 것이 필요하다는 설득력 있는 증거가 된다. 경험 규칙에 따르면, 질적으로 구분되는 세 종류의 증거가 반증 없이 동일한 결론을 나타내면, 그 결론은 정확할 가능성이 높다. 질적으로 구분되는 2개의 자료만 있어도 증거의 질적 특성이 특히 강력할 경우에는 충분히 가설을 뒷받침할 수 있다.

[빠른 참조 6-1]

16세 줄리아의 자료 차트 예시

가설	가설을 지지하는 검사 및 소검사	행동관찰	배경정보	추가 검사자료
느린 처리속도 및 느린 읽기 속도	• 글자 패턴 찾기 • 기호쓰기 • 기호찾기 • 읽기 유창성 • 단어 읽기 효능성 검사	• 망설이는 태도로 과제에 접근함 • 숫자열을 건너뜀 • 글 밑에 손가락 대고 읽기	• 엄마는 줄리아가 시험을 끝마치는 데 어려움을 겪고 있다고 말했다. • 모순된 자료: 줄리아는 SAT의 항목 대부분을 제한시간 내에 완료했다고 보고했다.	시간제한이 있는 검사(10%ile)에 비해 시간제한이 없는 넬슨-데니 검사의 수행이 훨씬 우수했다(90%ile).
숫자와 수학에서 일반적인 어려움	• 순서화 • 산수 • 기호쓰기 • 숫자	• 숫자가 포함된 소검사 동안 불안해 보임 • 이러한 소검사 동안 더 많이 움직임 • 질문: "숫자가 있는 검사는 몇 개 더 있나요?" • 보통의 수학적 개념을 알지 못함(예: 1야드는 몇 피트인가)	• 줄리아와 어머니는 수학을 항상 어려워했다고 보고했다. • 엄마는 줄리아가 수표 정산과 정확한 잔돈 계산을 어려워한다고 말했다.	KTEA-3 종합 수학적 응용 검사(5%ile)

검사점수만으로는 충분하지 않다

검사는 우리가 가진 가장 중요한 평가도구 중 하나다. 다만 단일 검사점수, 혹은 심지어 복수의 수렴되는 검사점수만으로도 믿을 만한 해석을 할 수 있는 경우는 드물다. 예를 들어, 당신은 한 아동이 시각 운동 통합검사점수가 낮았다고 해서 그것만 가지고 시각 운동 통합능력이 저조하다고 가정하지는 않을 것이다. 심지어 두 번의 동일한 검사에서 아동의 점수가 낮더라도, 최소한 검사 환경 밖에서도 동일하다는 몇몇 증거가 있어야 한다.

시각 운동 통합능력과 무관하게 아동이 그 검사에서 반복적으로 저조한 점수를 받을 수 있는 많은 이유가 있다(예: 집중력 저하, 부상, 시각적 문제 등). 그러나 그 아동이 알아보기 어려울 정도로 나쁜 글씨체와 발달상 저조한 그림 실력을 가지고 있다면, 또래에 비해 시각 운동 통합능력이 저조하다는 가설은 보다 합리적이며, 검사점수는 문제의 심각성을 정량화하는 데 도움이 될 것이다.

모순되는 증거에 대한 설명을 탐색하기

> 내가 내 말을 반박한다고?
> 좋다, 그럼 나는 나 스스로를 반박하겠다,
> (나는 크고, 나는 여러 개의 내가 있다.)
>
> —Walt Whitman (1855, p. 67)

어떤 사람에 대한 모든 자료는 동일한 주요 결론에 수렴된다. 하지만 다른 사람의 자료는 불명료하거나, 비일관적이거나, 심지어 모순되기도 한다. 그런 사례는 아무리 유능한 평가 전문가에게도 어렵다.

어떤 비일관성은 쉽게 해결된다. 그 자료는 단순한 오류에 의한 것이다. 채점 오류는 평가 프로토콜에서 빈번하게 발생하기 때문에(Rodger, 2011; Styck & Walsh, 2016), 이것이 당신이 고려해야 할 첫 번째 가설이다. 모든 예상치 못한 결과들은 채점의 정확성과 사무적 오류(잘못된 총점, 원점수를 표준점수로 잘못 변환함, 자료 입력 시 오타) 가능성에 대해 이중 체크되어야 한다. 만일 결과 패턴이 매우 특이하거나 신뢰할 수 없는 경우라면 3중 체크되어야 한다.

그 자료가 정확한 것으로 판명되면, 당신 앞에는 탐정과 유사한 업무가 남아 있게 된다.[1] 가능한 설명은 무한하며, 모든 모순을 해결하기 위한 간단한 원칙들은 없다. 이전 장에서 강조한 요점을 거듭 강조하자면, 자료가 일관성이 없다는 것이 반드시 무언가 잘못되었음을 의미하지는 않는다. 모순은 인간 조건의 일부분이다. 때때로 '상충(conflicting)'하는 일련의 증거들은 현실과 충돌하는 것이 아니라 지나치게 단순한 사례개념화와 충돌한다. 자료의 비일관성을 해결하려면 가능한 설명을 생성하기 위한 유연한 사고와 정확성을 평가하기 위한 엄격한 검증이 필요하다. 비일관적인 자료에 대한 일반적인 설명은 [빠른 참조 6-2]에 수록되어 있다.

[빠른 참조 6-2]

서로 다른 정보에 대한 설명을 탐색할 수 있는 지점

- 비일관적인 자료를 산출한 소검사 또는 검사 전후의 행동관찰을 검토하라.
- 자극의 유형을 고려하라(예: 언어 대 비언어, 복잡함 대 단순함, 청각 대 시각, 시간제한이 있는 대 시간제한이 없는).
- 환경을 고려하라(예: 평가 중 행동은 일관성이 있지만 학교에서 관찰된 행동은 차이가 있는가? 학교에서는 부주의함이 문제지만 집에서는 문제가 아닌가? 어머니는 반항적인 행동을 보고하지만 교사는 보고하지 않는가?)
- 평가 중 불안, 피로, 주의력 저하 또는 흥미 결여와 같은 상황적 요인이 검사점수에 영향을 미치는지를 판단하라.

특정 검사점수가 서로 상충하는 이유에 대해 추측하는 것은 어렵지 않다. 최소한의 노력만으로도 수십 개의 가설을 만들어 낼 수 있다. 예를 들어, 당신은 수검자가 객관식 어휘 검사에서는 높은 점수를 받았지만 긴 문장을 듣고 마지막에 누락된 단어를 답해야 하는 어휘 과제에서는 낮은 점수를 받았다는 것을 발견할 수 있다. 아마도 수검자는 수용성 언어장애(receptive language disorder)를 가지고 있을지도 모른다. 수검자가 명의실어증(dysnomia; 특정 단어 인출의 곤란)을 가지고 있을지도 모른다. 아마도 수검자는 기억력에 약점이 있을지도 모른다. 아마도 수검자는 심각한 주의력 문제를 가지고 있어서 긴 문장에 충분히 귀를

1) 개인적으로 이 탐정 업무가 심리평가 보고서 작성자가 누릴 수 있는 즐거움 중 지적으로 가장 흥미로운 작업이라고 생각한다. 모순을 해결하려는 의지와 동기가 낮은 검사자는 깊이 없고, 개인차를 무시한 보고서를 작성하기가 쉽다. 대체로 보고서에 대한 열의도 낮다(역자 주).

기울이지 못했을지도 모른다. 아마도 일련의 특수한 불운으로 인해 수검자가 연속해서 몇 개의 쉬운 문항을 놓치게 되었고 검사가 너무 조기에 중단되었을지도 모른다. 아마 수검자는 단지 피곤해서 집에 가고 싶었는지도 모른다. 아마도, 아마도, 아마도.[2]

점수 차이에 대한 신뢰할 만한 설명을 얻으려면 다음과 같은 과학적 방법을 적용하라. 만일 특정한 설명이 타당하다면, 무엇을 관찰해야 하는지에 대한 가설을 생성하고 관찰 및 실험으로 가설을 검증하라. 우선 여러 가설이 수검자에게 어떤 삶을 의미할지 스스로에게 질문하라. 예를 들어, 명의실어증이 어휘 검사에서 수행 능력의 차이를 설명한다면, 수검자의 단어찾기곤란(word-finding difficulty)은 수검자 및 다른 사람들이 이미 알아차렸어야 한다. 만약 그렇다면, 일반적으로 문제의 심각도는 공식적인 검사로 가장 잘 추정된다. 어떤 검사가 가설적인 결손을 잘 드러낼 것인지(예: 특정 사실과 단어의 회상이 요구되는 검사) 어떤 검사는 영향을 받지 않을 것인지(예: 개념에 대해 설명할 수 있는 검사와 객관식 검사) 예상해 보자.

결과를 활용하기 쉽도록 구조를 활용하라

독자들은 제한된 작업기억 용량과 주의 자원을 가지고 있기 때문에, 결과를 보고할 때는 고도로 구조화되고 관리 가능한 의미덩이[3]로 묶었을 때 가장 잘 전달된다. 개념적으로 조직화된 평가결과를 합리적인 순서로 제시하면 독자들이 길을 잃지 않고 대량의 정보를 소화할 수 있다. 당신이 검사결과를 구조화하는 데 더 많은 노력을 기울일수록, 독자들이 보고서 결과를 처리, 기억, 활용하는 데 필요한 작업은 줄어들 것이다.

우리는 종합적인 평가에서 많은 가설을 탐색해야 하는데, 그러한 가설 대부분은 거짓이거나 별로 중요하지 않은 것으로 판명된다. 따라서 모든 검사결과가 강조되어야 하는 것은 아니다. 구조는 독자들이 어떤 결과가 가장 중요한지 그리고 서로 다른 결과들이 얼마

2) 이 구절은 1974년에 쿠바의 오스발도 파레스가 발표한 곡인 'Quizas, Quizas, Quizas'를 패러디한 것으로 보인다. 이 곡은 왕가위 감독의 영화 〈화양연화〉에도 삽입되어 한국인에게도 친숙하다(역자 주).

3) 의미덩이(Chunk)란 문자의 연속, 단어, 일련의 숫자 등 단기기억 정보와 관련된 것으로, 의미덩이 만들기 기법(chunking)은 기억할 수 있는 양에 한계가 있는 단기기억의 수월하게 하기 위해 정보를 소수의 단위로 만드는 것이다. 단기기억이 효율적으로 처리할 수 있는 의미덩이의 최대치는 4±1개이다. 예를 들어, 5개짜리 단어 목록을 3초 동안 외우는 것은 대부분의 사람이 할 수 있지만, 단어 10개짜리 목록을 30초 동안 외울 수 있는 사람은 그리 많지 않다. 그럴 때 단어 10개짜리 목록을 좀 더 작은 덩어리 여러 개로 쪼개면(예: 단어 3개짜리 목록 2개와 단어 4개짜리 목록 하나) 회상 능력이 단어 5개짜리 목록일 때와 거의 비슷해진다(역자 주).

나 연관되어 있는지를 알 수 있도록 돕는다.

잘 조직화된 심리평가 보고서는 잘 조율된 의뢰 시 질문으로 시작한다. 만일 당신이 의뢰 시 질문에 대한 답변을 일차적인 목표로 할 경우, 정돈되지 않은 검사결과 목록을 제시하고 싶은 유혹을 이겨 낼 수 있다. 그렇기는 해도 평가가 필요할 만큼 심각한 문제를 한 단락으로 대답할 수 있는 경우는 드물다. 대부분의 의뢰 시 질문은 많은 영역에 걸쳐 있으며, 만족스러운 설명을 제공하려면 그 과정에서 많은 부가적인 질문들에 답해야 한다. 따라서 모든 단락이 의뢰 시 우려 사항과 관련이 있는 경우라도, 독자에게는 구조화되고 탐색이 쉬운 문서가 필요하다. [빠른 참조 6-3]의 원칙을 준수한다면 보고서의 조직화 수준은 향상될 것이다.

[빠른 참조 6-3]

보고서 조직화의 원칙

- 기본 조직화 도식(basic organization scheme)을 선택하라.
- 전체적인 것에서 구체적인 것으로 이동하라.
- 표제 및 하위 표제를 사용하라.
- 표준화된 결과에서 비공식적인 결과로 이동하라.
- 전체적인 주제를 사용하여 조직화하라.
- 주요 결과를 강조하기 위해 대비를 활용하라.

기본 조직화 도식을 선택하라

우리는 검사배터리 순서대로 평가결과를 조직화하는 대신, 두 가지 통합적인 조직화 도식 중 하나를 선택할 것을 추천한다.

기능 영역별 조직화

보고서를 구조화하는 고전적인 방식은 다음과 같이 넓은 영역으로 결과들을 분할하는 것이다.

- 인지적 능력(Cognitive Abilities)
- 학업성취도(Academic Achievement)

지만, 공식적인 규준 없이 그것들에 대한 해석을 포함하는 것은 보다 어려운 일이 된다.

4세 아동 제이든이 언어 지연 가능성으로 인해 당신에게 의뢰되었다고 가정해 보자. 제이든이 다니는 유치원 직원들은 제이든의 저조한 언어 기술이 일반적으로 암시하는 것보다 훨씬 더 영리하다고 확신하고 있다. 그들은 당신에게 대부분의 아이들이 학교에서 만드는 레고와 팅커 토이들을 보여 준다. 그중 많은 것들이 귀엽고 흥미롭다. 그러고 나서 그들은 제이든의 창작품들, 즉 성, 마을, 고층건물, 그리고 차량들의 갤러리를 보여 주는데, 그것들은 제이든 또래들의 작품보다 훨씬 더 정교하다. 이렇게 제이든이 뛰어난 시공간적 재능과 역학적 추론 능력을 가지고 있다는 것은 분명하지만, 공식적인 평가 없이는 그의 재능이 얼마나 특별한지 추정하는 것은 어려운 일이다. 당신은 제이든이 비언어적 놀이로 자신의 지능을 표현하는 것에 대한 광범위한 관찰을 포함하여 종합적 평가를 완료한다. 제이든의 언어적 결손에 대해 서술한 뒤, 당신은 제이든의 시공간적 재능에 대해 공식적 결과와 비공식적 결과를 결합하여 다음과 같이 적을 수 있다.

> 제이든은 대부분의 또래에 비해 언어능력이 뒤처진 대신 훨씬 뛰어난 비언어적 기술을 보유하고 있습니다. 시공간적 능력(visual-spatial capacity)은 물체가 이동하고 회전할 때 어떻게 보이는지를 상상함으로써 실제적인 문제를 해결하는 정도를 말합니다. 예를 들어, 어떤 사람들은 좁은 문과 복도 모퉁이로 가구를 옮길 때 시행착오를 통해 방법을 알아내지 않고도 큰 가구들이 어떻게 움직이는지 미리 '볼' 수 있습니다. 그들은 복잡한 기계들을 보기만 해도 그것이 어떻게 움직이고 어떻게 작동하는지 직관적으로 알 수 있습니다. 그들은 복잡한 시각적 패턴을 탐지, 기억, 재창조할 수 있습니다. 제이든은 이러한 재능이 뛰어납니다. 그는 시공간적 능력 검사에서 그의 또래 아이들 중 약 상위 95% 이상의 수행을 할 수 있습니다. 이러한 검사들은 블록들로 패턴을 재현하거나 서로 다른 형태들이 어떻게 어울릴지 상상하여 블록을 조립하는 퍼즐과 유사합니다. 제이든은 쉬운 검사 문항에서 무엇을 해야 하는지 거의 즉시 알 수 있었습니다. 제이든은 보다 더 어려운 문항에서는 잠시 말을 멈추고 반응을 계획한 다음 재빨리 계획을 실행에 옮겼습니다.
>
> 제이든의 시공간적 재능은 그의 검사점수뿐만 아니라 삶의 많은 측면에서도 두드러집니다. 예를 들어, 제이든의 유치원에 있는 다른 아이들도 건축 장난감을 좋아하기는 하지만, 제이든의 창작물은 그의 또래들과 비교할 수 없을 정도의 역학적 정교함을 보여 줍니다. 그는 팅커 토이와 레고 블록으로 작동하는 레버, 기어, 도르래, 엘리베이터, 여닫이문으로 건물과 차량을 만듭니다. 이 문은 종종 동조하는 시스템과 상호작용합니다. 예를 들자면, 나는 그가 탑, 총안, 긴 창틀,

매달린 부벽이 있는 높은 성벽을 가진 성을 건설하는 것을 보았습니다. 제이든은 이미 머릿속에서 보고 있는 모형을 재현해 내듯 주저 없이 빠르게 작업을 했습니다. 제이든의 또래들은 주로 어떤 색이든 편리한 색상을 사용했지만, 제이든은 색과 질감 모두에 세심한 주의를 기울여 색의 순서를 번갈아 가며 일관성과 보기 좋은 변형이 적용된 밝은 체크무늬의 외관을 연출했습니다. 그가 만든 성에는 바퀴와 끈으로 올리고 내릴 수 있는 실제로 작동하는 도개교가 있었습니다. 그는 중앙 탑 위에 커다란 대리석이 굴러갈 수 있는 나선형 계단을 설치했습니다. 대리석은 계단 바닥에 있는 함정의 문에 달린 빗장을 열었고, 그 사이로 무거운 벽돌 하나가 떨어져 제이든이 나에게 "나쁜 놈들"이라고 한 인형들을 향해 스프링이 장착된 투석기를 발사시켰습니다.

제이든이 놀랍도록 창의적인 구조물을 만드는 능력은 단지 재능의 문제만은 아니고 흥미와 격려의 문제이기도 합니다. 즉, 제이든은 뛰어난 시공간적 기술과 역학적 추론 능력을 가지고 있어서, 그것을 만들기 전에 이미 그것이 어떻게 작동할지 시각적으로 볼 수 있습니다. 그는 또한 자신의 창작물을 다채롭게 보이도록 하는 디자이너의 안목도 가지고 있습니다. 제이든은 건축에 능할 뿐만 아니라 그 기법들을 배우는 데 열정적이고 끈기가 있습니다. 제이든은 물건에는 유난히 집중하지만 사람들에게는 특별히 관심이 없습니다(부분적으로는 언어적 의사소통이 어렵기 때문입니다). 따라서 그는 자신이 잘하고 즐기는 건축에 집중하면서 시간을 보냅니다. 다행히 제이든에게는 건축에 대한 창의적인 재능을 개발하기 위한 시간과 재료, 정서적 지원을 활용할 수 있는 환경이 제공되고 있습니다.

전체적인 주제를 사용하여 조직화하라

당신은 때때로 주된 결과나 주요 테마를 활용해서 보고서를 조직화할 수 있다. 가장 일반적인 두 유형의 결과는 ① 전반적인 수행(예: 우수한, 전형적인 또는 제한적인)과 ② 광범위한 함의를 갖는 인지 · 언어 · 학술 · 사회 · 정서 영역에서 하나 이상의 구체적인 재능이나 곤란이다. 구체적인 테마는 의뢰 시 질문을 고려하고 자료들 간의 일관성과 불일치를 탐색함에 따라 드러나게 될 것이다. 대부분의 논의는 구체적인 질문이나 테마를 중심으로 진행될 것이다.

예를 들어, 젠이 영재교육 프로그램(gifted and talented education program: GTEP)을 받을 자격이 있는지를 결정하고, 그 결과에 따라 그녀에게 맞는 난이도의 교육과정을 적용하는 방법을 고려하는 것이 평가의 목적일 수 있다. 당신은 검사결과를 해석할 때 면담결과들도 고려할 것이다. 예를 들어, 젠은 중학교에 그다지 열의를 보이지 않고 대부분의 선생님들이 사용하는 강의 방식이 지루하다고 말한다. 게다가 그녀의 어머니는 그 커리큘럼이 젠에게 충분히 도전적이지 않아서 올해 젠은 의미 있는 프로젝트나 보고서는 받아 보지 못했다고 걱정한다. 젠은 스탠퍼드 대학교의 컴퓨터 기반 교수 프로그램을 통해 이미 8학년과 9학년 수학 커리큘럼을 모두 배웠다.

젠은 인지능력을 평가하는 WJ IV 검사의 거의 모든 영역에서 우수한 수행을 나타냈다. 이러한 결과와 그녀의 높은 학업 성적을 고려할 때, 당신은 그녀가 이 지역의 GTEP 기준을 충족한다고 결론 내릴 것이다. 그다음에는 GTEP 팀의 다음 회의에서 젠의 반 배치와 적절한 커리큘럼이 결정될 것이다.

또 다른 예로, 교사들은 변동이 심한 벤의 학업수행에 대해 우려를 표했을 수 있다. 모든 교사들은 벤이 과제를 시작하고 끝내는 데 어려움을 겪고 있으며 대부분의 과제를 완수하지 않는다고 했다. 학급 내에서 벤을 관찰한 바에 따르면, 그는 종종 허락 없이 자리에서 이탈하고 선생님의 지시를 듣지 못한다. 당신은 평가 중에 벤이 어떤 과제에는 짧은 시간만 집중할 수 있고, 그다음에는 다른 활동으로 바꾸어 줄 것을 요청한다는 점에 주목한다. 평정척도와 체크리스트의 결과들도 작업에 대한 부주의함, 다른 사람의 말을 무시함, 가정이나 학교에서 지시를 따르지 않는 등의 행동이 빈번하다는 것을 보여 준다. 다른 평가결과(예: 학업기능 수준)에 대해서도 논의할 수 있겠지만, 학급 내 주요 활동에 주의를 유지하는 벤의 능력을 중심 테마로 보고서를 구성할 수 있다.

주요 결과를 강조하기 위해 대비를 활용하라

대비(contrast)는 관련 차원에 따라 결과를 조직화하기 때문에 검사결과를 단순하게 제시할 수 있는 효과적인 방법이다(Tallent, 1993).

과거와 현재를 대비하라

독자들은 개입의 맥락에서 어떤 치료가 의도된 효과가 있었는지 여부에 가장 관심이 많다. 따라서 이러한 보고서에서는 치료 전 기능과 치료 후 기능을 대비할 수 있다. 검사결과 쌍이 많은 경우에는 일반적으로 병렬로(예: [빠른 참조 6-5]) 또는 그래프(예: [그림 6-3])로 제시하는 편이 낫다.

[빠른 참조 6-5]

자료 쌍을 나란히 배치하여 비교하기

비교하기 어려움

능력	점수
전	
검사 A	3
검사 B	4
검사 C	7
검사 D	7
후	
검사 A	11
검사 B	13
검사 C	12
검사 D	12

비교하기 쉬움

능력	전	후
검사 A	3	11
검사 B	4	13
검사 C	7	12
검사 D	7	12

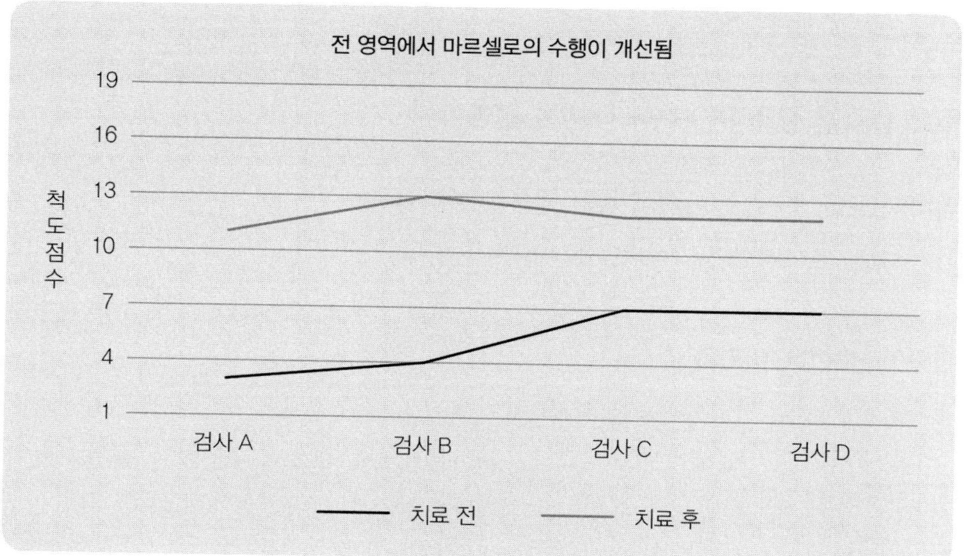

[그림 6-3] 자료 쌍을 비교한 도표

서로 다른 상황에서의 행동을 대비하라

한 내담자가 하나의 상황에서는 어떤 방식의 행동(예: 공격적이고 적대적)을 나타내지만 다른 상황에서는 다른 방식의 행동(예: 두려움과 불안)을 나타내는 경우에, 당신은 정서기능 평가에서 이러한 명백한 불일치를 대비하는 문단을 연이어 쓸 수 있다. 가능하다면 언제든지 그러한 차이에 대한 합리적인 설명을 제공하라.

서로 다른 능력의 유형에 따라 수행을 비교하라

어떤 능력들은 매우 높은 상관을 나타내기 때문에, 우리는 보통 그 능력들을 그룹으로 함께 묶어 언급한다. 예를 들어, 기억폭 검사(memory span tests)는 작업기억의 저장 요소를 측정하는 반면, 복합 (기억)폭 검사는 작업기억의 주의통제 요소를 측정한다. 수검자가 두 유형의 검사에서 유사한 수행을 하는 경우, 그 결과는 수검자의 전체 작업기억 용량 조합점수로 요약될 수 있다.

> 제시카의 작업기억 용량이 낮습니다.

그러나 만일 수검자가 작업기억 용량의 두 구성 요소에서 현저하게 다른 수행을 나타냈고 검사에서 그러한 결과가 확인되는 경우, 그러한 차이를 강조하고 불균등한 수행의 함의에 대해 설명하라.

> 모란다의 단기기억 용량은 평균 수준이기 때문에, 그녀는 방금 들은 정보를 반복해서 말할 수 있습니다. 하지만 만약 그녀가 그 정보를 가지고 재배열, 조작, 추론을 해야 한다면, 집중력 곤란으로 인해 그녀의 수행이 낮음 범위로 저조해질 것입니다. 예를 들어, 만약 당신이 모란다에게 2, 5, 3, 9라는 4개의 숫자를 반복해서 말하라고 한다면, 그녀는 보통 실수 없이 할 수 있습니다. 그러나 '2 + 5 + 3이 9와 같은 것인가' 하는 암산을 해 보라고 하면 그 과정에서 길을 잃을 가능성이 높습니다. 모란다는 수학에서가 아니라 머릿속 정보를 조작하는 능력에 어려움이 있습니다. 즉, 만일 당신이 한 번에 하나씩 하도록 요청한다면, 그녀는 각각의 단계를 정확하게 수행할 수 있을 것입니다.
>
> 2 + 5 = 7
>
> 7 + 3 = 10

$10 \neq 9$

그러나 만약 당신이 전체적인 순서를 한 번에 끝내라고 요청한다면, 모란다는 앞의 두 숫자를 더하는 행위로 인해 세 번째 숫자를 잊어버릴 가능성이 높습니다. 만약 그녀가 세 번째 숫자를 기억해서 더한 다음 총합을 내면, 그녀는 결국 비교하는 숫자(즉, 9)를 잊어버리게 될 것입니다.

모란다가 머릿속 정보를 조작하는 데 있어서의 어려움은 산수에서 그치는 것이 아닙니다. 그 외에 일시적으로 머릿속에 어떤 정보를 간직하되, 그 이후에 나오는 조작할 정보나 새로 입력된 정보에 의해 대체되지 않아야 할 때도 그러한 어려움이 나타날 수 있습니다. 예를 들어, 모란다는 여러 부분으로 나누어진 지시를 따르는 데 어려움을 겪습니다. "오늘 밤 오는 모든 사람들에게 나누어 줄 충분한 포크가 있는지 아빠에게 물어보렴. 그리고 파란 종이 접시가 20개는 넘는지 알아보렴. 만약 그렇지 않다면 아빠한테 우리 모두에게 줄 파란색 접시가 부족하다고 말하되, 흰색과 파란색 접시를 섞어서 내도 괜찮을지 물어보렴."

다른 종류의 검사들에 대한 수행결과를 대비하라

때때로 동일한 능력을 측정하게 설계된 검사 수행은 검사의 부수적 특성 때문에 달라질 수 있다. 예를 들어, 일부 검사는 상당한 자유를 허용하는데, 이는 실행기능(executive function) 결손을 가진 사람들에게 장애물이 될 수 있다.

줄리엣의 시공간 능력 검사 수행은 낮음 범위부터 평균 범위까지 매우 비일관적이었습니다. 검사 중에서 고도로 구조화된 작업에서는 평균 수준이었지만 덜 구조화된 작업에서는 낮음 수준의 수행을 보였습니다(〈표 6-1〉 참조). 즉, 줄리엣이 소수의 선택지에서 정답을 선택하여 문제를 해결해야 할 때, 그녀의 수행은 대부분의 아동들과 비슷했습니다. 그러나 스스로 답을 구성해야 하는 좀 더 개방적인 형식의 과제일 때(토막으로 도안을 만들고, 기억에서 복잡한 도형을 그려 낼 때), 그녀는 집중에 어려움을 겪었고 쉽게 주의가 산만해졌습니다. 전반적으로 줄리엣의 시공간 능력은 평균으로 보이지만, 그녀의 산만함은 때때로 복잡하고 구조화되지 않은 과제의 수행에 방해가 되었습니다.

〈표 6-1〉 줄리엣의 시공간 검사 수행결과

시공간 검사	점수	백분위	범위	검사의 구조
WISC-V 퍼즐	105	63	평균	보다 구조화됨
비어리 운동협응[9]	100	50	평균	
WJ IV 시각화[10]	99	47	평균	
비어리 시지각	95	37	평균	
WJ IV 그림 재인	93	32	평균	
WISC-V 토막짜기	85	16	평균 하	덜 구조화됨
비어리 시각-운동 통합	77	6	낮음	
레이 복합도형 검사	75	5	낮음	

참고: 쉬운 비교를 위해 모든 점수를 표준점수로 환산하였음(평균 = 100, 표준편차 = 15)

점수 보고하기

독자들 대부분은 통계학, 심리측정학, 평가와 관련된 전문적인 어휘에 익숙하지 않다. 당신은 자료에 상응하는 각 문장들이 정확하게 작성되었기를 바라지만, 동시에 당신은 각 문장이 정확히 읽히게 해 주어야 한다. 이러한 우선순위의 균형을 맞추는 것은 쉽지 않으며 각 수검자의 요구를 충족시키기 위한 유연한 접근을 필요로 한다.

척도들의 불협화음

우리가 새로운 통계치를 처음 소개할 때, 그것을 독자들에게 간략하게 (아마 각주로) 설명하고 통계치에 대한 설명을 보고서에 부연할 필요가 있다. 종종 이러한 일들은 우리가 결과를 얻기 전인 과거력 항목에서 필요해지기도 한다. 우리가 보고서 첫 페이지부터 독자들을 번거롭게 하고 혼란스럽게 만들고자 하는 것은 아니다. 평범한 사람들은 표준점수를 알지 못하고 백분위 점수를 혼동한다. 당신이 아동에 대한 보고서 세 번째 단락에서 "이전의 시험에서 샐리는 맥퍼슨 척도에서 통계적 점

9) Beery VMI-6: 한국에서는 6판이 표준화되어 시판되고 있고, 세 하위 검사(시각-운동 통합 검사, 시지각 보충 검사, 운동협응 보충 검사)로 구성되어 있다(역자 주).

10) Woodcock-Johnson 검사 4판은 아직 국내에 정식 출시되지 않은 것으로 보인다. 하위 소검사의 원어 명칭은 다음과 같다. Comprehension-Knowledge, Long-Term Retrieval, Visual-Spatial Thinking, Auditory Processing, Fluid Reasoning, Processing Speed, Short-Term Memory, Quantitative Knowledge, Reading-Writing Ability(역자 주).

> 수 237을 얻었고, PDMQ에서는 정적으로 가중치를 부여한 점수 3을 얻었다. 이러한 점수들이 샐리의 성취와 정신건강에 미치는 중요성은 자명하다."라는 문장을 읽었다고 상상해 보라.
>
> –John Willis (2012, p. 3)

비록 당신이 공식적으로 음악적인 훈련을 전혀 받은 적이 없다 하더라도, 당신은 아마도 서양 고전 음악에는 장음계(major scale)와 단음계(minor scale)와 같은 음계가 있다는 것을 알고 있을 것이다. 당신이 약간만 더 공부한다면 아마도 덜 알려진 서구 음계와 비서양의 음계 및 선법(mode)에 대해 더 많이 알게 될 것이다. 당신이 음악 이론을 깊이 파고든다면, 시간과 장소에 따라 배열된 소리의 간격에서 구현되는 창조성은 무한하다는 것을 알게 될 것이다.

심리평가 연구자들도 마찬가지로 검사척도의 구성 및 사용방식에 대해 창조적이었다. 검사는 매우 많은 다른 종류의 점수들을 사용한다. 심지어 심리평가 전문가들도 그걸로 뭘 하는 것인지를 기억해 내는 데 어려움을 겪기도 한다. 평가 보고서 독자들은 일부 유형의 점수에 대해 조금은 알 필요가 있지만, 보고서의 모든 점수 유형에 대한 포괄적인 입문서를 읽어야 하는 것은 아니다. [빠른 참조 6-6]에는 일반적인 척도에 대한 독자친화적인 설명이 포함되어 있다. 특히 그것들을 다 사용하는 것이 아니라면 보고서에 전부 다 기재하는 것은 실수일 것이다. 일반적으로는 백분위수 및 하나 혹은 좀 더 많은 유형의 표준점수 정도만 설명하면 된다.

원점수

> 원점수(예: "랠프가 287개 문제 중 136개를 맞혔다")를 보고하면 독자들은 이를 해석하려고 할 것이다. 그러니 그렇게 하지 말라. 그러자고 우리는 표준점수와 백분위수를 갖고 있는 것이다.
>
> –John Willis (2012, p. 4)

보통 보고서에 검사 원점수를 표기할 필요는 없다. 그러나 드문 경우지만, 수검자의 수행이 또래와 비교될 뿐만 아니라 절대적인 수준에서 과거의 성적과 비교될 때가 있다. 많은 검사에서 감소세가 뚜렷하다면 저조한 노력과 치매 등 광범위한 결손을 일으키는 보다 심각한 문제를 감별하는 것이 중요해진다.

변화에 민감한 점수

불행하게도 원점수는 검사마다 평균과 표준편차가 다르기 때문에 쉽게 비교할 수 없다. 일부 검사에서는 연령 집단 간 비교를 위해 특별히 설계된 점수(예: logits, W scores, growth scale values, change-sensitive scores)[11]로 집단 간의 점수를 비교할 수 있다. 이러한 점수들은 문항반응 이론을 사용하여 각 변화 단위가 일관된 의미를 갖는 척도로 만들어진 것이다(Embretson & Reise, 2000). 그러한 점수의 기술적 세부 사항에 독자가 관심을 가질 필요는 없다. 수검자의 점수는 시간 흐름에 따라 심리측정학적으로 건전하게 비교되었다는 것만 알아도 충분하다.

표준점수: 어머니 Z와 그녀의 많은 아이들

원점수는 평균을 뺀 다음 표준편차로 나누면 z−점수로 변환된다.

$$z\ 점수 = \frac{원점수-평균}{표준편차}$$

z−점수의 장점은 원점수 평균보다 위 또는 아래에 몇 표준편차가 있는지를 알려 준다는 것이다. z−점수의 평균은 0인데, 불행하게도 이것은 사람들을 혼란스럽게 한다. 통계학적으로 훈련을 받지 않은 사람들에게 0은 평균점수가 아니라 무언가가 없다는 것을 의미한다. 누군가에게 이런 설명을 하는 것을 상상해 보자. "봐, 모든 것이 다 괜찮아. 너의 지능은 0이야. 걱정 마! 대부분의 사람들은 0에 가까운 지능지수를 가지고 있어. 밝은 면을 봐. 적어도 네 지능은 음수는 아니야!"

이러한 이유로, 우리는 z−점수를 모든 점수가 양수이고 가장 가까운 정수로 반올림하는 표준점수 지수로 변환한다.[12] 불행히도 여기에는 많은 방법이 있고, 검사 출판사들은 때때로 다소 기이한 선택을 한다. 만일 한 종류의 표준점수에 정착할 수 있다면 좋겠지만, 현재로서는 10여 개의 척도 유형이 혼동되는 것을 감내해야 한다. 좋은 소식은 현재 대부분의 현대적인 검사들이 척도점수, T 점수 및 지수점수(표준점수 또는 IQ 단위라고도 함)의 세

11) 상기한 용어들은 상응하는 통일된 한국어 번역을 찾을 수 없어 원문을 그대로 기재한다(역자 주).

12) 여기서 사용되는 표준점수라는 용어는 모든 종류의 z−점수 변환을 가리킨다. 혼란스럽지만, 이 용어는 특히 z 점수 또는 지수점수 단위(평균 = 100, SD = 15)을 가리키는 데 자주 사용된다. 또한 척도점수는 모든 종류의 z 점수 변환도 나타내지만 여기서는 평균이 10이고 표준편차가 3인 단위를 나타낸다(저자 주).

가지 단위를 어느 정도 조합하여 사용하고 있다는 것이다. 스테나인과 스텐은 점점 드물어지고 있으며, 표준편차로 15대신 16을 쓰는 IQ 점수와 같은, 보다 색다른 표준점수는 이제 역사적 유물이 되었다.

표준점수의 종류가 너무 많다는 사실은 우리를 불편하게 하는 번잡스러움이지만, 이제는 그들을 대체해야 한다는 타당한 주장이 있다. 지수점수 단위는 어떤 점수가 표준편차의 1/15 이내로 측정되고 있다는 착각을 일으킨다. 문항수가 적은 검사는 그 정도의 엄밀함을 달성할 수 없다. 엄밀함에 대한 착각을 피하기 위해서, 우리는 척도점수 단위를 대신 사용할 수 있다. 그러나 이러한 장점은 점수를 다른 측정 단위들과 비교해야 하는 어려움이 더 크므로 장점이 아닌 것으로 보인다.

검사 출판사들이 곧 단일한 검사점수 단위로 옮겨 갈 것 같지는 않다. 만일 서로 다른 검사배터리의 점수를 통합해야 한다면, 우리는 쉬운 비교가 가능한 지수점수 단위로 변환하는 것을 추천하겠다([빠른 참조 6-6]의 공식 참조).

[빠른 참조 6-6]

표준점수 단위

척도	평균	표준편차	지수점수(index score) 변환
z 점수	0	1	$15 \times z + 100$
스테나인 점수[13)]	5	2	$15 \times \frac{Stanine-5}{2} + 100$
스텐 점수[14)]	5.5	2	$15 \times \frac{Sten-5.5}{2} + 100$
척도점수	10	3	$15 \times \frac{Scaled\ Score-10}{3} + 100$
T 점수	50	10	$15 \times \frac{T-50}{10} + 100$
지수 혹은 IQ	100	15	

13) Stanine: 평균이 5이고 표준편차가 2인 정상분포를 참조하여 $\frac{1}{2}$ 표준편차의 구간을 1점 구간으로 표현하여 9개의 구간으로 척도화한 점수다(역자 주).

14) Sten: Standard ten의 약자이며 점수 척도를 10으로 나눈 표준점수 체계다. Sten은 평균 5.5, 표준편차 2에 기초한다(역자 주).

백분위 순위

> 수십 년 전, 나는 인지기능 평가를 맡았고 숙련되고 경험이 풍부한 특수교육교사는 아이와 함께 학업성취도 평가를 했다. 우리는 평가 회의 몇 분 전에 우리의 결과를 서로 공유하기 위해 만났다. 나는 그 교사가 일반적인 약어 '%ile'로 백분위수 순위를 보고한 것을 보았다. 나는 부모들이 백분위수 순위를 '정답 백분율'로 오해할 것이라고 조심스럽게 말했다. 그 교사는 나의 어리석음을 비웃었다. 하지만 학부모들이 이 보고서를 보자마자, 그 아버지는 F학점인 독해력 '63%의 정답률'은 명백히 F 학점이며 아이가 특수학교에 등록할 필요가 있다는 증거라고 격분해 고함을 질렀다. 그 교사는 웃음을 터뜨리며 그에 대해 설명하려고 했다. "윌리스 박사가 이런 일이 있을 거라고 말해 주었어요. 바보 같은 약자를 사용한 것은 제 잘못입니다." 하지만 그건 그 아버지의 기분을 누그러뜨리는 데 별다른 도움이 되지 않았다.
>
> –John Willis (2012, p. 5)

백분위 순위의 개념은 대다수 성인들에게는 친숙하지만, John Willis의 일화에서 알 수 있듯이 이 용어는 '정답 백분율'과 쉽게 혼동된다. 안전하게 하려면 항상 용어를 사용하기 전에 설명하라.

백분위 순위에는 더 방심할 수 없는 문제가 있다. 백분위는 비교가 쉽지 않다. 프로파일 내에서 상당한 차이가 나는 점수를 볼 때, 백분위는 큰 차이를 작아 보이게 하고 작은 차이를 커 보이게 할 수 있다. 백분위 순위는 기저의 잠재 구성개념 점수들과 비선형적 관계를 갖는다. [그림 6–4]에서 볼 수 있듯이, 백분위 순위는 정규분포의 중앙에서는 빽빽하게 채워져 있고 분포의 극단에서는 넓은 간격을 갖는다. 첫 번째와 두 번째 백분위수 사이의 거리는 50번째와 60번째 백분위수 사이의 거리에 필적한다.[15)]

당신은 백분위 순위를 사용해 결과를 전달해야 하지만, 동시에 표준점수에서의 검사점수에 대해서도 생각하고 추론해야 한다. 표준점수는 기저의 잠재점수(underlying latent scores)와 선형 관계를 가진다. 거의 모든 종류의 계산, 대조, 예측은 백분위 순위가 아닌 표준점수로 이루어져야 한다. 많은 계산들이 우리 머릿속에서 빠르게(그리고 대략적으로) 이루어지게 된다. 빠르고 능숙한 검사 해석 기술을 습득하려면 표준점수의 관점에서 생각할 수 있는 능력이 필요하다.

15) 즉, 정규분포 극단에서 1의 차이는 중앙의 10의 차이와 동일하다(역자 주).

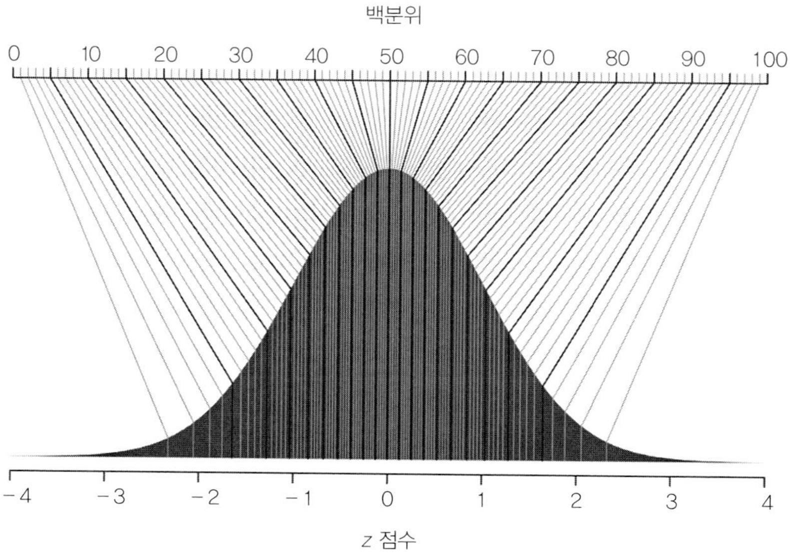

[그림 6-4] 정규분포의 백분위수 순위는 표준점수와 비선형 관계를 가진다

범위 명칭

표준점수를 해석하는 작업을 단순화하는 한 가지 방법은 숫자들을 설명하는 명칭(label)을 붙이는 것이다. 거의 모든 검사 매뉴얼이 서로 다른 점수분류(descriptor)들을 제안하기 때문에, 우리는 혼란스러운 명칭 표들을 마주하게 된다. 다행히도 당신이 검사 매뉴얼에서 제안한 명칭을 사용해야만 한다는 전문가적 의무는 없다. 당신의 전문적 판단에 따라 검사점수를 해석하는 것은 당신만의 특권이다. 예를 들어, 일부 검사점수 명에는 **위험한, 임상적으로 유의한, 임계 범위 및 심각한 결손**[16]과 같은 문구가 포함된다. 일반적으로 이러한 기술적 용어들은 합리적이고 정확하지만, 늘 그런 것은 아니다. 그러한 명칭을 적용하는 것은 자동적인 오해석을 유도할 가능성이 있다. 점수가 임상적으로 유의한지 아니면 심각한 결손을 반영하는지 여부는 해석과 전문적 판단의 문제다.

주의

백분위수가 1보다 작을 때, 그 의미는 명확하지 않을 수 있다. 예를 들어, 백분위수 순위 0.07은 7번째 백분위수와 혼동될 수 있다. 이러한 경우라면 1만 명 중 7명만 받는 정도의 낮은 점수라고 명시하는 것이 좋다. 마찬가지로 백분위수 99.8은 1,000명 모집단에서 가장 높은 2명만 받는 높은 점수라고 했을 때 가장 잘 전달된다.

16) at risk, clinically, significant, critical range, and severe deficit: 국내에서는 흔한 표현은 아니다. 다만 명백히 임상적 목적의 검사가 아닌 경우에 이런 명칭은 부적절할 수 있다(역자 주).

많은 전문가들이 보고서의 모든 점수에 대해 통일된 명칭체계를 활용한다. 예를 들어, [그림 6-5]와 [빠른 참조 6-7]의 명칭체계는 중립적인 용어로 **낮음**, **평균** 및 **높음**을 쓰고 강조하는 용어로 **매우**와 **극히**[17]를 사용한다. 이 체계의 한 가지 장점은 긍정적이든 부정적이든 어떤 점수에라도 사용할 수 있다는 것이다.

잊지 말 것

백분위수 순위는 간격이 동일하지 않다. 그러나 표준점수는 동일한 간격을 제공한다. 표준점수 70점과 80점 사이의 거리는 표준점수 105점과 115점 사이의 간격과 정확히 일치한다. 반면 90분위와 95분위 사이의 거리는 50분위와 55분위 사이의 거리보다 훨씬 넓다.

누구든 검사점수 명칭을 너무 심각하게 받아들이지 않도록 주의해야 한다. 그것들은 편리하지만 단지 임의의 임계값을 가진 기술적인 용어에 불과하다. 이는 표준편차로 분포를 절단하는 다른 체계에서도 동일하게 적용된다([빠른 참조 6-8]). 하지만 서로 다른 체계가 서로 다른 범위를 참조하기 위해 동일한 용어를 사용하기 때문에, 동일한 문서에서 두 체계를 동시에 사용하는 것은 혼란스러울 것이다. 보고서의 검사점수에 대한 자세한 내용은 [빠른 참조 6-9]를 보라.

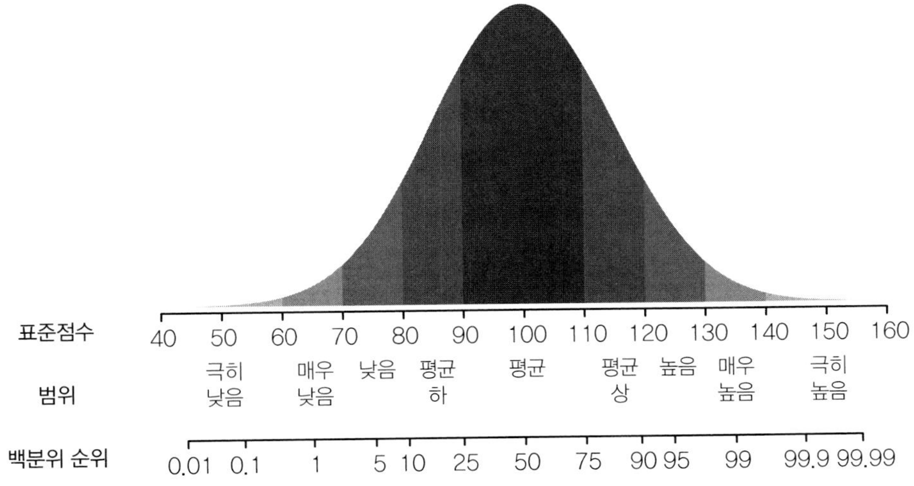

[그림 6-5] 표준점수 범위별 기술적 명칭

17) Extremely low, Very low, Low, Low average, Average, High average, High, Very high, Extremely high: 국내 보고서에서도 이와 같은 영어 명칭을 그대로 사용하거나 한글과 병기하는 경우가 많다(역자 주).

[빠른 참조 6-7]

환산점수의 기술적 명칭과 그에 상응하는 지수점수 및 백분위 순위

기술적 명칭	척도점수	지수점수	백분위 순위
극히 높음	19	145	99.9
	18	140	99.6
매우 높음	17	135	99
	16	130	98
높음	15	125	95
	14	120	91
평균 상	13	115	84
	12	110	75
평균	11	105	63
	10	100	50
	9	95	37
평균 하	8	90	25
	7	85	16
낮음	6	80	9
	5	75	5
매우 낮음	4	70	2
	3	65	1
극히 낮음	2	60	0.4
	1	55	0.1

[빠른 참조 6-8]

한 범주가 1 표준편차 폭을 갖는 대안적인 명칭체계

범위	표준편차	척도점수	T 점수	지수점수
매우 높음	+3	19	80 이상	145 이상
높음	+2	16~18	70~79	130~144
평균 상	+1	13~15	60~69	115~129
평균	0	8~12	41~59	86~114
평균 하	-1	5~7	31~40	71~85
낮음	-2	2~4	21~30	56~70
매우 낮음	-3	1	20 이하	55 이하

[빠른 참조 6-9]

검사점수 유형에 따른 독자-친화적인 기술

점수 유형	독자-친화적인 기술
원점수	원점수는 검사척도에 할당된 점수의 수(the number of points)다. 예를 들어, 일부 검사에서 원점수는 정확하게 답한 문항의 수다. 원점수의 의미는 서로 다른 연령대의 사람들에 걸친 질문의 난이도에 달려 있다. 보통 원점수는 이해하기 쉽게 하기 위해 백분위 순위처럼 해석이 용이한 점수로 변환한다.
z 점수	z 점수 척도의 평균은 0이다. z 점수의 약 68%는 −1과 1 사이에 있고, z 점수의 약 95%는 −2와 2 사이에 있다.
스테나인	스테나인은 1에서 9의 범위를 갖는다. 1~3은 낮고, 4~6은 평균, 7~9는 높다.
스텐	이 척도는 1부터 10까지의 범위를 갖는다. 1~3은 낮고, 4~7은 평균, 8~10은 높다.
척도점수	척도점수의 평균은 10이다. 모집단의 절반 이상이 8에서 12 사이의 점수를 받는다. 척도점수의 95% 이상이 4~16에 해당한다.
T 점수	T 점수의 평균은 50이다. T 점수의 3분의 2 이상이 40에서 60 사이에 해당한다. T 점수의 95% 이상이 30에서 70 사이에 해당한다.
지수점수	지수점수의 평균은 100이다. 모집단의 약 절반이 90에서 110 사이 지수점수를 받는다. 지수점수의 95% 이상이 70에서 130 사이에 해당한다.
백분위 순위	백분위 순위는 동일한 연령대에서 수검자와 같거나 낮은 검사점수를 받은 사람의 백분율이다. 이것은 문항에 대한 정답률을 나타내지 않는다.
연령 균등화 점수	연령 균등화 점수는 대부분의 사람들이 수검자의 점수를 받는 연령을 나타낸다. 예를 들어, 연령 균등화 점수가 4라는 것은 수검자가 4세의 평균과 동일한 점수를 받았다는 것을 의미한다.
학년 균등화 점수	학년 균등화 점수는 대부분의 학생들이 수검자의 점수에서 받는 학년을 나타낸다. 예를 들어, 5.5등급은 수검자이 5학년 중반의 일반 학생들과 동일한 점수를 받았다는 것을 의미한다.
상대적 숙련도 지수	상대적 숙련도 지수는 전형적 또래들이 숙달한 검사 항목에서 수검자가 성공할 확률을 나타낸다(예를 들어, 90%의 성공률을 보인다). 상대적 숙련도 지수가 96/90이면 수검자에게는 과제가 쉽다는 것을, 75/90이면 수검자에게는 과제가 어렵다는 것을 알 수 있다.

적정한 수준의 구체성으로 점수를 보고하라

인지능력, 학업능력, 성격, 동기, 정서, 정신병리, 직업적 흥미 등 대부분의 개인차 영역은 본질적으로 위계적이다. [그림 6-6]에 묘사된 것처럼 위계적 구조는 일반적, 넓은, 좁은 및 검사 특수적 구성개념으로 구성된다.

많은 평가 도구들을 사용하면, 위계적 구조의 모든 수준(예: IQ, 넓은 능력, 좁은 능력, 하위 검사점수)에서 점수들을 보고할 수 있다. 그러나 모든 점수들에 대해 상세하게 논의하는 것은 일반적으로 역효과를 낸다. 대부분의 독자들은 세부 사항의 굉장히 많은 부분을 이해할 수 없고 활용할 수 없을 것이다. 그 대신에 정확하고 유용한 정보를 가장 간결하게 전달하는 일반성 수준(the generality level)에서 점수를 기술하라. WJ IV 성취도 검사에서 모두 40개의 점수를 출력할 때에는 각각의 결과가 평균 범위에 속한다는 것을 하나씩 충실하게 기계적으로 언급하기보다는, 다음과 같이 간단하게 서술하는 편이 나을 것이다.

제이슨의 읽기, 쓰기, 수학 영역에서의 학업능력은 현재 평균 수준이다.

위계 구조의 여러 수준에서 점수를 설명해야 할 경우라면, 우리는 우선 전체적인 추세를 분명히 하는 일반적인 패턴부터 시작해서 추세에서 벗어난 결과를 필요에 따라 선별하여 제시하는 것을 추천한다. 예를 들어, 때로는 일반적 구성개념(예: 성실성)은 대부분의 하위 수준 개념(예: 근면성, 책임감, 인내심, 시간 엄수, 조심성 및 동조성)을 합리적으로 잘 요약하지만 주목할 만한 예외(예: 정돈)가 하나 있을 수 있다.

제이슨은 근면하고 성실한 직원으로 알려져 있어서 그의 경력에서 좋은 평판을 얻었다. 그러나 그는 대체로 지저분한 환경에서 편안함을 느낀다. 그의 서류작업은 엉망이고 그의 사무실은 너저분하다(간혹 불결한 수준에 이르기도 한다). 그러한 것이 때때로 그의 평판을 해치고 승진 기회를 잃게 했을지도 모른다.

때때로 하위 수준 구성개념과 관련된 점수가 너무 불균등해서 일반적인 점수에 대한 기술이 독자들을 혼란스럽게 할 수 있다. 예를 들어, 수검자의 전반적인 학업능력을 평균으로 묘사하고 나서, 사실 수검자의 수학 능력은 강점이지만 읽기 능력은 약점이라고 설명하는 것은 이상하게 느껴질 것이다. 따라서 수검자의 평균적인 기술은 평균이지만 그 하위

현재 저넬은 또래 아이들의 약 10%보다는 철자법을 더 잘할 수 있습니다.

점수를 문장의 주어로 삼는 것에 대한 분명한 규칙은 없다. 일반적으로는 인간 중심의 언어가 선호되지만, 종종 점수가 서술의 일시적인 초점이 되어야 할 때도 있다(예: 어떤 점수가 예상 외로 낮았던 이유를 설명해야 하는 경우). 주된 요점은 점수가 초점이 되어서는 안 된다는 것이다.

[빠른 참조 6-10]

검사 중심 대 사람 중심 기술

검사 중심	사람 중심
오필리아는 KABC-II 언어 지식과 WJ IV COG 일반정보 소검사에서 상대적으로 저조한 (10%ile과 7%ile) 수행을 보였다. 그 둘은 모두 어휘와 습득한 지식을 측정한다.	오필리아는 보통 또래들만큼의 단어나 일반적인 지식을 알고 있지 않으며, 이러한 능력 검사에서 하위 10퍼센트 이하의 점수를 받는다.
아만다의 점수인 WISC-V 어휘에서 5%ile과 피바디 그림 어휘 테스트-4(PPVT×4)에서 75%ile의 점수를 비교했을 때, 그녀의 수용적인 어휘력은 표현적 어휘력보다 낫다는 점이 시사된다.	아맨더는 일반적으로 연령에 적합한 어휘를 이해할 수 있지만 그 단어들이 무엇을 의미하는지 설명하는 데는 상당한 어려움을 겪는다.
BASC-3의 우울증 (척도)에서 켄의 점수는 78점이었지만, 같은 이름의 부모 척도에서 어머니의 점수는 58점으로 유의미하게 낮게 평정되었다.	켄은 대학을 가기 위해 집을 떠난 지난 4개월 동안 우울함을 느꼈다. 그는 내적으로는 냉혹하게 자기비난적인 사고를 했고, 친구들로부터 자신을 고립시켜 왔다. 그러나 가족이 찾아오면 '내 문제로 아무에게도 폐를 끼치지 않도록' 일시적으로 유쾌한 태도를 취할 수 있었다. 따라서 켄의 어머니는 그가 타인으로부터 자신을 고립시켜 왔다는 것을 알아차렸음에도 불구하고, 켄이 자신의 괴로움을 성공적으로 숨겨 왔기 때문에 그 고통의 강도를 충분히 알아차리지 못했다.

자가평가

1. 검사결과 및 해석 항목에는 다음 중 어떤 자료가 포함되어야 하는가?
   (a) 현재 평가 중에 시행된 검사만
   (b) 현재 평가 및 부수적인 배경정보 및 행동관찰 중에 시행된 검사 모두
   (c) 가설을 뒷받침하는 자료만
   (d) 시행된 검사와 더불어 보고서의 앞 항목에서 언급하지 않은 모든 배경정보 또는 행동관찰

2. 다음 중 불안장애로 기록하기에 충분한 자료가 되는 것은 무엇인가?
   (a) 아니카가 자기 보고한 불안발작
   (b) 아니카의 MMPI-II 불안척도에서 극단적 상승
   (c) 과도한 운동 활성화, 말더듬기, 빠른 호흡 등 검사 중 아니카에게 관찰된 불안행동
   (d) 아니카의 MMPI-II 불안척도에서 극단적 상승, 자기보고한 불안발작, 검사 및 학교 관찰 중의 불안행동

3. 모니크가 단기기억이 필요한 과제에서 어려움이 있다는 느낌이 강하지만, 검사결과가 이러한 믿음을 지지하지 못한다고 생각한다면, 다음 중 무엇을 해야 하는가?
   (a) 모니크의 단기기억이 온전함을 나타내는 검사자료를 무시하고, 그녀의 배경정보로 그녀의 단기기억이 저조할 것이라고 생각하게 되었다는 사실을 자세히 설명한다.
   (b) 검사자료가 모니크가 보고한 내용과 직접적으로 상충된다고 진술하고 그 모순에 대한 가능한 설명을 선택한다.
   (c) 모니크의 검사자료는 임상적인 직관이 말해 주는 것을 지지하지 않기 때문에 타당하지 않음에 틀림없다고 보고한다.
   (d) 배경정보에 큰 비중을 두고 심리측정 자료의 중요성을 최소화하도록 노력한다.

4. 다음 중 더 인간 중심적인 언어를 보여 주는 것은 무엇인가?
   (a) 헥터는 깊은 우울증을 겪고 있는데, 이는 MMPI-II의 우울증 척도에서의 극단적인 상승과 그의 어머니와 자살 사고에 대한 솔직한 논의에서 두드러졌다.
   (b) MMPI-II의 우울증 척도에서 극도로 높은 점수를 나타냈으며, 이는 헥터가 극도로 우울하다는 것을 시사한다.
   (c) MMPI-II의 자살사고와 우울증 척도 상승은 주요우울증의 진단 지표로, 둘 다 헥터에게 나타났다.

5. 대부분의 결과 전체에서 나타나는 일반적인 주제가 있다면, 서면 보고서의 주요 결과에서 일탈된 자료는 무시할 수 있다. 참인가? 거짓인가?

6. 검사결과의 순서는 보고서마다 다를 수 있다. 참인가? 거짓인가?

7. 다음 중 일반적으로 백분위 순위와 함께 보고해서는 안 되는 점수는 무엇인가?
   (a) 표준점수
   (b) 스테나인
   (c) 신뢰구간
   (d) 원점수

8. 일반적으로 영역별 형식은 검사별 조직화 스타일보다 쓰기가 더 어렵다. 참인가? 거짓인가?

9. 표준점수는 백분위 등급으로 환산할 수 있다. 참인가? 거짓인가?

답: 1. b; 2. d; 3. b; 4. a; 5. 거짓; 6. 참; 7. d; 8. 참; 9. 참.

제7장

진단적 인상 및 요약

대부분의 보고서에는 주요 결과가 요약되는 항목이 있으며, 많은 경우에 공식적인 진단이나 진단적 인상이 포함되기도 한다. 요약 항목과 진단은 별도의 표제 아래 또는 단일 항목으로 통합될 수 있다.

진단적 인상

공식적인 진단은 어떤 문제가 전문적인 관심을 받기에 충분하다는 것을 분명하게 언급하는 것이다. 어떤 기관들은 특정 진단을 받은 사람들에게 서비스를 제공할 법적인 의무가 있다. 당신의 진단 보고서는 종종 그러한 조직 내에서 어떤 서비스가 개인에게 적합한지 결정하기 위한 공식적인 절차로 이어진다.

모든 평가가 형식적인 진단으로 이어지는 것은 아니지만, 정신병리학의 일부 측면들은 간과되기 어려우므로 보고서에서 다루어야 한다. 공식적 진단이 적절하지 않은 경우라면 진단적 인상이라는 표제 아래에 관련 진단적 고려 사항을 요약할 수 있다.

모든 진단은 잠정적이라는 느낌이 있지만 진단적 인상은 그렇다는 것을 분명히 한다. 그것은 사람들을 조력하는 다른 전문가들에게 도움을 주기 위해 만들어졌다. 당신의 평가는 발달 기간 중 한 시점의 어떤 사람에 대한 스냅 사진을 제공한다. 진단적 인상은 미래의 수행을 암시할 수 있지만, 새로운 증거가 나올 때까지 다른 진단을 배제하지는 않는다. 모든 보고서에 진단적 인상 항목이 필요한 것은 아니다. 예를 들어, 평가의 유일한 목적이 아동이 영재교육 프로그램의 기준을 충족하는지 여부를 결정하는 것이라면, 당신의 보고서에는 진단적 인상 항목이 생략될 것이다. 그러나 영재평가를 수행하면서 높은 수준의 정신병리를 관찰했다면, 당신은 평가 범위를 확장하는 것에 대한 논의를 아동의 부모들과 시작하게 될 것이다.

당신의 전문 지식 범위 내에서 진단하라

당신이 어떤 사람을 진단할 만한 자격이 없다고 생각된다면, 당신이 관찰한 내용을 기술한 뒤 적절한 전문가에게 의뢰하라. 예를 들어, 당신이 피부암처럼 보이는 것을 관찰했다면 다음과 같이 보고할 수 있을 것이다.

웬디는 목 왼쪽에 불규칙한 윤곽을 가진 크고 빨갛고 비늘 같은 피부 조직을 가지고 있습니다. 나는 그녀를 의사에게 의뢰하여 진찰을 받도록 했습니다.

어떤 진단적 결정은 당신의 전문적 직위의 일반적인 범위 안에 들어가지만, 당신은 여전히 특정한 진단적 결정을 하기에는 훈련과 경험이 불충분할 수 있다. 그러한 경우 당신은 다른 전문가에게 의뢰하거나 자격을 갖춘 전문가에게 슈퍼비전을 받을 수 있다. 예를 들어, 당신의 자폐증에 대한 경험이 대학원에서 아동 정신병리 수업을 들은 것이 전부라면, 자폐증에 대한 첫 진단을 내리기 전에 슈퍼비전을 받아라. 당신이 어떤 집단을 단독으로 진단하는 데 필요한 전문 지식을 습득할 때까지는 자격을 갖춘 전문가에게 지속적으로 자문하라.

진단에 대한 근거를 설명하라

이 책에서 반복되는 주제는 전문용어는 피하고 명확하고 직접적이며 단순한 언어를 사용하여 독자들에게 당신의 발견을 전달해야 한다는 것이다. 이러한 기준은 보고서의 진단적 인상 항목에서는 완화되어야 한다. 이 항목의 목적은 다른 전문가와 진단에 대해 명확하게 의사소통하는 것이며, 이 진단은 최소한 몇 가지의 기술적인 용어들을 사용하게 된다. 그럼에도 당신은 이 항목을 비전문가들도 이해할 수 있도록 계속 노력해야 한다.

만약 당신이 보고서의 이전 항목에서 관련 행동과 증상을 명확하고 철저하게 기술했다면, 그 진단은 보고서를 읽는 어떤 정신건강 전문가에게도 놀라움을 주지는 않을 것이다. 이 경우 당신은 어떤 세부 사항도 없이 간단히 진단을 선언할 수 있다. 예를 들어,

DSM-5 진단: 296.32(F33.1) 주요우울장애, 중등도

하지만 보고서를 읽는 다른 전문가에게 자신의 진단적 추론을 명확히 하고 싶다면 진단적 인상 항목에서 주요 증상과 진단기준을 요약할 수 있다. 예를 들면 다음과 같다.

벤은 주요우울장애의 진단기준을 충족합니다. 특히, 그의 기분은 지난 4개월 동안 거의 매일, 하루 중 대부분 우울했습니다. 그는 아버지, 남편, 가장에 대한 자신의 이상에 부응하지 못한 죄책감과 자책감에 대한 침투적 사고 때문에 집중에 어려움을 겪고 있습니다. 그는 현재 일상적인

활동(예: 식사, 가족과의 대화)이나 평생 지속된 취미(예: 낚시, 시 쓰기)에서 거의 즐거움을 느끼지 못하고 있습니다. 그의 우울한 기분과 지속적인 반추 때문에 그는 하루에 적은 시간밖에는 잠을 잘 수 없었습니다. 수면 부족은 또다시 그의 기분을 악화시켰고 짜증, 피로, 초조함과 같은 만성적인 기분으로 이어졌습니다. 그의 식욕 감퇴는 급격한 체중 감소로 이어졌습니다(3개월간 50파운드).

이러한 증상들은 벤에게 유의미한 고통을 안겨 주었고, 그가 최근에 직장을 그만두게 결심하는 데 영향을 미쳤습니다. 그는 바로 새 직장을 구하기를 바랐지만, 그의 우울증은 구직 활동에 노력하려는 그의 동기를 저하시켰습니다. 또한 그의 우울증은 사회적 기능을 저해하여 친구, 가족, 사회 활동(예를 들어, 지역 스포츠 리그에 참여하고 교회에 다니는 것)에서 멀어지게 했습니다.

DSM-5 진단: 296.32(F33.1) 주요우울장애, 중등도

진단적 추론을 명확하게 하는 것은 사례개념화가 복잡하거나, 증상 표현이 비정형적이거나, 진단적 핵심 증상의 일부가 특별히 심각하지 않거나, 진단적 자료와 상충하는 것으로 보일 때 특히 중요하다. 그런 경우 당신은 복잡하거나 모순처럼 보이는 것을 이해할 수 있게 만들어서 잠재적인 오해를 해결할 수 있다. 예를 들면 다음과 같다.

왜냐하면 재나는 상황이 흥미롭거나 큰 희생이 따를 때는 주의력을 잘 집중할 수 있기 때문에, 재나가 ADHD를 가지고 있다는 사실이 일부 관찰자들에게는 놀라운 일일 수 있습니다. 많은 사람들의 예상과는 달리, 대부분의 ADHD 환자들은 특정 맥락과 상황에서는 집중력을 유지할 수 있습니다. 재나는 부주의에 의한 결과가 심각하고 즉각적이며 일관성이 있을 때에는 집중할 수 있습니다. 그러나 그 결과가 경미하거나 지연되거나 드물게 나타날 때, 그녀는 훨씬 더 집중력을 잃고 부주의한 실수를 하며 시간의 흐름을 놓치기 쉽습니다.

만일 한 진단이 부분적으로 특정 검사점수에 기초하는 경우, 진단적 인상 항목에 그 내용을 명시적으로 나열할 수 있다. 예를 들면 다음과 같다.

에즈라는 지적장애의 진단기준을 충족합니다. 그의 어린 시절부터 추론, 문제해결, 계획, 추상적 사고, 판단, 학문적 학습, 경험을 통한 학습에 있어서의 지적 결손은 부모, 교사, 또래들에

게 명백했습니다. 표준화된 지능검사(WISC-V 전체 지능지수 = 66)에서 그의 수행은 적응기능에서 관찰된 결손(바인랜드-3 적응행동 표준점수 = 59)과 일치합니다.

DSM-5 진단: 318.0(F71) 지적장애, 경도

진단에 대한 합리적인 의문점을 공개하라

이상적으로 평가는 진단에 대한 합리적인 확신이 들 때까지는 완료된 것이 아니다. 하지만 실무적으로 알아낼 수 있는 정도에는 한계가 있다. 최선의 노력에도 불구하고 당신이 언제나 확실한 진단을 할 수 있는 것은 아니다. 이러한 경우 당신은 대안적 진단을 감별해 낼 수 없는 이유를 설명해야 한다. 예를 들면 다음과 같다.

조너선은 외상성 뇌 손상으로 인한 경도 신경인지장애의 기준을 충족하는지 여부를 평가하기 위해 의뢰되었습니다. 불행히도 조너선이 주의력에 경도의 인지적 결손을 가지고 있는 것이 분명하지만, 그것이 최근의 두부 손상 때문인지는 확실하지 않습니다. 부모 보고와 학교 기록에 따르면, 그가 현재 보고하고 있는 주의력 곤란은 어린 시절부터 있었습니다.

조너선은 자신이 주의통제에 항상 곤란을 겪었다는 것을 인정하면서도, 두부 손상이 그의 문제를 악화시켰다고 믿습니다. 두부 손상 후 첫 주에는 이것이 사실이었다는 사실을 의심할 여지가 없습니다. 그러나 이후 2개월 동안 고통과 두통, 정신적 피로감이 사라졌을 때 그의 인지능력이 영구적으로 영향을 받았는지, 사고 이전 상태로 되돌아갔는지는 분명하지 않습니다. 두부 손상의 지속적인 영향이 있더라도, 그것이 큰 수준으로는 나타나지 않습니다.

어떤 진단적 결정은 의사나 언어병리학자와 같은 다른 분야의 전문가들에게 자문하기 전까지는 내려질 수 없다. 때때로 당신은 잠정적인 진단을 해야 하는데, 이것은 다른 전문가나 전문가들로부터 평가 보고서를 받은 후에 수정될 수 있다. 필요한 정보가 아직 확보되지 않았기 때문에 일부 진단들은 불가능한 경우가 있다. 예를 들면 다음과 같다.

- 친한 친구의 죽음 이후에 나타난 우울증과 정상적인 애도를 구분하기 위해서는 시간이 경과할 때까지 기다려야 할 수 있다(Goldberg, 2016).
- 증상이 중첩되기 때문에 조울증과 주요우울장애를 감별하기 어려울 수 있으며, 경우

에 따라서는 양극성장애와 조현병을 감별하기도 어려울 수 있다(Gonzalez-Pinto et al., 1998; Phillips & Kupfer, 2013).

- 어떤 학생에게 교육이 너무 단순하거나 혹은 너무 앞서 나갈 경우, 좌절과 권태로 인한 주의산만함과 가벼운 ADHD를 구분하기 어렵다(Webb et al., 2005, p. 41). 최종 ADHD 진단은 학생의 현재 능력 수준과 일치하는 교육 환경에서 학생을 관찰할 수 있을 때까지 기다려야 내려질 수 있다.

요약 항목

보통 보고서의 요약 항목은 독자에게 사례개념화에 대한 간략한 개요를 제공하고 독자가 당신의 권고 사항을 예상할 수 있도록 돕는다.

요약 항목에 포함되는 것

어떤 평가자들은 중복되는 정보를 기록하기 싫어하기 때문에 요약을 생략한다. 요약 항목에 새로운 정보가 없는 것은 사실이지만, 요약 항목의 중복성은 버그[1]가 아니라 하나의 기능이다. 요약 항목은 쉽게 이해할 수 있는 형식을 통해 사례개념화로 연결한다. 요약은 며칠 전에 그 보고서를 읽은 사람에게 빠른 참조 및 기억을 환기하는 역할을 한다. 요약을 보고서의 시작 부분에 배치하면, 보고서의 나머지 부분에 대한 이해를 용이하게 하는 사전 조직자(an advance organizer) 역할을 할 수 있다.

일부 평가자들은 독자들이 보고서의 본문 읽기를 건너뛰지 못하도록 요약을 생략한다. 검사자가 대안적인 표현들을 고민하고 각 항목의 메시지를 다듬는 데 몇 시간을 소비한 후에, 독자들이 수검자에 대한 미묘한 면도 이해해 주기를 원하는 것은 당연하다. 하지만 검사자는 독자들이 요약으로 바로 건너뛰는 것을 보게 되면 고통스럽겠지만, 그것에 기분이 상하지 않도록 노력하자. 그들 중 많은 사람들은 슬픈 경험들을 반복하며 세부 사항을 읽는 것이 거의 별다른 이득이 없다는 것을 학습했다. 너무나도 자주, 우리의 보고서는 독자들에게 그들의 관심사와 관련이 없는 지루한 세부 사항들을 단순하게 전달하기만 한다.

1) Bug: 컴퓨터 프로그래밍상의 오류나 실수를 말한다(역자 주).

만약 우리가 그들에게 보고서 전체를 읽게 하고 싶다면, 우리는 전체 보고서를 읽을 만한 가치가 있게 만들기 위해 노력해야 한다.

보고서 본문을 조심스럽게 작성했다고 해도, 모든 결과에 대한 상세한 설명보다는 보고서의 간략한 개요가 포함되어야 하는 정당한 이유가 있다. 예를 들어, 누군가 많은 보고서를 읽어야 할 의무가 있을 때, 요약은 사건이 비교적 간단한지 아니면 사례가 복잡해서 정밀한 조사가 필요한지를 결정하는 데 도움이 된다.

요약 항목의 내용

당신은 검사결과 및 해석 항목에서 자료를 통합하고 해석을 논의하겠지만(제6장에서 제안했던 바와 같이), 당신은 요약 항목에서도 보고서 각 부분의 핵심 아이디어를 개관하고 통합해야 한다. 보고서의 주요 부분들이 잘 작성되어 있다면 요약을 작성하는 것은 쉽다. 잘 작성된 보고서에서 각 항목의 핵심 아이디어는 문단의 첫 문장과 마지막 문장을 검색하면 쉽게 취합되는데, 그 문장들은 주요 요점을 전달하는 경우가 많다. 요약 항목을 준비할 때는 먼저 단락의 첫 문장과 마지막 문장을 다시 읽어서 각 항목의 요점을 개관한다. 이전 항목의 주요 개념을 포착한 스티커 노트에 간략한 요점을 적는 것도 좋을 것이다. 당신은 요약을 작성할 때 노트를 순서대로 놓고서 논리적인 요약을 빠르게 준비할 수 있다.

간단하게 의뢰사유, 관련 배경정보, 행동관찰, 해석결과 및 임상적 인상을 반복하라. 진단적 인상이나 임상적 함의도 보고서의 요약 항목에 포함될 수 있다. 보고서의 다른 항목에서 사용한 것과 동일한 표현을 사용하지 말라. 만일 같은 표현을 사용하면 독자들이 보

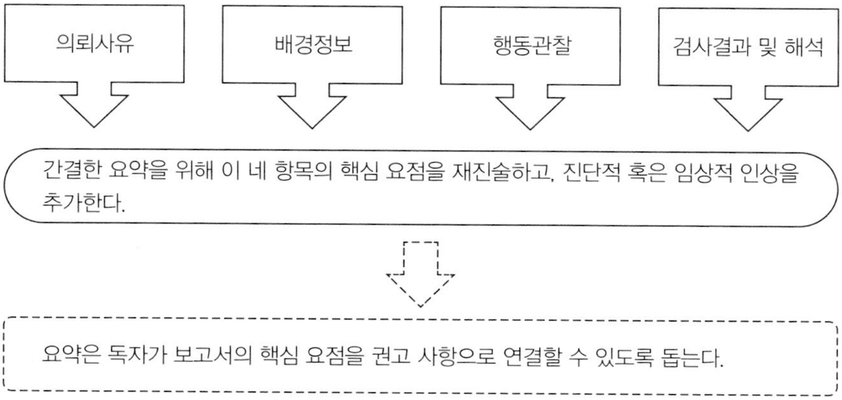

[그림 7-1] 요약을 형식화하기

고서를 다시 읽고 있다고 느낄 것이다. 정보를 다시 표기하되 원래 설명보다 짧게 유지하라. [그림 7-1]은 요약의 핵심 특성을 보여 준다.

관련된 정보를 요약 단락으로 변환하는 방법은 [빠른 참조 7-1] 조이의 사례에서 볼 수 있다. 평가자는 요약을 작성할 때 조이가 나타내는 수학에서의 지속적인 곤란에 초점을 맞춘다. 요약은 권고로 직결되기 때문에, 권고에서 다룰 주요 사항들이 강조된다. [빠른 참조 7-2]는 요약의 일반적인 어구들을 보여 주는 표본 템플릿을 제공한다.

어떤 사례는 다른 사례들보다 더 복잡하고 예시보다 더 자세한 내용들이 필요할 것이다. 요약에서는 다양한 문제들이 어떻게 상호 연관되고 관찰된 개인의 곤란에 기여하는지 설명하기 위해 노력한다. Mather와 Jaffe(2002)의 책에서 수정하여 인용한 다음의 사례는 다양한 문제가 있는 경우의 요약을 보여 준다.

> 그레고리 블랙호크는 읽기, 쓰기, 수학에서의 학업 수행 저조로 평가에 의뢰된 일곱 살 난 나바호족[2] 소년입니다. 그레고리의 전반적인 지적 능력은 적어도 평균 수준이고 언어능력은 평균을 조금 웃돕니다. 그러나 세 가지 요인이 그레고리의 학업 수행을 저해합니다. 첫째, 그레고리는 안구 백색증[3](홍채의 색소 감소)을 앓고 있는데, 이 병은 시력저하와 안구진탕(흔히 현기증을 일으키는 작고 빠른, 무의식적인 눈의 움직임)을 일으킵니다. 둘째, 그레고리는 기호와 기호 패턴을 인식하는 능력에 영향을 미치는 학습장애를 가지고 있으며, 보통 이는 다시 기본적인 읽기, 쓰기, 산수 기술을 학습하는 능력을 심각하게 손상시킵니다. 그레고리의 시각적 손상은 복합적이지만 이러한 결손을 유발하지는 않고 있습니다. 셋째, 그는 주의력결핍 과잉행동장애, 부주의 유형의 기준을 충족할 정도로 주의력 결손이 심각합니다. 시각, 인지, 주의 결손의 조합은 또래들보다 1.5학년 정도 뒤처질 정도로 학업 수행을 저해했습니다. 그럼에도 그레고리의 지적 능력과 언어능력은 적절하고 집중적인 개입을 받게 되면, 그가 읽기, 철자법, 그리고 수학에서 성공할 가능성이 있다고 시사합니다.

이 요약은 그다음 권고 항목으로 바로 이어진다.

2) Navajo: 미국 원주빈 부족 가운데 가장 인구가 많은 부족이다. 뉴멕시코주 남북부와 애리조나주, 유타주 남동부에 흩어져 살고 있으며 아파치어를 쓴다(역자 주).

3) Ocular Albinism: 백색증(白色症)은 동물이나 사람의 눈, 피부, 머리카락 등에서 멜라닌 색소가 합성되지 않는 질병이다. 일반적으로 선천성 유전질환이다(역자 주).

[빠른 참조 7-1]

관련된 사실들을 보고서의 요약으로 변환하는 방법의 예시

조이의 보고서에서 관련 정보들	조이의 보고서에서 요약 항목
의뢰사유: 장기간 수학 과외에도 불구하고 수학 기술을 익히고 유지하는 데 곤란이 있음. 부모에 의해 의뢰됨 **배경정보:** 수학에 대한 불안감, 학교 공포증, 2년간 주 2회의 수학 과외, 학교 공포증 치료 **행동관찰:** 우수한 의사소통 기술, 특정 수학 문제를 어떻게 푸는지 기억할 수 없고 숫자와 관련된 어떤 것도 싫어한다고 언급함 **결과 해석:** 다른 모든 학문적 영역에서 평균 이상의 수행, 수학에서 저조한 수행; 기억력, 시각-운동 협응, 시공간 기술, 수학 개념 및 절차적 지식에서 약점이 뚜렷함 **진단적 인상:** 특정학습장애, 수학 손상 동반	조이는 오랜 과외로 도움을 받았음에도 불구하고 수학적 기술과 개념을 습득하고 유지하는 데 어려움을 겪었기에, 부모에 의해 평가가 의뢰되었습니다. 그와 더불어 조이의 수학에 대한 불안은 학교 공포증으로 발전했습니다. 그녀는 빈번하게 등교를 거부하고 절망감을 호소했습니다. 현재 그녀는 학교에서 수학 수업에 대한 불안과 두려움을 극복하기 위한 치료를 받고 있습니다. 그와는 대조적으로, 조이는 다른 모든 과목에서는 상당히 잘합니다. 이 평가의 결과는 특정학습장애, 수학 손상 동반 유형을 나타냅니다. 조이에게는 수학적 사실, 수학적 개념 및 절차에 대한 교육 프로그램이 필요합니다.

[빠른 참조 7-2]

요약의 일반적인 표현을 보여 주는 표본 템플릿

(수검자 이름)은 현재 (_______)세로, (학교 이름) _____ 학년입니다. 그녀는 현재 자신의 기능(지능, 학업, 정서, 행동, 성격)을 평가하기 위해 _____로부터 검사 의뢰되었습니다. 그녀의 관찰된 지적 능력 수준은 ___ 범위에 해당합니다. _________의 능력이 요구되는 과제에 강점이 관찰되었습니다. 이와는 대조적으로, _______가 필요한 과제에는 약점이 관찰되었습니다. 이러한 결과는 부모 및 교사 보고와 일치합니다. 전체적으로 이 평가에 대한 그녀의 수행은 __________의 진단과 일치합니다.

요약 작성의 주요 원칙

다음과 같은 몇 가지 주요 원칙들이 효율적인 요약을 작성하는 데 도움이 될 수 있다. 일반적으로 요약 내용을 짧게 하고, 새로운 자료를 소개하지 않으며, 애매모호한 진술을 피하고, 그 사람이 할 수 있는 것과 할 수 없는 것을 기술하라. 이러한 주요 원칙은 다음 절에

서 간략히 논의될 것이다.

간결함을 유지하라

이전 항목에서 언급된 모든 내용을 다시 작성하려고 하지 말라. 요약은 대략 한 페이지를 넘지 않아야 하며 종종 한 단락으로도 마무리할 수 있다. 요약에 다른 항목에 속하는 세부 정보를 덧붙이면, 시간에 쫓기는 독자는 요약이라고 불리는 그것을 간단히 건너뛸 수 있다.

대부분의 경우 의뢰사유 항목은 한두 문장으로 요약할 수 있고, 배경정보 항목의 핵심 요점은 1~3문장으로 요약할 수 있으며, 주요 행동관찰도 1~3문장으로 기술할 수 있다.

평가의 복잡성에 따라, 검사결과 및 해석 항목의 요약은 몇 문장에서 한두 단락까지 다양할 수 있다. 종종 여러 개의 주요 발견들이 한 문장으로 결합된다.

새로운 내용은 포함하지 말라

요약에 새로운 정보를 포함하지 말라. 사람들이 요약을 읽을 때, "평가자가 어떻게 이러한 결론에 도달했는가?"가 아니라 "이것은 내가 방금 읽은 것을 명료하게 종합해 준다."라고 생각하게 해야 한다.

> **주의**
>
> 새로운 정보나 자료의 해석을 요약에 추가하지 말라.

애매하고 모호한 요약을 피하라

요약이 최종 결론을 도출하지 못할 때, 독자들은 의뢰 시 질문에 대한 답을 알 수 없거나 검사자의 실력이 부족하다고 추측할 것이다. 그 어떤 인상을 주는 것도 바람직하지 않다. 모호한 진술(예: "이 결과들은 어빙에게 행동문제가 있을 수 있다는 것을 나타내는 것으로 보인다")로 결론을 내리지 말라. 우리가 진단적 인상을 논의할 때 언급했듯이, 수집된 자료가 신뢰할 수 없거나 불완전해 보인다면, 사용 가능한 자료가 확실한 결론을 내리기에는 불충분하다는 점을 명확하고 모호하지 않은 진술로 작성하기만 하면 된다.

그 사람이 할 수 있는 것과 할 수 없는 것을 기술하라

종종 요약 항목에서는 평가를 촉발한 우려 사항에만 초점을 맞추고 강점은 간과하기가 쉽다. 예를 들어, 9학년 학생인 스티븐은 학교와 과제에 대한 전반적인 무관심과 관련된 우려와 더불어서 읽기와 쓰기의 지속적인 곤란으로 의뢰되었다. 평가자는 이러한 우려를 확인하였음에도, 비언어적 추론과 시공간적 사고, 직업적 성공과 높은 관련이 있는 능력들에 대한 스티븐의 중요한 강점들도 기록했다.

당신은 또한 그 사람이 무엇을 할 수 있는지와 그 사람이 무엇을 할 수 없는지를 언급하며 이 항목을 시작할 수 있다. 다음 예시를 고려해 보자.

- 해나는 수학에서 기초적인 수학적 사실들을 포함한 용어 문제를 풀 수 있고, 기본 수학 개념들을 이해합니다. 그와는 대조적으로, 분수 및 측정과 관련된 개념들은 해나에게는 어렵습니다.
- 로사는 우수한 언어 지능, 뛰어난 기계적 암기력, 양호한 주의력을 나타냅니다. 하지만 그녀는 교실을 바꾸어 이동하는 데 어려움을 겪고 있고, 그녀의 반 친구들은 즉시 알아챌 수 있는 사회적 신호를 놓쳐 버립니다.
- 스티브의 지적 능력은 우수 범위에 속합니다. 그는 다양한 인지 및 학문적 과제를 능숙하게 수행할 수 있습니다. 스티브는 이러한 장점에도 불구하고 시간제한이 있는 검사에서는 불안과 압도된 느낌을 받습니다. 때로는 불안감에 정신이 팔려 부주의한 실수를 하거나 검사 문항을 잘못 이해하기도 합니다.
- 베카는 평균 상 수준의 추론 능력을 가지고 있어서 언어 및 시각적 추론 작업에서도 동등하게 좋은 수행을 보입니다. 그러나 단순한 반복적인 과제에 대한 정보를 빠르게 처리하는 베카의 능력은 낮음 범위에 있습니다. 그녀는 정확하게 추론할 수 있지만, 단순하고 주의력이 필요한 과제에 대한 수행은 노력이 필요하고 오류가 발생하기 쉬우며, 금방 정신적 피로를 느끼게 합니다.

자가평가

1. 다음 중 틀린 문장은 무엇인가? 요약 항목은 다음과 같아야 한다.
   (a) 보고서 본문에 이미 언급된 정보만 포함한다.
   (b) 애매하거나 모호한 결론을 도출하지 않도록 한다.
   (c) 의뢰사유 및 배경정보 항목이 아닌 결과 항목만 요약한다.
   (d) 대략 한 페이지 길이의 단락이 되도록 한다.

2. 당신이 공식적인 진단을 확신하지 못한다면, 자료가 특정 진단에 맞지 않거나 결론에 해당하지 않는다는 것을 기록하기보다는 독자들이 스스로 결론을 내리도록 하는 것이 가장 좋다. 참인가? 거짓인가?

3. DSM-5 또는 ICD-10에서 제공하는 것과 같은 진단명은 명확하게 명시된 일반적인 임상적 인상보다 더 서술적이다. 참인가? 거짓인가?

4. 자료에 모순이 있는 경우, 최종 진단적 인상이 잘못되었다고 보지 않도록 불일치하는 자료 조각들에 대한 설명을 제공해야 한다. 참인가? 거짓인가?

5. 당신이 추가적 결과들을 보고하는 이유를 설명하기만 한다면, 요약 항목에 새로운 정보를 추가하는 것은 허용된다. 참인가? 거짓인가?

6. 요약 항목에는 진단 및 임상적 인상이 포함될 수 있다. 참인가? 거짓인가?

답: 1. c; 2 거짓; 3. 거짓; 4. 참; 5. 거짓; 6. 참.

제8장

성격평가

Rita W. McCleary

이 장은 McCleary 박사가 이 책의 초판에서 작성한 것이다. McCleary 박사가 언급했던 몇 가지 사소한 편집 및 형식상의 변경 외에도, 검사들은 최근 버전으로 업데이트되었고 DSM-IV는 DSM-5로 대체되었다. 이 장에서는 성격검사 보고서 작성의 세부 사항에 대해 논의할 것이다. 효과적인 보고서 작성의 일반적 원칙을 논의한 후에는 이에 대한 예시로 평가 보고서 하나를 인용하며 마무리할 것이다. 성격평가 보고서는 의뢰한 임상가, 그리고 더 빈번하게는 내담자 그 자신이 제기하는 구체적인 질문들에 답한다. 성격평가 보고서는 다른 검사들과 임상적 관찰로 대표되는, 다양한 상황에 걸쳐 작용하는 개인의 성격기능을 해석한다. 보고서의 작성 및 결과가 개인에게 제시되는 방식은 일반적으로 진행 중인 심리치료 맥락에서의 개입으로 이어지지만, 때로는 주거지 배정 및/또는 다른 종류의 계획을 실행하기 위한 목적으로도 구성된다. 무엇보다도 좋은 성격평가 보고서는 명확하고 생생하며 설득력이 있는 언어를 사용함으로써 한 개인의 개성에 대한 우리의 이해를 더욱 증진시킨다.

성격 보고서의 본질적 특성

성격평가를 위한 보고서를 작성할 때, 다음과 같은 요인들이 기본으로 간주된다.

- 평가에서 심리학자들은 자문가(consultants) 역할을 한다.
- 성격 보고서는 하나의 해석이다.
- 심리검사는 하나의 개입이다.
- 성격에 대한 진단적 이해는 역동적이다.
- 성격기능의 수준(level)은 보고서를 조직화하는 데 도움이 된다.
- 약점을 개념화하는 것만큼 그 사람의 강점을 파악하는 것이 중요하다.
- 종합적인 성격평가 보고서는 개인의 기능 범위를 기술한다.
- 아동 및 청소년을 위한 성격평가 보고서 작성은 어려운 일이다.
- 좋은 성격평가 보고서를 작성하기 위해서는 좋은 작문이 필요하다.

이러한 기본 원칙들은 다음 항목에서 논의된다.

성격평가에서 심리학자들은 자문가 역할을 한다

심리학자들은 의뢰인에 상관없이 자문가 역할로 심리검사를 의뢰받는다. 의뢰인들은 심리학자들에게 지능, 성격, 그리고 아마도 신경심리학적 기능에 대한 공식적인 평가에 대한 특별한 전문 지식을 구하는 자문을 요청한다. 그들은 평가가 어떤 문제를 다룰 것이며, 어떤 검사를 시행할 것인지를 확인한다. 또한 그들은 애초에 이 특정한 개인에게 검사를 실시하는 것이 합리적인지를 결정한다. 가장 중요한 것은 자신이 발견한 결과로 의뢰한 임상가의 질문에 답하고 진행 중인 치료를 위한 권고 사항이 담긴 피드백을 제공한다는 것이다.

역사적으로, 기관의 치료 팀들은 최초 심리진단 검사의 일환으로 지능검사와 성격 측정치들을 포함한 종합적 심리검사를 요청해 왔다. 그리고 자문을 하는 심리학자는 환자에 대한 관련 정보를 수집하고, 자신의 평가로 팀이 환자를 돌보기 위한 더 나은 방법을 명확히 하도록 도왔으며, 그다음에는 자신의 발견과 권고 사항을 팀에 제공했다.

그러나 입원 기간과 정신건강시설 서비스의 경제성 변화에 따라서 이런 자문을 제공할 수 있는 병원은 거의 없어졌다. 그리고 성격검사에 대한 의뢰가 개인 치료자와 환자 본인에게 비롯되는 경우가 점점 더 많아지고 있다. 이는 특히 성인에게서 그러하다. 이것은 자문가로서의 심리학자의 역할을 까다롭게 만든다.[1]

좋은 성격 보고서는 좋은 이유에 근거하여 작성된다. 이것은 최초 의뢰의 적절성과 관련된다. 예를 들어, 성격평가에서 제기되는 질문에 합리적인 답을 할 수 있는가? 그 사람은 그런 평가를 받을 수 있을 만큼 안정되어 있는가? 그 사람이 마약과 알코올을 사용하는 수준은 어느 정도인가, 그리고 언제 마지막으로 특정한 종류의 물질을 사용했는가? 그 사람은 전에 검사를 받은 적이 있는가? 만약 그렇다면 언제 어떤 결과를 받았는가? 정신과 병력은 어떠한가? 이 각각의 질문에 대한 응답들은 심리학자가 현재 이 개인에 대한 심리학적 검사가 적합한지 여부를 판단할 수 있게 해 줄 것이다.

---

1) 국내에서는 아직도 병원에서 종합심리평가가 많이 의뢰된다. 아마도 진단적 확정을 위한 기초자료가 필요해서라고 생각한다. 하지만 사실 종합심리평가는 진단적 도구로는 그다지 적합하지 않다. 그리고 이미 종합병원 정신건강의학과에서도 투사적 검사가 포함된 종합심리평가 의뢰는 상대적으로 소수에 해당한다. 실용적인 이유로 이 책에서 많이 다루는 신경심리평가와 학업성취도 검사의 처방 비중은 갈수록 증가할 것으로 예상된다. 그럼에도 역자는 주관적으로 종합심리평가가 여전히 중요하고 심리평가 보고서 중에서는 미학적으로 가장 아름답다고 생각한다(역자 주).

잊지 말 것

보고서를 작성하기 전에 다음 질문을 고려하시오.
- 어떤 질문에 대한 응답인가?
- 누구를 위해 작성하고 있는가?
- 검사는 어떻게 사용될 것인가?

그러나 그만큼 또 중요한 것은 자문을 하는 심리학자들은 완성된 보고서를 읽게 될 사람과 보고서를 읽는 이유를 고려해야 한다는 것이다. 아마도 다른 어떤 유형의 검사보다 성격평가는 시간이 많이 걸리고, 정서적으로 부담이 되며, 비용도 많이 든다. 자문가는 평가를 실시하기 전에 평가가 사용되는 방식을 분명히 알고 있어야 한다. 우리는 보고서를 작성하기 전에 검사가 활용되는 방식과 그 외에 신중하게 고려해야 할 사항들을 '잊지 말 것' 상자에 제시하였다.

심리치료사들이 내담자에게 지금 치료를 받는 이유에 대해 일상적으로 질문하듯이, 검사 자문가들은 임상가들이 검사를 의뢰한 시점에 대해 물어보아야 한다. 그들이 치료를 시작하면서 진단에 어려움을 겪고 있는가, 아니면 수년에 걸친 치료관계에서 새로운 관점이 필요하다고 느끼고 있는가? 치료사는 어떤 추가적인 치료 방식을 고려하도록 환자를 설득하거나, 환자를 정신과 병원이나 클리닉에서 운영하는 프로그램에 의뢰하기 위해 그 검사결과를 사용하기를 원하고 있는가? 의뢰 시점은 의뢰인이 제기하는 구체적인 질문만큼 그 용도에 대해 알려 주는 바가 많다.

성격 보고서는 의뢰인의 질문뿐만 아니라 의뢰한 임상가의 질문에 응답하는 것도 목표로 삼아야 하기 때문에, 경우에 따라서는 몇 배나 복잡해진다. 과거에는 개인이 자신을 위해 검사를 의뢰하는 경우는 극히 드물었지만, 이제 평가자는 수검자 자신(또는 심지어 더 까다롭게는 부모들)이 결과를 읽을 것이라고 가정해야 한다. 또한 성인 내담자는 평가 비용의 상당 부분을 지불해야 할 가능성이 점점 더 높아지고 있다. 어떤 사람들은 연구 참여자인 동시에 보고서의 주된 독자이기 때문에 내담자에게 의뢰 시 질문을 이해시키는 것이 중요하다.

성격 보고서는 하나의 해석이다

심리학자가 심리검사에 대한 전문 지식에 대해 자문하는 역할을 해내기 위해서는 복수의 자료 출처를 분석하고 통합해야 한다. 이러한 자료에는 다양한 표준화된 측정치의 해석, 수검자의 과거력 및 현재 치료력, 수검자에 대한 자문가의 임상적 관찰 및 상호작용이 포함된다. 검사자는 이러한 수렴되는 정보들을 전환하고, 상호 참조하며, 평가 및 통합하여, 가장 적합한 해석을 할 의무가 있다. 개별 검사에 대한 해석만을 제공하는 것은 불충분할 뿐만 아니라 받아들일 수도 없다. 예를 들어, 로르샤흐와 MMPI-2 또는 MMPI-2-RF(Minnesota Multiphasic Personality Inventory-Second Edition, Butcher et al., 2001; MMPI-2-Restructured Form, Ben-Porath & Tellegen, 2008)에서 컴퓨터로 (자동) 생성된 일련의 해석들을 보고서로 엮는 것도 결코 허용될 수 없다. 성격 보고서는 모든 자료를 포괄하여 수검자에 대한 종합적인 심리학적 프로파일이나 성격 분석을 제공해야 한다.

성격 측정치가 객관적이냐 주관적이냐에 대해서는 흥미롭고도 중요한 논의들이 많다. 성격 측정치들은 객관적이면서 주관적이기도 하고 혹은 둘 다 아니기도 하다. 웩슬러 지능검사 및 로르샤흐 잉크반점 검사와 같은 일부 척도들은 규준과 통계를 활용하여 개인의 수행에 대한 상당히 신뢰롭고 타당한 자료를 생성한다. TAT와 같은 다른 측정치들은 거의 채점되지 않으며 임상가의 도구에 대한 광범위한 경험에 따라 조직화, 일관성 및 내용의 확립된 원칙에 비추어 평가된다. 다른 측정치들은 한 사람의 자신에 대한 관점을 반영하는 자기보고 측정치로서 가장 잘 설명된다. 그러나 모든 성격검사는 다양한 상황(검사)에 걸쳐서 이루어지는 구조와 기대 수준이 서로 다를 수 있는 표준화된 행동관찰 결과를 대표한다. 진단적 자문가가 이러한 관찰을 강점과 약점, 갈등, 맹점, 열망을 가진 개인의 초상으로 엮어내는 방식은 아무리 단순한 의미로도 '자료의 보고'를 넘어서는 수준의 임상적 가설과 개념화를 필요로 한다.

좋은 성격 보고서는 다른 좋은 임상 보고서와 마찬가지로 주의 깊게 수집된 정보(예: 과거력, 인구 통계학, 지능 프로파일, 검사점수들) 위에 서사를 쌓아 올린다. 그리고 그와 동시에 사례의 사실들에 대한 조직화, 납득시키기, 생명 불어넣기 등을 한다. David Shapiro의 고전적 저서 『신경증적 스타일(Neurotic Styles)』(1965)은 심리학자들이 자신의 임상 경험, 정신병리학에 대한 지식, 발달 및 성격 이론을 가지고 한 특정한 사람이 특정한 방식으로 세상을 보고 반응하는 이유에 대한 수용 가능한 설명을 만들어 내는 방식을 논의하고 예증하는 데에 있어서는 독보적이다.

Exner(1974, 2003)와 그를 계승한 『로샤 수행평가체계(R-PAS)』의 저자들인 Meyer, Viglione, Mihura, Erard, Erdberg(2011)는 그 체계를 최신의 DSM-5(American Psychiatric Association, 2013a)만큼 순수하게 기술적인 방식으로 진단을 구성했다. DSM-IV가 DSM-5로 개정을 시도하고 있었을 때, DSM-5 작업집단(working group)은 (특질 접근법을 사용하는) 이러한 장애 분류 방식으로 완전히 개정하려고 노력했지만, 이런 변화는 너무 복잡하다는 이유로 거부되었다. 미국 신경정신의학회(2013b)는 다음과 같이 설명하였다.

> 성격장애 작업집단은 …… 때로는 환자의 증상에 적용하기에 불가능할 정도로 경직된 성격장애의 핵심 모델을 분해해서 특질-특수적 방법(a trait-specific method)으로 대체하려고 했다. 이 모델을 사용한다면, 임상가는 그들의 증상이 시사하는 특질을 보고 각 특질의 심각도에 따라 순위를 매겨서 그들의 환자가 성격장애를 가지고 있는지를 판단했을 것이다. 하지만 현장의 반응에서 알 수 있듯이, 이 새로운 모델은 임상 실제에서는 너무나 복잡했다(pp. 1-2).[2]

DSM-5 작업집단의 이러한 좋은 의도에도 불구하고, 심리평가자들은 DSM-5를 사용할 때마다 이 체계의 기초가 되는 가정들에 강력하게 도전해야만 할 것이다. 가설적인, 특히 은유적인 사고의 가치는 (만일 인간으로서가 아니라면) 심리학자인 우리의 작업에 내재되어 있는 것이다. 그러한 노력들이 그 가치를 분명하게 하는지와는 무관하게, 정신건강 전문가들은 계속해서 자신의 사례를 이해하려고 노력하며 다양한 개념화를 시도하고 있다. 우리는 또한 작업 과정에서 확립된 유용성 수준이 다양한 이론적 레퍼토리에 의지하고 있다.

미국에서 심리검사가 정착된 1940~1950년대에는 심리학적 자문을 할 때 자아심리학과 정신분석의 성격 보고를 근거로 삼았다[예를 들어, Rappaport, Gill, Schafer(1945~1946)의 『진단적 심리검사』[3] 또는 Schafer(1954)의 『로르샤흐의 정신분석적 해석』[4]을 참조할 것]. 이 책의 제4부에 언급된 모든 사례 보고서에서 WISC-V를 사용한 지능검사를 작성한 여러 보고서 작성자들은 발달 이론과 지능 및 성격 측정치에 대한 전문적인 지식을 활용하여 아동의 능력을 설명한다(Kaufman, Raiford, & Coalson, 2016). 이 장의 저자인 나는 심리검사 자료에서 통일된 주제와 특성을 찾기 위한 노력으로 자아심리학, 대상관계 이론, 애착 이론, 대인관계 정신분석학 등을 가장 자주 활용한다.[5]

---

2) 이러한 성격장애의 새로운 진단적 이론은 DSM-5의 '성격장애 대안모델'이라는 표제하에 수록되어 있다. 사실 DSM-5의 성격장애군 진단기준이 최종 확정되기 직전까지 이 모델은 매우 유력했다. DSM-IV 시절까지 수많은 논란을 낳았던 경직된 성격장애 진단체계의 문제점을 극복하기 위해 이 새로운 모델에 익숙해지는 것도 나쁘지는 않을 것이다(역자 주).

3) 『Diagnostic Psychological Testing』: 이 책은 한국에서도 1990년대까지는 많은 임상가들이 심리평가 보고서를 쓸 때 참고하는 중요한 교과서 중 하나였다. 정신분석적 관점에서 쓰였음에도 이후 심리평가에 대한 많은 체계에 영향을 미친 이론서이자 실용서였다(역자 주).

4) 『Psychoanalytic Interpretation in Rorschach Testing』: Roy Schefer의 역작으로 심리학적 상징 체계와 자아기능에 따른 로르샤흐의 정신분석적 해석을 정리한 책이다. 이 책도 마찬가지로 1990년대까지는 많은 임상가들이 수련 과정에서 배우는 교과서 역할을 했다(역자 주).

5) 이 책의 역자인 나도 이러한 의견에 동의한다. 다른 성격 이론을 압도하는 지배적인 이론이 존재하지 않는 성격평가 분야에서는 전통적인 이론들과 기술방식을 억지로 배제하려는 시도는 아무 기반 없이 단편적인 재료들로만 집을 지으려는 것과 유사하다는 생각이다. 심지어 우리가 사용하는 많은 평가도구들이 고전 이론들이 대세를 이루고 있던 시대에 개발된 해석틀을 그대로 유지하고 있다. 따라서 현대적인 심리평가자라고 하더라도 정신분석 이론 및 여타 고전적 이론에 대한 이해는 필수적이다(역자 주).

검사자료는 특정한 해석 도식에 딱 들어맞지 않아도 된다. 1950년대의 많은 심리학자들과는 달리, 오늘날 대부분의 심리학자들은 단일 이론이 인간의 본성에 가장 적합하거나 가장 진실하다고 생각하지 않는다. 오히려 그들은 자신이 보유한 자료에 대해 다양한 이론적 구성개념을 적용하려고 한다. 그들은 자신의 관찰과 해석 사이에 변증법, 혹은 (절충적인) 대화를 해 나간다. Shapiro의 히스테리가 어떤 개인에 대한 체계적인 관찰에 잘 맞는가? 이 사람의 대인관계에서 어려움은 초기 애착의 관점에서 가장 잘 개념화될 수 있는가? 때때로 어떤 개념은 어떤 자료에 주목하게 해 준다. 그 개념은 유용한 해석을 할 수 있게 해 준다. 때로 그렇지 못할 경우에는, 검사자는 다른 관점을 적용해 보아야 한다(McCleary, 1992). 물론 때때로 검사의 일부 측면에 대해서는 적당한 해석이 나오지 않으며, 그럴 때 보고서는 단지 그것만을 진술해야 한다.

성격에 대한 진단적 이해는 역동적이다

종합 성격 보고서와 DSM-5에 따른 진단적 이해는 서로 다른 유형의 정보를 나타내며, 서로 다른 방식으로 획득되고 사용된다. DSM-5 진단은 행동에 대한 기술을 주로 증상 관리에 사용하는 진단 범주로 조합한다(조증, 정신증, 폭식증 등, '잊지 말 것' 상자를 볼 것). 그 대신 성격 보고서의 진단적 이해 항목은 기저의 역동들을 해석한다. 그것은 한 개인의 자기개념과 이상적인 자기 사이의 해결되지 않는 갈등, 다른 사람의 비언어적 단서들을 읽는 능력의 손상, 또는 지각과 추론의 왜곡으로 인한 세상에 대한 완화되지 않는 비관적 관점 등으로 행동이 나타나도록 조직화하고 동기를 부여한다('잊지 말 것' 상자를 볼 것).

일반적으로 성격검사는 DSM-5의 진단적 의사결정에 적합하지 않다. 예를 들어, 어떤 사람에게 조울증이 있는지 여부를 규명하는 데에는 조증 및 우울증 삽화, 양질의 의학적 과거력 및 최근 검사, 그리고 과거 및 현재의 약물 사용의 이력에 대한 전반적인 정보수집이 포함된다. 특정한 진단적 질문을 다루는 자기 보고형 질문지를 예외로 하자면, 성격검사는 (진단에) 특별히 요구되는 정보가 아니다. 진단적 질문은 면담, 과거력 수집 및 기록검토를 통해 가장 잘 설명된다.

> **잊지 말 것**
>
> DSM-5 진단은 기술적이며 다음과 같은 단계를 통해 이루어진다.
> - 증상에 대한 체계적이고 공식적인 면담
> - 과거력, 특히 현재의 질병에 대한 상세한 정보 수집
> - 주의 깊은 행동관찰

그러나 성격기능에 대한 진단적 이해는 종종 DSM-5 진단을 보완하고 풍부하게 한다. 예를

들어, 주요정동장애를 앓고 있는 개인을 치료하는 심리치료사는 자기 환자의 정신증 여부와 그 심각도, 혹은 환자의 자살 성향이 행동화할 가능성이 가장 높아지는 조건을 판단하기 위해 검사를 요청할 수 있다. 다른 경우에 성격평가는 한 사람이 질환을 경험하고 대처하는 방식에 대한 통찰을 제공한다. 덜 빈번함에도 중요한 사실은 환자의 성격역동에 대한 분석이 DSM-5 진단과 충돌한다는 점이다. 예를 들어, 어떤 심리진단가는 검사를 통해서 주의력결핍 과잉행동장애(ADHD)로 잠정 진단된 개인을, ADHD와 겉보기에는 유사하지만 실제로는 동일하지 않은, 불안을 방어하기 위해 주의를 분산시키고 있는 사람으로 이해할 수 있다.

잊지 말 것

성격에 대한 진단적 이해는 역동적이며 다음을 포함한다.

- 다양한 상황에서 최상부터 최악의 기능까지 모든 범위에서 개인의 기능
- 개인의 방어 및 대처전략
- 사고 처리 과정의 질적 특성
- 정동과 기분의 본질 및 질적 특성
- 자기 및 타인 표상의 수준 및 질적 특성
- 개인의 행동을 조직화하는 기저의 동기

성격기능의 수준은 보고서를 조직화하는 데 도움이 된다

많은 성격 보고서는 성격조직을 신경증, 경계선, 정신증으로 규정하는 방식으로 구성된다. 성격기능 또는 조직화 수준은 주로 다양한 유형의 상황에서 사람들이 명확하게 사고하고, 합리적인 의사결정을 하고, 적절하게 행동하는 능력을 드러내는 것을 특징으로 한다. 그것은 결코 WAIS-IV, TAT, 로르샤흐를 통해서만 독점적으로 규정되는 것이 아니다. WAIS-IV는 종료 지점(end point)이 명확하게 정의되어 있는 비교적 중립적인 과제이고, TAT는 개방형의 대인 간 요구가 많은 작업이며, 로르샤흐는 매우 모호하고 정서적 부하가 큰 과제다. 사람들의 지능, 교육 수준, 창의성이 어떻든 간에, 그들은 이러한 서로 다른 기대와 구조적 수준에 따라 다르게 반응할 것이다. 지각, 정서조절, 정보처리, 판단 및 의사결정에 대한 그들의 능력은 약간 또는 많이 변동할 것이다.

비교적 이질적인 갈등(예를 들어, 성 정체성에 관한)을 제외하고 기능적으로 안정되어 있는 사람은 아마도 신경증적일 것이다. 상황적 명료성과 무관하게 자기와 타인, 환상과 현실의 경계를 혼동하는 개인은 정신증적이다. 그리고 정서적 요구에 대한 반응으로 상위와 하위 수준 사이에서 기능이 일상적으로 변동하는 사람은 경계선에 해당한다.

보고서를 위한 그런 틀을 갖는 것은 도움이 될 뿐만 아니라 필수불가결한 것일지도 모른다. 그러나 위험한 사실은 그것이 자신에게 너무나 익숙한 개념인 나머지, 평가자들이 자

신의 특수한 독자들이 이해할 수 있게 용어를 번역하는 것을 망각할 정도로 그 틀에 지나치게 의존한다는 것이다. 이것은 심리학적 자문가가 다른 임상 전문가들에게만 서면 보고서를 제공했고, 환자와의 구두 피드백 회기에 대비해서 검사결과를 줄이고 단순화해도 됐던 이전 시대에는 그렇게 문제가 되지 않았다. 그러나 검사 보고서의 독자가 병원 기반의 임상가 팀원에서 자신의 보고서 사본을 기다리는 외래 환자들로 옮겨 감에 따라서, 지적이지만 전문적이지 않은 독자를 위한 글쓰기는 필수적이 되었다. 이전에는 수용 가능했던 심리학적 언어들도 이제는 훨씬 더 많은 번역이 필요해졌다.

이 장을 쓴 저자가 수행한 한 입원 환자에 대한 평가는 한 사람의 성격조직 수준에 대해 서술하는 방식을 보여 준다. 한 44세 남자가 술에 취해서 자살 시도를 하면서 셔츠에 불을 지른 후 병원에 입원했다. 그의 아내와 동료들은 그가 입원하기 전까지 몇 주 동안 과음을 했고 정서적으로 혼란스러워 보였다고 보고했다. 그러나 병원에 입원한 후에 환자는 우울증이나 자살 충동을 부인했다. 그의 주치의는 성격조직 수준, 자살 가능성, 충동조절 능력, 기억력, 판단력 등을 평가하기 위한 검사를 의뢰했다.

McCleary는 병원 임상의들을 위해 보고서를 쓰면서 먼저 이 환자를 '급성 고통을 겪는 남자'라고 규정했다. 그녀는 의뢰 시 질문에 대한 답변으로, X씨가 정신증이 된 방식과 시기 그리고 구조화되고 예측 가능한 환경을 벗어나면 자해할 위험성이 높다는 점을 상세하게 기술했다. "이번 입원과는 별개로 자신과 자신의 삶이 편안하다고 주장하는 것은 그의 삶이 통제에서 벗어나고 있다는 지속적인 감각에 대한 가장 얇은 방어막을 제공해 줄 뿐입니다." McCleary는 이렇게 이어 나갔다.

> X씨의 성격은 지각적 왜곡, 잘못된 추론, 정동적 불안정, 숙고하지 않는 행동, 지나치게 자기 참조적인 타인 표상에 대한 예민함으로 대표되는 경계선 수준으로 조직화되어 있습니다. 그는 주지화, 최소화, 분리, 회피, 투사 등 자신의 정서와 거리를 두기 위한 다양한 책략들을 사용합니다. 이러한 방어들 중 어떤 것도 현재 그를 완전하게 보호해 주지 못하기 때문에, 그는 극도로 확산된 불안과 불안정한 인지적·정서적 조직화를 드러냅니다. 때때로 X씨의 사고와 지각의 특이성은 정신증적 수준에 이릅니다.

여러 해 전에 McCleary는 병원 장면에서는 잘 확립된 임상적 용어들을 사용해서 자신의 발견들을 논의할 수 있다는 확신이 있었다. 그러나 이 장의 마지막 부분에 있는 전체 사례 논의에서 분명해지겠지만, 이제 McCleary는 사람들이 자신의 보고서를 읽을 가능성이 있을 경우 그러한 용어의 지름길이 그들을 너무 자주 혼란스럽게 할 수 있다고 생각하게 되었다.

약점을 개념화하는 것만큼 환자의 강점을 파악하는 것이 중요하다

그 정의와 동일하게 심리치료를 받는 환자들은 일종의 심리적 고통이나 장애를 겪는다. 임상가는 이러한 장애의 본질과 정도를 명확히 하기 위해 가장 자주 성격평가를 요청한다. 따라서 검사가 환자가 가장 잘 기능하는 방식을 파악하는 것도 그만한 가치가 있다고 주장하는 것은 반직관적으로 들릴 수 있다. 하지만 심리치료적 개입의 궁극적인 목적을 고려하면 그러한 느낌은 조금 누그러진다. 심리치료는 비이성적으로 보이는 감정과 행동에 대한 민감성을 감소시키면서 사람의 건강한 기능의 범위를 확장하기 위한 것이다.

심리학자들, 특히 경험이 적은 심리학자들은 환자의 (심리사회적) 자산을 알아차리는 데 어려움을 겪는 경우가 많다. 수차례 입원을 한 환자들이 검사에서 장해를 나타내는 TAT 이야기와 정신증적 로르샤흐를 나타낼 때, 병리학이 건강함보다 더 흥미롭고 중요해 보인다. 그러나 만약 어떤 사람이 질병에 완전히 압도된다면, 우리는 그 사람이 나아질 가망이 없다고 생각할 수 있다. 그러한 개인을 평가한다는 것은 때로 피할 수 없는 결과가 정해진, 완화시킬 수 없는 만성적인 진행 과정만을 확인할 뿐인 것이다. 명확성, 연관성, 욕망, 유머, 성찰 등의 긍정적인 특성이 배제되어 있다면, 보고서는 새로운 관점의 개입에 기여할 수 없을 것이다.

검사의 전반적인 상황이 확인해 주는, 정신적으로 병든 개인이 가진 최고 수준의 기능을 신뢰하기 위해서는 실습과 열린 마음이 필요하다. 예를 들어, 한 심리학적 자문가는 로르샤흐 해석에 전문 지식을 적용하고자 하는 열망에 환자가 평가를 받으려는 의지, 좌절감을 이겨 낸 인내심, 자문가의 부드러운 격려를 잘 활용하는 것과 같은 분명한 것들을 간과할 수도 있다. 보다 구체적으로, 평가자는 긍정적인 속성이 유지되는 특수한 상황에 주목하면서 그 사람이 가진 지각, 사고, 의사결정, 대인관계, 정서, 환상, 충동조절에 대한 최고치의 능력을 적극적으로 탐색해야 한다.

예를 들어, 쉽게 와해되는 어떤 사람이 집중과 참여를 유지하려면 자기 자신에게 기대되는 바를 알고 신속하게 작업을 해야 한다는 압박감의 최소화가 필요하다는 것이 평가에서 확인되었다고 하자. 이미 이 정보는 예비적인 치료 계획을 시사하고 있다. 여기에는 환자와 치료자 간의 치료 예약에 대한 명확한 기본 규칙, 구조화된 활동을 조용한 기다림으로

> **잊지 말 것**
>
> 강점은 평가의 치료적 권고의 구성 요소다. 다음과 같은 것들이 여기에 포함되지만 이러한 것들로만 국한되지는 않는다.
>
> - 검사를 받는 것에 대한 의지
> - 문제해결전략
> - 유머감각
> - 검사자의 요구에 대한 민감성
> - 현실 세계에서의 성취
> - 자기교정(self-correction)을 하는 능력

대체하려는 의지, 환자의 순간적인 와해를 고통에 대한 의미 있는 의사소통 방식으로 해석하고 대응할 수 있는 능력을 포함된다.

환자가 자신의 강점에 대한 평가자의 관심에 감사하는 마음을 갖게 되는 것은 우연한 일이 아니다. 환자들은 그 누구보다 부정적인 검사결과, 그들이 나쁘거나, 결함이 있거나, 죄를 지었거나, 희망이 없다는 표면적인 증거들을 두려워한다. 전문가들이 자신의 긍정적인 자질을 소중히 여긴다는 것을 알게 되면 치료에 헤아릴 수 없이 유익한 영향을 미칠 수 있다('잊지 말 것' 상자 참조).

종합적인 성격평가 보고서는 개인의 기능 범위를 기술한다

일반적으로 DSM-5 진단은 정신적으로 장애가 있는 한 사람을 최악의 기능이나 증상으로 범주화한다. 이와는 대조적으로 종합적인 진단적 이해는 성격이 안정적이지 않다고 가정한다. 사람들은 변화하는 요구, 도전, 조직화, 욕망에 대응해서 적응, 이동, 전환, 또는 붕괴하며 세상과 상호작용을 하는 특징적인 방식을 가지고 있다. 우리는 이처럼 서로 다른 환경에서 사람의 사고, 기분, 대인관계, 공상 생활(fantasy life), 행동의 질을 평가함으로써 역동적인 진단을 하게 된다.

심리치료사들이 효과적으로 작업하기 위해서는 내담자의 고유한 어려움에 공감하고 기저의 강점을 공유할 필요가 있다. 개인의 심리적 장단점은 성격의 기능이나 조직화의 윤곽을 드러낸다. 정서 상태, 문제해결전략, 자기조절 능력 및 이러한 지점들 사이에서 나타나는 행동의 범위는 심리적 이미지를 구체화하고 생동감 있게 한다. 대부분의 심리치료사들은 치료 초기 몇 주 동안 내담자 기능의 범위를 파악할 것이다. 하지만 치료자가 심리학적 검사 요청을 받게 된다면 구체적이고 적용 가능한 치료적 권고를 위해 성격역동의 범위를 상세히 설명해야 한다.

모든 사람들은 상황에 따라 심리적으로 더 좋아지거나 나빠지지만, 최적의 기능을 할 수 있는 특정한 조건은 사람에 따라 다르다. 끝을 알 수 없게 감정적으로 힘든 상황은 사람들에게 불안과 무력감을 느끼게 하지만 동시에 다른 사람에게는 스스로를 성장시키는 동기

를 부여할 수 있다. 예를 들어, 대다수의 사람들은 목표지향적인 추구를 하고 스스로 페이스를 조절할 때 가장 기민하고, 침착하고, 능력을 잘 발휘한다. 그러나 상당수의 사람들은 다른 사람들과 치열하게 경쟁하거나 예상치 못한 위기에 대처하거나, 자신의 본능에 따라 움직일 때 뛰어나다.

사무실에서 일하는 심리학적 자문가가 어떻게 그러한 일련의 상황들에서 기능을 평가할 수 있을까? 우리는 WAIS-IV, MMPI-2, MMPI-2-RF, TAT 및 로르샤흐의 다양한 도전과 요구를 인식함으로써 사람들에게 다양한 환경을 조성하는 방법을 알 수 있다. 비록 개개인들이 각각의 검사들에 개별화된 반응을 하지만, 검사 자체는 표준화되어 있다. 심리학적 자문가는 이러한 잘 정의된 시행법에 따라 각각의 사람들이 어떻게 반응하는지를 관찰하고 그에 대해 임상적인 추론을 하며, 그 사람이 규준에서 벗어날 때마다 조심스럽게 기록한다.

일반적으로 웩슬러 검사는 기대치가 명확하고 대인관계적 분위기에 있어서 상대적으로 스트레스로부터 자유로운, 비교적 구조화된, 정서적으로 긍정적인 상황에서 진행된다. MMPI-2, MMPI-2-RF 및 기타 자기 보고형 질문지는 훨씬 더 구조화되었지만, 그 검사들은 개인적인 정보를 요청하고 사람들이 스스로 작성하도록 요구한다(또는 하도록 허용한다). TAT는 종종 동요되는 그림을 선택하고 해석해야 하는 스트레스가 더해진다. 또 사람들은 검사자에게 이야기를 해 주어야 하고, 그 이야기 속 등장인물들의 정서상태, 동기, 관계에 대해 추론하도록 요구받기 때문에, 대인관계적인 요구가 더 크다.

로르샤흐도 역시 덜 구조화되어 있다. 그림은 모호하고, 사람들은 의미 있는 지각을 형성하기 위해 내적인 자원을 활용해야 한다. 게다가 비교적 검사에 신뢰가 높은 사람들조차도 이 검사에 옳고 그른 답이 없다고 받아들이는 데 어려움을 겪는다. 이것을 더 나쁘게 만드는 것은, 그들이 막 끝났다고 생각할 때 검사자가 모든 반응을 다시 검토하고 그들이 무엇을 보았는지 어떻게 보았는지를 명확하게 진술할 것을 요구한다는 사실이다. 이 예상치 못한 요구에 응답하기 위해서는 유연성, 심지어는 검사자의 선의에 대한 더 큰 신뢰, 사적인 경험들을 말로 표현하고 공유할 수 있는 능력과 의지가 필요하다.

사람들의 기능 범위에 대한 논의는 네 부분으로 쉽게 나눌 수 있다. ① 그들이 가장 잘 기능하는 시기와 방식, ② 최적의 상황에서 나타나는 기능의 최고 한계점, ③ 사람들을 최고 기능에서 멀어지게 하는 것, 그리고 ④ 최악의 상황을 초래하는 것. 특정한 의뢰 시 질문, 예를 들면 환자의 정신증 가능성 또는 자살 위험성에 대한 답은 이러한 분석의 한 부분에 들어 있을 것이다.

심리학적 검사는 하나의 임상적 개입이다

성격평가는 확장된 임상면담 중 고도로 전문화된 유형으로, 자문하는 심리학자의 임상 지식과 전문 지식에 따라 크게 향상될 수 있다. 임상가가 검사를 직접 수행하는 것은 평가 시작 전에 환자의 많은 질문과 우려 사항에 답해 줄 기회일 뿐만 아니라, 결과에 대한 피드백을 가장 쉽게 전달하는 방식으로 작성하여 제공할 수 있게 해 준다. 평가에 있어서 그 사람의 반응은 검사자가 검사자료와 그 자료를 어떻게 해석하여 활용하는지를 통합하는 데 반드시 필요하다. 다시 말해서 검사가 그 사람의 두려움, 자기애, 호기심, 반감을 자극하는 방식에 주의를 기울이는 것은 검사자의 표현방식과 결론으로 이어진다.

심리학 자문가가 성격평가를 요청받았을 때 보다 일반적인 또 다른 서술 방식은, 그들이 수집한 진단적 정보를 독자에게 명료하고 구체적이며 설득력 있게 제시하는 것이다. 이것은 그들이 독자들에 대해 알게 된 것을 글로 써서 전달하는 방식을 결정한다는 것을 의미한다. 성격 보고서를 작성하고 나서 구두로 논의하는 주된 목적은 자신의 발견을 임상가와 의뢰인에게 효과적으로 전달하는 것이다('잊지 말 것' 상자 참조).

검사를 시행할 자문가가 특정 환자를 검사하는 이유와 타당성에 동의하는 것은 치료의 방향 설정, 전환, 개선을 위해 의뢰한 임상가와 협력하겠다는 의미로 인정된다. 그들은 검사 전, 도중, 그리고 검사 후에 임상가에게 자문을 제공한다. 이것은 서면으로든 구두로든 환자와 임상가의 독특한 관계에 그 자문을 활용할 수 있게 해 주기 위한 것이다.

만일 가능하다면, 검사 자문가는 의뢰된 사람을 위한 피드백 회기에 의뢰한 임상가와 함께해야 한다. 이것은 그들이 그 사람의 정신건강을 증진시키기 위해 협력하고 있다는 것을 명백하게 보여 준다. 그 자리에서 주치의와 의뢰된 사람의 의견을 일치시켜 주는 것은 자문가의 피드백이 심리치료적 맥락에 있기 때문이다. 그들이 하나의 작은 팀을 이루어 회의하는 것도 진단 과정에 그 사람이 더 많이 참여할 수 있게 해 준다. 이것은 종종 그 사람이 심리학

잊지 말 것

보고서 작성의 수사학[6]

- 개인의 성격적 역동이 그 사람이 보고서를 해석하는 방식에 어떤 영향을 미칠지 고려하라.
- 명확하고 구체적이며 설득력 있는 언어를 사용하라.
- 가능한 경우 내담자와 의뢰한 임상가에게 구두 피드백을 제공하라.

6) Rhetoric: 수사법 혹은 수사학은 아리스토텔레스 이래 웅변과 설득을 위한 특별한 화술을 의미한다. 아리스토텔레스는 이 웅변과 변론을 문체에 적용하려는 시도도 했다. 설득을 위한 담론의 기술은 중세 때 미사여구로 말을 포장하는 기술로 격하되었다가, 근대에 이르러 논증이 포함된 실용적 기술로 변용된다(역자 주).

자문가가 말한 것을 덜 불안해하고, 더 집중하며, 더 편안해할 수 있게 돕는다. 또한 자문가는 주치의의 필요에 따라 결과를 반복, 재진술 또는 재검토하는 공동 피드백 회기를 통해서 안심할 수 있다. 검사자는 후속 질문이나 추가적인 우려 사항이 있을 경우 그 사람에게 전화를 걸어 물어볼 수도 있겠지만, 서면이든 구두로든 보고서를 주치의와 계속 협력적으로 활용할 때 진정한 가치가 발휘될 것이다.

아동 및 청소년을 위한 보고서 작성의 어려움들

만일 임상가와 내담자 모두에게 적용 가능한 검사 보고서 작성이 어렵다면, 임상가는 별도의 항목을 따로 작성할 수 있다. 아동들에게 연령에 맞는 적절한 구두 피드백을 제공하는 것이 필수적이기는 하지만 보다 분명한 사실은 자신의 성격평가 보고서를 읽어서는 안 된다는 것이다. 그러나 그들의 부모는 서면 보고서를 요구할 것이고, 그래서 이 장에서 제공되는 수사학적 권고 사항의 대부분이 적용되어야 한다.

부모들은 심리학 자문가들이 민감하게 느껴야 하는 또 다른 방어층(layer of defensiveness)을 가지고 있다. 많은 사람들은 자기 자녀의 곤란이 자신을 부정적으로 바라보게 한다는 생각에 큰 두려움을 느끼고, 가끔은 실제로 그럴 때도 있다. 검사자가 늘 비공격적이고, 비판단적이며, 정확한 방식으로 말한다는 것은 이상적인 기대일 수 있다. 하지만 심리학적 자문가는 의뢰한 임상가와 협력하여 종종 어려운 타협을 해내야 한다.

검사를 받는 청소년들은 단순히 개인 심리치료를 진행하는 것보다 훨씬 더 어려운 문제를 가져 온다. 부모들은 청소년들이 18세까지는 아니어도 16세가 될 때까지는 자녀의 기능에 대한 정보를 요구할 법적 · 도덕적 근거를 가지고 있다. 하지만 대부분의 10대들은 13세나 14세가 되면, 그들의 부모로부터 어느 정도 사생활을 지켜 달라는 요구를 하게 되며 그들에게는 실제로 그럴 자격이 있다. 여기서 문제를 더욱 복잡하게 만드는 것은, 문제가 있는 10대들과 그들의 부모들은 서로를 오해하고, 불신하고, 싫어할 가능성이 매우 높다는 점이다. 청소년들은 흔히 심리치료가 용납할 수 없는 행동에 대한 처벌이고, 심리학자는 부모와 결탁하고 있으며, 더 나아가 자기 의지에 반해 검사가 남용될 것이라고 믿는다.

이러한 갈등에는 손쉬운 해결책이 없다. 때때로 청소년들과 부모들 사이의 관계가 너무 소원하거나 파괴적이거나 다른 역기능이 있는 것처럼 보일 때, 당신은 가족상담이 선행되지 않는 한은 검사 의뢰를 거절할 수도 있다. 그와 유사한 사례에서, 당신은 보고서 권고 사항의 이행 가능성을 높이기 위해서 임상가, 교육자 등 모든 관련자들과 아동의 평가결과를 논의하기 위한 부모의 허락을 구할 수도 있다.

의뢰한 임상가와 연계된 피드백 회기는 언제나 바람직하며, 청소년들과 부모들에게 필수적이다. 청소년의 심리치료사, 심리학자, 상담사는 이미 청소년과 부모와의 관계를 중재하고 경계를 설정한 경험이 있으며, 이상적으로는 심리검사 결과와 관련해서도 계속 그렇게 해 나갈 것이다. 나이가 좀 든 청소년의 경우에는 초기 피드백 회기에 부모와 따로 참석하도록 해서, 그들이 질문을 하고 걱정을 좀 더 자유롭게 표현할 수 있는 기회를 줄 수 있도록 최선을 다하라. 이런 비공개 만남은 청소년들을 젊은 성인으로 존중하는 모습을 보여 주며, 권위적 인물들이 뒤에서 모의하며 그들을 통제할 것이라는 두려움을 최소화한다.

보고서 작성 방식에 영향을 미치는 또 다른 고려 사항은 아동이나 청소년 성격평가를 읽는 독자의 범위가 보통은 더 넓다는 것이다. 구체적으로는 성격 보고서가 학교로 전달되는 경우, 개인 사무실에서 제공하는 것에 비해서 기록의 기밀성(confidentiality)이 훨씬 떨어지는 경우가 많다. 예를 들어, 평가의 주요 목적이 아동의 학교에서 사회적·정서적 지원의 수급 자격을 결정하기 위한 것이라면, 검사자는 치료적 맥락에서 주어진 모든 정보를 드러내지 않으면서 사례를 설명해야 한다. 아버지의 알코올 중독이나 어머니의 불륜, 형제의 자살은 아동이나 청소년에게 심각한 결과를 가져 올 수도 있으며, 무엇을 얼마나 공개해야 할지를 선택하는 것은 심리학 자문가가 아닌 가족의 권한이다. 다행히도 워드프로세서 프로그램을 쓰면 가족들이 학교 기록에 적합하지 않다고 합의한 항목들에 대해서는 평가자가 블록-삭제[7]할 수 있다.

이러한 것들 중 어떤 것도 보고서를 명확하고 구체적으로 작성하기 위한 모든 합리적인 시도를 가로막는 것은 아니다. 이것이 환자, 치료사, 부모, 교육자 또는 치료 시설의 임상 스태프 등 누구를 위해 작성되었든 보고서는 항상 하나의 개입법이며, 의사소통과 설득을 목표로 하고, 의사결정에 영향을 미친다는 것을 기억하라.

좋은 성격평가 보고서를 쓰려면 작문 실력이 좋아야 한다

이 책의 저자들이 모든 장에서 언급했거나 제안했듯이, 잘 작성된 보고서는 한 사람의 내면에 대한 새로운 시각을 제공한다. 사용된 언어가 생동감 있고 서술적이며 독창적일

7) Block-delete: 컴퓨터 프로그래밍이나 문서 작성 시 간단한 버튼이나 명령 기호의 추가로 이후의 내용을 비활성화시키는 기능을 말한다. 여기서는 가족들이 문서 보고서를 읽고 공개하기를 원하지 않는 사적인 정보를 숨기는 기능으로 설명된다(역자 주).

때 한 사람에 대한 가장 깊이 있는 전달이 가능하다. 심리학 자문가는 평가 과정에서 광범위한 과거력을 수집하고 매우 신중한 관찰을 한다. 그들의 목표는 한 사람의 특별한 개성을 전달하는 방식으로 이 정보를 기록하는 것이다. 슈퍼바이저들은 종종 보고서 작성을 준비하면서 수련생들에게 환자의 눈으로 세상을 보려고 시도하고, 이 사람으로 사는 것이 어떤 것인지 느껴 보라고 격려하며, 그다음에는 그러한 통찰을 글에 담도록 한다. 대부분의 슈퍼바이저들은 학생들이 지나치게 이론적인 언어를 사용하는 것을 강하게 금지하는데, 이것은 무엇보다도 자신과 내담자 사이의 거리감이 두드러져 보이기 때문이다. 보고서의 작문 스타일은 미국 심리학회의 저널 논문과 학위 논문 매뉴얼에서 추천하는 스타일과는 다른 것이다.

비록 많은 심리학 및 교육학적 보고서가 제3자에게 제출하려고 작성되지만, 이 장의 성격 보고서 작성법은 검사 자문가가 보고서를 검사를 받은 환자 본인과의 상호작용을 하는 것에 준해 작성해야 한다는, 어쩌면 논란이 될 수도 있는 입장을 취한다. 예를 들어, '검사자가 X씨를 세 번 만났고, 그 환자는 시작하기 전에 검사에 대해 물어보라는 권유를 받았다'는 글 대신 "나는 X씨를 세 번 만났고, 나는 시작하기 전에 검사에 대해 물어보라고 권유했다"고 쓴다. 이러한 간단한 수정은 보고서를 더 쉽게 읽고 이해할 수 있게 해 준다. 좀 더 개념적인 차원에서, 성격평가에 관한 이 책의 모든 저자들은 검사자료에는 검사자와 내담자의 직접적인 상호작용을 통해 수집한 정보가 포함되어 있다는 견해를 지지한다. 사람들이 느끼는 방식, 검사자가 유발한 반응들, 공식적인 검사 실시 전의 대화 및 진행 과정에서의 대화, 그리고 검사자가 전체적으로 관찰하여 감정 상태에 대해 추측한 것은 TAT 이야기와 로르샤흐 반응에 대한 그들의 해석에 헤아릴 수 없이 중요한 가치를 부여한다. '검사자'를 마치 다른 누군가처럼 쓰는 것은 이 정보의 출처와 그 사람과의 관계 방식, 특히 평가자에 대한 명백한 관련성을 은폐하게 한다.

한 개인의 성격에 대한 세부 사항을 전달하려고 노력하는 것은 자문가가 그들의 검사자료에 대한 해석에서 이론에 의지하지 못하게 하는 것처럼 보일 수 있지만, 이것은 꼭 그렇지만은 않다. 앞에서 언급한 바와 같이, 잘 확립된 이론, 개념, 은유는 검사 자문가가 검사 결과를 한데 모아서 한 사람의 기능 패턴과 역동을 확인하는 방식이다. 최적의 경우, 그 둘 사이에는 창조적인 긴장감이 있게 된다. 검사자들은 한편으로는 당면한 자료에 대한 개념화를 시도하고 다른 한편으로는 그것이 얼마나 자료를 잘 설명하는지를 평가한다. 사례개념화는 지나친 일반화로 그들의 성격을 가리지 않고 사람들의 성격을 (있는 그대로) 조명해야 한다.

이제 효과적인 성격 보고서를 작성하는 방법에 대한 일반적인 논의는 마무리하고, 이 장에서 제시된 제안과 권고를 설명하기 위한 예시를 들어 볼 것이다. 또한 이 사례는 저자들이 다른 모든 장에서 논의한 보고서 작성 지침과도 부합한다.

사례 예시: 엘리자베스 R.의 심리학적 평가

이 책에 제시된 모든 사례와 같이, 비밀보장을 위해 이름과 식별 정보는 수정했다. 다음 보고서는 동료인 스테이시 코커런과 환자의 요청에 따라 작성되었으며, 40대 초반의 독신인 여성 엘리자베스 R., 즉 R씨는 이 보고서를 이 장에 포함시켜 살펴볼 수 있게 허락해 주었다. 보고서와 함께, '빠른 참조' 상자는 각 항목이 어떻게 그리고 왜 그렇게 쓰였는지에 대한 중요한 정보를 알려 줄 것이다.

배경정보 및 의뢰사유

R씨는 대학 과정을 한 학기 남기고 중단한 40대 백인 여성입니다([빠른 참조 8-1]을 볼 것). 그녀는 22세 때 우수한 성적을 받았지만 자신만의 일을 하고 싶다는 것을 깨달았다고 보고했습니다([빠른 참조 8-2]를 볼 것). 그녀는 현재 남동생과 함께 성공적인 사업을 공동 경영하고 있습니다. R씨는 뉴잉글랜드에서 태어나 자랐고 3남매 중 첫째였습니다. 그녀의 부모님은 은퇴하셨고, 비교적 건강하시며, 현재 플로리다에 거주하고 계십니다. 비록 외할머니나 아버지가 진단이나 치료를 받은 적은 없지만, R씨는 그들이 둘 다 우울증을 앓았던 걸로 생각한다고 말했습니다. 그녀는 또한 친밀하게 지내는 남동생도 자신과 비슷하게 심리적으로 힘든 시간을 보내고 있다고 단언했습니다.

R씨는 자신의 어려움을 친밀감과 헌신을 통해 더 이해하고, 강렬한 불안을 잘 관리하기 위해 5개월 전부터 스테이시 코커런과 개인 심리치료를 시작했습니다([빠른 참조 8-3)을 볼 것). 그녀는 나와 이야기를 나누면서 스스로 모든 일을 어떻게 관리하는지 가끔 의아하다면서, 자신을 '많은 에너지'를 가진 '과잉성취자'[8]라고 표현했습니다. 그녀와 코커런은 오래

8) Overachiever: 자신에게 기대되는 것보다 더 높은 수행을 하려는 사람, 특히 과도한 노력을 해서 뛰어난 성과를 내려는 사람을 의미한다(역자 주).

지속된 관계 패턴과 불안을 잠재우는 방법을 이해하고 개선할 최선의 방법을 찾기 위해 심리학적 검사를 요청했습니다. R씨는 검사가 '의식적인 선택'을 가로막는 '무의식적인 두려움'을 밝혀낼 수 있는지 자세히 물어보았습니다([빠른 참조 8-4] 및 [빠른 참조 8-5]를 볼 것).

R씨는 약 10년 전에 치료를 받은 적이 있습니다. 당시 그녀는 10년 동안 '멈추지 않은' 신경성 폭식증을 앓았습니다. 비록 그 치료가 섭식장애를 조절할 수 있게 해 주었지만, 그녀는 간혹 재발을 겪었습니다. 가장 최근의 재발은 지난여름이었습니다. 그녀는 그 외의 다른 측면에서는 건강하다고 보고했습니다. 그녀는 피트니스와 보디빌딩 대회에 출전하였으며, 어떠한 약물 남용도 부인했습니다. 코커런 씨는 나에게 R씨가 13개월 전에 유방 확대 수술을 받았다고 말했습니다. R씨는 평가 당시 향정신성 약물을 복용하지 않았습니다.

[빠른 참조 8-1]

의뢰 시 의견

R씨의 사례는 도입을 길게 쓸 만한 사유가 없다. 그녀와 그녀의 치료사가 심리치료에 활용하기 위해 내가 이 보고서를 썼고, 코커런 씨는 이미 훌륭한 과거력을 갖고 있음을 일찌감치 확인했다. 도입 단락에서 나의 주요 목표는 R씨가 적절하고 적극적이라고 생각할 수 있도록 코커런 씨의 의뢰 시 질문을 틀에 맞춰 넣는 것이었다.

[빠른 참조 8-2]

의뢰한 임상가의 우려 사항

코커런 씨는 나에게 그녀의 환자가 극도로 불안해했지만 동시에 도움을 구하는 것에 대해서는 매우 양가적이라고 말했다. 비록 R씨가 그녀의 어려움에 대해 활기차고 길게 이야기했지만, 코커런 씨는 그녀가 스스로의 이야기를 너무 많이 통제하고 있다고 느꼈다. 코커런 씨는 R씨의 잘 확립된 방어들, 특히 몸에 대한 몰두(신경성 폭식증, 몸매 가꾸기, 가슴 확대)로 그녀의 심리적 문제들을 억누르려는 경향성이 강하다는 사실에 주목했다. 코커런 씨도 R씨가 체중 증가 가능성 때문에 약물치료를 거부하는 것에 좌절감을 느꼈다. 우리가 동의한, 글로 쓰인 포괄적인 성격 보고서는, 작업이 막혔거나 탈선했을 때, R씨의 심리치료 사유를 다시 환기시킬 시금석 역할을 할 수 있을 것이다.

[빠른 참조 8-3]

내담자의 의뢰 시 우려 사항

나는 R씨의 질문을 치료사의 의뢰사유 항목에 통합함으로써, R씨가 평가와 치료에 적극적으로 참여하는 것이 중요하다는 점을 강조했다. 나는 그녀의 갈등과 딜레마에 대한 이해를 활용해서 검사와 심리치료가 R씨가 일반적으로는 원했지만 거의 항상 성취하지 못했던 일종의 치료적 협력관계라는 점을 강조했다.

[빠른 참조 8-4]

이후의 통합을 위한 핵심 요점을 표시해 두기

도입에서 나의 두 번째 문장은 R씨가 독립적으로 일하는 것을 선호하고, 때로는 충동적으로 이전의 약속을 번복할 준비가 되어 있다는 것을 알리는 것이다. 나는 어쩌면 우등 졸업이 가능했음에도 그녀가 한 학기 남기고 대학을 중퇴했다는 점을 주목했다. 물론 이 보고서의 이 항목에서 나의 과제는 이 극적인 변화 뒤에 숨겨진 이야기를 밝히는 것이 아니다. 오히려 그것은 뒤따를 진단적 이해를 위한 예비적인 일화로서 그것에 표시를 해 두는 것이다.
마찬가지로, 나는 도입부 마지막 단락에서 R씨의 '멈추지 않는' 신경성 폭식증에 대한 이전 과거력과 보디빌딩과 최근의 성형수술에 몰두해 있음을 짝지어 언급했다. 도입부에는 광범위한 논의와 해석을 포함하지 않는다. 하지만 나중에 해석될 정보를 포함하는 것은 보고서를 더욱 일관성 있고 설득력 있게 만든다.

[빠른 참조 8-5]

알게 된 모든 세부 정보를 보고할 필요는 없다

나는 보고서의 권고 사항 항목 전까지는 그녀의 환자가 약물 복용을 거부하고 있다는 코커런 씨의 우려를 언급하지 않기로 결심했다. 부분적인 이유는 약을 처방할지, 어떤 약을 처방할지를 결정하는 것은 성격검사의 적절한 의뢰사유가 아니기 때문이다. 과거력을 수집하고 드러난 증상을 확인하는 것이 훨씬 나은 방법이다. 하지만 가장 큰 이유는 내가 코커런 씨는 어떻게 옳고 그녀의 환자는 어떻게 틀렸는지에 대한 표면적인 증거로 검사 보고서의 틀을 잡아서 치료관계에 대한 R씨의 (불필요한) 불안을 가중시키고 싶지 않았기 때문이다. 오히려 나는 치료적 탐색을 촉진하는 방법의 일환으로 R씨가 '모든 것을 관리'하게 해서 스스로를 소진시키는 동기가 무엇인지 설명하는 것을 주된 목표로 삼았다. 그래서 나는 그 결정이 그녀의 것이라는 사실을 강조하는 방식으로, 그녀가 고려할 수 있는 보다 효과적인 대처 방법 중 하나인 약물을 제안할 수 있었다.

시행된 검사

- 웩슬러 성인용 지능검사, 4판(WAIS-IV)
- 미네소타 다면적 인성검사, 2판(MMPI-2)
- 문장완성검사
- 투사적 그림 그리기
- 로르샤흐
- 주제통각검사(TAT)
- 대상관계 질문지

진단적 이해

R씨가 자신의 심리를 파악하기 위한 노력은 눈부시고 감동적입니다([빠른 참조 8-6]을 볼 것). 적어도 다른 사람들과 함께 있을 때, 그녀는 자신의 생각과 느낌은 물론, 자신에 대한 다른 사람들의 실제적 및 상상적 반응을 세밀하게 관찰할 수 있습니다. 그녀는 서로 경합하는 심상과 통찰을 가지고 연기를 하는데, 때로는 유머러스하게, 때로는 방어적으로 연기합니다. R씨는 풍부한 정서적 생활에 높은 가치를 두고 있지만, 그녀의 열정적인 본성과 끊임없는 자기검증이 자신을 소진시킨다는 것은 알고 있습니다. 제가 세 번째와 마지막 검사 회기에서 그녀에게 자신을 묘사하라고 요청했을 때, 그녀는 자신에 관해 다음과 같은 이야기를 말했습니다.

저는 저만큼 강렬하거나 혹은 강렬하게 사고하는 사람은 아마 많지 않을 거라고 말하고 싶어요. 저는 매우 정열적이고, 과열되며, 결국 끌려가 버리죠! [그녀는 울기 시작하면서 휴지를 하나 가져갔다.] 저는 제가 매우 열정적이고, 관능적이며, 창조적이며, 표현적인 여성이라고 말하곤 하죠. 저는 그러한 느낌으로 인해 환희도 느끼지만 그와 동등한 고통도 경험해요. 저는 사람들에게 제 자신을 온전히 드러내는 것을 매우 어려워하지만, 저는 제가 할 수 없는 것이 되기를 갈망하고 있어서, 제 자신과 끊임없이 대립하고 있어요.

나의 평가결과는 R씨의 자기평가 내용을 일관되게 지지하고 있습니다. 그녀는 기쁨과 고통, 불신과 욕망, 두려움과 야망 사이에서 분열을 느끼고 있습니다. 그녀는 갈등과 혼란 속을 살아가고 있는데, 이 모든 것들이 너무 자주 위협적으로 인식되어 자신의 총체적 자아에 대한 감각을 와해해 버립니다('잊지 말 것' 상자는 내담자의 성격기능에 대한 논의를 시작하는 방법을 제안하고 있다).

그녀의 검사자료에 대해 생각하면서, 나는 R씨가 이미 스스로에 대해 생각해 보지 않은 것을 말해 줄 수 있을 수 있을까 하는 의문이 들었습니다. 그녀는 TAT 이야기나 로르샤흐 반응에서 자신의 '친밀감 문제'와의 관련성에 대해 두 번 혹은 그보다 많이 합리적인 설명을 했습니다. 다른 경우에 나는 그녀가 나에게 자신보다 더 잘 해내라고 부추기는 것이 아

[빠른 참조 8-6]

행동관찰은 정해진 항목에만 위치해야 하는가

일부 임상가는 별도의 행동관찰 항목을 작성하지 않는다. 그 대신에 그들은 단지 그 사람의 복장, 검사자와의 상호작용 방식, 기분 변동, 검사 시 수행을 그 사람의 과거력, 치료 과정, 가장 중요한 검사결과와 더불어 하나의 자료로 해석할 뿐이다. 그들의 기본적인 전제는 행동관찰을 그 사람의 성격기능에 대한 진단적 이해와 분리할 필요가 없다는 것이다.

R씨의 보고서를 제외하고, 나는 거의 항상 별도의 행동관찰 항목을 만들었다. 나는 자료를 통합하고 해석하려는 의지가 강함에도 불구하고, 가장 도움이 되는 보고서는 독자들에게 그 사람을 생생하게 전달하는 보고서라고 믿는다. 검사자가 내담자의 지각과 경험을 선별하여 기술하는 것은 이러한 목표를 달성하는 데 도움이 될 수 있다.

그럼에도 R씨와 나의 상호작용은 그녀에 대한 나의 진단적 이해를 아주 완벽하게 드러내기 때문에, 보고서 본문과 별도로 그것들을 기술하는 것을 받아들일 수 없었다. 확실히, 나는 행동관찰 항목을 활용해서 그녀의 외모와 그녀가 드러내는 다른 기발한 측면들을 설명할 수 있었지만, 이것들이 나의 결론을 크게 생동감 있게 하지는 않는다고 판단했다. 이 장의 목적에 따라, R씨와 그녀에 대한 나의 심리학적 이해가 시각적 외양과 큰 관련이 없다는 것은 그녀의 정체를 숨겨 주는 데 도움이 될 것이다. 특히, 그녀의 드문 특징들에 대해서 그러하다.

닌가 하는 기분이 들었습니다. 로르샤흐가 끝날 무렵, R씨는 나에게 직접 도전했습니다. "음경이 보여!"라고 외친 그녀는 웃으면서 말을 이어 갔습니다. "사실, 당신이 그것에 대해 진지하게 고려하기를 원한다면, 저는 몇 개를 더 보죠! [그녀는 카드를 아래로 던져 놓았다.] 저는 치골과 음경, 천사들, 그리고 곰 가죽 깔개 몇 개를 반응했는데, 당신이 그걸로 뭘 하는지 보죠!" 나는 우리가 함께 보낸 긴 시간 동안 R씨가 덜 고통스럽게 해 주기를 갈망하고 있음을 한순간도 의심하지 않았습니다. 그러나 모든 것을 독자적으로 보고 느끼고 행동하려는 그녀의 강박관념이 그녀가 갈망하는 친밀감을 가로막는 만큼, R씨를 보호하고 있다는 것도 나는 점차 깨닫게 되었습니다([빠른 참조 8-7]과 [빠른 참조 8-8]을 볼 것).

> **잊지 말 것**
>
> **W 단락으로 진단적 이해 항목을 시작하라.**
> 심리진단가는 그 사람의 내면에서 일어나고 있는 것을 상상하고, 그 사람의 눈으로 세상을 보는 것으로 인격기능에 대한 논의를 시작해야 한다. 이런 식으로 한 사람의 가장 근본적인 태도와 가정을 규정하는 것은 잉크반점의 모든 측면을 설명하는 로르샤흐의 W 반응과 유사하다. 이러한 발견들을 초기에 요약하는 것은 여러 가지 이유로 유용한데, ① 그것은 개인의 개성을 포착하여 심리적인 초상(portrait)을 제공하려는 자문가의 노력을 강조한다. ② 여기에는 진단적 자료의 통합이 필요하다. ③ 수사학적으로 그것은 뒤에 나올 방어와 갈등에 대한 기술적인 분석보다 독자의 흥미를 끌 가능성이 더 크다.

R씨의 기민한 지성, 재치, 그리고 언어적 유창성은 논쟁의 여지가 없는 자산입니다. 그러나 그녀는 다른 사람들과 너무 깊게 관여되지 않으려는 높은 수준의 방어(기제)에 그것들을 활용합니다. R씨가 사랑하고 사랑을 느끼고자 하는 욕망이 강렬한 만큼, 그녀는 이 욕망을 야생적이고 파괴적이며 치명적일 수 있는 열정과 거의 구별하지 못합니다. 그녀가 사랑에 빠지는 것은 부적절하고 추하고 위협받고 무서울 정도로 통제할 수 없는 위험을 가져 옵니다. 주지화는 어떤 일에 작동하는 허위적인 신념을 말하는데, 주지화는 그녀가 두려워하는 것을 자기부정적인 방식으로 직면하도록 하여 그녀가 원하는 바로 그 관계를 회피하게 해 주는 역할을 합니다([빠른 참조 8-9]와 [빠른 참조 8-10]을 볼 것).

예를 들어, R씨는 머리를 손으로 받치고 출입구에 기대어 있는 젊은 여성의 TAT 그림을 보고 긴 침묵 끝에 다음과 같은 이야기를 했습니다.

> 이 여성은 어떤 종류의 교실이나 배움, 교육적 환경 속에 있고 다른 모든 사람들은 떠났군요. 뭔가 납득이 안 되는데. 그녀는 자리를 뜨는 대신 의자에 앉아서 그저 궁금해하거나 깊이 생각해 보겠다고 마음먹었어요. 그녀는 단지 몇 분 동안이라도 혼자서 정리해 보기를 원하고 있네요.

[빠른 참조 8-7]

R씨에 관한 W 단락

R씨에 대한 나의 W 반응은 두 단락으로 구성되어 있으며, 그녀에 대한 나의 경험과 우리 대화의 일부, 관찰, 그리고 많은 검사자료에서 도출된 것이다. 두 번째 단락에서 내가 "R씨가 이미 스스로에 대해 생각해 보지 않은 것을 말해 줄 수 있을 수 있을까 하는 생각이 들었다"고 썼던 것은 농담이 아니었다. 그녀는 이미 자기 성격의 주요 측면을 파악하고 분석했던 인상적인 분량의 해설을 포함한 풍부하고 다양한 기록을 나에게 제공해 주었다. 처음에는 좌절을 느꼈지만, 나는 결국 그녀에게 줄 새로운 것이 전혀 없다는 나의 느낌이 R씨의 본질을 드러냈다고 결론지었다.

[빠른 참조 8-8]

내담자를 분석하는 데에서 검사자를 어느 정도 공개하기

나는 두 번째 단락에서 자기공개를 덜 할 수 있었을지도 모르지만 내 생각에는, 의뢰 시 질문을 고려했을 때, 그것은 덜 효과적이었을 것 같다. 나는 관찰 항목에서 단순히 R씨의 자기분석만 보고할 수도 있었다. 그리고 그것이 나에게 미친 영향을 기록하지 않았다면 내가 더 잘 해냈을 것이 분명한 업무였다. 그게 아니라면 "R씨는 도움을 바라는 마음과 스스로 감당하고 싶은 방어적인 마음 사이에서 갈팡질팡하고, 친밀감을 갈망하면서도 그것을 회피한다"는 식의 좀 더 일반적인 해석을 할 수도 있었을 것이다. 하지만 이러한 대안들 중 어떤 것도 R씨가 코커런 씨와의 결속을 갈망하며 두려워하는 동시에, 환자와의 연결을 고통스럽게 불안해하고 있다는 코커런 씨의 어려움을 생생하게 전달하지는 못했을 것이다.

요컨대, 내가 코커런 씨와 R씨에게 전달하려고 했던 것은 그들의 교착상태에 대한 나의 '내적인' 시각에서의 이해다. 나는 R씨의 딜레마에 대한 나의 직접적인 경험을 그녀에게 전달해서 그것이 나에게 어떤 영향을 미쳤는지, 그리고 더 나아가 그녀의 치료자에게 어떤 영향을 미쳤는지를 알려 주었다. 사실상, 나는 그녀가 통제와 친밀감에 대한 자신의 갈등을 코커런 씨와 어떻게 공유하는지에 대해 더 편안하게 생각할 수 있게 돕고 싶었다. 그것이 역할-반응성, 역전이, 역할재연 등 무엇으로 개념화되든지 간에, R씨의 내면세계를 지배하는 갈등은 실시간으로 대인관계 현실을 구성한다.

R씨는 이야기를 만들어 내면서 눈물을 흘렸고 마지막에는 그것이 그녀에게 힘든 일이었다고 말했습니다([빠른 참조 8-11]을 볼 것). 그녀는 비록 울고는 있었지만 "그 여성이 어떤 것을 선택하든지 다 괜찮을 것"이라는 것을 생각해 내고서, '행복하게' 마무리 지었습니다. 나중에 그녀는 이것이 가장 좋아하는 TAT 이야기라고 말했습니다. 그렇게 생각했던 이유는 부분적으로, "그 이야기에서 나는 곧 교실을 떠나고 다른 모든 사람들을 떠나서, 다른 누구도 가고 싶어 하지 않는 깊은 곳으로 내려갔어요. 그리고 그것이 쉽지는 않았지만, 난 괜찮을 거고 더 나아질 것을 알아차렸기 때문이었어요."

R씨는 자신의 이야기에서 고통스럽게 끝까지 혼자 힘으로 알아내려고 애썼던 여성과 자신을 분명하게 동일시했습니다([빠른 참조 8-12]를 볼 것). 그녀는 평소에 자신의 삶을 지배하고 있는 강렬한 열정으로부터 비교적 자유롭게, 지적으로 자기 자신의 조각들을 모아 놓고 싶어 했습니다. 비록 R씨는 개인적이지 않은 '학습적 환경'의 일반적인 지원을 신뢰하지만, 그녀는 자신이 교사나 협력자와 함께 작업하는 것을 떠올리지 않습니다. R씨의 이야기에 등장하는 인물은 아무도 그녀와 함께 그녀의 가장 내밀한 인생을 탐색하고 싶어 하지 않는다고 믿습니다. 전체적인 검사의 관점에서 볼 때, 나는 R씨가 누군가 그것을 시도할지도 모른다는 가능성에 두려움을 느낀다고 믿습니다. 이것은 일반적인 대인관계뿐만 아니라 그녀의 심리치료에도 함의하는 바가 분명합니다. R씨가 솔직하고 개방적인 태도로 이 평가에 임한 것은 그녀의 신뢰를 보여 주는 것이기도 하지만, 동시에 그녀를 두렵게 하는 것에 대한 역공포증적[9] 추구의 증거이기도 합니다([빠른 참조 8-13]을 볼 것).

사실 R씨는 비교적 독립적인 환경과 구체적인 학습이나 성취가 목표인 교육 환경, 하지만 정해진 한계가 없는 상황인 경우에 가장 잘 수행합니다. 그녀는 특히 언어 영역에서 강한 지적 능력을 가지고 있으며, 잘하려는 동기가 매우 높습니다. 그녀는 다양한 문제를 해결하는 데 매우 능숙하고, 빠르고 효율적으로 일하는 것을 즐깁니다. 놀랄 것도 없이, R씨는 자기충족과 혼자서 생각하는 것에 높은 가치를 두는 사람입니다. 그녀는 어떤 상황에서 권위에 도전하는 것이 필요하다면 그것을 두려워하지 않으며, 자신의 목표를 달성하기 위한 혁신적인 방법을 찾을 수 있습니다. 이러한 상황에서 R씨의 불안은 그녀의 기능을 크게 손상시키지 않습니다([빠른 참조 8-14]를 볼 것).

그러나 R씨는 자신이 최고의 수행을 할 수 있는 상황이라도 부적절감으로 인해 스스로

9) Counter-Phobic: 어떤 대상에 두려움을 느낄 때 그 마음을 들키지 않으려고 자기 감정과는 정반대의 행동을 취하는 것이 역공포 반응이다. 이 사례에서는 자기공개에 대한 무의식적 공포를 가지고 있는 수검자가 오히려 자신을 드러낼 수밖에 없는 심리검사를 의뢰한 것으로 드러난다(역자 주).

참여할 수 있는 상황의 범위를 좁힐 수 있습니다. 공개적인 경쟁은 그녀를 자의식적으로 만듭니다. 그녀는 다른 사람들이 자신을 부족함을 알게 되는 것을 두려워해서 자신의 능력을 타인의 능력과 직접 비교해야 하는 활동을 회피하는 경향이 있습니다. 그녀는 사회적인 전통을 보다 뛰어나야 한다는 압력으로 경험할 때 분개하는데, 이러한 분노는 권위에 의문을 품는 경향성을 심화시킬 뿐입니다.

예를 들어, R씨는 TAT를 마치고, 그녀가 가장 좋아하지 않는 반응으로 바이올린을 응시하고 있는 어린 소년의 그림에 대한 것을 골랐습니다. 그녀의 이야기에서 아이는 바이올린 연습을 할 것인지 말 것인지에 대해 토론합니다. 그 아이는 결국 하지 않기로 선택하고 "그 악기를 영원히 잘하지 못하게 된다"고 했습니다. 나중에, R씨는 이 이야기가 "나에게 모든 '해야 할 것(should)', 당신이 해야 할 모든 것, 전투, 그리고 당신이 '해야 할 것'을 제대로 선택하지 않았을 때의 수치심을 상기시켰어요. 그래요. 나는 이 그림을 보고 '나는, 하지 않으면 안 된다, 해야만 한다, 하지 않으면 안 된다, 해야만 한다'고 생각할 뿐이죠. 하지만 난 정말 그러고 싶지 않아요!"라고 말했습니다. 비록 R씨는 사회적 보상을 받는 선택들을 한 투쟁을 후회하지만, 그녀는 그것으로부터 자유롭지 못합니다. 그녀는 반항적으로 거부하겠다고 주장하면서도 다른 사람들이 자신을 어떻게 평가할지에 대해 과도하게 신경 씁니다.

R씨는 결론이 열려 있고 대인관계 요구 수준이 높아지는 상황일수록 더 잘하지 못하게 됩니다. 독자적으로 수행하는 것에 대한 그녀의 선호에 제약이 따를수록, 점점 타인에게 소외감과 열등감을 느끼면서, 분노와 반항심이 증가합니다. 이때 R씨는 "최고의 수비는 좋은 공격이다"라는 속담을 선택합니다. 그녀는 타인과 거리를 유지하기 위한 몇몇 규칙들을 깨고 자신만의 길을 만들려는 의지를 강조하고, 그것을 통해서 자신이 실패자라는 굴욕감을 더 잘 통제하고 있다고 느끼게 됩니다.

R씨는 또한 스스로를 바쁜 상태로 유지합니다. 나는 스스로를 계속 밀어붙이는 R씨의 강박을 동기화하는 것이 무엇인지 생각하면서 Melanie Klein(1935)의 '조증 방어'[10]와 보다 현대적인 '몰입 애착' 개념을 떠올리게 되었습니다([빠른 참조 8-15]를 볼 것). 간단히 설명하자면, 발달심리학자인 Mary Main은 지난 10년 동안 Ainthworth의 '낯선 상황'에 대한 고전적인 연구를 다시 연구해서 엄마와 유아가 서로 관계를 맺는 방식에 대한 분류체계를

10) Manic defense: 멜라니 클라인의 고유한 개념으로, 우울감에 대한 방어를 위해 더 유쾌한 상태나 열정적인 상태를 유지하는 것을 말한다. 아마도 현대에는 일중독, 혹은 쉴 틈 없는 약속과 만남의 추구가 이와 유사한 행동양상이 될 것이다(역자 주).

[빠른 참조 8-9]

성격기능을 설명하는 데 기술적 전문용어를 사용하지 말라

나는 그럴 수 있었음에도 불구하고, R씨의 성격 조직을 경계선으로 규정하지 않았다. 경계선은 임상가들마저도 경계성 성격장애와 너무 자주 혼동해서 필요 이상으로 자주 사용되는 진단명이 되었다. 더욱이 R씨를 그 용어와 (간접적으로, 최소한만이라도) 연관 짓는 것은 아마도 그녀에게 경멸적으로 보였을 것이다.

나는 R씨의 '비일관적인 충동 통제, 빈약하게 통합된 자기 및 타인 표상, 주지화 및 회피의 방어적 사용, 그리고 자기파괴적인 행동에 대한 역공포적 포용'[11]이라는 관점에서 R씨의 경계선 성격 조직에 대한 상세한 증거를 얻을 수 있었다. 하지만 그녀는 아마 그에 대해 부정적으로 반응했을 것이다. 특정 심리학 이론을 훈련받지 않은 대부분의 사람들에게, 이러한 용어와 어구들은 반감을 갖게 하며 모호한 위협으로 들린다. 어떤 사람들은 심리학자들끼리 이야기를 나눌 때도 심리학자와 내담자 사이에 거리를 만드는 그런 언어를 사용하는 것에 의문을 가진다고 주장할 수도 있다.

[빠른 참조 8-10]

이해 가능한 용어를 사용하여 성격 조직을 분석하라

비록 평가자들은 보고서를 읽은 내담자들이 분노, 우울, 상처를 느낄까 하는 두려움에 심각한 병리를 최소화하려는 유혹을 받는 경우가 많지만, 좀 더 이해 가능하고 소통하기 쉬운 보고서를 쓰는 것이 평가자들의 성격 조직에 대한 분석을 약화시키는 것은 아니다. 정직성과 정확성과 민감성 수준 간에 적절한 균형을 맞추는 것은 종종 불가능해 보인다. R씨에 대한 진단적 이해 항목의 세 번째, 네 번째, 다섯 번째 단락에서 나는 그녀가 자신의 지성을 방어적으로 사용하는 것과, 불안정한 정서, 스스로에 대한 가혹한 시각, 자기패배적인 행동에 대한 정보를 제공했지만, 거기에서 나는 좀 더 기술적인 용어로 옮겨 가는 대신 그 항목의 도입부 스타일의 흐름을 따랐다. 나는 또한 그녀의 가장 긍정적이고 적응적인 자질인, '재빠른 지적 능력, 재치, 언어적 유창성'으로 시작했다.

11) counterphobic embrace: 역공포적 반응은 강한 공포가 있음에도 부정(denial)에 의해 은폐되고 역으로 공포를 유발하는 행동에 더 적극적으로 다가가는 행동을 말한다. 많은 경우 스스로를 이전에 경험한 위험에 반복적으로 노출시킨다(역자 주).

[빠른 참조 8-11]

그 사람의 딜레마에 대한 이해를 전달하라

검사를 받는 사람들은 거의 항상 걱정을 느끼고 다른 사람들을 걱정스럽게 한다는 것을 알고 있다. 심지어 그들의 부모가 도움을 구하게 만들었다고 항의하는 분노한 청소년들마저도 그렇다. 평가 전문가들은 내담자들에게 자신이 독심술사가 아니며, 기껏해야 개인이 이미 어느 정도는 자각하고 있는 사고와 경험에 대한 새로운 관점을 제공할 뿐이라고 매번 내담자를 안심시켜야 할 수 있다. 예를 들어, 현실 검증의 실패로 고통받는 대부분의 사람은 때때로 세상에 대해 이해하지 못한다는 것을 알고 있다. 검사자의 어려움은 이러한 종류의 발견을 그 사람의 딜레마에 대한 이해와 공감을 전달하는 방식으로 표현하는 것이다.

[빠른 참조 8-12]

당신의 요점을 예증하기 위해 내담자의 말을 활용하라

R씨의 사례에서 나는 그녀의 딜레마에 대한 나의 이해를 증명하기 위해 그녀가 가장 좋아하는 TAT 이야기를 제시했다. 이 이야기에는 R씨의 많은 장점을 가진 주인공이 등장하는데, 그 장점들은 바로 지성과 학문에 대한 사랑, 결단력, 규율, 그리고 자립이다. R씨는 자기확증(self-affirmation)과 희망의 기록으로 이야기를 끝냈다. R씨의 이야기에 대한 나의 해석은 그것의 긍정적인 특성들을 손상시키지 않고 글 이면의 것들을 밝혀 주었다. 나는 주인공이 '무엇을 선택하든 다 괜찮을 것'이라는 사실을 알았음에도 불구하고, 그녀는 '다른 모든 사람들을 떠나', '다른 누구도 가고 싶어 하지 않는 깊은 곳으로 가야만 했다'는 점을 강조했다. R씨의 이야기 속 줄거리는 내가 검사하는 동안 발견한 주제와 일치했다. 그것은 그녀를 두렵게 하고 압도하는 열정과 관계의 회피를 위해 자신의 지성을 방어적으로 사용하는 사례였다. 나는 R씨가 확보한 영토에 대한 나의 해석을 소개하면서 그녀가 창조한 심상과 은유들을 확장시켰다.

[빠른 참조 8-13]

결과에서 강점과 약점을 파악하라

R씨의 강점은 공식 평가 전에 나눈 그녀의 과거력과 의사표현에서 명백해졌다. 그녀의 극심한 불안감, 수년 동안의 폭식, 그리고 동시다발적이고 거의 재난적인 연인관계에도 불구

하고, 그녀의 성공적인 사업 운영은 적어도 특정한 상황에서의 동기, 결단력, 계획 능력, 집중력, 좌절 감내력, 그리고 타인과의 관계성이 매우 높은 수준임을 시사했다. 게다가 우리의 만남 동안 R씨는 손바닥에 흐르는 땀을 닦아야 할 정도로 신경이 예민했음에도 불구하고 생동감 있고 지적이며 호소력 있고 겸손한 태도로 말을 했다. 일단 검사를 시작하자, 그녀는 종종 독창적인 전략으로 지적인 문제를 해결하면서 기쁨을 느끼는 것이 분명했다.

[빠른 참조 8-14]

강점과 치료적 권고를 연결하는 방식을 고려하고 시작하라

여섯 번째 단락은 "R씨는 비교적 독립적인 환경과 구체적인 학습이나 성취가 목표인 교육 환경, 하지만 정해진 한계(예: WAIS-IV)가 없는 상황인 경우에 가장 잘 수행합니다"로 시작한다. 보고서는 계속해서 지적 능력, 명료함, 높은 동기, 창의적이고 효율적인 문제해결, 자기충족성, 독립성 등과 같은 환경하에서 두드러지는 R씨의 강점을 명시하고 있다. 치료적 권고를 예상(그러나 아직 쓰지는 않은)하면서, 나는 잘 해내고 싶은 R씨의 욕망과 창의적인 문제해결, 언어적 능력이 어떻게 그녀의 심리치료에 큰 자산이 될 수 있는지 생각해 볼 수 있었다.

하지만 그녀에게 가장 좋은 상황에서도 R씨는 공개적인 경쟁에 불편함을 느끼고, 다른 사람들이 그녀가 부족하다고 생각할까 봐 두려워한다. 그녀는 자신의 경험을 복종하라는 외적인 압력이라고 탓으로 돌리며 (가상의) 비난으로부터 스스로를 방어한다. 보고서는 전체적으로 다른 사람들의 인정을 갈망하는 것과 그런 자신의 욕망을 반항적으로 거부하는 것 사이의 갈등이 R씨의 심리적 삶에서 핵심이라는 것을 분명히 한다. 그 중요성을 강조하고 그녀 자신의 말로 표현하기 위해, 나는 그녀의 첫 반응이자 가장 싫어하는 TAT 이야기를 인용했다. 그것은 '모든 해야 할 것(all of the should)'에 부담을 느낀 한 어린 소년의 이야기였다. R씨는 심리치료사의 많은 개입들을 비판과 요구로 경험하면서 치료 계획을 더욱 어렵게 만들기 시작할 가능성이 높다.

전반적으로 그 보고서는 좀 더 모호하고 상호요구적인 상황에서, R씨가 타인에 대해 "최고의 방어는 좋은 공격이다"라는 오래된 격언을 채택하고 있음을 서술하고 있다. 우리가 추정한 타인에 대한 그녀의 태도는 개방적이고 협력적이며 정서적으로 까다로운 치료 관계에 특별한 문제를 일으킬 것이다. 그리고 더 바쁘게 지내려고 하는 R씨의 심리적인 욕구는 그녀가 임상가와 강하게 연결되는 것을 방해할 것이다.

개발했습니다. 18개월에 안전애착을 형성한 아동들은 엄마가 함께 있는 한 익숙하지 않은 상황에서도 행복하게 놀 것이고, 엄마가 떠나면 울겠지만, 엄마가 다시 돌아오면 즐겁게 어머니를 맞이할 것이라고 그녀는 주장했습니다. 그와는 달리 '몰입 애착 유형' 유아들은 어떤 일이 있어도 자신의 놀이를 단호하게 견지함으로써 어머니의 존재나 부재의 영향을 최소화합니다. 주요 가설은 이러한 아이들의 분주함은 다른 사람들과의 관계를 온전히 발달시키는 데에는 장해가 되지만, 어머니의 정서적 가용성에 대한 불안감을 관리하는 중요한 수단이 된다는 것입니다. 나는 R씨가 스스로를 기술한 '혹사'가 다른 사람들이 자신에 대해 갖는 가설적인 의도인 부정적인 평가와 거부로부터 자신을 안전하게 지키는 방법의 하나로 유사한 기능을 한다고 생각합니다.

좋은 소식은 R씨가 사랑받고 양육되고 싶은 욕망을 떨쳐내지 못했다는 점입니다. 이러한 욕망은 그녀가 심리치료를 받게 했고 자신의 '친밀감 문제'를 알아내기를 바라는 마음의 기반이 되어 줍니다. 하지만 나쁜 소식은, R씨는 자신에 대한 사랑을 느껴 본 내재화된 경험이 거의 없다는 사실입니다. 결과적으로, 그녀는 다른 사람들이 그녀를 소중하게 느끼는 상황에서 최악으로 행동합니다. 재미있는 점은 그녀가 타인에 대해 그렇게 신경을 쓰지 않고 자신을 고립시키는 타입이었다면, 외톨이일 때 더 행복했으리라는 점입니다. 비록 R씨가 혼자서 작업할 때 확실히 최고의 기능을 해내지만, 그녀는 외로움도 느낍니다. 그러나 그녀는 다른 누군가와 친해지면 기분이 언짢아집니다. 그녀의 표현대로 '자신과 끊임없이 대립하며' 산다는 것은 슬프게도 그녀가 사랑에 빠졌을 때 그녀를 패배시키는 가장 위협적이고 근본적인 불안정함을 야기합니다.

R씨는 사랑받고 가치 있게 여겨지기를 바라지만 그러한 사랑이 야기한다고 믿는 파멸을 두려워합니다. 그러한 그녀의 딜레마는 또 다른 TAT 이야기에 잘 나타나 있습니다([빠른 참조 8-16]을 볼 것). 한 여자가 계단에 주저앉아 있는 다른 여자를 안아 주고 있는 그림에 대해 그녀는 말했습니다.

> 이 여자는 계단에서 떨어졌거나 쓰러졌을 가능성이 있어 보이고, 위에 있는 여자는 그녀를 일으켜 세우고 있는 것 같기도 하고…… 실제로는 그녀가 목을 조르고 있는 것 같기도 하지만, 얼굴에서는 그럴 만한 열의가 보이지 않고, 몸부림치는 기색도 없고, 그 사람이 사랑받거나 가치 있게 여겨진다는 것을 암시하는 감정도 없네요……. 이곳은 요양원 같은 곳일 수도 있고 이 사람은 간병인이나 간호사일 수도 있어요.

[빠른 참조 8-15]

이론적 개념에 대한 명시적 참조는 일반적으로 보고서에 추가하지 않는다

나는 보통 이론적 개념을 성격 보고서에 명시적으로 포함하지 않는다. 그러나 몰입 애착[12] 개념은 두 가지 이유로 타인의 정서적 가용성(other's emotional availability)에 대한 R씨의 불안감을 완벽하게 규정짓는 것 같았다. 첫째, '어떤 일이 있어도 자기 놀이의 수준을 단호하게 유지하려고' 몰두하는 아이의 시각적 이미지는 그 이론 자체보다 R씨의 내면세계에 훨씬 더 생생하게 다가갈 수 있게 해 주었다. 어머니의 다가옴과 멀어짐을 무시하는 아이와 비슷하게, R씨는 여전히 활동에 열중하고 있다. 그녀는 정서적으로 안전하게 지내기 위해 자신을 분리하고 있다. 몰두하는 어린 소녀에 대한 나의 이미지를 공유함으로써, 나는 R씨가 자신과 타인 간에 항상 유지하려고 하는 골을 메우려고 시도했다.
비록 R씨가 정서적으로 연결되려는 나의 초대에 저항했다 하더라도, 그녀는 여전히 지적으로는 몰입 애착의 개념을 이해할 수 있었다. 다른 모든 사람들이 떠난 후에도 교실에 남아 있던 TAT 이야기 속의 여자처럼, R씨는 그 보고서가 제공한 생각의 조각들을 나중에라도 그녀의 삶의 경험에 반영할 수도 있을 것이다.

[빠른 참조 8-16]

주요 요점을 지지하는 추가적인 내담자의 서술

비록 그 보고서가 R씨의 가장 저조한 기능 수준을 또 다른 TAT 이야기를 통해 그려 내고 있지만, 나는 여러 관찰과 자료 출처를 각 수준에 대한 나의 해석의 기초로 삼았다는 것을 다시 한번 강조하겠다. 그러나 TAT 이야기는 개인이 임상가(평가자)에게 감정과 관계의 기원과 운명에 대해 언급하는 방식을 직접 보여 주기 때문에 특히 설득력이 있다. 개인의 서사를 사용하여 그들의 역동에 대한 보다 일반적인 해석을 그려내는 것은 임상가가 내담자 성격의 숨겨진 측면을 보고 어느 정도는 자의적인 상담자의 관점을 강요할지도 모른다는 사람들의 흔한 불안감을 최소화할 수 있다.

12) preoccupied attachment: 다른 사람과 너무 쉽게 관계를 맺고 그 관계에 대해 안정감을 느끼지 못하며 갈등하며, 그와 동시에 상대방에게 강하게 매달린다. 부모님이 비일관적 태도를 보이며 자녀를 때때로 따뜻하게 보살펴 주었지만 어느 순간 차갑게 거절하고 정서적으로 단절되는 태도를 오가며 아이가 부모의 태도를 예측할 수 없게 되었을 때 나타나는 유형이다 (역자 주).

내가 그녀에게 어떤 이야기를 하고 싶은 건지 선택하라고 압박했을 때, R씨는 '어떤 간호사가 지구상에서의 시간을 조금 더 벌게 된 넘어진 노인을 돕는' 개인적이지 않은 이야기를 선택했습니다. 그녀는 살의를 느끼게 하는 힘을 가진 사랑과 관련된 혼란스러운 이야기에서는 벗어났습니다. 하지만 R씨는 내가 어머니를 묘사해 달라고 부탁했을 때 답했던 것과 비슷하게 사랑과 통제력 상실을 연결했습니다. 그녀는 내게 '열정적인' 여성인 자기 어머니가 "날 거칠게 사랑했고 동시에 나를 미치게 만들었죠!"라고 유머에 체념을 섞어서 말했습니다.

친밀감은 몇 가지 방식으로 R씨를 위협합니다. 그 강렬한 정서성(emotionality)은 자신과 자신의 상황을 현실적으로 그리고 유연하게 지각하는 능력을 억누릅니다. 그리고 그녀 자신에 대한 극도로 부정적인 감각이 드러나는 것을 통제할 수 없다는 느낌은 그 반대 사실을 증명하기 위한 더욱 절박하고 위험한 시도를 부채질하고, 때로는 수치심에 자살 충동을 느끼게 합니다. R씨의 내면세계에서 여성들은 그들의 깊은 감정에 의해 축복받고 저주받으며, 남성들은 강인하지만 여성에 대한 영향력에 무감각하고, 섹스는 '숨 막히고 침습적'입니다. 그럼에도 사랑을 느끼고 싶은 욕망이 그 모든 것을 지배하고 있습니다([빠른 참조 8-17]을 볼 것).

내가 가장 우려하는 것은 R씨가 스스로에게 느끼는 추악하고 굴욕적이고 광적인 감정에도 불구하고, 자신의 강렬한 감정에 대한 통제감을 얻기 위해 자신을 확인하는 극단적인 방법들입니다([빠른 참조 8-18]을 볼 것). 나는 이런 맥락에서 그녀의 섭식장애를 해석할 수 있다고 생각합니다. R씨가 폭식을 할 때, 그녀는 자신이 갈망하는 것을 향한 완전히 억제되지 않은 욕망에 몸을 맡깁니다. 그러나 그녀가 토할 때, 그녀는 자신의 욕구를 거부하고 통제력을 거칠게 회복합니다.

더욱 심각한 것은, R씨가 점점 더 절망감을 느끼면서 자신이 미쳐 버린 것 같은 느낌을 탐닉하기 시작하는데, 이는 마치 난폭하게 행동해서 자신을 유능하고 온전하게 다시 복구할 수 있다고 느끼는 것 같습니다. 열정이 자신을 압도하거나 패배시키는 것이 아니라, 스스로 거칠고 무섭게 생각하고 행동하는 사람이기를 원한다는 것을 증명하고 싶은 것처럼 보입니다. 그 순간, R씨가 스스로를 강렬한 감정의 지배 아래 두는 것은 자신에게 어느 정도의 안도감을 줍니다. 물론 그것은 그녀의 생명을 위협하는 잠재력도 가지고 있습니다. R씨는 자신이 깊이 사랑하고 동질감을 느끼는 남동생에 대해서도 "감정의 작은 시한폭탄"이라고 표현했습니다. 동일한 설명을 R씨에게도 그대로 적용할 수 있습니다([빠른 참조 8-19]를 볼 것).

[빠른 참조 8-17]

글쓰기로 내담자의 약점을 직면시키기

환자가 읽게 될 서류에서 그 사람이 언제 어떻게 힘들어할지를 파악하는 것은 성격 보고서를 작성할 때 가장 어려운 부분이다. 심지어 심리검사에 이미 동의한 치료 중인 환자들조차도 전형적으로 자신의 '약점'에 그대로 직면하는 것을 즐겨 하지는 못한다. 심리학 자문가는 종종 환자들이 스스로 혐오하는 성격적 결함에 대해 쓸 때 민감성과 정직성의 균형을 맞춰야 한다.

[빠른 참조 8-18]

R씨의 약점을 제시하기

R씨가 그토록 욕망하는 사랑과 열정은 또한 그녀를 '미친 사람처럼' 느끼고 행동하게 한다. 그녀는 절망적이고 자기부정적인(self-denying) 일들을 한다. 그것은 통제를 되찾기 위한 시도로서 이해는 가지만 그래도 그 시도는 위험할 정도로 잘못된 것이다. 그 검사는 반복해서 그녀의 강렬한 자기혐오와 자신에게 굴욕감을 주는 자기부정을 향해 나아가는 강렬함을 확인해 주었다. 나는 그녀의 가장 역기능적인 자기에 대해 글을 쓰면서 그녀에게 덜 판단적이고 좀 더 온화한 다른 시각을 제공하는 것을 목표로 삼았다. 검사결과 그녀는 자신을 그다지 중시하지 않는다는 것이 드러났다. R씨는 그녀의 임상가들의 말과 글을 반복해서 듣고 읽을 필요가 있다.
특히, R씨는 자신의 임상가들이 높은 자해 위험성에 대해 염려하고 있다는 것을 들을 필요가 있다. 코커런 씨는 이것에 대해 구체적으로 요청하지 않았지만, 심리학자들을 위한 윤리규정은 내게 그것을 보고하도록 강제했다. 그러나 그만큼 중요한 점은 이 보고서가 R씨에게 이전에는 터무니없는 것으로 보였을 감정과 행동을 최소한 잠정적으로라도 이해할 수 있는 방법을 제공했다. 그렇다. 그녀의 자살 성향은 나에게 경고했다. 그러나 나는 R씨가 두려움과 통제 불능이라는 느낌을 덜고자 (자해)하는 기저의 이해 가능한 소망을 알아차리고 타당화했다. 또한 이 보고서는 그녀의 자기비난에 대해 관심과 돌봄으로 응답함으로써, R씨가 "자신을 사랑하고 존중하는 법을 배우라"는 것을 치료목표로 권고할 것임을 예견할 수 있게 해 주었다.

[빠른 참조 8-19]

의뢰 시 질문에 응답했는가

검사자의 최선의 노력에도 불구하고 하나 이상의 의뢰 시 질문이 답변 불가 상태로 남아 있는 경우가 있다. 예를 들어, 어떤 내담자들은 검사에는 동의했지만 검사 내내 극도로 방어적 태도를 취한다. 이것은 그 자체로 확실히 유용한 정보를 제공하지만, 그들이 능동적인 공상 생활(active fantasy lives)이나 자살 위험성이 있는지, 혹은 자기 및 타인 표상 등 그들의 공상 생활의 질을 확인하기에는 매우 불충분하다. 심리학 자문가들은 잘해 봐야 어느 정도 충분한 자료가 존재하는 경우에 대해서만 추측할 수 있다. 때때로 검사자는 의뢰한 임상가에게 검사자료가 당신이 이해하고자 하는 것을 밝혀 주지 않는다고 말해야 한다. 이 경우 자문가는 임상가의 질문에 "우리는 아직 알지 못한다"는 유감스러운 말로 답변해야 한다.

더 일반적으로는, 검사자료가 의뢰 시 질문에 대해 둘 이상의 그럴듯한 답을 제시하는 경우가 많다. 예를 들어, 어떤 사람이 집중에 어려움을 겪는 것은 불안이나 학습장애 또는 일시적인 정신증 삽화에서 비롯될 수 있다. 이러한 경우 심리학 자문가의 과제는 전체적인 자료의 관점에서 결과들을 어느 정도 그럴듯한 해석으로 조직화하는 것이 된다.

가장 중요한 것은 검사자가 보고서 도입부에 인용된 의뢰 시 질문을 일일이 파악하고 논의하는 것이다. 만약 검사자가 의뢰 시 질문에 명확하게 대답할 수 없다면, 해석의 한계를 분명히 인정하면서도 그들이 할 수 있는 것을 말하는 것은 검사자의 책임이 된다.

요약 및 권고

R씨는 지적이고 유능하며 성공한 여성이지만 대인관계 내에서 자신의 적절성에 대한 그녀의 불안감은 고통을 유발하고, 성격의 핵심에 자주 불안정한 양면성을 야기합니다([빠른 참조 8-20]을 볼 것). 친밀감에 대한 R씨의 강렬한 욕망에는 오직 그녀의 두려움 및 굴욕감이 따라올 뿐입니다. 그리고 그녀는 자기 내면의 삶이 드러나면 스스로 고통받을 것이라고 믿습니다. 그녀는 거의 조증에 가까운 활동성과 극심한 절망의 순간 사이를 번갈아 가며 오갑니다. 그녀는 마지막에는 잘 헤쳐 나올 것이라고 주문을 외우지만, 정작 그녀는 정말로 그걸 어떻게 해낼 수 있는지는 알지 못합니다.

에 통합하게 되면 그것들은 개인의 동기, 두려움, 열정, 관계, 가치의 넓은 맥락을 갖게 된다. 성격 보고서에 자료를 검사별로 제시하는 것을 반대하고 통합하라는 강한 주장들도 대부분의 심리학자들이 웩슬러 지능점수를 보고서에 포함시키는 것을 중단시킬 수 없었다. 웩슬러 소검사 프로파일과 지수들은 한 사람의 질병 경과를 추적하는 데 큰 효용이 있는 특정 유형의 지적 능력에 대해 놀랍도록 신뢰롭고 타당한 측정치를 제공한다. 웩슬러 검사는 학교에서 학습장애와 교육적 배치를 결정하는 데 도움이 될 뿐만 아니라 치매의 발병, 주요 기분장애, 정신증적 질환, 불안장애를 배제(혹은 진단)하는 데도 도움이 된다. 종종 진단가들은 사람들의 웩슬러 점수 패턴을 통해서 이전에 더 높았던 기능 수준을 유추할 수 있다. 특히 다른 심리학자들은 검사 보고서에 로르샤흐 비율은 배제하고 이러한 지수들은 포함시키는 모순을 인정하면서도 이러한 패턴을 직접 다루는 것을 높게 평가한다.

[빠른 참조 8-27]

R씨의 인지평가결과의 위치

R씨의 사례에서, 나는 보고서 말미에 그녀의 WAIS-IV 점수를 제시했다. 거기에 기록했듯이, 그녀의 지수점수들은 처리속도가 평균 상이었던 점을 제외하면 균등했다. 평균 상의 처리속도는 잘하고자 하는 그녀의 강한 동기가 또다시 확인된 것으로 해석되었다. 예를 들어, 심리학 자문가는 의뢰 시 질문이 추론 능력이나 집중력 곤란과 더 직접적으로 관련된 다른 사람들에게는 진단적 이해 내에 지적 기능을 논의하기 위한 하위 항목을 작성할 수 있다. 그러나 이러한 경우에도 결론을 도출하기 전에 정보처리, 관념화, 문제해결 및 판단과 관련된 검사자료의 모든 측면을 고려하기 위한 최대한의 시도를 할 것이다.

엘리자베스 R의 보고서 부록: WAIS-IV 결과

R씨는 WAIS-IV에서 FSIQ 105점을 받았고, 그녀와 동일한 연령대의 사람들에 비해 그녀의 전반적인 인지능력 수준은 63%ile로 평균 범위에 해당했다. 그녀의 언어이해, 비언어적 추론, 작업기억, 처리속도는 53에서 93%ile 범위였으며, 처리속도에서의 상대적 강점과 지각추론에서의 상대적 약점이 시사된다(이는 그녀가 평가 내내 보여 준 높은 동기 수준과 부합하는 것이다). 그녀의 FSIQ는 현재 그녀의 지적 능력에 대한 정확한 개요를 제공한다.

각 소검사점수는 평균이 10(50%ile에 해당함)이고 표준편차는 3이다. 지수점수는 IQ 점수와 마찬가지로 평균이 100이고 표준편차가 15다.

지수점수/IQ			
소검사	점수	백분위 순위	기술적 범주
언어이해	110	75	평균/정상 한계 이내
공통성	12	75	
어휘	14	91	
상식	10	50	
(이해)	*10*	*50*	*지수 및 IQ 산출에는 포함되지 않음*
지각추론	101	53	평균/정상 한계 이내
토막짜기	10	50	
행렬추론	9	37	
퍼즐	10	10	
(빠진곳찾기)	*12*	*73*	*지수 및 IQ 산출에는 포함되지 않음*
작업기억	106	66	평균/정상 한계 이내
숫자	9	37	
산수	11	63	
(순서화)	*14*	*91*	*지수 및 IQ 산출에는 포함되지 않음*
처리속도	122	93	평균 상/규준 상 강점
동형찾기	14	91	
기호쓰기	14	91	
전체 지능	105	63	평균/정상 한계 이내

자가평가

1. 성격검사는 개인의 무의식적인 동기를 평가하기 때문에 본질적으로 주관적이다. 참인가? 거짓인가?

2. 성격에 대한 진단적 이해가 역동적이라는 것은 다음 중 무엇을 제공한다는 뜻인가?
   (a) 시간 경과에 따른 개인의 성격변화 방식에 대한 기술
   (b) 개인의 환상과 실제 검사 사이의 거리 측정치
   (c) 개인의 외적인 행동을 조직화하는 기저의 갈등과 동기의 해석
   (d) DSM-5 진단보다 성격에 대한 이해가 훨씬 설득력 있음

3. 종종 성격기능에 대한 역동적인 이해가 DSM-5의 진단을 보완하고 풍부하게 한다. 참인가? 거짓인가?

4. 성격 보고서를 작성할 때는 검사자료를 일관되게 해석할 수 있도록 하나의 이론적 관점을 선택하는 것이 중요하다. 참인가? 거짓인가?

5. 성격 보고서가 항상 사람의 장점을 파악해야 하는 이유는 다음 중 어떤 것인가?
   (a) 이것이 그 사람 자신에 대해 좋은 느낌을 갖게 만들 것이다.
   (b) 개인의 강점은 치료 계획의 기초를 제공한다.
   (c) 사람의 장점을 이해하는 것은 긍정적인 변화에 대한 희망을 준다.
   (d) 위의 모든 것이 참이다.

6. 심리학 자문가는 항상 부모들이 청소년의 성격평가를 읽지 못하게 해야 한다. 참인가? 거짓인가?

7. 성격기능이 경계선 수준이라는 것은 다음 중 어느 것을 의미하는가?
   (a) 특정 상황에서 정신증적 사고의 증거가 될 수 있다.
   (b) 경계성 성격장애에 대한 기준을 충족한다.
   (c) 상당한 인지적 결손을 겪을 수 있다
   (d) 히스테리적인 성격 구조를 가지고 있다.

8. 검사 보고서 비용을 지불하는 사람들은 거의 항상 사본을 받아 볼 수 있을 거라고 기대한다. 따라서 심리학 자문가는 주의 깊게 결과를 편집하여 그 사람의 약점을 최소화해야 하며, 이러한 사항을 의뢰한 임상가와 논의해야 한다. 참인가? 거짓인가?

9. 좋은 성격 보고서는 기술적 용어를 사용하지 않는다. 왜 그러한가?
   (a) 많은 심리학 용어가 보호되고 적절히 사용하기 위해서는 최소한 석사 수준의 학위가 필요하다.
   (b) 이러한 용어는 종종 검사 대상자에게 불쾌하고 경멸적으로 들린다.
   (c) 대부분의 심리학적 용어 뒤에 숨겨진 이론들은 과학적으로 증명되지 않는다.
   (d) 위의 어느 것도 참이 아니다.

10. 성격 보고서에 행동관찰 항목은 선택 가능하다. 다음 중 어떤 이유 때문인가?
   (a) 성격 보고서는 그 사람의 명시적인 외양 아래에 있는 동기를 포착하는 것을 목표로 한다.
   (b) 의뢰한 임상가는 그 사람이 평소에 어떻게 옷을 입고, 말하고, 상호작용하는지를 이미 알고 있다.
   (c) 검사자가 통보하는 사항은 표준화된 절차에 의해 통제되지 않는다.
   (d) 검사자는 종종 관찰한 내용을 자료로 간주하여 개인의 검사결과와 함께 해석한다.

답: 1. 거짓, 2. c; 3. 참; 4. 거짓, 5. d; 6. 거짓; 7. a; 8 거짓; 9. b; 10. d.

제9장

권고

체스에서는 전진, 방어, 전투의 대부분을 왕이 아닌 다른 말들이 하지만, 그럼에도 왕은 필수적인 말이다. 보고서의 다른 항목에는 더 많은 시간, 공간 및 노력이 필요할 수 있지만, 그럼에도 권고 항목은 평가 과정의 정점에 있다.[1] 이전 항목 작성에 투자된 모든 노력과 관심은 권고 항목에 제시된 내용을 활용하여 의미 있는 변화를 도출해 내는 경우에만 타당하다 할 것이다.

역사적으로 학교 장면에서의 평가는 조기 개입과 교육적 계획보다는 특수 서비스를 받을 자격에만 초점을 맞추어 왔다.[2] 그러한 결정은 학생의 교육적 필요와 프로그램 설계보다는 단일 시험 점수에 따라 기계적으로 이루어진다. 분명히 이러한 유형의 관행은 평가의 가치를 위축시킨다. 심지어 어떤 학생이 특정 서비스에 적합하지 않다고 생각되는 경우라도, 모든 평가는 의뢰 시 질문에 응답하고 해결책을 제안해야 한다. 이미 Cruickshank(1977, p. 1944)가 수십 년 전에 지적했듯이 "진단은 교육에 비해 2순위에 해당해야 하며, 그 자체로 끝이 아니라 교육의 도구가 되어야 한다." 우리는 권고를 작성할 때 준수해야 할 일반적인 원칙들로 이 장을 시작하고, 그다음 하위 항목에서 구체적인 권고안 사례를 제공하여 논의할 것이다.

권고 작성을 위한 권고

알려진 모든 문제가 일대일의 해결책으로 연결된다면, 권고 항목 작성은 매우 쉬워서 컴퓨터가 하도록 놔둬도 된다. 물론 컴퓨터는 전략적으로 사용될 수 있는 도구다. 경험적으로 검증된 개입법을 제안해 주는 정교하게 설계된 보고서 작성 프로그램의 유용성을 부인

1) 안타까운 점이지만 한국의 많은 보고서들은 진단 및 요약에서 마무리된다. 이것은 오래된 관행 때문이기도 하고, 심리학자의 평가 업무와 치료 업무가 명확히 구분되는 국내 정신과 병원의 특성 때문이기도 하다. 하지만 분명히 말하지만, 이것은 평가 보고서의 존재 자체를 부정하는 위험하고도 부자연스러운 상황이다. 물론 이 잘못된 관행을 바로잡기 위해서는 치료적 설계에 대해 더 충실히 공부하려는 개인의 노력도 필요하겠지만, 우선은 치료적 권고를 보고서에 포함하는 용기가 필요할 것이다(역자 주).

2) 여기서는 학교심리학자의 평가 보고서를 더 많이 인용하였다. 하지만 이 점에 민감하게 반응할 필요는 없다. 최소 심리학 박사학위 이상의 학력과 실습 경험이 필요한 미국 심리전문가 자격제도를 고려했을 때 보고서 작성자가 어떤 장면에서 활동하는가가 문제이지, 어떤 분과에 속하는지는 별로 중요한 문제는 아니다. 한국도 곧 유사한 과정이 진행될 것이라고 믿는다. 또한 이 문장은 미국에서도 심리평가 보고서가 진단 및 장애 판정을 위해 더 많이 사용되던 시기가 있음을 보여 주는 글이기도 하다. 그리고 현재는 그 관행이 타파되었음도 의미한다(역자 주).

할 수는 없다. 어떤 면에서 인간은 서로 그다지 다르지 않으며, 어떤 권고는 거의 누구에게나 적용된다. 권고 중 일부는 잘 정의된 문제와 우려를 가진 특정 유형의 사람들에게만 관련된다. 소프트웨어는 전문가들에게 효과적이지만 쉽게 간과되는 권고를 제안해 줄 수 있으며, 이러한 개입법에 대해 잘 쓰인 예문을 검색해서 자동으로 적용할 수 있다. 하지만 기계적인 처리 과정은 발달상 특정 시점, 특정한 환경 및 상황, 가족 내 힘겨루기, 집단 역동 및 문화적 제약 조건, 행운, 기회 및 상황의 유동성과 흐름에서 나오는 독특한 개인의 고유한 요구를 예측할 수 없다. 인간의 복잡한 욕구를 충족시키기 위해서는 인간이 내리는 최선의 판단이 필요하다. 당신은 보고서의 권고 사항에 대한 최종 결정권자다.

불행히도 "최선의 판단력을 활용하라"는 구체적이지 않은 메시지는 고무적이기는 하지만, 유용하게 적용하기에는 너무 모호하다. 건전한 판단은 당신의 지식, 직관, 연민, 상식을 직업윤리의 범위 안에서 모두 유연하게 결합함으로써 나오는 것이다. 이러한 능력은 고정적인 것도 아니고, 노력 없이 유지되는 것도 아니다. 헌신적인 전문가들은 주기적으로 자신의 지식을 업데이트하고, 직관을 재조정하며, 연민 능력을 가다듬고, 의문을 제기하지 않아도 되는 상식이 무엇인지 비판적으로 평가하며, 자신에 대한 이해를 깊게 하여 윤리적 원리에 대한 재검토를 한다. 그러한 훈련에 참여하도록 유도하는 것이 도움이 되기는 하겠지만, 그러한 것들은 대부분 사적인 영역이다. 만약 우리가 좋은 권고를 작성하는 것에 대해 유용한 지침을 제공할 수 있다면, 그것은 일반적인 원칙을 분명히 하고 촉진함으로써 가능할 것이다. 널리 인정되는 원칙을 적용하는 것이 지혜의 첫 번째 근삿값이 될 것이다. 그 후에는 성실한 자기관리, 전략적인 자기개선, 그리고 존경받는 동료들과의 소통이 남아 있는 발전의 길로 이끌어 줄 것이다.

권고를 쓰기가 어렵다면 사례개념화를 다시 살펴보라

이상적으로 당신이 다른 항목에서 힘겨운 작업을 수행했다면, 권고는 사례개념화로부터 자연스럽게 흘러나온다. 만일 당신이 권고를 쓰는 데 어려움을 겪는다면, 아마도 이전 항목에서 나오는 권고의 근거가 되는 어떤 측면들을 충분히 발전시키고 설명할 필요가 있을 것이다.

권고 사항의 개수를 세는 대신 각각의 권고 사항을 의미 있게 만들라

써야 할 권고 사항의 수에는 명확한 제한이 없지만, 권고 사항의 수가 너무 많으면 환영받지 못할 수 있다. 당신이 도움이 되고 싶을 때에는 수십 가지의 사소한 권고 사항을 쉽게 떠올릴 수 있을 텐데, 각각의 권고는 개별적으로는 완벽하게 합리적일 것이다. 그렇다면 최대한 권고를 아끼지 않는 것은 어떨까? 모든 숙련된 치료사들이 알고 있듯이, 새로운 조언이 추가될 때마다 그 유익함은 줄어든다. 어느 누구도 사소한 일에 대해서는 간섭을 원하지 않는다. 비록 사람들은 도움을 원할지 모르지만, 동시에 그들은 자신이 이미 숙달한 영역에서는 유능해 보이기를 원한다. 처음의 몇몇 도움이 되는 제안들은 정중하게 받아들인다. 그다음의 몇 개는 참아 준다. 그러다 어느 틈엔가 추가적인 제안은 반갑지 않고, 받는 사람의 감사는 원망으로 돌변한다.

"만약 내가 각각의 수검자들에게 단 한 가지 추천만 할 수 있다면, 그것은 무엇일까?"라고 스스로 물어보자. 대부분의 경우 이 질문에 대한 답이 첫 번째 권고 사항이 될 것이다. 첫 번째 권고 사항은 나머지 항목들에 대한 기준점을 설정한다. 첫 번째 권고 사항이 최대한 설득력 있고 강력해지도록 충분한 시간을 들여서 첫 번째 권고를 작성하라. 당신이 작성을 끝마쳤을 때, 만약 당신이 거기서 멈추게 된다면 당신의 보고서가 어떨지를 떠올려 보라. 아마도 한두 가지 다른 권고는 필수적이어서 이것을 생략하는 것은 직무유기가 될 것이라는 생각이 떠오를 것이다. 그것들 각각에 충분한 주의를 기울이면서 권고를 쓰라. 다시 한번 중단하는 것을 고려해 보면 아주 그럴듯하지만 별로 급하지는 않은, 하지만 이게 없다면 불완전할 것 같은 제안이 한두 개 더 생각날 것이다. 그것들을 써넣어라. 이러한 권고 사항은 치료 계획 제안의 핵심을 이루게 된다.

최초 5개 정도의 권고가 이루어진 다음에는 새로운 권고가 추가될 때마다 다른 권고의 영향력을 희석시킨다. 추가적인 사소한 권고 사항은 적어야 한다. 그럼에도 처음 몇 개의 중대하고 긴급한 권고 사항 다음에, 한 가지 정도 가볍고 실용적이며 성장에 초점을 맞춘 권고 사항을 추가하는 것은 보고서를 희망적이고 긍정적인 분위기로 마무리하는 방법이 된다. 추가적인 사소한 아이디어가 있는 경우라면, 당신은 피드백 회기에서 적절한 순간에 이러한 아이디어를 기존의 주요 권고 사항에 통합하거나 비공식적으로 언급할 수 있을 것이다.

긴 권고 항목을 조직화하고 관리하기 쉬운 하위 항목으로 분할하라

경우에 따라 짧은 권고 항목은 가능하지 않거나 바람직하지도 않다. 그러나 권고 사항을 더 많이 작성할수록 권고 항목을 더 조직화하고 구조화해야 한다. 일부 보고서의 경우, 권고를 시행할 책임에 따라 하위 항목을 나눌 수 있다(예: 수검자, 수검자의 부모, 교사, 학교 직원, 고용주, 치료사 등). 예를 들어, '매 학기 초에 각각의 선생님들과 약속을 정해야 한다'거나 '고용주와 근무 일정 변경에 대해 상의하라'는 등의 제안은 수검자에게 직접 전달한다. 당신은 또한 학생의 선생님, 부모, 상담자에게 다음과 같은 권고를 할 수 있다. "앤드루가 매 학기 초에 선생님들과 약속을 잡을 수 있도록 도와주세요", 혹은 "안드레아는 학습장애 코디네이터가 있는 작은 대학에 배치되면 도움이 될 것이며, 학습 기술, 코칭, 그리고 특정 과목 영역에 대한 과외 서비스도 도움이 될 것입니다."

당신은 주요 수행 영역별로 권고 사항을 정리할 수도 있다(예: 상담, 읽기, 수학, 구어, 행동, 자기주장 등). 일반적으로는 권고를 한 범주로 묶고, 범주 내용을 나타내는 표제 또는 하

[빠른 참조 9-1]

권고 항목으로 전환하는 예문

- [수검자 문제]와 관련된 기저의 곤란 때문에 [수검자 이름]에게 다음과 같은 교실 조정 및 개입(accommodation and intervention)이 도움이 될 것이다.
- 여러 조정과 개입이 [수검자 이름]에게 도움이 될 것이다. 여기에는 다음과 같은 것들이 포함되지만 단지 이것들에만 국한되지는 않는다.
- [수검자 이름]의 교육팀이 실시한 평가결과와 관찰에 비추어 의뢰 시 질문을 다루기 위한 다음과 같은 권고 사항을 제안한다.
- [수검자 이름]의 특정 학습 및 행동적 요구를 해결하기 위해 다음과 같은 권고 사항을 제안한다.
- 본 평가결과를 바탕으로, 검사자는 [수검자 이름]이 학교에서 성공적으로 지낼 수 있는 능력과 기술을 갖추고 있다고 믿는다.
- [수검자 이름]의 성공을 촉진하기 위해 다음과 같은 권고 사항을 제안한다.
- 다음의 권고는 규준을 참조한 검사결과뿐만 아니라 면담, 관찰 및 비공식 평가의 결과에 기초한 것이다.

위 표제를 배열하며, 각 하위 항목의 번호는 1로 시작하는 것을 원칙으로 한다. 경우에 따라 가장 중요한 권고 사항을 먼저 나열하라. 다른 경우에는 발달 순서에 따라 위계적으로 권고 사항을 정렬하라.

보고서의 다른 항목과 마찬가지로, 가장 일반적인 사항부터 가장 세부적인 사항까지 각 권고 사항을 설명하라. 예를 들어, 첫 번째 권고 사항이 마리아에게 수학 과외를 제공하는 것이라면, 그다음에는 돈, 분수, 소수점 및 백분율과 관련된 개념에 대한 지침을 제공하는 보다 구체적인 권고 사항이 뒤따르게 하라. 또는 마리아의 부모에게 숙제를 할 때 야간에는 추가적인 도움을 제공하라고 제안하고, 그러고 나서 지원을 늘리기 위한 구체적인 전략을 제안한다.

어떤 보고서에서는 간단한 제목과 함께 권고 항목이 소개된다. 다른 보고서에서는 한두 개의 문장이 전환을 알리는 데 사용된다. [빠른 참조 9-1]은 권고 항목으로 전환하는 예문을 제공한다.

독자들은 당신의 권고 사항을 예상할 수 있어야 한다

보고서의 이전 항목이 사례개념화를 효과적으로 전달했다면, 권고는 별로 놀랍지 않을 것이다. 당신은 이상적으로 보고서가 제안하는 해결책들을 독자들이 예상할 수 있도록, 사례를 명확하게 제시하고 싶어 한다. 그것이 적어도 세부적인 내용은 아닐지라도 큰 그림으로라도 말이다. 그들의 기대가 당신의 권고와 일치할 때, 독자들은 자신이 무슨 일이 일어나고 있는지 이해한다는 것을 확신하면서 당신의 전문적 의견에 만족스러운 경험을 하게 되고, 이것은 필요한 조치를 취하려는 그들의 결심을 강화시킨다.

사람들이 기꺼이 실행할 수 있는 사항을 권고하라

평가자가 권고를 작성할 때는 누군가가 권고 사항을 따르고 이행할 것이라는 가정을 한다. 불행히도, 이 가정이 항상 진실인 것은 아니다. 신중하게 구성된 권고 사항이라도 거의 고려되지 않고 폴더나 캐비닛에서 수명을 다할 수 있다.

더욱이 특정 평가자의 보고서는 도움이 되지 않는다고 이미 판단이 선 경우에는 아예 권고를 읽지 않을 수도 있다. 이는 동일한 학교나 기관을 위한 보고서를 반복해서 작성할 때 발생할 수 있다. 어떤 교사는 학교 현장에서 심리 보고서의 형편없는 질에 실망하고 나서

> **주의**
>
> 그들이 다음을 해내지 못할 경우, 사람들은 권고 사항을 이행하지 않을 것이다.
> - 권고 사항의 이해
> - 전략 또는 개입을 실행하는 방법의 파악
> - 권고의 실행을 위한 자원의 보유
> - 권고 사항이 그 환경에서 실행 가능하다는 생각
> - 권고 사항이 필요하거나 적절하다는 판단

다음과 같이 말했다. "보고서나 추천서는 굳이 보지도 않는다. 그저 그 아이가 도움을 받을 자격에 해당하는지나 알고 싶을 뿐이다." 이러한 평가와 개입 사이의 연결성의 결여는 보고서가 실질적이고 효과적인 권고를 제공하지 않아서 교사들이 평가의 가치를 알아차리지 못하기 때문에 발생한다. 마찬가지로 부모들은 당신이 제안하는 방식으로 자녀의 환경을 바꾸는 것이 불가능하다고 생각할 수도 있고, 내담자가 현재 상황을 바꿀 수 없거나 바꿀 의사가 없을 수도 있다. [빠른 참조 9-2]는 권고를 따르지 않거나 무시하는 일반적인 이유를 개관한다.

권고 사항이 완전히 새로운 사고방식을 수용하도록 요구하는 경우에 권고는 거부되거나 무시될 가능성이 높다. 때때로 당신은 전략적으로 사람들을 직접 대면하여 새로운 아이디어를 소개할 필요가 있다. 그렇게 하면 그 아이디어가 서류에 제시될 때쯤에는 그것이 그렇게 급진적으로 보이지 않게 된다. 권고 사항이 고려되도록 하려면 권고를 규범적이고, 긍정적이며, 실용적일 뿐만 아니라 실행 가능하도록 만들라.

당신이 보고서를 쓰기 시작할 때, 당신은 수검자와 다른 의사결정권자들이 어떤 개입을 기꺼이 할 수 있을지에 대해 이미 어느 정도 알고 있어야 한다. 평가 과정 전반에 걸쳐 수

> **[빠른 참조 9-2]**
>
> **권고를 따르지 않는 이유**
>
> - 너무 모호함
> - 적절한 직원과 공유되지 않음
> - 너무 복잡함
> - 너무 장황함
> - 연령이나 능력 수준에 적합하지 않음
> - 실행 담당자가 이해하지 못함
> - 그 환경에서 실행 불가능함
> - 너무 많은 시간이 소요됨
> - 내담자 또는 학생에 의해 거부됨

> **잊지 말 것**
>
> 권고는 다음과 같이 구성되어야 한다.
> - 규범적인
> - 긍정적인
> - 실용적인
> - 구현 가능한

검자 및 관련 의사결정권자들이 어떤 종류의 개입을 환영할 것인지에 대해 소통해야 한다. 예를 들어, 일반 교육을 하는 교사에게 수업 전후에 그 학생에게 추가적인 지원을 할 의향이 있는지 물어보거나, 고용주에게 다른 장소에 있는 사무실을 사용할 수 있을지 확인해 보라. 만약 당신이 어떤 종류의 개인치료나 개입을 추천하고 싶다면, 부모님이나 내담자에게 가서 치료비를 부담할 의사가 있는지 확인하라.

의사결정권자는 자신이 직접 만든 해결책에는 전념할 가능성이 높다. 당신의 대화가 수검자와 다른 결정권자들에게 활력을 줄 아이디어를 만들어 내도록 이끈다면, 그 아이디어의 합당한 어떤 부분이든 그것을 추천하고 자세히 기록하라. 어설픈 수정을 최소화하라. 그렇지 않으면 당신은 원래 호소하려던 아이디어를 지워 버릴 수 있다. 완벽은 좋은 것의 적이다.[3] 사람들에게 영감을 주는 제공 가능한 적당한 해결책이 사람들을 당황하게 하는 전문적이면서 최적화된 해결책보다 낫다.

공감은 시작할 때 환영받는 방법이다

이상적이라면 당신은 수검자 및 관계자와 만날 때마다 전문적인 업무 협력관계를 구축해 왔을 것이다. 보고서의 앞선 부분들도 그와 유사하게 당신이 박식하고 성실하며 자상한 그들의 편이라는 것에 대한 의심을 주지 않아야 한다. 그럼에도 불구하고 무뚝뚝한 표현으로 권고하는 것은 판단적이거나 권위주의적인 것으로 비추어질 위험성이 있다.

만성적인 수면 부족이 숀의 산만함과 짜증을 현저히 악화시켰다고 가정해 보자. 당신의 권고는 직설적이다.

> 숀은 정해진 취침시간이 지속적으로 강제되어야 한다.

자, 만약 숀이 지연 전략에 정통한 제멋대로인 아이라고 했을 때, 그 권고 사항을 처음 읽은 부모가 떠올리는 생각을 상상해 보자. "정해진 취침시간? 정말 놀라운 생각이야! 그

3) Perfect is the enemy of the good: 프랑스의 철학자 볼테르의 격언으로 완벽주의는 오히려 충분히 좋은 수준의 수행을 방해한다는 뜻이다(역자 주).

런 생각은 처음 해 봤어. 당신의 말은 부모가 취침시간을 강제할 수 있다는 말씀인 거죠? 누가 그걸 알았겠어요?" 약간의 설명은 숀의 부모가 새로운 아이디어를 좀 더 수용하기 쉽게 만들 수도 있다.

> 숀의 부모는 일관된 취침시간을 강제하려 하지만 숀이 늦게까지 깨어 있기로 결심했을 때, 그는 그렇게 하기 위한 기발한 방법을 찾아냅니다. 숀이 숙제를 마치고 바로 잠자리에 들게 하려면 종종 상당히 불쾌한 대가를 치러야 합니다. 그러나 숀을 늦게까지 깨어 있게 하는 것은 아침에 일어나기 어렵게 하고, 학교에서 부주의하게 하며, 저녁에는 짜증 내게 합니다. 필요한 것은 숀이 가정에서 불필요한 갈등을 일으키지 않고 충분한 수면을 취할 수 있도록 돕는 방법입니다. 그런 아이디어에는 ……이 포함됩니다.

짧은 논리적 근거와 함께 권고 사항을 제시하라

비록 그럴 만한 필요성이 있음에도, 해석과 권고를 별도의 항목에 배치하는 것에는 다음과 같은 단점이 있다. 독자가 이해하기에 문제와 해결책 사이의 연관성은 당신의 마음처럼 명확하지 않을 수 있다. 권고에 대한 간단한 근거를 제시하면 기억에 더 많이 남고 설득력이 있을 것이다. 예를 들면 다음과 같다.

- 모든 가정, 심지어 최상의 환경에서도 갈등은 일어납니다. 불행히도 조현병을 앓고 있는 사람들은 가족 갈등 스트레스에 특히 취약합니다. 재발과 추가 입원을 막기 위한 이미 검증된 방법들 중 하나는 가족들로부터 받는 스트레스와 비판에 대한 노출을 줄이는 것입니다. 헬렌은 여전히 가정 내 규칙을 따라야 하고 다른 사람들을 존중하며 대해야 하지만, 이러한 고려 사항들을 실행하기 위해서는 그녀를 대할 때 다른 가족구성원들을 대할 때보다 더 부드러울 필요가 있습니다. 그래서 나는 요구를 할 때 분명하고 확고하면서도 부드럽게 하는 방법이 담긴 유인물을 함께 제공합니다.
- 엘사는 약물을 중단하려 할 때 조증 삽화를 나타냅니다. 따라서 오랫동안 기분이 안정되어 있을 때에도 그녀가 치료 방식을 준수하는지 감독하는 것이 필요합니다.
- 브리는 수학적 추론 기술에 강점이 있지만, 때때로 그녀의 읽기장애가 수학 시험에서 강점을 증명하는 데 방해가 됩니다. 그러므로 그녀는 모든 지시문과 문제를 한 번에 하나씩 큰 소리로 들을 수 있는 조용한 환경에서 수학 시험을 치를 수 있게 해 주어야

합니다.

- 브라이언이 대수학에서 어려움을 겪는 이유 중 하나는 그가 아직 산수에 숙달되지 않아서 여전히 기본적인 수학 문제에 계산기를 사용하기 때문입니다(예: 8 + 7 = 15, 13 − 9 = 4, 6 × 7 = 42). 계산기는 기본적인 수학적 사실들을 이미 알고 있고, 그것을 사용하지 않으면 지루한 숫자 계산을 반복해야 하는 사람들을 위해서만 훌륭한 도구입니다. 그러나 대수학 등식을 해결할 때 기초적인 수학 문제에 계산기를 사용하게 되면 처리 과정은 느려지고 산만해지기가 쉽습니다. 브라이언이 기본적인 수학 문제에 계산기를 사용할 때, 그는 종종 여러 단계로 된 문제에서는 진행 과정을 놓쳐 버리고 부주의한 실수를 합니다. 브라이언이 기본적인 수학 문제들을 빠르고, 정확하고, 노력 없이 기억해 낼 수 있을 때까지 연습한다면 대수학이 훨씬 더 쉽다는 것을 알게 될 것입니다. 브라이언이 기본적인 수학 문제에 능숙하게 되는 것을 돕기 위한 몇 가지 아이디어에는 ……이 포함됩니다.

때때로 그 논리적 근거는 극히 간단하다. John Willis(개인적인 대화, 2016년 7월 24일)는 [빠른 참조 9-3]에 **왜냐하면 진술문**(Because Statements)이라고 부르는 예문들을 제공했다.

[빠른 참조 9-3]

왜냐하면 진술문

권고는 왜냐하면 진술문이 선행될 때 더 설득력이 있고, 더 잘 이해되며, 더 합리적일 가능성이 더 높아진다.

- 마빈의 지필 응답 처리속도는 매우 느리기 때문에, 그는 시험과 퀴즈에 약 50%의 추가 시간이 필요할 것입니다.
- 마거릿은 단어 인출(word retrieval)에 큰 어려움을 겪기 때문에, 선생님들은 그녀에게 가기 전에 재빨리 미리 알려 주고, 답변을 작성할 시간을 주고, 필요한 단어를 찾는 동안 동급생들을 제지함으로써 그녀를 도울 수 있습니다.
- 엘턴의 비언어적 인지능력이 언어능력에 비해 훨씬 큰 강점이기 때문에, 교사들은 엘턴에게 정보를 제공하고 이해하기 쉬운 소통을 하기 위해서 제스처, 그림, 차트, 도표, 모형, 시연, 지도, 지구의, 투시도 및 기타 시각적 보조 기구를 최대한으로 사용함으로써 도움을 줄 수 있습니다.

- 샘은 읽기와 철자법을 할 때 모음 발성에 어려움이 있기 때문에, 음성학적 발달에 필요한 기술과 기저의 음성학적 능력을 더 깊이 평가해 볼 만한 가치가 있습니다.
- 비록 DAS-II에서 마리아의 언어능력은 시각적 능력에 비해 훨씬 강점이었지만, 이는 역설적으로 단순한 시각적 보조만 있어도 그녀가 도움을 받을 수도 있다는 말이 됩니다. 그녀의 어려움은 자신의 내적인 정신적 이미지를 떠올리는 것보다는 실제로 보는 것을 통해 경감될 수 있습니다. 시각적 이미지는 독해력, 수학적 문제해결, 그리고 다른 기술들에 매우 중요하고, 너무 복잡하지 않은 시각적 보조는 마리아가 말 그대로 무엇을 의미하는지 '보도록' 도울 수 있습니다.
- 최근 래리의 학업 수행이 급격히 저하되었기 때문에, 지금이 더 높은 학업 기대치에 초점을 맞춘 직접적인 개입을 고려해야 할 시기로 보입니다.

단순함을 유지하라

보고서의 다른 항목과 마찬가지로 권고에는 전문용어가 없어야 하며 이해하기 쉬워야 한다. 명확하지 않은 권고 사항은 무시될 것이다. 예를 들어, "과장된 청각적 재구조화를 활용하십시오. 특히 철자법에 대해서 그렇게 해 주십시오."와 같은 권고를 어떻게 다루어야 할지 아는 부모나 교사는 거의 없을 것이다. 대신, "제시카가 단어의 발음이나 철자를 어려워할 때에는 단어의 각 소리를 과장되게 천천히 발음해 주세요."(쿠키 몬스터[4]가 'FFFF-OOOO-DDDD'라고 소리를 내는 것처럼)는 일상적인 경험으로 아이디어를 표현한다.

충분히 설명되지 않은 제안들을 빠르게 연이어 늘어놓는 것은 혼란스러울 뿐만 아니라 압도되는 면이 있다. 어떤 사례 보고서는 다음과 같은 권고를 했다.

> 언어 기반 학습곤란의 증거들로 인해서, 오스틴이 복잡하고 긴 청각 정보와 구술된 지시를 처리하고, 언어적 조직화와 언어적 표현 능력을 향상시키며, 단어와 명칭인출 기술을 향상시키고, 질문을 해석하고 기술하고 설득하는 능력도 개선하며, 정보를 엄밀하고 순차적으로 재진술하는 능력과 정보를 조직화하는 능력, 질문에 답하는 능력, 그리고 그의 상위언어학적 기술(metalinguistic skills)을 교실자료에 적용하는 능력을 향상시키는 것이 도움이 될 것입니다.

---

4) Cookie Monster: 한국의 〈딩동댕 유치원〉과 유사한 유아 대상 TV 프로그램인 새서미 스트리트의 캐릭터 중 하나다. 이름에서 유추할 수 있듯이 쿠키를 먹어 치우는 괴물이며, 다른 음식에 대한 집착도 심한 트러블 메이커 역할을 한다(역자 주).

불필요한 기술적 전문용어가 제거되고 어색한 표현이 고쳐졌다 하더라도, 지나치게 추상적인 제안들이 산재된 이 언어적 조합들은 아무런 영향을 미치지 못할 것이다. 이러한 아이디어들 중 한두 가지만 구체적인 실행 가능한 계획으로 발전시키는 것이 훨씬 더 효과적일 것이다.

구체적으로 하라

모든 유형의 개입에 대해, 제공되는 서비스의 강도 및 기간을 언급한 권고 사항은 종종 도움이 된다. 예를 들면 다음과 같다.

- 샌드라에게 15주 동안 매일 30분씩 개별 과외를 제공하십시오.
- 제이크에게 최소 1년 동안 심리상담을 제공하십시오.
- 자살 충동과 망상이 계속되기 때문에, 루벤을 18개월간의 치료 프로그램에 보내는 것을 고려하십시오.

그게 아니라면, 당신은 목표 완료 시점이 포함된 권고 사항을 작성할 수 있다.

권고의 구체성을 상황의 구체성에 맞춰 조정하라

보고서는 또한 권고의 구체성에서도 차이가 있을 것이다. 어떤 보고서는 일반적인 개입을 언급하는 반면, 다른 보고서들은 구체적인 기법과 자료에 대한 제안을 포함할 것이다. 권고에서는 구체성이 ① 넓은(broad), ② 구체적인(specific), ③ 세부적인(detailed)의 세 가지 단계로 구분된다. 사다리의 계단처럼 권고의 특수성을 떠올려 보라. 맨 아래 계단은 가장 폭넓은 권고며, 단계가 올라갈 때마다 계단이 점점 좁아진다. [빠른 참조 9-4]는 이러한 구체성 수준의 예를 보여 준다.

의뢰 시 질문에 대한 적절한 해결책을 제공하기 위해서는 얼마나 높은 단계로 올라가야 하는가? 그것은 그때그때 다를 것이다. 구체성을 이끄는 요인의 예로는 평가자의 배경과 필요한 개입 유형에 대한 훈련, 권고를 이행할 환경, 서비스와 자원의 가용성 및 다음과 같은 기타 실용적인 고려 사항이 있다.

[빠른 참조 9-4]

권고의 구체성 수준

구체성 수준	권고 예시
넓은	알리시아가 기본적인 읽기 능력을 향상시키도록 도움을 제공하십시오.
구체적인	오턴-길링엄 접근법(Orton-Gillingham Approach) 또는 윌슨 독서 시스템(Wilson Reading System)과 같은 특정한 다감각 음성학적 접근법(multisensory phonics approach)을 사용하여 알리시아에게 음성학적 기술을 교육하십시오.
세부적인	알리시아에게 어떻게 음절 유형의 차이가 모음의 소리를 결정하는지를 교육하십시오. 이 우수 온라인 동영상 모음집[URL을 제공함]에서는 영어에서 서로 다른 6가지의 음절 유형을 설명합니다. 그리고 저는 알리시아가 구분되는 음절 유형을 인식하는 데 도움이 될 워크시트를 몇 개 첨부했습니다. 더 많은 워크시트는 [웹 사이트 URL]에서 찾을 수 있습니다.

- 특정 프로그램 또는 치료가 그 지역에서 제공되고 있는가?
- 그 프로그램의 비용은 얼마인가?
- 그 사람이 프로그램에 얼마나 오래 참여해야 하는가?
- 권고를 따르고 실행할 사람이 그 환경에 있는가?
- 그 사람에게 치료를 받을 의사가 있는가?

[빠른 참조 9-5]는 구체성 수준에 영향을 미치는 몇 가지 요인을 검토한다.

일반적인 지침으로서 특정 프로그램이나 교육 실제에 대한 구체적인 권고는 당신이 해당 분야에 탄탄한 배경을 가지고 있고, 프로그램이나 치료의 효능에 대한 지식을 갖추고 있으며, 이용 가능한 서비스와 자원의 범위에 친숙한 경우에만 한다. 당신이 한 분야에 충분한 배경이 없다면, 구체적인 권고를 해 줄 수 있는 좀 더 풍부한 지식을 갖춘 다른 사람에게 의뢰하라(예: 정신건강의학과 의사, 언어치료사, 읽기 전문가, 정신건강 전문가, 소아·청소년과 전문의, 직업상담사).[5] 넓은 권고는 권고 사항을 실행하는 사람이 스스로 적절한 전략과 자료를 선택할 수 있도록 해 준다. 구체적인 권고는 그들이 절차나 그 활용 방법에 대해 의문의 여지없이 정확하게 수행할 수 있게 작성한다. 만약 당신이 어떤 분야에 대한 개입의 범위와 유형에 대해 매우 잘 알고 있다면, 당신의 권고는 훨씬 더 엄밀하고 규범적일 것이며 더 이상의 설명 없이도 다른 사람들이 실행할 수 있을 만큼 충분히 구체적일 것이다. 일반적인

[빠른 참조 9-5]

권고의 구체성에 영향을 미칠 수 있는 요인

- 평가자의 훈련 및 배경
- 개인의 요구, 목표, 동기 및 욕구
- 그 개인에 대한 부모 또는 보호자의 요구와 목표
- 사전 치료 및 개입
- 환경
- 자원 및 서비스의 가용성
- 서비스의 비용
- 서비스 구현을 위한 인력의 가용성
- 서비스의 강도 및 기간
- 문제의 심각성

권고 및 구체적인 권고의 예문 3개를 [빠른 참조 9-6]에 제시하였다.

[빠른 참조 9-5]에 언급한 바와 같이, 때때로 평가자는 짧은 권고를 작성하지만, 그 후 보고서의 부록이나 첨부자료로 방법론이나 특정 서비스에 대한 설명을 추가한다. 예를 들어, 철자법을 가르치기 위해 다양한 절차의 단계를 설명하는 교사에게 한 쪽 분량의 유인물을 제공할 수 있다. 또는 ADHD 아동이 이용할 수 있는 지역사회 서비스를 더욱 명확히 알려 주거나 다양한 의약품의 유익성과 유해성을 설명하는 유인물을 부모에게 제공할 수 있다. 당신은 또한 추가적인 정보나 자료를 제공할 책, 기관, 웹 사이트와 같은 구체적인 자원들과 더불어 내담자, 부모, 교사에게 직접 권고 사항을 작성할 수도 있다. 다음은 이러한 유형의 권고 사항의 예시다.

- ADHD 관리에 대한 자세한 정보를 얻으려면 아동 및 성인 주의력결핍 과잉행동장애(Children and Adults with Attention Deficit Hyperactivity Disorder: CHADD)에 가입하는

5) 지금 당장은 한국의 임상전문가들이 이러한 개입에 대한 전문 지식 혹은 관련 전문가들과의 연결망을 갖춘 사람이 드물 것이다. 하지만 우리는 반드시 이런 협업체계에 익숙해져야 한다. 그렇지 않으면 우리는 아무런 권고도 쓸 수 없는 고립된 작업을 하게 될 것이다. 처음에는 가외 업무로 느낄 수 있다. 하지만 이런 과정을 거쳐야 비로소 우리의 보고서가 제대로 된 경제적 가치를 인정받을 수 있다(역자 주).

것을 고려하십시오(800-233-4050, www.chadd.org). 이 기관은 아동 및 성인들에게 귀중한 정보를 제공합니다.

- 카르멘이 난독증을 앓고 있는 것으로 확인되었으므로, 오디오북(www.learningally.org; 800-107-4792)을 받을 수 있도록 학습 연맹(Learning Ally)에 등록하도록 도와주세요.

주의

검사자는 항상 보고서 권고 사항에 포함된 URL을 두 번 확인하여 그 사이트가 여전히 활성화된 상태인지 또는 리디렉션되지 않은 상태인지를 확인해야 한다.

[빠른 참조 9-7]은 학습, 행동 및 심리적인 문제에 대한 정보를 제공하는 여러 기관 웹 사이트들의 예시를 제공한다.

[빠른 참조 9-6]

넓은 권고와 세부적인 권고의 예시

넓은	세부적인
음운학적 인식을 높이기 위해, 샌드라를 단어의 소리에 초점을 맞춘 다양한 활동에 참여시키십시오.	소리 조합 능력(Sound blending ability)을 향상시키려면 샌드라에게 다음 단계를 활용한 직접적인 지시를 제공하십시오. ① 단어를 말하게 하세요, ② 연음(prolonged sounds)이 있지만 소리가 분절되지 않는 단어를 제시하고 샌드라가 읽게 하세요, ③ 단어 사이에 짧은 휴지(short break)가 있는 소리를 제시하고 샌드라가 읽게 하세요, ④ 0.25초, 0.5초, 1초 간격으로 단어를 제시하고 샌드라가 각각의 제시된 단어를 읽도록 하세요(Kirk, Kirk, Minskoff, Mather, & Roberts, 2007).
훌리오에게 어휘를 가르칠 때는 능동적인 학습이 수반되는 다양한 활동을 활용하십시오.	훌리오에게 어휘를 가르칠 때는 지시된 어휘 사고 활동(directed vocabulary-thinking activity)을 활용하세요(Cunningham, 1979). 다음 단계를 수행하십시오. 칠판에 단어를 적고 훌리오에게 그 뜻을 알아맞혀 달라고 요청하세요. 훌리오의 응답을 기록하세요. 몇 문장에서 정확하게 사용된 단어들을 적고, 훌리오에게 다시 물어본 다음 그의 반응을 기록하세요. 훌리오에게 사전에서 그 단어를 찾아보고 그의 응답을 사전의 정의와 비교할 수 있게 해 주세요.
조나스를 위한 행동개입 프로그램을 마련해 정적 강화와 부적 결과를 제공하십시오.	토큰 강화 시스템을 기반으로 조나스를 위한 행동개입 프로그램을 구성하십시오. 이 절차는 이 보고서의 끝에 첨부된 부록 1에 모두 설명되어 있습니다.

[빠른 참조 9-7]

조직 및 웹 사이트의 예

미국 불안장애 협회: www.adaa.org
고등교육 및 장애에 관한 협회: www.ahead.org
아동 및 성인 주의력결핍 과잉행동장애(CHADD): www.chadd.org
특수아동을 위한 협회(CEC): www.cec.sped.org
국제 난독증 협회(IDA): www.interdys.org
인터넷 정신건강: www.mentalhealth.com
미국 학습장애 협회(LDA): www.ldanatl.org
국립 학습심리학자 협회(NASP): www.nasponline.org
국립 학습장애 센터: www.ncld.org
국립 우울증 및 조울증 협회: www.ndmda.org
강박증 재단: www.ocfoundation.org

수검자에게 맞춰진 권고를 작성하라

평가자가 권고 작성을 할 때 일률적인 접근방식을 적용한 보고서를 발견하는 것은 어렵지 않다. 즉, 권고가 숙련된 임상가가 아니라 컴퓨터가 만들어 낸 것처럼 보인다. 당신이 그 검사자로부터 받은 두 번째 보고서는 종종 당신의 그러한 의심을 확인해 준다. 의뢰 시 질문이 무엇이었는지는 거의 고려하지 않고 똑같은 권고를 제공한다. 인간을 위한 권고는 인간이 써야 한다. 수검자는 심사숙고하여 작성된 권고안을 받을 자격이 있다. 자신이 다른 사람에게 권고한 것을 다시 권고하는 것은 괜찮지만, 가능하면 수검자의 개성과 독특한 상황을 권고에 반영하라. 당신의 권고가 다른 사람을 위해서는 사용될 수 없다는 것을 분명히 하라. 예를 들면 다음과 같다.

• 가레트, 당신이 가지고 온 마르쿠스 아우렐리우스의 〈명상록〉[6]에 관심이 있었던 이

6) Marcus Aurelius's Meditations: 마르쿠스 아우렐리우스는 로마의 16대 황제이자 5현제 중 한 명으로 철인황제(哲人皇帝)로 불린다. 별칭에서 알 수 있듯이 그는 황제인 동시에 에픽테토스, 세네카와 함께 스토아학파의 주요 인물 중의 한 명인 철학자였지만, 실제 황제의 치세는 대부분 전쟁으로 얼룩졌다. 〈명상록〉은 황제가 그러한 고난의 시기에 스토아 철학자로서의 자신에 대한 이상과 스토아 철학의 특징인 이성의 추구와 금욕주의를 기반으로 자신을 위해 쓴 수기라고 볼 수 있다. 이후에 이 책은 서양 철학사의 명저로 남는다(역자 주).

유 중 하나는, 내가 아우렐리우스에게 영감을 준 철학사조인 스토아 철학에 기반을 둔 분노 관리 기법을 권고할 것이라는 것을 미리 알고 있었기 때문입니다. 합리성(rationality)에 대한 당신의 애정과 엄격한 자기평가에 대한 헌신은 인지치료의 철학적 기초와 잘 맞기 때문에, 그 치료법은 당신에게 이상적인 치료적 선택이 됩니다. Matthew Mckay의 『분노가 상처를 줄 때: 내면의 폭풍을 잠재우기(When anger hurts: Quieting the Strom Within)』는 분노 조절에 대한 인지치료 접근법의 이면에 있는 아이디어를 직설적이고 실용적이며 생동감 있게 보여 줍니다. 나는 당신이 그것을 읽고 그 안에 제시된 몇몇 기술들을 시험해 보는 것을 좋아할 것이라고 생각합니다.

- 글로리아가 주요우울증에 대한 진단기준을 만족시키기는 하지만, 그녀는 현재의 어려움을 주로 영적인 측면에서 바라보고 있습니다. 그녀는 부분적으로 "성령을 모독해서 그 성령이 이 생에도 다음 생에도 용서 없는 분노를 하고 있다"라는 말을 믿기 때문에 낙담하고 자살하고자 합니다. 심리치료라는 맥락에서 종교와 영성에 대해 편하게 대화할 수 있는 치료사를 선택할 것을 추천합니다. 우연히도 글로리아에게는 '용서받지 못할 죄'에 대한 신념이 그녀의 종교적 전통의 공식적인 교리에서 벗어나는 것처럼 보인다는 것을 알게 되면 큰 위안이 될지도 모릅니다. 글로리아의 실존적 · 신학적 관심사를 감안할 때 그녀의 질문에 명확하고 권위 있는 답변을 줄 수 있는 글로리아가 다니는 교회의 신뢰받는 성직자와 협력할 필요가 있을 것입니다.
- 타니아가 검사를 받는 것에 약간 지쳤을 수도 있지만, 그녀의 언어 지연에 대한 나의 우려는 좀 더 철저한 평가가 필요할 만큼 충분히 심각합니다. 나는 매우 존경받는 언어병리학자인 라나 알브레히트 박사를 만나 볼 것을 추천합니다. 운이 좋다면 나는 타니아도 알브레히트 박사의 사무실에 있는 사진, 그림, 조각품을 좋아할 것이라고 생각합니다. 알브레히트 박사는 타니아만큼이나 코알라를 사랑합니다! 그보다도 나는 그녀가 알브레히트 박사의 유머를 좋아할 것이고, 그들이 꽤 잘 어울릴 것으로 예상합니다.

복잡하고 장기적인 문제에 대한 해결책을 제안할 때, 첫 단계를 강조하라

권고 항목은 치료 계획의 첫 번째 초안에 해당한다. 축구 코치가 첫 20경기 결과를 미리 예측할 수 없는 것과 같은 이유로, 당신은 향후 수개월 혹은 수년 동안 지속될 단계별 지침을 제공하기 힘들 것이다. 각각의 새로운 단계는 이전 단계의 결과에 따라 달라지기 때문에 장기적인 전략적 목표와 이를 위한 초기 단계에 권고 사항을 집중해야 한다. 예를 들면 다음과 같다.

엘리제, 우리는 독립해서 살고자 하는 당신의 계획과 그 전에 해결해야 할 장애물들에 대해 폭넓게 이야기를 나누었습니다. 아마도 그중 가장 중요한 것은 일을 하다가 공황발작이 일어날 것이라는 두려움 때문에 장기적인 일자리를 찾지 못했다는 점일 겁니다. 공황발작을 통제하기 위한 과거의 노력에 대해 논의했을 때, 당신은 이전의 심리치료사를 만나고 싶지 않다는 것을 분명히 했었습니다. 심리치료에 대한 실망스러운 이전의 경험들을 고려했을 때, 나는 당신이 다시 시도하기를 꺼리는 이유를 이해합니다. 하지만 저는 당신이 공황장애에 대한 단기집중치료는 이전에 참여했던 열린 치료와는 상당히 다르다는 것을 알게 될 것이라고 생각합니다. 당신이 선택을 고민하는 동안, 나는 공황발작과 치료법에 대해 더 많이 공부할 것을 추천합니다. 이 주제에 관한 훌륭한 책으로는 데이비드 번스의 『공황발작이 왔을 때(When Panic Attacks)』와 에드먼드 J. 본의 『불안 및 공포증 워크북(Anxiety and Phobia Workbook)』이 있습니다. 이 책들이 담고 있는 실용적 기법 몇 가지를 시험해 보면 불안과 공포를 줄이는 데 도움이 될 것입니다. 그것들은 또한 공황장애에 대한 단기적인 치료법이 어떤 모습일지 미리 보여 줍니다. 만약 당신이 충분히 고민한 후에 심리치료에 대한 생각이 바뀔 때를 대비해서, 공황장애 치료가 전문인 지역 치료사들의 명단을 짧게 첨부했습니다.

책, 유인물 및 웹 사이트를 추천하라

만약 당신이 권고를 쓸 때 38단계 개입에 대해 설명하거나, 특별교육법의 번잡함 속에 깊이 빠져 있거나, 모든 행동 이론을 한 페이지 이내로 반복해서 설명하는 중에 길을 잃었다는 것을 깨닫게 된다면, 당신은 멈춰서 시간을 얼마나 효과적으로 사용하고 있는지 재고할 필요가 있다. 아마도 우리의 학문적 역사의 어느 시점에 누군가가 이미 당신이 쓰려고 애쓰고 있는 것에 대해 명료하고 분명하며 기발한 버전을 작성해 놓았을 것이다. 당신이 추천하게 될 책, 유인물 및 웹 사이트의 자가치료 자료(self-help materials)가 높은 품질을 가지고 있는지에 대한 평가자가 되자. 그리고 복사하거나 링크해서 제공하자. 만약 가능하다면 수검자의 지역 공공도서관에서 볼 수 있는 책을 추천하자.

전문가, 조력자 및 지역 지역사회 자원들와 수검자를 연결하라

복잡한 문제를 해결하는 도중이나 막바지에 나타날 수 있는 예측할 수 없는 장애물과 난관에서 도움을 제공하기 위해서, 당신의 권고는 수검자와 그 가족을 전문가, 조력자, 지역사회 자원과도 연결해 주어야 한다. 예를 들면 다음과 같다.

- 많은 기관들이 기억력 장애를 경험하기 시작한 사람들과 그들의 가족을 돕기 위해 일합니다. 예를 들어, 지역 알츠하이머 협회[전화 번호 및 웹사이트 URL]에는 뉴스레터가 있고, 필요한 경우 활용할 수 있는 여러 지원 서비스가 있습니다. 도움을 받기 위해 반드시 알츠하이머 진단을 받을 필요는 없습니다.
- ADHD 아동의 부모님들은 종종 양육 중에 친구와 가족의 조언이 그들의 상황에 잘 맞지 않을 때 압도되고 고립되었다고 느낍니다. 어떤 부모님들은 ADHD 아동의 부모를 위해 고안된 육아 기관에서 지혜, 위로, 공동체를 발견하게 됩니다. 이러한 기관의 목록은 [웹사이트 URL]에서 확인하실 수 있습니다.
- 제이컵은 활발한 사회생활을 하고 있지만, 친구관계의 질에 점차 불만을 느끼게 되었습니다. 그는 도움 요청을 거절하기가 어려워서 관계가 일방적이라고 느끼게 되면 분노를 느낀다는 점을 깨달았고, 그것이 가까운 친밀감을 가로막는 장벽 중 하나였습니다. 매주 목요일 저녁마다 [지역사회 대학교]에서 모이는 성인을 위한 저비용 사회기술 훈련 집단이 있습니다. 거기에서는 원하는 것과 욕구를 표현하고, 도움을 요청하고, 부드럽게 거절하는 등의 의사소통 기술을 가르쳐 줍니다. 이 집단은 지지적이고 활기찬 환경에서 이러한 기술들을 광범위하게 실습해 볼 수 있게 해 줍니다. [연락처 정보]

수검자의 강점을 이끌어 내라

권고는 또한 개인의 강점을 다루어야 한다. 어려움에만 초점을 맞추게 되면, 자기 자신과 현재 환경에 대한 인식뿐만 아니라 평가 과정에 대해서도 부정적인 인식을 줄 수 있다. 일반적으로 낮은 인지기능을 가진 사람의 경우에도 권고에서는 상대적 강점의 영역을 다룰 수 있다. 강점에 대한 권고는 한 개인이 어떻게 잘 발달된 능력이나 기술을 사용해서 개인적 · 학문적 · 직업적 성공 가능성을 높일 수 있는지를 다룬다. [빠른 참조 9-8]은 한 학생의 사례 예시와 그 학생의 강점에 초점을 맞춘 몇 가지 권고 사항을 제시한다.

권고는 또한 그 사람이 현재 할 수 있는 것을 밝히는 것으로 시작해서, 그다음에 적절한 교육적 권고 사항으로 이어질 수 있다. 예를 들어, 평가자는 "현재 젭(Zeb)은 재편성(regrouping)이 필요하지 않을 때 두 자리 숫자를 뺄 수 있습니다. 그는 이제 재편성과 관련된 두 자리 숫자를 빼는 법을 배울 준비가 되어 있습니다."

[빠른 참조 9-8]

학생의 강점을 활용한 권고 사항 개발 사례

사례 정보	권고
젠은 중학교 학생으로 수학 과목에서의 어려움 때문에 평가가 의뢰되었다. 평가결과, 비록 젠이 수학 및 과학에 관련된 개념에서 어려움을 겪고 있었지만, 그녀의 읽기 및 쓰기 과제에 대한 수행은 매우 뛰어난 것으로 나타났다. 평가 동안 젠은 국어 과목에서는 어려움을 느끼지 않는다고 말했고, 한 주제에 대해 심도 있는 연구를 하기 위한 컴퓨터 사용법에 대한 관심사를 논의했다.	1. 어학 및 역사 과목에서는 계약 학습 접근법을 사용하여 젠이 의사결정 과정에 적극적으로 참여하고 자신의 학습과정을 설계할 수 있도록 합니다. 그녀가 모든 정규수업 과제를 완료하기 위한 방법으로, 그녀의 반 또래들에게 기대되는 것보다 더 뛰어난 연구 기술이 필요한 심층적인 프로젝트를 설계할 수 있는 선택권을 주도록 합니다. 2. 젠에게 풍부한 활동을 제공하십시오. 예를 들어, 젠에게 컴퓨터에 대한 정보를 조사하게 합니다. 활동의 예로는 ① 프로젝트를 완성하기 위한 URL 찾기, ② 다양한 웹 사이트가 제공하는 정보의 정확성 판단하기, ③ 개인 또는 학교 웹 사이트 만들기 등이 있습니다.

수검자가 (특정) 서비스를 받을 자격이 없을 경우, 당신의 권고는 그 어느 때보다 중요하다

많은 평가에서, 주된 문제는 수검자가 추가적인 서비스나 조정을 받을 자격이 있는지 여부다. 거의 모든 평가가 어떤 사람이 무엇에 대해 걱정했기 때문에 의뢰되었다는 것을 기억하라. 일부 수검자들은 불가피하게 추가 서비스를 받을 자격이 없어서 수검자와 가족구성원들에게 부가적인 스트레스를 줄 수 있다. 이러한 경우, 권고 항목이 특히 사려 깊지 않으면 안 된다. 수검자 및 가족과 많은 시간을 보낸 다음에, 당신은 더 넓은 범위의 문제에 도움이 되는 안내를 할 수 있는 위치에 있다. 비록 특정한 서비스가 보장되지는 않았지만,

당신의 보고서와 권고는 여전히 그들의 삶을 더 좋은 방향으로 바꿀 수 있다.

권고 항목에 권고 사항을 집어넣으라

대부분의 의사소통에서, 우리는 문제를 언급한 직후에 해결책을 제안한다. 즉, 변화를 위한 사실들과 논쟁이 아직 듣는 이의 마음에 생생할 때 이루어진다. 따라서 보고서에서 해석 직후에 권고를 포함하고 싶은 유혹을 느낄 수 있다. 예를 들어, 마르코가 단어의 발음을 하려고 할 때 모음과 자음의 소리 혼합에서 수많은 오류를 범했다고 진술한 후, 해결책을 제안하는 것은 당연해 보인다. '그는 기초 읽기 능력을 향상시키기 위해 체계적인 음성학적 개입법이 필요합니다'와 같은 구체적인 교육적 접근에 대한 권고가 적절할 수는 있겠지만, 제안은 전통적으로는 보고서 말미에 있는 권고 항목에 속한다. 만일 당신이 해석 항목에서 해결책을 제안하고 싶어서 전통을 깨뜨린다고 해도 아무도 당신의 자격증을 빼앗지 않을 것이다. 그러나 이 전통은 훌륭한 이유들로 인해 존재한다.

- 보고서는 반복적인 자문이 가능하도록 설계된 문서다. 이러한 이유로 우리는 독자가 모든 권고 사항을 참고할 때마다 전체 문서를 훑어서 찾아내도록 강요하지 않고 찾기 쉬운 항목에 배치한다.
- 많은 권고 사항은 보고서 전체에 흩어져 있는 여러 우려 사항을 요약 항목에 통합한 후에만 타당하다.
- 요약 및 권고 항목만 주의 깊게 보는 독자는 이전 항목에 제시된 권고 사항을 놓칠 수 있다.

따라서 당신이 전통을 깨야만 하겠다고 고집한다면 권고 항목의 앞에 있는 항목들에 포함된 권고 사항을 복사하라. 중복된 권고 사항들을 조율해야 하는 번거로움을 처리한 다음이라면, 당신은 보고서 마지막에 한 세트의 권고 사항을 모두 한곳에 모아 두는 전통적 관행의 지혜로움을 알아볼 수 있을 것이다.

권고 항목이 적절하지 않다면, 그 이유를 설명하라

일부 보고서에는 어떠한 권고 사항도 포함되어 있지 않다. 예를 들어, 평가자는 모든 결과가 통합되고 검토된 후에 학교 장면에서 교육팀이 권고를 생성하고 작성할 것이라는 점을 기록할 수 있다. 이 경우 학교심리학자는 "이 심리학 평가결과는 교육 및 언어평가 결과와 종합될 것이며, 그 이후에 퍼디낸드의 교육적 요구를 가장 잘 충족하는 방법이 결정될 것"이라고 쓸 수 있다. 다른 경우라면, 평가자는 권고 사항이 좀 더 지식이 풍부한 다른 사람에 의해 작성될 것임을 명시할 수 있다(예: "언어치료의 구체적인 권고는 언어병리학자에 의해 개발될 것입니다"). 만약 당신이 그 사람과 지속적인 관계를 맺을 계획이라면, 그 사람이 더 많은 치료적 · 심리학적 · 교육적 권고가 필요할 때 당신에게 연락해야 한다고 쓸 수 있다. 당신은 이런 식으로 그 사람이 제안된 목적과 목표를 향해 어떤 진전을 이루었는지 추적하고 필요에 따라 계획을 수정할 수 있다.

권고의 유형

일반적으로 권고 항목은 행동적 · 사회적 · 언어학적 · 심리학적 · 학업적 · 직업적 문제를 다루기 위한 추가 평가, 조정 및 특정 개입에 대한 권고 사항을 나열한다. 우리는 이 하위 절에서 자주 사용되는 권고 사항의 유형에 대해 논의하고 그 예시를 제공할 것이다.

추가적 평가 또는 평정

일부 보고서에는 추가 평가 또는 평정을 위한 권고가 있다. 평가결과가 의뢰 시 질문에 완전히 답할 수 없거나, 원래 평가 범위를 넘어선 새로운 질문과 우려 사항이 나왔을 때 추가 평가에 대한 권고가 이루어진다. 예를 들어, 게너 부부는 아들 마이클의 지적 능력을 평가하고 학교의 영재 프로그램(talented and gifted program: TAG)에 들어갈 자격이 있는지를 결정하기 위해 개인적으로 평가를 의뢰했다. 마이클은 집단형 학교 검사에서 1점 차이로 컷오프를 통과하지 못했다. 게다가 게너 부부의 다른 두 아이인 안나와 벤은 학교의 TAG 프로그램에서 성공적으로 수행을 하고 있었다.

마이클은 스탠포드-비네 지능검사, 제5판(SB5)에서 언어성 IQ 점수는 매우 우수 범위에 속하는 136점(99%ile), 비언어성 IQ 점수는 우수 범위에 속하는 121점(92%ile)을 획득했다. 그의 전체 IQ 점수는 130점(98%ile)으로 매우 우수에 해당한다. 획득한 점수를 통해서 평가자는 마이클이 영재 수준의 지적 능력을 가지고 있다고 결론지었다.

마이클의 선생님들과 이러한 결과를 논의할 때, 그의 글쓰기 능력에 대한 추가적인 우려가 제기되었다. 그의 선생님은 마이클이 TAG 프로그램에서 요구되는 작문 과제의 종류와 분량으로 인해 극도로 좌절할 것이라고 느꼈다. 따라서 심리학자는 TAG 프로그램에서 가능한 글쓰기 교육을 결정하기 위해 문어 영역에 대한 추가적인 평가와 마이클의 글쓰기 능력 향상을 위한 구체적인 개입을 권고했다.

또 다른 경우에 당신은 다른 분야 전문가에 의한 추가적인 평가가 필요하다는 것을 깨닫게 될 것이다. 예를 들어, 평가의 일부로서, 당신은 구어의 여러 측면의 약점을 지적하고 음성언어병리학자가 더 포괄적인 언어평가를 제공할 것이라고 생각할 수 있다. 그러한 상황에서 적절한 권고는 “마사는 수용성 및 표현성 언어능력의 평가뿐만 아니라 여러 구어 표본에 대한 분석을 포함한 음성언어병리학자의 종합적인 언어평가가 필요합니다”이다. 또 다른 경우, 당신은 아동의 시각-운동 기능과 서투른 손글씨를 염려하여 병원의 작업치료사에게 찾아갈 것을 권고할 수 있다. 적절한 권고는 “댄의 미세운동 문제의 심각성에 기초하여 댄을 닥터 톰프슨에게 의뢰해 주십시오. 그는 미세운동 기술, 근육 톤, 유연성, 일반적 조정능력을 추가로 평가해 줄 것입니다”가 될 것이다. 또 다른 경우, 내담자는 뛰어난 시공간적 능력을 가지고 있고, 그 결과에 따라 당신은 그를 적절한 직업적 목표를 개발하는 데 도움을 줄 수 있는 직업상담사에게 의뢰할 수 있다.

추가적으로, 특정 유형의 권고에 대해서는 특정 전문가의 자격 요건이 필요하다. 만약 당신이 의사가 아니라면, 당신은 아동의 부주의함에 대해 특정 약물을 처방하는 것을 권고하지 않을 것이다. 내과 의사나 정신과 의사가 의학적 치료를 권고한다. 그 대신 당신은 “이 학생은 과제의 지속, 약간 어려운 과제, 그리고 적절히 가만히 앉아 있는 데에 현저한 어려움을 겪으므로 주의력결핍 과잉행동장애(ADHD)의 치료를 위한 의학적 치료의 이점에 대해 행동 소아과 의사나 정신과 의사와 상담하십시오”라고 쓸 수 있다.

다른 전문가에게 보다 심층적 평가와 의뢰를 하는 것 외에도 일정한 시간이 경과한 다음에 특정 능력의 재평가를 하라는 권고를 작성할 수 있다. 예를 들어, 오토바이 사고로 머리를 다친 대학 신입생 조의 경우를 보자. 그는 사고 전에는 우등생이었지만, 평가결과에서는 단어 찾기에서 심각한 어려움을 나타냈다. 조는 단어의 개념과 기능을 이해했지만 구체적이고 명확한 정의를 말하는 데에는 어려움을 겪었다. 예를 들어, 문 경첩의 사진을 보여 주었을 때, 조는 문이 앞뒤로 흔들리게 하는 물건이라고 응답했지만 그것이 뭐라고 불렀는지는 기억하지 못했다. 토가의 사진을 보여 주자, 그는 그것이 로마인들이 입었던 옷이며 전에는 그 단어를 알고 있었지만 이제는 모르겠다고 말했다. 평가자는 그의 회복률을 판단하는 데 도움이 되기 위해 언어치료 완료 후 6개월 안에 조의 어휘 지식을 재평가할 것을 권고했다. 또 다른 예로, 어떤 학생이 한 환경에서 다른 환경(예: 고등학교에서 대학으로)으로 전환할 때, 당신은 "카를로스의 진행 상황을 평가하고 대학에 대한 교육적 권고를 하기 위해 2년 후에 카를로스를 재평가하십시오"와 같은 미래의 시점에서 학생의 기록을 업데이트하라는 권고안을 작성할 수 있다.

당신은 또한 성장과 진행 정도를 평가하기 위해 더 빈번한 측정의 필요성과 같은 추가 평가를 위한 권고를 작성할 수 있다. 평가자는 평가의 일환으로 개인의 현재 수행 수준을 설정한 다음 주간 자료 측정 시점들을 기준점으로 설정할 수 있다. 예를 들면 다음과 같다.

- 스콧의 읽기 발달을 모니터하기 위해, 교실 읽기자료 시리즈를 처음 읽을 때 1분 동안 소리 내어 읽는 단어의 개수를 세고 차트화하여 매주 커리큘럼 기반 측정을 수행하십시오.
- 세라에게 곱셈 수학 문제에 대한 훈련을 매일 실시하고 세라가 1분 안에 정확하게 풀 수 있는 문제의 수를 세어 기록하십시오.
- 다음 2주 동안 랠프의 근무 시간을 기록하십시오.

조정

조정(Accommodations)의 필요 여부는 종종 인지 및 학업 검사결과뿐만 아니라 환경 내의 실제 수행에 의해 확정된다. 지능 및 성취도 검사결과는 평가자가 적절한 조정 방식의 선택을 이끄는 가설을 생성하는 데 도움이 될 수 있다. 또한 이 정보는 왜 구체적인 조정이 필요하고 그걸 받을 자격이 있는지에 대한 더 강력한 근거를 제공하는 데 도움이 된다.

예를 들어, 처리속도 검사와 같은 제한시간 측정치에서의 낮은 점수는 장문 읽기와 관련된 검사에서는 더 많은 시간이 필요할 수 있음을 시사한다. 하지만 당신이 이러한 결론을 도출하려면 추가적인 지지 자료(예: 교실 내 교사들의 보고, 읽기속도 측정)가 있어야 한다. 낮은 처리속도 점수, 읽기속도가 우려된다는 교사의 확인, 손상된 읽기속도를 나타내는 점수들은 모두 추가적 시간이 제공되어야 하고 필요하다는 결론을 뒷받침한다.

조정의 핵심 목적은 학업과 직업적 기회에 있어서 불공평하거나 우선적인 접근이 아닌, 동등한 접근을 제공하는 것이다. 만약 조정이 그 사람에게 불공정한 이득(예를 들어, 그 사람이 요구에 따를 수 있음에도 외국어 시험을 면제해 주는 것)을 제공다면, 그 조정은 적절하지 않다. 조정은 학교, 가정, 직업 환경에서 그 사람이 성공할 수 있도록 맞추어 가는 것이다. 조정은 일반적으로 개인이 과제 또는 과제의 일부를 수행할 수 있도록 과제에 대한 수정을 제공한다. 과제 자체는 변하지 않을 수 있지만, 그 대신 형식이 수정되었기 때문에(예: 대독자의 활용, 구술 시험, 점자 버전의 시험) 보다 더 접근성이 높아질 수 있다.

> **잊지 말 것**
>
> 조정은 동등한 접근을 제공하지만 불공정한 이점은 제공하지 않는다.

때로는 **조정, 수정, 보상**(accommodations, modifications, and compensation)이라는 단어를 상호 교환적으로 사용하기도 하지만, 수정은 대부분 과제의 변화를 수반한다. 예를 들어, 외국어 요구 사항을 대체하여 컴퓨터 강좌를 수강하도록 하거나, 숙제 분량을 현재 학생에게 필요한 4시간의 저녁시간이 아닌 1시간의 저녁시간에 맞게 변경해 줄 수 있다. 보상은 종종 자료에 접근할 수 있게 해 주는 기술과 같은 보조적 도구의 사용이 포함된다. 예를 들어, 학생들은 나쁜 기억력이나 느린 필기속도를 보상하기 위해 강의를 녹음할 수 있다.

조정, 수정, 보상 등은 과제 요구의 조정과 변경을 수반하기 때문에, 학생이나 내담자와 상의하는 것이 중요하다. 일반적으로, 대부분의 사람들은 남들과 다르게 튀어 보이고 싶어 하지 않는다. 따라서 그러한 학생(또는 교사)에게는 오디오북과 같은 적절한 조정이 당혹스럽거나 실현 불가능하다고 비쳐질 수 있다. 종종 몇몇 질문은 어떤 조정이 그 개인 및 그 방식을 실행하는 사람에게 가장 적합하고 유용할 것인지를 명확히 하는 데 도움이 될 수 있다. [빠른 참조 9-9]는 조정의 유용성과 적절성을 결정할 때 해 볼 수 있는 질문의 예시들을 제공한다.

다른 권고와 마찬가지로, 제안된 조정과 수정을 그 사람의 고유한 특성과 요구에 맞게 조율하라. 가끔씩은 필요한 조정을 결정하기 쉬울 때도 있다. 신체적 또는 감각적 손상이 있는 사람에게 적절하게 필요한 조정의 유형은 명백한 경우가 많다. 휠체어를 사용하는 사람이 신체적으로 접근성이 좋은 시설이 필요하거나 수업시간에 추가 시간이 필요하다는 것은 즉각적으로 명백해진다. 뇌성마비가 있는 사람은 의사소통을 위해 보조적인 기술적 장치가 필요할 수 있다. 시각장애가 있는 학생은 책상에 읽기자료를 확대하기 위한 도구나 특별한 유형의 조명이 필요 할 수 있다.

이와는 대조적으로 학습장애나 ADHD와 같이 눈에 덜 띄는 장애를 가진 학생들을 위한 조정은 타당화하기가 더 어렵다. 따라서 조정이나 수정이 왜 필요하고 적절한지를 설명하는 명분이나 근거를 만들어야 한다.

[빠른 참조 9-9]

조정의 유용성과 적합성을 판단할 때 해야 할 질문의 예시

학생 또는 내담자에게

- 선생님 옆에 앉는 것이 도움이 됩니까?
- 교실에서 오디오북을 듣겠습니까?
- 수업 시간에 알파스마트 키보드[7]를 쓰겠습니까?
- 상사가 당신의 업무를 테이프에 녹음해도 괜찮습니까?
- 시험을 볼 때 조용한 방에 있는 것이 도움이 됩니까?
- 선생님이 시험지를 읽어 주면 도움이 됩니까?
- 메리가 옆에 앉아 있지 않으면 주의집중이 더 잘됩니까?
- 하루 중 일부를 집에서 일할 수 있다면 도움이 되겠습니까?

교사, 학부모 또는 감독자에게

- 톰이 시험 답안을 읽기에 충분한 시간을 제공할 수 있습니까?
- 어맨더에게 강의노트 사본을 제공할 수 있습니까?
- 매일 저녁 30분씩 마사의 숙제를 도와줄 수 있습니까?
- 랠프가 매 교시마다 5~10분씩 휴식을 취하는 것이 가능하겠습니까?

각 조정에 대한 명확한 근거를 제공하라

권고에서 근거를 제시하는 것은 좋은 시도가 되겠지만, 조정에서는 선택 사항이 아니다. 모든 경우에 대해서 특정한 조정이 정당화되는 이유에 대한 명확한 근거를 제시하라. 조정안을 작성하기 전에, 조정에 필요한 정보가 질적 · 양적으로 지지될 수 있는지 여부를 다시 검토하라. 종종, 교실이나 직장에서 조정을 받았던 과거력이 조정 필요성에 대한 진술을 강화하는 데 도움이 될 것이다. 근거는 각 조정이 권장되는 이유와 조정의 제공을 통해 그 사람이 현재의 기능적 한계를 어떻게 해결할 수 있는지에 대한 상세한 설명을 제공해야 한다. ADHD와 같은 특정한 장애가 있다는 것은 시험 시간이 연장되어야 할 이유로 보기에는 불충분하다. "공식적인 ADHD 진단을 받았으므로, 마크는 SAT와 같은 표준화된

---

7) alphasmart keyboard: NEO Direct 주식회사에서 개발하고 판매하는 배터리가 내장된 이동식 키보드로 오직 문서 입력만 가능하나 키보드 상단에 작은 액정 창이 있어서 오타 확인이 가능하고 문장의 검토가 가능하다. 작은 용량의 문서 저장 및 즉시 전송이 가능해서 필기도구 대용으로 활용할 수 있다(역자 주).

잊지 말 것

조정을 제안하는 권고를 시작하는 방법
- 샐리의 ……라는 어려움에 있어서.
- 마그다가 ……에 어려움을 겪고 있는 점에 비추어 볼 때.
- 메리는 또래들과 잘 지내지 못했기 때문에……
- 루디가 ADHD뿐만 아니라 학습장애도 진단받았기 때문에……
- 손글씨 및 철자 문제로 인해 에드워드는……을 필요로 할 것이다.
- 이튼의 뛰어난 수학적 능력 때문에 ……의 혜택을 받을 것이다.
- 미르나의 낮은 자존감을 해결하기 위해……
- 일리이사의 불안감을 줄이기 위해……

잊지 말 것

특정한 조정을 받을 자격이 있는 이유에 대해서 명확한 근거를 제시하라.

시험을 볼 때 조정을 제공받을 자격이 있습니다."와 같은 글은 쓰지 말라. 장애 진단 자체만으로는 구체적인 조정에 대한 자격이 주어지지 않는다. ADHD를 앓고 있는 일부 학생들에게 추가 시간의 제공은 단지 추가적인 불안만을 야기할 뿐이며, 더 많은 시험 시간이 아닌 시험 간 추가적인 휴식 시간을 제공하는 것이 더 나을 것이다. 보다 적절하고 설득력 있는 권고 사항은 "마크는 주의력 결핍 때문에 집단 시험 상황에서 주의가 쉽게 분산됩니다. 그는 방 안에서 움직임이 있을 때마다 고개를 들어 쳐다보고 모든 외부 소음에 주의가 끌립니다. 게다가 마크는 교실에서 계속해서 당면한 과제로 주의를 되돌려 주어야 합니다. 그는 집중하기 어렵기 때문에 과제와 시험을 완료하는 데 더 많은 시간이 필요합니다. 결과적으로 마크의 모든 교과목 교사들은 가능한 한 모든 과목의 시험에서 시간 연장 및 조용한 시험장을 그에게 제공해야 할 것입니다."

당신이 권고를 작성할 때 우려 사항과 권고된 해결책 간의 명확한 연결점을 제공하라. 그 문장의 첫 부분은 독자들에게 조정이나 개입의 필요성을 시사하는 문제나 구체적인 결과를 상기시키는 것으로 시작할 수 있다.

다음 예문은 제안된 권고 사항과 문제를 연결하는 방법을 보여 준다.

- 댄은 심각한 미세운동 곤란과 극도로 손상된 쓰기 속도로 인해 모든 필기시험에서 컴퓨터를 사용할 필요가 있습니다.
- 어맨더는 노트 필기를 하는 데 어려움이 있어서, 각 과목마다 대신 필기해 줄 사람을 배정받아야 합니다. 그리고 그 사람은 어맨더에게 이 노트의 복사본을 제공하게 됩니다. 하지만 어맨더가 노트 필기를 하는 기술을 향상시키고 수업에 집중할 수 있게 돕기 위해서 여전히 자신만의 노트 필기는 계속해야 합니다.

권고들로 각각의 문제를 해결할 때, ① 권고가 필요한 이유, ② 권고 사항이 발견들과 어떻게 관련되는지, ③ 권고 사항이 어떻게 수행되는지를 설명하라(Bradley-Johnson & Johnson, 1998). 모든 조정은 양적 및 질적 자료에서 도출되고 이를 지지하는 명확하고 구체적인 근거가 요구된다.

때로는 개인의 환경이 변화해서 과거에는 불필요했던 환경이나 교육과정에서의 조정이 필요해지는 경우도 있다. 이는 학생이 새로운 환경으로 전환하거나(예: 고등학교에서 그다음 환경으로 이동 또는 한 직장에서 다른 직장으로 이동) 직업적 요구가 갑자기 변경될 때 발생할 수 있다. 예를 들어, 난독증 진단을 받은 35세의 조지는 한 회사에 10년 동안 문서 작성자로 고용되어 있었다. 그는 이 회사의 업무에 지원한 사람들의 자격 조건을 확인하기 위해 과거 고용주들과 면담을 했다. 그러고 나서 조지는 그의 비서에게 그의 서면 보고서를 넘겨주곤 했는데, 비서들은 철자법과 문법에서 어떤 오류가 발생하더라도 정정해 주었다. 예산 삭감으로 그 비서는 교체되었고 조지는 글쓰기에 사용할 노트북을 제공받았다. 그렇게 갑자기, 그가 오류 없이 보고서를 써 낼 수 있는 능력이 손상되었다. 조지는 자신의 직업을 유지하기 위해서, 그의 최종 보고서를 위해 비서의 편집보조를 받는 것을 허락받아야만 했다. 이것은 이 장애가 자신의 직업 수행에 어떤 영향을 미쳤는지를 명확히 설명하면서 특정한 쓰기장애를 갖고 있다는 진단을 받아야 한다는 것을 의미했다. 이렇게 해서 평가자는 보고서의 최종안에 편집보조인에 대한 구체적인 요청을 포함하는 것을 정당화할 수 있었고, 조지는 직업을 유지할 수 있었다.

시험 조정

심리학적 · 교육학적 보고서에서 가장 일반적인 유형의 조정은 표준화된 집단평가 상황의 조정을 권고하는 것이다. 시험 조정은 ① 제시형식, ② 응답형식, ③ 시험환경, ④ 시험 시기(Thurlow, House, Scott, & Ysseldyke, 2000)의 4가지 기본 범주로 분류할 수 있다. 제시형식은 점자나 큰 글씨로 된 글과 같이 시험의 외관상의 변화를 수반한다. 응답형식은 사용자가 대답하는 방법(예: 쓰기, 말하기, 가리키기, 버튼 클릭)을 가리킨다. 시험환경은 대상자가 시험을 치르는 장소(예: 강의실이나 개인실)이며, 시험 시기는 시험 대상자가 받을 추가시간, 시험 실시시간 또는 제공될 휴식 시간을 말한다. [빠른 참조 9-10]은 일반적으로 권장되는 시험 조정의 목록을 제공한다.

일부 학생이나 내담자는 조정이나 수정이 제공되더라도 과제를 다룰 수 없다. 그 과제는 그 사람의 현재 수행 수준을 과도하게 넘어선다. 예를 들어, 심각한 인지장애를 가진 학생들은 대안적인 시험이 필요할 것이다. 여기에는 관찰, 포트폴리오 및 기능적 수행에 대한 직접 평가가 포함될 수 있다. 적용 가능한 평가의 유형에 대한 구체적인 정책은 행정구역 및 학군마다 다르다.

만약 당신이 시간제한이 있는 표준화된 시험에서 시간연장 형태로 조정을 요청한다면, 추가되는 시간의 양을 명시할 필요가 있다. "모든 표준화 시험에서 서맨사에게 시간제한을 없애는 조정을 제공하시오"라고 쓰지 말라. 서맨사에게 보통 할당되는 시간보다 두 배 더 많은 시간이 필요한지, 보통 할당되는 시간보다 1/3 더 많은 시간이 필요한지, 아니면 다른 정도로 시간이 더 필요한지를 결정하라. 당신이 어떻게 이런 결정을 할 수 있을까? 학생이 읽기장애를 가지고 있는 경우, 문제의 심각성, 교실 시험에서 연장된 시간의 필요성, 읽기 정확도와 속도의 현재 수준을 기록하라. 또한 그 학생이 일반적인 교실 시험에서 얼마나 많은 시간이 더 필요할지를 생각해 보라. 만약 그 사람이 수학 같은 한 가지 기능 영역에만 장애가 있다면, 수학과 관련된 시험을 위한 조정은 요청하고 읽기 시험을 위한 조정은 요청하지 않는다.

[빠른 참조 9-10]

시험을 위한 조정의 예시

- 세라가 시험을 치를 때 두 배의 시간을 허용하십시오.
- 제시가 별도의 답안지가 아닌 자신의 시험지에 직접 답을 표기하도록 허용하십시오.
- 조용한 방에서 시험을 치르도록 하십시오.
- 어니에게 큰 소리로 시험 문제를 읽어 준 후 그의 구두 답변을 기록하십시오.
- 카린이 보다 쉽게 볼 수 있도록 시험 문제를 확대해 주십시오.
- 조너선에게 모든 표준화된 집단형 시험의 과목 간에 10분의 휴식 시간을 제공하십시오.
- 시험에 필요한 일반적인 시간과 소니아가 필요로 하는 실제 시간을 검토하십시오. 이 정보를 사용하여 추가 시간이 필요한지를 결정하십시오.
- 터커에게는 한 문제에 더 적은 정보를 담은 시험을 실시하십시오.
- 타일러가 응답한 시험과 퀴즈에 대해서 부분 점수를 부여하는 수정을 제공하십시오.
- 셸던에게 필기시험이 아닌 구두시험을 치르도록 허용하십시오.
- 크리스틴이 빈칸 채우기 대신 선다형 시험을 받도록 해 주십시오.

개입

대부분의 학교 환경에서의 의뢰는 행동적 · 정서적 · 사회적 우려 및/또는 학업 수행 저하에 대한 우려에서 기인한다. 가장 빈번한 의뢰인인 교사들은 학생들의 성적을 높이고 향상시키는 방법을 찾는다. 임상 환경에서는 언어능력, 행동, 학업 발달과 관련된 우려를 다루는 의뢰도 빈번하게 발생한다. 어떤 사례에서는 특수교육 교사, 언어치료사, 사례관리자, 학교심리학자, 학급 교사가 구체적인 지도를 위한 목적과 목표를 개발하는 경우도 있다. 당신이 권고를 준비할 때는 학생이 어떤 기술과 개념을 익혔는지, 어떤 것을 가르쳐야 하는지 생각해 보라. 보고서에 통합될 수 있는 권고안의 예시들을 제공하는 많은 자료들이 있다(예: Fletcher-Janzen & Reynolds, 2008; Mascolo, Alfonso, & Flanagan, 2014; Mather & Jaffe, 2011, 2016; Mather & Wendling, 2012; Pearson, 2014; Wendling & Mather, 2009).

권고는 학교 성적의 어떤 측면(예: 과학, 역사, 체육)이든 다룰 수 있지만, 대부분의 권고는 구어, 읽기, 쓰기, 수학의 핵심 커리큘럼 영역에 집중한다. 이러한 커리큘럼 영역은 KTEA-3, WIAT-III, WJ IV ACH와 같은 종합 성취도 검사에서 다룬다. 게다가 직능적인 문제뿐만 아니라 심리적 · 사회적 · 행동적 · 정서적 우려 사항을 다루기 위해 권고를 쓰는 경우가 많다.

구어 곤란(Oral Language Difficulties)에 대한 권고

가장 흔하게는 언어병리학자들이 종합적인 구어 평가를 수행하지만, 심리학 및 교육학적 평가에서도 언어 수행의 많은 측면이 드러난다. 또한 평가자는 반드시 설명해야 하는 언어 처리의 문제점을 인식하게 되는 경우가 많다(예: 수험자가 방향을 이해하고 따르는 데 어려움을 겪거나, 검사가 반복해서 방향을 물어본 경우). [빠른 참조 9-11]은 심리학 및 심리교육학적 보고서에서 구어 능력이 낮은 사람에게 일반적으로 적용되는 개입 유형의 예를 제공한다.

구어 능력은 수용적 언어(구어 언어의 이해 능력)와 표현적 언어(말하고 생각을 표현하는 능력)로 나뉘는 경우가 많다. 언어는 많은 학문적 · 사회적 성취의 기초를 제공하기 때문에, 구어 능력이 뛰어난 사람들은 종종 학교와 삶에서 매우 성공하는 반면, 언어적 능력이 부족한 사람들은 일상생활의 많은 부분에서 어려움을 겪는다. 구어의 하위 항목에 따른 권고사항은 ① 음운학적 인식, 음성 소리 탐지 및 조작 능력(음운학: phonemes), ② 구술적 구문론(oral syntax), 문장에서 단어를 정확한 순서로 배열하는 능력, ③ 수용적 및 표현적 어휘, 단어를 이해하고 및 사용하는 능력, ④ 듣기 이해력, 구어를 이해하는 능력, 또는 ⑤ 화용론(pragmatics), 사회적 목적을 위한 언어의 사용 등과 같은 영역을 다룰 수 있다.

[빠른 참조 9-11]

구어를 위한 조정의 예시

- 구두 지시 사항을 짧고 간단하게 하십시오.
- 학생이 환경적 소음에 노출되지 않도록 하십시오.
- 브루스와 대화할 때 지침을 명확히 하고 단순화하십시오.
- 토론 수업에 앞서, 바버라를 방문하여 특정한 질문을 할 것임을 미리 알려 주십시오.
- 필요한 경우 칼라에게 구두 지시를 반복하거나 풀어서 말해 주십시오.
- 클래리사에게 지시를 바꾸어 말해 주고 그 말을 반복해 주십시오.
- 어휘, 문장 구성 및 관념화를 포함한 모든 학습과제를 알리시아의 언어 측면에 대한 곤란에 맞춰 수정해 주십시오.
- 딜리아에게 수업 전에 강의 노트 사본을 제공해 주십시오.
- 노엘에게 외국어 요건을 대체하기 위한 코스를 제공해 주십시오.
- 에릭에게 각 근무일마다 수행해야 할 작업의 목록을 서면으로 제공해 주십시오.

읽기 곤란(Reading Difficulties)에 대한 권고

읽기 수행의 몇 가지 측면은 심리평가에서 다루어질 수 있으며, 연이어 권고 항목에서 다루어질 수 있다. 검사결과는 그 사람이 또래에 비해 읽기 능력이 부족하므로 읽기가 필요한 과제에 조정이 필요하다는 것을 지적할 수 있다. [빠른 참조 9-12]는 읽기 수행이 저하된 사람에 대한 심리학 및 심리교육학적 보고서에 일반적으로 쓰이는 조정 유형의 예를 제공한다.

독해에 있는 교육적 권고는 다음의 영역을 다룬다. ① 음소-자소(phoneme-grapheme: 음성과 글자) 대응을 하는 기초 지식, ② 음성학적 지식(phonics knowledge), 단어 발음에 음성 기술을 적용하는 능력, ③ 시각-단어 어휘(sight-word vocabulary), 음성학적 분석 없이 즉시 인식되는 단어의 수, ④ 독해 유창성과 속도(reading fluency and rate), 읽기의 용이성 및 속도, ⑤ 읽기 이해(reading comprehension), 읽은 것에 대한 이해, ⑥ 읽기 전략(reading strategies), 읽기 수행 향상을 위한 절차의 사용 및 능동적 적용(예: 자기감찰, 다시 읽기).

평가자는 임상 관찰과 평가결과를 결합하여 읽기 수행의 어떤 측면을 다루어야 하는지를 제안할 수 있다. 기본적인 독해 기술에 초점을 맞춘 여러 지도전략과 개입법들은 누락된 기술을 직접 가르치기 위한 프로그램과 기법을 제안한다. 예를 들면, "트리샤에게는 통합 음성학 기법(synthetic phonics approach)을 사용하여 단어를 인식하고 발음하는 방법을 가르치십시오. 글자와 음성 사이의 관계를 명시적으로 가르쳐 주고 그다음에 글자 소리를 어떻게 혼합하여 발음하는지를 지도해 주십시오." 평가자는 특정 지도 프로그램의 사용을 권고하거나 권고하지 않을 수 있다. 시각–단어 어휘 발달 전략은 종종 특정 단어의 반복 노출과 복습에 초점을 맞춘다. 유창성을 위한 많은 전략들은 시간제한을 두고 단어와 텍스트를 반복적으로 읽게 하는 방식에 기초하며 진행 상황을 보여 주는 그래프를 함께 제시한다. 독해력을 위한 지도는 보통 배경지식을 쌓고 이해도를 향상시키기 위한 전략의 사용에 초점을 맞춘다.

독해력에 초점을 맞춘 많은 개입과 전략들은 독자들이 읽기 과정에 보다 능동적으로 참여할 수 있게 해 주려고 고안되었다. 예로는 다음과 같은 것이 있다, "독해력을 강화하기 위해서 어밀리아에게 그 단원이 수업에서 소개되기 전에 예습하는 법을 가르치십시오. 단원 내내 강조된 표제(bold headings)를 읽는 법, 모든 새로운 어휘를 메모하는 법, 단원 마지막에 나오는 질문으로 복습하는 법을 그녀에게 보여 주십시오." 나이가 많은 학생들의 경우, 전략적인 독자가 되기 위한 목표에 더 많은 관심을 준다. 그래서 그들은 스스로 이해도를 자기감찰(self-monitor)하고, 그들이 읽은 것을 재진술하고 고쳐 말하며 요약하고, 읽은 것을 바탕으로 추론하고 예측하며, 질문하고 대답하게 된다. 독해력을 높이기 위해서는 독해 전, 독해 중, 독해 후에 다양한 전략을 활용할 수 있다.

[빠른 참조 9–12]

읽기를 위한 조정의 예시

- 요구되는 읽기의 분량을 축소하십시오.
- 찰스에게 오디오북을 제공하십시오.
- 급우들 앞에서 구두로 읽기를 요구하지 마십시오.
- 에밀리의 교육 수준에 맞는 텍스트인지 확인하십시오.
- 스티븐이 오디오북을 듣고 나서 인쇄 버전을 보도록 하십시오.
- 가장 중요한 정보가 이미 강조되어 있는 교과서를 케빈에게 제공하십시오.
- 다음에 다룰 내용에 대한 정보를 에스더에게 제공하십시오. 그녀가 수업에 앞서 그 장을 미리 보고 새로운 어휘를 학습하도록 격려하십시오.

쓰기 곤란(Writing Difficulties)에 대한 권고

문어(Written Language)는 흔히 ① 손글씨(handwriting), ② 기초적인 쓰기 기술(basic writing skills), ③ 글쓰기 표현(written expression)으로 구분된다. 개인의 연령과 교육 경험에 따라 이러한 영역 중 하나가 다른 영역보다 더 큰 우려 사항이 될 수 있다. 다행히도, 문어 발달에 어려움을 겪는 많은 사람들은 비교적 온전한 구어를 가지고 있어서 조정을 제공받았을 때 보다 성공적으로 개선될 수 있다. [빠른 참조 9-13]은 문어 곤란을 겪는 사람들을 위해 심리학 및 심리교육학적 보고서에 일반적으로 쓰이는 조정 유형의 예를 제공한다.

읽기와 마찬가지로 쓰기 능력을 높이기 위해 고안된 많은 구체적인 개입법과 프로그램들이 있다. 경우에 따라서는 구두점 및 대문자 규칙에 대한 지식뿐만 아니라 철자를 포함한 기본적인 쓰기 기술에서의 수행을 다루기 위한 권고가 작성될 것이다. 평가자는 철자 시험에서 단어 선택 방법, 또는 교정 및 편집 기술 향상을 위한 구체적인 전략 사용 방법, 기본적인 쓰기 기술의 몇 가지 측면 등, 글쓰기 기제의 한 측면에 초점을 맞춘 권고 사항을 작성할 수 있다.

글쓰기 표현을 개선할 때에는, 쓰기 전에 브레인스토밍과 아이디어를 조직화하는 것을 포함하는 사전 글쓰기 전략에 중점을 두는 경우가 많다. 그 후에 문단 그래픽 조직자[8]와 개요를 사용하여 조직화를 촉진할 수 있다. 그다음으로 문단 구성을 개선하기 위한 구체적인 전략에는 작성자를 위한 명료한 주제문 작성 방법, 주제를 뒷받침하는 명확한 세부 사항 제시 방법, 결론 문장으로 정보를 요약하는 방법 등이 있다. 에세이 작성의 경우, 사람들은 글의 명료함과 구성을 개선하기 위해 문단 간에 효과적인 전환어를 사용하는 방법에 대한 직접적 지도로 도움을 받을 수 있다. 학업 수행의 다른 영역과 마찬가지로, 평가의 목표는 문어 능력 내에서의 장단점을 파악한 후, 그 사람의 쓰기 능력을 향상시키기 위한 구체적인 권고 사항을 개발하는 것이다.

8) Graphic organizer: 아이디어를 단어를 중심으로 한 시각적-공간적 도식으로 재구성하는 기법으로 중요 개념 관계를 이해할 수 있도록 돕는 보조적 방법이다. 대중적으로는 마인드맵과 같은 방식이 잘 알려져 있다(역자 주).

[빠른 참조 9-13]

쓰기에 대한 조정의 예시

- 수업 중 과제에서 철자 오류가 있어도 재니스에게 불이익을 주지 마십시오.
- 랠프에게 노트 필기를 도와줄 또래를 만들어 주십시오.
- 니콜에게 모든 수업 노트의 사본을 제공하십시오.
- 모든 글쓰기 과제에서 애나에게 철자법 검토기 및 문법 검토기를 사용하도록 해 주십시오.
- 샌디가 모든 장문 쓰기 과제를 받아쓸 수 있도록 허용해 주십시오.
- 존에게 수업 중 에세이 쓰기를 위해 컴퓨터를 사용하도록 독려해 주십시오.
- 제프가 처음 몇 글자를 바탕으로 단어와 철자법을 제안해 주는 단어 예상 소프트웨어[9]를 사용하도록 해 주십시오.
- 세레나에게 모든 쓰기 과제 내용에 대한 단계별 등급을 제공하십시오.
- 안드레아가 쓰기를 더 편안하게 느끼도록 음성 인식 소프트웨어를 사용하도록 하십시오.

수학 곤란(Math Difficulty)에 대한 권고

수학은 종종 산술(operation)을 포함한 기초 수학 실력과 개념 및 응용을 포함하는 수학적 문제해결로 구분된다. [빠른 참조 9-14]는 수학 학습에 어려움을 겪는 사람들을 위해 심리학 및 심리교육학적 보고서에 일반적으로 쓰이는 조정의 종류에 대한 예시를 제공한다.

독해나 글쓰기 표현과는 달리 수학은 위계적 구조에 기반을 두고 있기 때문에, 하나의 기초 수학 개념을 이해하고 숙달하지 못하면 이후의 개념 이해가 어려워질 수 있다. 예를 들어, 의미 있는 계산을 하기 위해서, 아동은 먼저 일대일 대응(one-to-one correspondence)을 이해해야 한다. 그 후에 이 지식은 덧셈의 속성에 대한 이해에 기여한다. 반복적인 덧셈의 개념은 곱셈을 이해하는 데 중요하다. 또 느린 읽기속도가 이해에 미치는 영향과 유사하게, 느린 수행 또는 불충분한 지식의 인출은 더 높은 수준의 문제해결을 저해할 수 있다. 그러므로 수학에 대한 권고를 쓰기 전에 과제 수행에 필요한 필수 기술뿐만 아니라 그 사람의 연령와 환경을 고려하라.

기초 수학 실력에 초점을 맞추는 많은 방법론과 전략들은 공통적인 요소를 가지고 있다. 교사들은 사전에 습득한 필수 정보와 기술을 검토하고, 시간에 따라 분배된 연습을 제

9) Word-prediction software: 휴대전화 입력기의 자동완성 기능을 떠올리면 된다(역자 주).

공하며, 새로운 기술을 체계적으로 도입할 것을 권장한다. 교육과학연구소(Institution of Education Science)의 간행물(Gersten et al., 2009)에 따르면 1단계, 2단계, 3단계로 수학을 가르치는 절차는 [빠른 참조 9-15]에서 기술된 바와 같이 중등도 또는 강한 지지를 받았다.

다른 일반적인 권고에는 구체적 대 추상적(concrete-to-abstract) 교육 순서의 활용이 포함된다. 구체적 수준은 물체나 조작적 장치의 사용을 포함하며, 준구체적 수준(semiconcrete level)은 계산 단위와 같은 표상을 포함하며, 추상적 수준은 실제 숫자를 포함한다. 이 순서를 따르는 직접적이고 체계적인 지도는 학생들이 자신의 구체적인 이해를 추상적인 숫자의 수준으로 변화시킬 수 있도록 돕는다. 또한 수학적 연산 단계를 기억하기 위한 기억술 전략의 사용이 학생들에게 도움이 될 수 있다. 예를 들어, 조슈아가 긴 나눗셈의 단계를 기억하는 것을 돕기 위해, 그는 이 순서(아빠, 엄마, 언니, 사촌, 오빠)에 해당하는 가족구성원 목록을 외워서 나누어서 곱하기, 빼기, 체크하기, 내리기[10]를 할 수 있었다.

[빠른 참조 9-14]

수학에 대한 조정의 예시

- 니코에게 모든 수치 계산을 위한 그래프 용지를 제공하십시오.
- 헬렌의 답안지를 각 수학 문제의 항목별로 구분해 주십시오.
- 조너선이 수학적 정보를 모르는 경우, 정보 도표나 계산기를 사용하도록 허용하십시오.
- 진에게 계산기로 문제를 확인한 다음 잘못된 풀이를 다시 작성하도록 하십시오.
- 타니아가 책이나 게시판에서 문제를 옮겨 적지 않도록 하십시오. 대신에 그녀에게 이미 작성된 문제지를 제공하십시오.
- 재니스의 워크시트에는 한 페이지에 몇 개의 문제만 배치하여 시각적으로 명료하게 하십시오.
- 연습 시간을 짧은 간격으로 나누어 분산시키십시오. 아널드가 페이지에 있는 전체 문제가 아닌 6~8개의 문제만 완성하도록 해 주십시오.
- 제시카에게는 언어적 복잡성을 줄이기 위해 문제의 단어를 풀어 쓰거나 다시 써 주십시오.
- 머나가 여러 단계의 수학 문제를 수행할 때 단계를 기록하도록 하십시오.
- 테드에게 모든 과제 문제를 위한 메모지와 계산기를 제공하십시오.
- 조나스가 올바르게 해결한 문제 풀이의 일부에 대해 부분 점수를 부여하십시오.

10) Bring down: 나눗셈에서 나누고 남은 숫자를 아래로 내리는 것을 말한다(역자 주).

종종 수학적 문제해결 방법은 문제를 풀 때 따라야 할 일련의 단계를 제공하는 전략에 집중한다. 이러한 단계에는 문제 읽기, 문제를 다시 읽기, 그림 그리기, 연산법의 선택, 수학적 등식 쓰기, 연산 확인하기, 답을 계산하기, 답이 타당한지 확인하기 등이 포함될 수 있다. 독해와 글쓰기 표현법과 마찬가지로, 전략에는 물체를 사용하여 문제를 표현하거나, 문제를 그리거나, 시각화하는 등 학생이 문제해결에 더 관여할 수 있도록 해 주는 단계들도 포함된다. 이러한 전략에서 가장 중요한 요소는, ① 도표나 그림을 통해 문제를 표현하고, ② 계산법과 등식을 결정하고, ③ 문제를 해결하고 확인하는 것으로 보인다. 학령기 아동을 위한 권고 사항을 제공하는 것과 더불어, 수학적 지도를 위한 권고 사항도 일상생활 기술 및 직업적 수학 기술을 다루어서 그 아동이 학교를 떠난 후 독립적으로 활동하는 것을 도울 수 있게 작성된다.

[빠른 참조 9-15]

경험적으로 지지되는 수학 교수법

1단계

- 모든 학생을 선별하여 잠재적인 수학적 곤란에 대한 위험도를 파악하고, 위험이 있는 것으로 확인된 학생에게 개입할 수 있도록 한다(중등도).

2단계 및 3단계

- 개입 중 지시 사항은 명확하고 체계적이어야 한다. 여기에는 숙련된 문제해결 모델 제공, 사고 과정을 소리 내어 말하기, 안내된 실습, 교정 피드백 및 빈번한 누적 검토가 포함된다(강한).
- 개입에는 공통적인 기저 구조에 기반한 문장식 문제해결을 위한 지침이 포함되어야 한다(강한).
- 개입 자료에는 학생들이 수학적 아이디어를 시각적 표현으로 작업할 수 있는 기회가 포함되어야 하며, 개입 전문가는 수학적 아이디어의 시각적 표현을 사용하는 데 능숙해야 한다(중등도).
- 모든 등급 수준별 개입은 기초적인 산술 지식을 유창하게 인출하게 돕기 위해 교시별로 약 10분의 시간을 할애해야 한다(중등도).

주의력, 조직화 및 숙제로 곤란을 겪는 경우의 권고

학업 영역 외에도 행동 및 사회적 기능의 측면에 대한 권고도 일반적이다. 그중 가장 빈번한 의뢰사유로는 주의력, 충동조절, 과잉행동 등 ADHD와 관련된 문제들에 관한 우려들로 규정되는 것들이 있다. ADHD를 앓고 있는 대다수의 개인에게 핵심적인 장애는 자기통제력 저하를 초래하는 충동성이다(Barkley, 2006; Hinshaw & Scheffler, 2014; Sparrow & Erhardt, 2014). ADHD를 앓고 있는 사람들은 반복되는 과제에 주의를 유지하기가 어렵기 때문에, 종종 숙제와 조직화에서 불규칙한 문제를 경험하고, 연이어서 교실이나 직장에서의 조정을 필요로 하게 된다. [빠른 참조 9-16]과 [빠른 참조 9-17]은 주의력, 조직화, 숙제로 어려움을 겪는 사람들을 위해 일반적으로 심리학 및 심리교육학적 보고서에 기록되는 조정과 제안들의 예시를 제공한다.

충동성 및 부주의에 관한 문제를 관리하는 데 도움이 되기 위해서 의료적 · 행동적 · 상담적 개입의 조합이 권고되는 경우가 많다. 학교 팀을 위해서는 다음과 같은 권고안을 작성할 수 있다. "린을 위한 다방법적 치료 접근법을 개발하십시오. 이 치료적 접근에는 ① 자녀의 행동을 이해하고 관리하는 데 도움이 되는 부모 훈련, ② 가정과 학교에서 일관성 있게 시행되는 체계적인 행동 개입, ③ 학교 직원들이 부모와 굿맨 박사에게 빈번한 피드백을 제공하여 약물치료의 효과를 모니터링하기 등 세 가지 요소가 포함되어야 합니다." 또는 권고에서 당사자에게 적합한 환경을 기술해 줄 수도 있다.

린은 다음과 같은 요소들이 포함된 학급에 배치될 필요가 있다.

- 구조화되고 체계적인 교육 스타일을 갖추고 학생과 차분하고 존중하는 상호작용을 하는 매우 세심한 교사
- 표적행동에 대한 명확한 규칙 및 빈번하고 즉각적인 정적 강화와 지정된 부정적인 행동에 대해서는 즉각적인 (부적) 결과를 제공하는 행동 프로그램
- 일간 스케줄을 일관되게 하여 학업적 지도, 휴식, 일상생활(예: 일상적인 과제의 분배, 숙제 할당)이 매일 같은 방식과 순서로 수행되도록 함
- 일간 스케줄을 아침마다 검토함(학생에게 그날의 스케줄 복사본을 제공함)
- 강의실 소음 및 혼란스러움을 최소화함(시각적 · 청각적)
- (장소) 전환이 다가오고 있음을 학생들이 인지하고, 현재 활동이 언제 끝날지, 다음에 무슨 일이 일어날지, 그리고 무엇을 준비해야 할지를 알려 주는 체계를 제공함
- 학생이 대기할 시간이 거의 없거나 전혀 없을 때 대화형 및 참여형 교육 활동을 강조

함(Mather & Jaffe, 2016)

ADHD를 앓고 있는 대부분의 사람들에게는 교실 밖의 행동관리 기법도 필요하다. 가끔은 ADHD와는 무관한 행동장애 환자이거나 ADHD 외에 또 다른 진단을 가진 더 넓은 범위의 학생들에게도 동일한 기법이 권장된다(예: 적대적 반항장애, 품행장애, 반사회성 성격장애, 우울증, 뚜렛 증후군). ADHD 환자에 대한 권고를 선택할 때는 기술결손(skill deficit: 기술을 알지 못함)과 수행결손(performance deficit: 알고 있는 기술을 사용하지 않음)을 구별하고, 의도적이며 통제할 수 있는 문제행동과 약한 자기조절 및 빈약한 충동조절로 인한 문제행동을 구분한다(Mather & Jaffe, 2016). 다른 기능 영역과 마찬가지로, 그 사람의 고유한 특성에 대한 구체적인 정보와 가장 적절하고 효과적인 권고를 결정하는 데 필요한 구체적인 정보들을 활용하라.

[빠른 참조 9-16]

주의 및 조직화 문제를 위한 조정의 예시

- 조지를 산만하지 않은 조용한 장소에 앉히십시오.
- 에밀리에게 복도나 기타 주의를 분산시키는 자극에서 떨어진 강의실 앞자리를 제공하십시오.
- 불필요한 스케줄 변경을 피하십시오.
- 제니퍼에게 명확하고 일관된 예상을 하게 해 주는 작고 구조화된 환경을 제공하십시오.
- 긴 과제를 더 짧은 부분으로 분할하십시오.
- 마크가 한 번에 하나씩만 과제를 완수할 수 있게 하십시오.
- 중요한 특징들에 주의를 집중할 수 있게 색깔로 표시한 재료들을 사용하십시오.
- 바바라에게 (다른 학생들은 모르는) 개인적인 신호를 사용하여 과제로 돌아가라고 알려주십시오.
- 홀리가 심부름이나 다른 일을 하기 위해 자리를 비우는 것을 허용하십시오.
- 매슈에게 과제를 조직화하는 데 도움이 되는 목록을 제공하십시오. 그리고 매슈가 각 단계를 완료하면 즉시 그 목록을 지워 나갈 수 있도록 하십시오.
- 제러미가 장기 과제를 위한 계획을 세울 수 있도록 지원하십시오.
- 레이철에게 집에서 (따로) 보관할 수업용 책의 사본을 제공하십시오.
- 구체적인 지시를 내릴 때는 울프 씨 근처에 서 있게 하십시오.
- 바턴 씨가 근무를 시작할 때마다 업무의 우선순위를 정할 수 있도록 지원하십시오.
- 로버트가 도구를 올바른 도구함에 다시 넣어야 한다는 것을 기억할 때마다 칭찬하십시오.

[빠른 참조 9-17]

숙제를 위한 조정의 예시

- 랠프가 완료된 단계나 과제를 지워 나갈 수 있도록 숙제의 목록을 종이로 제공하십시오.
- 숙제를 완료하는 데 필요한 시간을 조정해 주십시오. 예를 들어, 조슈아에게 매일 저녁 일정한 페이지의 책을 읽으라고 하는 것이 아니라 30분 동안 책을 읽으라고 요청하십시오.
- 준에게 (일별, 주별로) 학부모와 교사가 확인해 주는 과제 책자를 제공하십시오.
- 벤이 집에서 숙제를 하기 전에, 그가 혼자서 작업을 완료하기 위한 지침과 절차를 이해했는지 확인하십시오.
- 전형적인 또래들과 같은 시간 내에 과제를 완수할 수 있도록 루피타의 숙제 분량을 줄여 주십시오.
- 타이론이 밤에 숙제하는 시간을 제한하십시오.
- 제이미가 각 숙제에 대해 한두 개의 복습 문제가 있는지 확인하도록 하십시오.
- 마르티나에 숙제를 내주지 마십시오. 그 대신에, 그녀가 학교에서 숙제를 모두 끝낼 수 있는 시간을 제공하십시오.
- 멀리사가 학교를 떠나기 전에 숙제를 적어 놓았는지 매일 확인하십시오.
- 카트리나에게 방과 후에도 숙제에 대한 질문 전화를 할 수 있는 공부 짝꿍을 배정하십시오.

행동적 · 정서적 · 사회적 곤란에 대한 권고

내담자들은 종종 ADHD 외에도 행동, 정서, 사회성 발달과 관련된 질문들에 관심을 가진다. 어떤 경우에는 우려 사항이 파괴적인 행동에 관한 것인 반면, 어떤 경우에는 우울증이나 불안으로 인한 행동과 같이 파괴적인 행동이 아니다. 행동장애가 있는 사람들은 종종 성공하기 위해 적응이 필요하다. [빠른 참조 9-18]은 행동, 정서, 사회적 우려 때문에 환경적 조정이 필요한 사람들을 위해 심리학 및 심리교육학적 보고서에 일반적으로 활용되는 조정에 대한 예시를 제공한다.

행동을 관리하고 변화시키기 위해서는 다양한 개입과 기법이 권고될 수 있다. 일단 우려되는 행동을 정의했다면, 새로 정의된 행동을 모델링하고 강화하기 위한 절차를 선택하라. 행동관리를 위한 일반적인 개입은 환경적 요구를 수정하고 지시에 따르는 능력을 증진하는 데 초점을 맞춘다. 이러한 개입에는 사람들이 자신에 대해 생각하고 바라보는 방식을 바꾸는 데 초점을 맞춘 인지치료나 행동치료, 행동수정이 포함될 수 있다. 개입의 예로는, ① 행동 곤란을 조정하는 것에 대한 기대 설정, ② 교실 또는 가정에서 행동관리 시스템의 실행, ③ 보상의 즉각성과 빈도[11]의 증가, ④ 그 사람에게 자기-감찰 전략을 교육하기 ⑤ 그 사람의 강화체계를 밝히고, 강화 시스템을 시행하기 등이 포함된다. 품행장애나 반항성장애 등 보다 심각한 행동에 대해서는 상담과 가족치료도 권고된다.

권고는 사회적 기능의 구체적인 측면도 다룰 수 있다. 수년간의 사회적 어려움에도 불구하고 결국 고등학교 3학년 때에서야 비언어성 학습장애가 있다는 진단을 받은 브라이언의 경우를 보자. 다음의 권고안은 Mather와 Jaffe(2002, p. 421)의 책 내용에서 수정된 것으로 브라이언의 사회적 상호작용 곤란을 다루기 위해 작성되었다.

> 브라이언의 비언어성 학습장애와 그로 인한 사회적 상호작용의 어려움 때문에, 그는 직장이나 중등교육에서 어려움을 겪을 수 있습니다. 고등학교로 진학하기 전에, 그는 자신의 문제를

[빠른 참조 9-18]

행동적 · 사회적 · 정서적 어려움을 위한 조정의 예시

- 스티브의 경미한 부적절한 행동은 무시하십시오.
- 장소 이동 시 로사를 면밀히 감독하십시오.
- 레이철을 교사 근처에 앉히거나 좋은 역할모델 옆에 앉히십시오.
- 제이컵의 행동에 대한 긍정적인 언급이 기록된 노트를 집으로 보내십시오.
- 마크 콜린의 정확한 반응들과 실수에 대해서 불이익을 주지 마십시오.
- (일별, 주별) 진행 상황 보고서를 집으로 보내십시오.
- 닉의 노력과 개선 사항을 알아주고 강화하십시오.
- 에밀리가 성공할 것이라는 것을 알았을 때에는 에밀리에게 질문하러 가십시오.
- 팀(Tim)이 적절하게 행동하는 상황을 주시하고 그에 대해 긍정적인 언급을 해 주십시오.
- 조애나의 고유한 재능을 알아주고 언급해 주십시오.
- 다른 사람의 주의를 분산시키지 않도록 알렉스에게 개인 작업 공간을 제공하십시오.
- 앤젤리나가 불안감을 느끼므로, 앤젤리나가 자신의 최초 설계를 완성할 수 있는 충분한 시간을 제공함으로써 그녀가 느끼는 압박감을 줄여 주십시오.

11) Immediacy and frequency of reward: 행동주의 심리학에서는 강화를 위한 강화물(보상)이 주어질 때의 주요 변인으로 강화의 간격과 빈도를 주요 변인으로 여긴다. 긍정적 행동이 발생한 이후에 강화물이 빨리 제공될수록, 그리고 더 높은 빈도로 제공될수록 긍정적 행동이 더 자주 발생할 확률이 늘어나게 된다. 일반적으로 이러한 것을 강화 계획(reinforcement schedule)이라고 부른다(역자 주).

직접적으로 다루는 사회성 훈련 프로그램을 받아야 합니다. 여기에는 비언어적 의사소통(표정, 신체 자세, 몸짓 등)을 인식하고 해석하고, 개인적인 공간을 인식하고 존중하며, 음색(pitch), 톤(tone), 크기(volume)와 같은 미묘한 언어적 단서들을 해석하는 것이 있습니다.

직업적 권고

학교나 가정에서의 문제 외에도, 일부 내담자들은 직업 환경에서의 문제나 어려움 때문에 의뢰되거나 그들 스스로를 의뢰한다. 이러한 유형의 평가는 보통 독립적이고 연령에 적절하게 기능하는 개인의 능력을 평가하는 데 초점을 맞추는데, 그러한 영역에는 다음과 같은 것들이 있다. 현재의 직업능력, 직업훈련, 독립된 생활이나 주거지 배치, 교통, 재정, 레크리에이션, 사회적 관계, 성적 자각 분야 등이 있다. 평가자는 기능적 · 직업적 평가 후에 개인의 관심, 선호도 및 능력을 설명하는 권고를 할 수 있다.

권고는 개인의 적성에 기초하여 관련 업무 경험, 자립생활에 필요한 기술, 직업훈련, 진로 및 기술 강좌의 제공, 재활상담과 같은 관련 서비스의 필요성에 대해 다룰 수 있다. 학군에서는 진학 계획서에 들어갈 개별적인 진학 계획을 위한 구체적인 목표와 목적을 개발해야 한다. 따라서 직업훈련, 학교에서 독립생활로의 전환, 중등교육에서 고등교육으로의 진학 등의 권고 사항이 종합평가의 일부로 포함되는 경우가 많다.

결론

의미 있고 유용한 권고를 포함한 보고서를 작성하는 데는 시간이 걸리지만, 이러한 시간 투자는 특정 개인의 필요에 맞춘 적절한 목표와 개입의 개발로 보답받는다(Connolly, 1998). 먼저 개인의 구체적인 장단점을 파악한 후 이 정보를 사용하여 수행을 향상시키기 위한 구체적인 권고안을 작성하라. 조정, 개입, 치료에 대한 이러한 제안은 의뢰 시 질문에 대한 해결책의 제안이 되며, 관련자들이 따라야 할 로드맵을 제공한다. 궁극적으로 효과적인 권고안을 작성하려면 규칙과 지침의 목록 이상의 무언가가 필요하다. 시간을 들여서 해당 분야의 전문가가 작성한 구체적인 권고 사항을 읽고 내재화하라. 이 책의 각 보고서 사례들(대부분은 마지막 장에 있음)뿐만 아니라 WISC-V를 사용한 지능검사(Intelligent Testing with the WISC-V; Kaufman et al., 2016)에 있는 17개의 전산화 보고서에 담긴 권고 사항을 주의 깊게 검토하라.

자가평가

1. 학습장애로 인해 읽기속도가 느린 학생 후아니타에게 적합한 조정은 다음 중 어느 것인가?
   (a) 후아니타에게 SAT 시험을 치를 수 있는 시간을 무제한으로 준다.
   (b) 후아니타에게 SAT를 완료할 수 있는 50%의 추가 시간을 준다.
   (c) 후아니타는 읽기속도가 느리기 때문에 SAT 시험을 치르지 않아도 된다.
   (d) 후아니타가 읽기속도가 느리기 때문에 불이익 없이 SAT를 여러 번 치르게 한다.

2. 권고가 준수되는지 확실히 하기 위해서 권고 사항을 검사결과 및 해석 항목에 작성한 후 권고 항목에서 다시 다루어라. 참인가? 거짓인가?

3. 조정은 흔히 그 사람이 과제의 일부나 과제 전체를 수행할 수 있도록 과제를 조정하는 것을 포함한다. 참인가? 거짓인가?

4. 권고 항목의 하위 항목들과 하위 표제를 사용한다고 해서 조직화 수준이 개선되는 것은 아니다. 참인가? 거짓인가?

5. 경험 법칙에 따르면, 당신은 다음 중 어느 것을 해야 하는가?
   (a) 권고 사항을 항상 2개 이상 포함시켜야 한다.
   (b) 권고 사항을 10개 이상 작성해서는 안 된다.
   (c) 보고서 페이지 수만큼 권고를 포함한다.
   (d) 각 보고서에 몇 개의 권고안을 작성해야 하는지에 대한 확고하고 즉각적인 규칙은 없으며, 보고서의 문제 수가 권고 사항의 수를 결정한다.

6. 일부 사례 보고서는 권고 사항이 거의 없는 대신 그 사람을 해당 분야의 특별한 전문 지식을 가진 다른 전문가(예: 직업치료사)가 추가로 평가하도록 권유한다. 참인가? 거짓인가?

정답: 1. b; 2. 거짓; 3. 참; 4. 거짓; 5. d; 6. 참.

제10장

보고서 작성 시의 특수한 이슈

이 장에서는 수검자와 의뢰인에게 피드백을 제시하는 것과 평가를 용이하게 하기 위해 컴퓨터를 사용하는 것, 평가 시 윤리규정을 준수하는 것 등 보고서 작성과 관련된 몇 가지 문제를 다룬다.

보고서의 제시

당신이 평가 보고서를 다 작성했다면, 그다음으로는 보통 수검자 및 기타 의사결정권자와 함께 피드백 회기를 진행하게 될 것이다. 만약 보고서가 개인이 보유하는 문서라면, 왜 그런 회기가 필요한가? 도대체 당신이 회의에서 모든 것을 설명할 거라면 보고서는 왜 쓰는가? 이러한 활동들은 중복되는 것으로 보일 수 있지만 시너지 효과를 얻을 수 있는 보완적인 강점을 가지고 있다.

보고서는 당신의 평가에 대한 공식적인 기록이며, 당신의 생각과 권고에 대한 간명하지만 총체적인 진술이다. 수검자는 보고서에 대해 반복적으로 문의할 수도 있고 다른 기관의 다른 전문가에게 사본을 제공할 수도 있다. 하지만 당신이 한 최고의 노력에도 불구하고, 당신의 글은 오해를 받을 수 있다. 수검자나 다른 사람들과 함께 문서를 검토하게 되면 오해를 명확히 풀고, 참가자들이 관심을 가진 사항에 대해 상세히 설명할 수 있으며, 참가자들의 에너지와 선의를 유용한 행동으로 이끌 수 있다. 보고서를 제시하는 회의를 열게 되면 공식문서의 중요성과 대면접촉의 정서적 친밀성 및 긴급성을 모두 반영할 수 있다.

준비하라

당신은 준비 없이 전문적인 프레젠테이션을 할 수는 없을 것이다. 피드백 회기는 전문적인 프레젠테이션이다. 회의 전에 모든 사람의 이름을 암기하라. 최초의 의뢰 시 질문을 검토하고 의사소통을 위해 필요한 핵심 결과 목록을 제작하라.

그래프 및 시각적 보조 도구를 사용하라

실시간 회의의 이점 중 하나는 보고서의 언어적 발표를 보완하는 시각적 보조 도구를 자유자재로 사용할 수 있다는 것이다. 점수 범위에 해당하는 명칭을 사용할 경우 [그림 10-1]과 같은 정규곡선표가 유용할 수 있다.

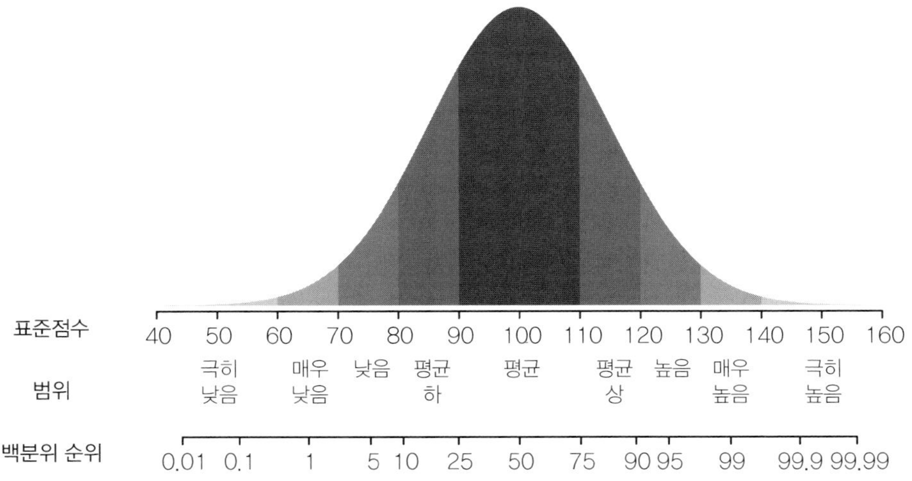

[그림 10-1] 정규곡선 및 범위 명칭

검사결과에 대한 잘 구성된 그래프를 제공하면 사람들이 보고서의 내용을 더 잘 기억할 가능성이 높아진다(Miller & Watkins, 2010). 색깔 및 순서를 사용하여 전략적으로 그래프를 단순화하라(예: [그림 10-2]).

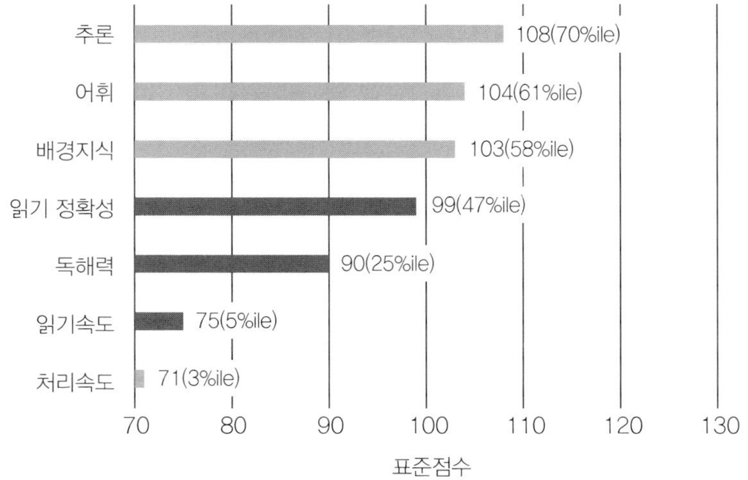

[그림 10-2] 검사결과

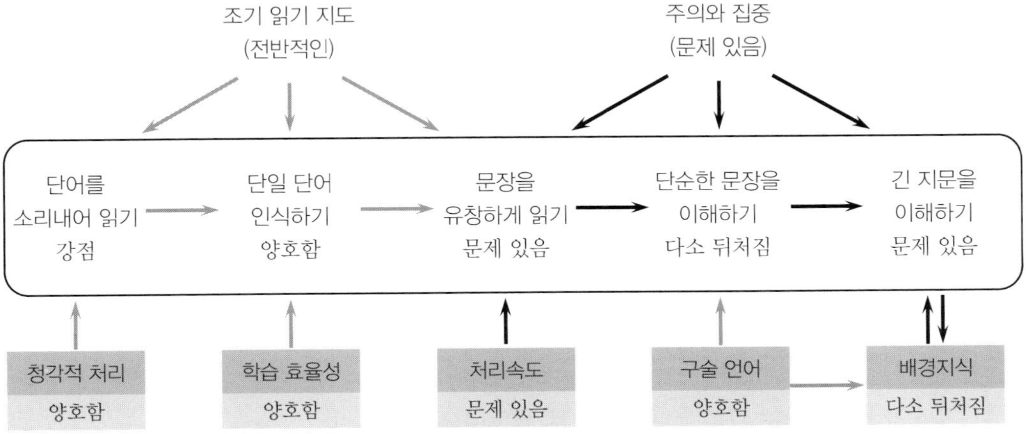

[그림 10-3] 읽기 문제가 있는 5학년 아동의 단순화된 사례개념화

수많은 엄밀한 수치들을 낯선 개념과 짝을 지어 제시하는 것은, 특히 많은 영향력들 사이의 관계를 시각화할 필요가 있는 경우라면 명확한 의사소통에 방해가 될 수 있다. 많은 전문가들은 종종 대다수의 사람들이 가진 새로운 전문용어를 소화하는 능력을 과대평가한다. 많은 사람들은 두세 개 이상의 생소한 변인을 기억하는 데 어려움을 겪는다. 사례개념화를 단순화하면 익숙하지 않은 개념들 간의 복잡한 관계를 이해하고 사고하는 데 필요한 작업기억의 부하를 줄일 수 있다.

[그림 10-3]에는 5학년 학생의 읽기 곤란이 묘사되어 있다. 1학년 때에는 적절한 인지능력과 좋은 지도 덕분에 수검자의 독해력은 좋았다. 하지만 수검자는 느린 처리속도와 주의력 문제 때문에 유창하게 읽는 법을 전혀 배우지 못했다. 수검자는 구술 능력이 좋아 문장을 개별적으로는 이해할 수 있다. 그러나 느린 처리속도와 부주의로 인해 지문이 길어질수록 읽기를 더욱 어려워한다. 수검자는 강제할 때만 읽기 때문에 규칙적으로 읽는 아이들과 같은 속도로 일반적인 언어 지식을 습득하지 못하고 있으며, 이는 결국 새로운 개념을 배우기 위해 텍스트를 활용할 때 불리하게 작용한다(Kaefer, Neuman, & Pinkham, 2015; Kendeou, Broek, Helder, & Karlsson, 2014; Stanovich, 1986).

비록 검사자가 [그림 10-3]의 사례개념화를 논증하기 위해 표준점수를 사용해야 했지만, 회의 참가자들은 일반적으로 그 점수들을 시각적인 장애물로 여기지 않을 수 있었다. 만일 문제의 정도를 정량화할 필요가 있다면 보고서 부록에 검사점수 표를 검색할 수 있도록 준비하라.

포용적이 되라: 통역을 활용하라

만약 참가자들이 영어를 하지 못한다면, 통역사가 필요하다. 만약 어떤 참가자가 영어에 능숙하지 못하다면, 원활한 의사소통을 돕고 단순한 오해를 피하기 위해 통역자를 초청하여 회의에서 더 생산적인 대화를 이끌어 낼 수 있을 것이다. 통역이 필요한지 확실하지 않다면 의사소통이 어려운 참가자들에게 통역을 참석시켜 회의에 온전히 집중하고 싶은지 물어보는 것도 나쁘지 않을 것이다.

보고서의 수정 가능성을 열린 상태로 유지하라

전문가로서 우리는 우리 보고서의 정확성을 담보하기 위해 열심히 노력하지만, 의사소통 오류와 단순한 실수들은 여전히 우리의 겸손을 지켜 줄 만큼 충분히 자주 발생한다. 우리는 보고서의 프레젠테이션을 오류에 대한 마지막 방어 수단으로 활용할 수 있다.

> 저는 보고서에 서명하기 전에, 보고서 안에 있는 모든 것이 정확한지, 그리고 그것이 의도된 방식으로 당신의 요구에 부합하는지 확인하고 싶습니다. 저는 보고서에서 문법적 오류와 다른 종류의 오류가 있는지를 세 번 체크했습니다. 제 생각에 다 잡은 것 같긴 하지만, 놓친 것이 있다면 수정할 것입니다. 물론 제가 아무리 조심하려고 해도 우리가 잘못 의사소통을 했을 가능성이나 당신이 한 말의 완전한 의미를 제가 제대로 파악하지 못했을 가능성은 항상 있습니다. 그러니 이 보고서를 함께 읽고 수정이 필요한지 한 줄씩 살펴보도록 합시다.
>
> 제가 보고서 안에 있는 모든 사람들의 권리와 존엄성을 존중하기 위해 열심히 노력했다는 것을 알아주었으면 합니다만, 제게는 완벽하게 예의 있고 전문적으로 보이는 말들이 때론 당신에게 다른 의미를 가질 수도 있을 것입니다. 만약 그 보고서의 어떤 점이 당신에게 타당하게 생각되지 않는다면 크게 말씀해 주십시오. 아마도 우리는 모든 사람이 존중받는다고 느낄 다른 방법을 찾을 수 있을 것입니다. 게다가 만약 제가 당신이 필요하다고 믿는 것을 보고서에서 빠뜨렸다고 생각한다면, 저는 이 보고서를 최대한 유용하고 완벽하게 할 방법에 대해 이야기를 나눌 용의가 있습니다.

물론 의견 차이를 좁히거나 실수를 바로잡는 것에 열려 있다고 해서, 관련자들이 보고서에 원하는 것을 지시할 수 있는 것은 아니다. 당신은 어느 정도까지 반대 의견을 수용할 수 있지만, 당신의 직업적 진실성이 훼손되어서는 안 된다. 예를 들어, 사람들은 때때로 자신이 그 자격에 해당하지 않음에도 특별한 진단이 필요한 서비스를 원한다. 고의로 사람을 오진하는 것은 사기인데, 그것은 우리 직업에 대한 공공의 신뢰를 떨어뜨린다. 그런 행동이 일견 사람을 돕는 것처럼 보일 수도 있지만, 그것이 가장 필요한 사람들에게 남겨진 귀중한 자원을 고갈시켜서 다른 많은 사람들에게 해를 끼칠 수 있다.

좋은 대답은 좋은 질문을 만들어 낸다

평가결과를 제시하는 데에는 당신이 가진 모든 사회적 기술과 전문적 기술의 통합이 필요하다. 여기에는 명확하고 정확한 의사소통도 필요하지만, 사람들이 정보에 어떻게 반응하고 있는지를 관찰하면서 프레젠테이션을 지속적으로 조정하는 것도 필요하다.

사람들은 일반적으로 당신 앞에서 박식하고 유능하게 보이기를 원한다. 그럴 때 자신감이 높은 사람들은 사려 깊은 질문을 하고 당신의 전문성을 이끌어 냄으로써 그들의 역량을 보여 준다. 그들은 자신의 능력이 시험대에 오르지 않았다는 것을 알고 있기 때문에 당신의 보고서 중 어떤 부분이든 그들이 잘 이해하지 못하는 것을 있는 그대로 드러내는 것을 두려워하지 않는다.

자신감이 낮은 사람들에게 보고서 결과를 제시할 때에는 대인관계 민감성을 더 높여야 한다. 만약 아무도 당신에게 질문하지 않는다면, 당신의 청중은 듣고 있지 않을 가능성이 있다. 많은 사람들은 질문을 함으로 인해서 당황할 위험을 무릅쓰기보다는 당신의 보고서를 이해한 것처럼 가장하는 쪽을 선택할 것이다.

겁에 질린 청중에게 질문이 있는지 묻는 것은 좀처럼 효과적이지 않다. 청중이 조용할 때는 개방형 질문을 사용하여 토론에 참여하도록 유도하라. 예를 들어, 보고서에서 대인관계 능력 항목의 결과를 제시한 후, 말이 없는 수검자에게 "낯선 사람들과 상호작용을 할 때에 대해서 내가 말한 것과 스스로 느낀 것을 비교하면 어떤가요?"라고 물어볼 수도 있다. 이어지는 토의는 당신의 발견이 당신이 의도한 대로 명확하게 전달되었는지를 분명하게 해 줄 것이다.

부모와 평가결과를 논의하기

부모들과 만날 때, 어떤 경우에는 부모님들이 당신의 발견에 대해 두려워하고, 감정적이 되고, 걱정하고 있을 수 있다는 것을 명심하라. 먼저 라포를 확립하고 당신이 그 아이의 옹호자라는 것을 분명히 함으로써 그들이 안심할 수 있도록 도와라. 회의 시작부터 부모를 능동적인 참여자로 참여시키라. 마지막 순간까지 보고서 제시 방식을 수정할 수 있는 새로운 조건들을 알아낼 수 있도록 아이의 상태를 업데이트해 달라고 요청하라.

부모가 업데이트를 제공한 후에는 배경정보, 교사 보고서, 평가 중 관찰에서 얻은 상대적 강점에 대해 적어도 5분 동안은 먼저 논의하라.[1] 행동적 · 정서적 · 사회적 · 인지적 · 언어적 · 학문적 · 직업적 영역을 포함한 모든 기능의 측면들과 관련된 우수한 행동을 요약하라. 부모의 참여를 장려하고 부모들의 인식을 촉진하기 위해 부모들이 당신의 관찰에 동의하는지 그리고 (검사 과정에서는 나타나지 않았지만) 그들이 학교나 가정에서 관찰한 다른 강점이나 우수한 영역이 있는지 그들에게 질문하라.

다음으로 당신은 모든 질적 및 양적 데이터에 대한 당신의 검토를 통해서 나온 우려 사항이나 상대적인 약점을 다루고자 할 것이다. 당신은 “로잘다는 훌륭한 독서가지만, 수학 실력은 그렇게 발달되지 않았다” 또는 “톰은 강한 우정을 맺고 있고 반친구들에게 호감을 받고 있지만, 종종 교실 내 과제에서 빠져 나와 있고 제때 과제로 되돌아가도록 이끌기가 어렵다”와 같은 문구로 논의를 이 주제로 전환할 수 있다. 이러한 약점은 특정 검사점수에 의존해서 논의하기보다는 일반적인 용어로 논의하는 것이 최선이다.

관련된 우려 사항을 설명한 후, 아이의 강점과 약점이 왜 발생했다고 생각하는지를 설명하라. 이러한 강점과 약점이 환경적 변수와 결합되어 어떻게 아이의 현재 상황에 기여했는지를 기술하라. 보통 회의에 참석한 사람들은 아이에게 일차적인 영향력을 미쳐 온 사람들이다. 아이의 곤란에 어떤 식으로든 기여했을지도 모르는 부모와 교사들에게 수치심을 주는 것은 아이에게 아무런 도움도 되지 않는다. 그 회의에서 반드시 말해야 할 진실이 힘든 것일수록 모든 관련자들의 존엄성을 존중하기 위해 더 열심히 노력해야 한다.

그런 다음 회의의 마지막 단계에서는 환경이나 조건에서 어떤 변화가 필요한지를 포함한 해결책과 권고 사항에 초점을 맞춘다. 당신이 평가한 자녀의 부모들은 교육 수준과 소득 수준이 서로 다른 이질적인 집단들을 포괄하겠지만, 이들은 다음과 같은 동일한 경험을 공유할 것이다. ‘당신이 그들의 아이를 평가했다는 사실’ 말이다. 대부분의 경우에 그들은 당신이 그들의 아이를 이해하고 옹호한다고 느꼈을 때 당신의 결과 제시에 대해 긍정적인

1) 즉, 아이의 강점을 논의하고 상대적인 약점에 대한 논의를 뒤로 미루는 것이 좋다. 이는 아동뿐만 아니라 성인의 경우에도 동일하다. 듣는 이와 라포를 형성하기 위해서라도 이러한 접근 순서가 현명할 것이다(역자 주).

반응을 보일 것이다.

당신은 또한 부모들 사이의 역동뿐만 아니라 부모-자녀 관계도 고려하기를 원할 것이다. 부모들이 모두 제시된 문제에 대해 같은 견해를 가지고 있는가? 그렇지 않은 경우라면, 서로 다른 그들의 관점들을 분명히 다루도록 하라. 당신이 양쪽 부모의 견해를 모두 인정하는지 확실히 하라. 게다가 부모들은 평가에 대한 감정이 다를 수도 있다. 두 부모 모두 그들의 아이를 평가하는 것에 찬성했는가? 만약 한 부모의 지지 정도가 낮다면, 당신은 그 부모에게 권고 사항을 준수함으로써 얻을 수 있는 이점을 설득하기 위해 더 노력해야 할 것이다. 한 부모가 다른 부모보다 아이를 더 보호하는가? 과잉보호하는 부모는, 특히 그것이 자신의 의견과 모순되는 경우 당신의 의견을 수용하지 않을 수 있다. 의견 차이가 쉽게 조정되지 않는다면, 동일한 목표와 계획을 가진 한 팀으로 작업하는 것이 자녀의 어려움을 더 빨리 해결할 수 있다고 부모들에게 설명하라.

피드백 전달을 준비하기 위해서는, 부모와의 첫 번째 회기에서 나타난 역동을 검토하라. 어머니가 접수 면접에서 여러 가지 질문을 한 경우라면, 피드백 회기에서도 비슷하게 행동할 수 있다. 만약 어머니와 아버지가 드러난 문제의 심각성에 동의하지 않는다면, 그들은 또한 당신의 결론에 대해서도 의견이 다를 수 있다. 그러나 아무리 회의를 잘 준비해도 부모들의 반응은 여전히 당신을 놀라게 할지도 모른다.

예를 들어, 4세 아동의 자폐증 진단과 같은 심각한 상태에 대한 최초 진단을 제시한다고 하자. 당신은 더 많은 문서를 제시하고, 증거를 하나씩 보여 주기 전에 부모가 그 정보를 충분히 소화할 수 있도록 단계를 나누고, 어떻게 다른 진단 범주들을 배제했는지를 보여 줄 필요가 있을 것이다.

아동과 평가결과 논의하기

당신은 평가결과를 아동과도 논의할 수 있지만, 아동에게 제공되는 피드백의 유형은 아이의 발달 수준에 적합해야 한다. [빠른 참조 10-1]은 어린 아동들과 결과를 공유할 때 사용할 수 있는 간단한 용어와 짧은 구문의 몇 가지 예시를 제공한다.

평가가 학교 밖에서 시작되어서 어떤 교사와 학생에 대한 배경정보에 대해 면담을 했을 때, 그 교사에게 피드백을 제공하는 것은 그에 대한 예의가 될 것이다. 그러나 가족의 프라이버시를 보호하기 위해 세부 사항을 생략하더라도, 교사에게 평가결과를 알려 줄 필요성이 있는지에 대해서는 반드시 부모와 상의해야 한다. 이 정보를 공유하는 것을 걱정하는 부모에게 자녀의 교사가 권고 사항의 일부를 이행하는 데 관여할 필요가 있다는 사실에 충분한 신뢰와 이해를 갖도록 하라.

[빠른 참조 10-1]

아동을 위한 피드백 예시

"우리가 했던 그 다른 것들이 기억나니? 네가 수학 문제를 다 푸는 것은 쉬웠지만, 내가 너에게 단어를 읽으라고 했을 때 넌 더 힘들어했었지. 그 점 때문에 방과 후 독서를 도와줄 수 있는 좋은 선생님이 필요하다고 부모님께 말씀 드렸단다."

"오늘 우리가 했던 것들 중 몇 가지는 네가 학교에 다니는 것에 대해 어떻게 느끼는지 이해하는 데 도움이 되었단다. 내가 보여 준 몇 장의 그림들에 대해 네가 이야기했을 때, 나는 네가 학교에 가는 것에 대해 꽤나 두려움을 느낀다는 것을 알게 되었어. 가끔씩 너는 너무 무서워서 아프다고 느낄 때에는 학교에 가지 않을 수 있었지. 나는 너의 부모님에게 네가 너의 감정을 이야기할 수 있는 특별한 사람을 만나러 가고, 너 그리고 너의 부모님과 함께 노력해서 학교에 가는 것에 대한 두려움을 덜게 해 주는 것이 좋을 것이라고 말했어."

"나는 우리가 함께 보낸 시간 동안, 그것이 너에게 재미있는 일이었음에도 불구하고 가만히 앉아 있는 것이 힘들다는 것을 알게 되었단다. 너의 선생님과 부모님께서는 네가 학교와 집에서도 가만히 앉아 있기가 힘들다고 하셨고, 가끔 일을 끝마치지 못할 때가 있어서 혼난다고 하셨어. 나는 좀 더 오래 앉아서 듣는 데 도움이 될 몇 가지 아이디어에 대해 부모님과 상의해 볼 생각이야."

교사와 평가결과 논의하기

부모와 아동을 위한 회의를 열 때 외에도 당신은 개별적으로 교사를 만날 수 있는데, 특히 의뢰인이 교사인 경우에는 더욱 그렇다. 아동의 교사와 직접 대면하는 것은 교사가 적절한 교실 내 개입을 선택하거나 고려하는 데 도움이 될 수 있다. 교사의 우려 사항을 해결해 주고, 필요하다면 교사가 아이를 새로운 시각으로 볼 수 있도록 조율된 논의를 하라. 부모와 마찬가지로 교사들도 평가 보고서에 대한 질문을 할 기회를 반기는 경우가 많다. 그래서 그들은 결과나 권고 사항을 명확하게 이해할 수 있다. 또한 당신은 종종 아동의 사회적 적응이나 학업성취도를 향상시키기 위한 추가적인 방법에 대한 교사의 제안을 이끌어 낼 수도 있다.

여러 참가자들

회의, 특히 학교에서의 회의에는 종종 여러 사람들이 참석한다. 어떤 상황에서는 회의를 진행하는 사람이 당신이 될 수도 있다. 학교 회의에 많은 사람들이 참석하는 경우라면, 시험 점수나 검사 수행에 대한 논의로 회의를 시작하지 말자. 대신에 모든 사람들이 논의에 기여하는 것을 격려하고, 학생의 강점에 대한 인식을 공유하는 것으로 회의를 시작하라. 부모, 교사, 그 외의 사람들과 강점 영역에 대한 당신의 생각을 공유한 후에는 각 구성원에게 인식된 어려움 영역에 대해 토론하도록 권장하라. 당신의 보고서와 마찬가지로 회의의 마지막 부분은 의뢰 시 질문을 다루고 해결하는 방법에 초점을 맞출 것이다.

필요한 경우라면 회의 구성원들이 질문을 하거나 중간에 끼어들도록 권장하라. 당신은 "내가 너무 빨리 말하고 있는지 알려 주십시오" 또는 "질문이 있거나 설명을 원하면 자유롭게 중단시켜도 됩니다"와 같은 진술로 토론을 시작할 수 있다. 예리한 관찰자가 되도록 하라. 만약 누군가가 혼란스러워하는 것으로 보인다면, 멈춰서 "지금까지에 대해 질문할 것이 있습니까?"라고 물어보도록 하라. 결과에 대한 요약 정보를 제시한 후 참가자들의 반응을 유도하라. 당신은 "저에게 무슨 질문이 있습니까?" 또는 "결과에 대한 당신의 의견은 무엇입니까?"라고 물어볼 수 있다.

결과에 대한 반응

만약 당신이 긍정적인 결과에 대해 논의하고서 참가자들의 주된 목표가 그 사람에게 도움이 될 전략을 짜기 위해 협동하는 것임을 일깨우면서 회의를 시작한다면, 대부분의 참가자들은 당신의 결론에 호의적으로 반응할 것이다. 부모들은 종종 누군가가 그들의 아이의 상황을 이해하고 적절한 행동을 계획하는 데 도움을 줄 수 있을 때 엄청난 안도감을 느낀다. 또한 당신의 발견은 그 사람의 강점과 약점을 더 명확하게 이해하여 교실이나 직장에서 그 사람이 스스로를 더 효과적으로 변호할 수 있도록 하는 데 도움을 줄 수 있다.

때때로, 당신은 방어적인 태도로 반응하게 만드는 개인적인 이슈를 가진 몇몇 내담자나 부모들을 만날 수 있다(예를 들어, 기저의 불안정감, 부정적인 명칭으로 불렸던 과거력, 과거 치료자와의 부정적 경험, 이전 평가에서의 문제). 다른 경우에 평가는 법원 명령에 의한 것일 수도 있으며, 그들은 당신을 옹호자가 아닌 권위적 인물로 볼 수 있다. 당신이 부정적 태도를 마주했을 때, 긍정적인 입장을 회복할 수 있는 한 가지 방법은 평가와 개입을 팀 접근으로 바꾸어 방어적인 인물에게 해석과 제안을 요청하는 것이다. 또 당신은 그 사람이 경험하고 있는 것을 타당화해 주고 그다음에 평가의 목적을 상기시킴으로써 회의 중에 전개되는 긴장감을 줄일 수 있을 것이다. 예를 들어, 당신은 "모든 사람들은 학습과 행동의 개인차를 가지고 있고, 스티브의 고유한 능력을 이해함으로써 우리는 학교에서 그를 도울 준비를 더 잘할 수 있습니다"고 말할 수 있다. 누군가 당신의 진단이나 결론에 불편해하는 것처럼 보일 경우, 어려움에 대한 이해가 적절한 치료법을 선택하는 데 효과적으로 활용될 수 있음을 상기시켜 주어라.

만약 회의에서 결과를 들을 주요 인물이 오래 지속된, 심각한 정서적 또는 심리적 문제(예: 심각한 우울 또는 불안)를 가지고 있다면, 당신은 그 사람이 다른 가족구성원이나 신뢰할 수 있는 대표자를 동반해서 피드백을 들을 것을 제안해도 된다. 피드백 회기에 친밀한 사람들이 추가로 참석하는 것이 그들에게 도움이 될 수 있다. 다음의 '잊지 말 것'은 피드백 회의에서 고려해야 할 몇 가지 요소를 개관한다.

잊지 말 것

피드백 회의에서 할 것과 하지 말아야 할 것

할 것	하지 말 것
• 가능한 질문을 미리 예상하여 회의를 준비하기 • 피드백 회의를 위한 적절한 시간을 계획하기 • 피드백을 제공하는 연습을 하기 • 시각적 보조 기구를 가져가기 • 강점과 우수한 영역에 대해 논의하기 • 솔직하기, 심지어 어려운 정보에 대해서도 그렇게 하기 • 그 사람이 질문을 하도록 격려하고 그 결과에 대해 다른 사람들로부터 아이디어를 이끌어 내기 • 예의범절을 준수하기	• 중요한 발견을 은폐하기 • 화가 난 부모나 내담자에게 허를 찔리기 • '짐은 계속 수학을 어려워할 것'과 같은 지지되지 않는 장기 예측을 하기 • 모든 회의가 완벽하게 원활하게 운영될 것으로 예상하기(일부 내담자 및 학부모들은 평가 결과를 수용하는 데 시간이 필요할 수 있다.) • 전문 지식 범위를 넘어선 조언이나 전문 서비스를 제공하려고 노력하기 • 회의 톤이 부정적이거나 절망적이거나 비난에 집중되도록 하기

사람들마다 평가 보고서에 제시된 정보를 소화하기 위해 필요한 시간도 다양할 것이다. 어떤 사람들은 대면 피드백 회기 동안이나 끝난 즉시 여러 가지 질문을 할 것이다. 하지만 다른 사람들은 우선 집에 가서 서면 보고서를 읽고, 회의에서 당신이 제시한 정보를 심사숙고할 것이다. 그들에게 나중에 질문이 있다면 당신은 기꺼이 대답할 것이라고 그들에게

상기시켜라. 그들은 미래의 전문적인 만남에 초대받음으로써 안심할 수 있을 것이다.

피드백 회의가 끝난 후 며칠 또는 몇 주 후에 평가된 사람 또는 그 부모로부터 특정 이슈에 대한 설명이나 좀 더 구체적인 질문을 하는 전화를 받는 것은 드문 일이 아니다. 어떤 사람들은 그들의 서면 보고서를 아이의 소아과 의사나 담임 선생님과 같은 다른 정보원들과 공유할 것이다. 그런 과정을 통해서 당신이 아이의 의사나 선생님과 그 정보를 의논한 다음에는, 그들에게는 더 많은 의문점이 생길 것이고 당신에게 다시 연락할 것이다.

당신은 피드백 회기 후에 나온 질문을 여러 방식으로 다룰 수 있다. 만약 그 사람의 질문이 적고 단도직입적이라면, 당신은 전화로 질문에 간단히 대답할 수 있다. 다른 상황에서는 후속 대면 상담을 예약하라. 만일 질문이 복잡하거나, 특정 문제에 대한 불안감이나 우려가 높은 것 같거나, 그들이 직접 다시 만나자고 요청하는 경우라면 그러한 상담을 추천한다.

간혹 당신이 평가한 사람들 또는 그들의 부모가 초기 평가가 끝난 지 수년 후에도 당신에게 연락할 수 있다. 예를 들어, 아들이 학교에서 좋은 성적을 거두고 있는 어머니는 아들의 학업성취도를 기록하고 싶어 하기 때문에 당신이 학습장애를 평가한 지 1년 후에 당신에게 전화를 할 수도 있다. 또 다른 어떤 아버지는 평가가 끝난 지 몇 달 후에 전화를 걸어서 자신의 딸이 당시에는 특수 서비스 자격을 갖추지 못했지만 여전히 학교에서 어려움을 겪고 있고, 현재도 서비스를 받을 자격이 있다고 느끼기 때문에 보고서를 갱신해 달라고 요청할 수도 있다. 이러한 상황에서는 간단한 후속평가 또는 단축형 평가가 시행될 수 있으며, 변화된 사항을 문서화하기 위해 서신이나 간단한 보고서를 작성할 수 있다. 과거 보고서(서면 기록의 역할을 함)를 수정하지 말고 새로운 결과나 다른 결과를 후속 문서로 보고하라.

당신은 평가가 끝난 지 몇 년 후에 전화를 받을 수도 있다. 이는 일반적으로 당신이 평가한 사람이 새로운 환경으로 전환을 앞두고 있어서, 과거 결과를 재확인하거나 업데이트해야 할 때 발생한다. 예를 들어, 케빈이 로스쿨에 진학했을 때, 그에게는 시험 시간을 연장하는 조정의 지속적인 필요성을 문서화하기 위해 재평가가 필요했다. 따라서 10년 이상 평가(보고서 및 기록)를 유지하는 것이 중요하다. 다행스럽게도 컴퓨터는 서면 보고서를 저장하고 검색하는 것을 용이하게 해 준다.

평가절차에서의 컴퓨터 활용

지난 수십 년 동안 컴퓨터는 대부분 평가를 개선하는 방식으로 평가 진행 과정을 변화시켰다([빠른 참조 10-2]를 볼 것). 따라서 질문은 컴퓨터를 사용해야 할지 말지가 아니라 어떻게 사용해야 하는가가 된다. 컴퓨터는 적절한 소프트웨어로 놀랄 만큼 많은 양의 수치와 데이터를 처리하고, 반복 작업을 자동화한다. 만일 무언가를 일상화할 수 있다면, 일상화하는 것이 좋다. 그러므로 컴퓨터가 가장 잘하는 것은 컴퓨터가 하게 하고, 나머지는 모두 인간이 하도록 두어라. 낮은 수준의 작업에 시간을 덜 쓸수록 계획, 판단, 공감, 창의성, 통찰력이 필요한 평가의 비일상적인 측면에 더 많은 시간을 할애할 수 있다.

[빠른 참조 10-2]

컴퓨터가 지원할 수 있는 평가 관련 업무

- 관찰자료의 수집
- 검사 및 설문지 시행
- 검사자료의 조직화 및 저장
- 원점수 산출 및 다양한 유형의 표준점수, 신뢰구간, 백분위, 상대적 숙련도 지수 및 기술적 분류로 변환하기
- 점수를 조합점수로 결합하기
- 어떤 점수가 다른 점수와 유의하게 다른지를 계산하기
- 예측 모델을 적용하여 관련된 확률 계산하기
- 요약 차트 및 표를 생성하기
- 진단 시 의사결정 나무의 선택 사항을 진행하기
- 보고서에서 고려할 해석적 가설을 작성하기
- 경험적으로 검증된 개입 목록을 생성하기
- 보고서 문서 템플릿을 작성하기
- 보고서의 작성 및 편집
- 피드백 회기에서 자료 및 도표 보여 주기

9.03 평가 시 사전 동의

(a) 심리학자들은 기준 3.10에 기술된 평가, 측정, 진단 서비스에 대한 사전 동의서를 받는다. 다음의 경우는 예외로 한다. (1) 검사가 법률 또는 정부 규정에 의해 위임된 경우는 예외로 한다; (2) 검사가 일상적인 교육적, 제도적 또는 조직적 활동의 일환으로 수행되는 경우에는 사전 동의가 이루어진 것으로 간주한다(예: 참가자가 입사 지원 시 평가에 자발적으로 동의하는 경우); 또는 (3) 검사의 한 가지 목적은 의사결정 능력을 평가하는 것이다. 사전 동의서에는 평가의 성격과 목적에 대한 설명, 비용, 제3자의 참여, 비밀보장의 한계 및 내담자/환자가 질문을 하고 답변을 받을 수 있는 충분한 기회가 포함된다.

(b) 심리학자들은 평가 대상자가 합리적으로 이해할 수 있는 언어를 사용하며, 동의할 능력이 의심스러운 사람이나 법률 또는 정부 규정에 의해 검사를 위임받은 사람에게 제안된 평가 서비스의 성격과 목적에 대해 고지한다.

(c) 통역 서비스를 이용하는 심리학자들은 내담자/환자로부터 해당 통역을 사용하기 위한 사전 동의서를 얻고, 검사결과 및 검사 보안의 기밀성이 유지되도록 보장해야 하며, 권고, 보고서 및 진단, 법의학적 증언을 포함한 평가적 진술에는 수집된 자료의 한계점에 대한 논의를 포함한다(기준 2.05 '타인에 대한 업무 위임', 4.01 '비밀 유지', 9.01 '평가의 기반', 9.06 '평가결과 및 해석', 9.07 '무자격자에 의한 평가'도 참조할 것).

9.04 검사자료의 공개

(a) 검사자료라는 용어는 검사 문항이나 자극에 대한 원점수 및 척도점수, 내담자/환자 반응, 내담자/환자 진술 및 검사 중 행동과 관련된 심리학자의 메모와 기록을 말한다. 내담자/환자 반응을 포함하는 그러한 검사 재료의 일부분은 검사자료의 정의에 포함된다. 심리학자는 내담자/환자의 요청에 따라 검사자료를 내담자/환자 또는 해당 공개 요청서에서 확인된 다른 사람에게 공개한다. 심리학자들은 많은 경우에 이러한 상황에서 비밀 정보의 공개가 법률에 의해 제한된다는 것을 인식하면서, 내담자/환자 또는 다른 사람들을 자료나 검사의 실질적인 위해나 오용 또는 오해석으로부터 보호하기 위해 검사자료의 공개를 자제할 수 있다(기준 9.11 '검사 보안 유지 관리'를 볼 것).

(b) 심리학자들은 내담자/환자 공개 요구서가 없는 경우, 법률 또는 법원 명령에 의해 요구되는 경우에만 검사자료를 제공한다.

9.05 검사의 구성

검사 및 기타 평가 기법을 개발하는 심리학자들은 검사 설계, 표준화, 타당화, 축약이나 편향의 제거와 사용 시 권고를 위해 적절한 심리측정적 절차와 최신의 과학적이거나 전문적인 지식을 사용한다.

9.06 평가결과의 해석

자동화된 해석을 통해 평가결과를 해석할 때, 심리학자들은 평가의 목적뿐만 아니라 다양한 검사의 변인들도 고려한다. 여기에는 검사를 받는 능력, 평가를 받는 사람의 다른 특성, 개인적인, 언어적인, 문화적인 개인차가 있다. 그러한 변인들은 심리학자의 판단에 영향을 미치고 그 해석의 정확성을 저하시킬 수 있다. 그 변인들은 그 해석에서의 중요한 한계점들을 나타낸다(기준 2.01b와 c '역량의 경계' 및 3.01 '부당한 차별'도 볼 것).

9.07 무자격자에 의한 평가

심리학자들은 적절한 감독하에 훈련 목적으로 실시하는 경우를 제외하고는 자격이 없는 사람에 의한 심리평가 기법의 사용을 권장하지 않는다(기준 2.05 '타인에 대한 업무 위임'도 볼 것).

9.08 더 이상 사용되지 않는 검사 및 기한이 지난 검사결과

(a) 심리학자들은 평가나 개입 결정 또는 권고를 할 때, 현재 목적에 비추어 시대에 뒤떨어진 자료나 검사결과에 근거하지 않는다.
(b) 심리학자들은 그러한 결정이나 권고를 할 때, 더 이상 사용되지 않고 현재 목적에 비추어 유용하지 않은 검사 및 측정에 근거하지 않는다.

9.09 검사 채점 및 해석 서비스

(a) 다른 전문가에게 평가 또는 채점 서비스를 제공하는 심리학자들은 절차의 목적, 규준, 타당도, 신뢰도 및 절차의 적용과 그 사용에 적용되는 특별한 자격을 정확하게 기술한다.
(b) 심리학자들은 프로그램 및 절차의 타당도에 대한 증거와 기타 적절한 고려 사항에 기초하여 채점 및 해석 서비스(자동화된 서비스 포함)를 선택한다(기준 2.01b 및 c '역량의 경계'를 볼 것).
(c) 심리학자들은 평가도구의 적절한 적용, 해석 및 사용에 대한 책임을 진다. 그 자체로 점수화하고 해석하거나 자동화된 서비스 또는 기타 서비스를 사용하는 검사의 경우에도 마찬가지다.

9.10 평가결과의 설명

채점과 해석이 심리학자, 고용인, 조수, 자동 서비스 또는 기타 외부 서비스에 의해 수행되는지 여부에 관계없이, 심리학자들은 검사 설명이 개인 또는 지정된 대리인에게 제공되기 위한 합리적인 조치를 취한다. 이는 관계의 특성상 결과에 대한 설명을 배제하는 경우(일부

조직 컨설팅, 사전고용 또는 보안 스크리닝, 법의학 평가 등)와 이러한 사실이 사전에 평가 대상자에게 명확하게 설명되어 있는 경우는 예외로 한다.

9.11 검사의 보안 유지

검사 재료(test materials)라는 용어는 매뉴얼, 도구, 프로토콜 및 검사 문항이나 자극을 말하며, 기준 9.04 검사자료의 공개에서 정의된 검사자료에는 포함되지 않는다. 심리학자들은 이 윤리기준을 준수할 수 있는 방식으로, 법과 계약상 의무에 부합하는 검사 재료 및 기타 평가 기법의 완결성과 보안을 유지하기 위해 합리적인 노력을 기울인다.

출처: APA(2010a).

비밀보호

모든 전문 평가 지침은 내담자 비밀보호의 중요성을 강조한다. [빠른 참조 10-6]은 개인 정보 보호 및 비밀 유지에 관한 APA 윤리기준을 개관한다. 일부 임상가는 단순히 평가 보고서의 페이지에 '기밀'이라고 찍어서 독자들에게 그 페이지에 개인정보가 포함되어 있음을 경고한다. 그러나 '기밀' 도장은 기밀을 보장하기에는 다소 모호하고 불충분하기 때문에 당신의 실무적 특성에 따라 달라진다. 당신은 좀 더 구체적인 비밀유지 고지 방식이 포함되기를 원할지도 모른다. Zuckerman(2000)의 사례와 유사하게, 다음은 비밀 유지 고지에 포함될 수 있는 몇 가지 사항의 예시들이다.

이 보고서의 내용은 법적으로 보호되는 의료문서로 간주된다.
이 보고서의 정보는 [목적]에 따라 사용되어야 한다.
이 보고서는 [사람 또는 조직의 이름]에 의해서만 사용되어야 한다.
이 보고서는 [예외 사항 목록]을 제외한 어떤 당사자에게도 공개되어서는 안 된다.
이 보고서는 [목표 달성 또는 특정 날짜] 이후에 파기되어야 한다.

당신은 보고서의 표지(있는 경우)와 문서의 바닥글에 비밀유지 통지를 할 수 있다. [빠른 참조 10-7]은 평가 보고서에 포함될 수 있는 비밀 사항 통지의 예를 제공한다.

[빠른 참조 10-6]

개인정보 보호 및 비밀 유지에 관한 APA 윤리기준

4.01 비밀 유지

심리학자들은 어떤 매체를 통해서든 획득하거나 보관한 비밀 정보를 보호하기 위한 일차적인 의무를 지니고 있으며, 이를 위해 합리적인 예방 조치를 취한다. 이러한 비밀의 범위와 한계는 법률에 의해 규정되거나 기관의 규칙, 전문적 또는 과학적 관련성에 의해 확립될 수 있다는 점을 인식한다(기준 2.05 '타인에 대한 업무의 위임'도 볼 것).

4.02 비밀의 한계에 대한 논의

(a) 심리학자들은 (1) 비밀의 관련된 한계 및 (2) 심리학적 활동을 통해 생성된 정보의 예측 가능한 사용 범위에 대해 과학적이거나 전문적인 관계를 수립하는 사람들(법적으로 가능한 범위까지 사전 동의가 불가능한 사람 및 그 법적 대리인을 포함하는) 및 기관과 논의한다(기준 3.10 '사전 동의'를 볼 것).

(b) 비밀 유지에 대한 논의가 실현 가능하지 않거나 금지되지 않는 한, 그것은 새로운 상황이 보장하는 관계의 시작 시점 및 사후에 이루어진다.

(c) 전자전송을 통해 서비스, 생산물 또는 정보를 제공하는 심리학자들은 내담자/환자들에게 사생활 보호의 위험과 비밀의 한계에 대해 고지한다.

4.03 녹음/녹화

심리학자들은 서비스를 제공받는 개인의 음성이나 영상을 기록하기 전에 관련된 모든 사람이나 법적 대리인의 허가를 얻는다(기준 8.03 '연구에서의 음성 및 영상 기록을 위한 사전 동의서', 8.05 '연구에 대한 사전 동의서 제공', 그리고 8.07 '연구에서의 속임수'도 볼 것)

4.04 사생활 침해의 최소화

(a) 심리학자들은 서면 및 구두 보고서에 상담에서의 의사소통이라는 목적에 적합한 정보만 포함한다.

(b) 심리학자들은 오직 적절한 과학적 또는 전문적 목적을 위해서, 그리고 이 문제에 명백히 관련된 사람들하고만 자신의 작업에서 얻은 비밀 정보를 논의한다.

4.05 공개

(a) 심리학자들은 법률에 의해 금지되지 않는 한, 기관 내담자, 개인 내담자/환자 또는 내담

자/환자를 대신하는 다른 법적 권한을 가진 사람의 적절한 동의를 얻어 비밀 정보를 공개할 수 있다.

(b) 심리학자들은 비밀 정보를 개인동의 없이 공개하지 않고, 법률에 의해 위임되거나 법률이 허용하는 경우에만 다음과 같은 타당한 목적에 따라 공개한다. (1) 필요한 전문적 서비스를 제공하거나, (2) 적절한 전문적인 자문을 받거나, (3) 내담자/환자, 심리학자 또는 그 밖의 사람들을 위해로부터 보호하거나, (4) 내담자/환자로부터 서비스에 대한 비용을 받는 등, 이 경우 공개는 목적을 달성하기 위해 필요한 최소로 제한된다(기준 6.04e '비용 및 재무약정'도 볼 것).

4.06 자문

심리학자는 동료에게 자문할 때, (1) 당사자 또는 단체에게 공개를 위한 사전 동의를 얻거나 공개를 피할 수 없는 경우가 아니라면, 내담자/환자, 연구 참여자, 비밀 관계를 맺고 있는 타인, 단체의 신원 확인이 합리적으로 이루어질 수 있는 비밀정보는 공개하지 않는다. (2) 심리학자는 자문의 목적을 달성하기 위해 필요한 범위까지만 정보를 공개한다(기준 4.01 '비밀 유지'를 볼 것).

4.07 교육적 또는 기타 목적을 위한 기밀 정보의 사용

심리학자들은 (1) 그 개인이나 조직을 감추기 위한 합리적인 조치를 취하지 않는 한, (2) 개인이나 조직이 저술에 동의하지 않는 한, (3) 이를 위한 법적인 허가를 받지 않는 한, 업무를 통해 얻게 된 내담자/환자, 학생, 연구 참여자, 기관 내담자, 기타 서비스의 수혜자에 관한 기밀과 개인 식별 가능 정보를 자신의 저술, 강의, 기타 공공 매체를 통해 공개하지 않는다.

출처: APA(2010a).

[빠른 참조 10-7]

비밀 유지를 고지하는 예문

- 이것은 독점적이고 비밀스러운 환자 정보다. 어떠한 무단 공개도 연방법을 위배하는 것이다. 복제가 금지된다.
- 이는 엄격한 기밀 사항이며, 해당 정보를 취급하는 당사자만을 위한 정보다. 본 보고서의 대상자를 포함한 다른 사람이 이용하는 경우에는 어떠한 책임도 인정될 수 없다. 이 기록의 복제, 전송, 재공개 또는 재전송은 엄격히 금지된다.

- 이 보고서에는 내담자의 비밀 정보가 포함되어 있다. 이것은 윤리적 · 전문적으로 정보를 해석하고 이해할 수 있는 전문가에게만 공개한다.
- 이 보고서에 포함된 정보는 사적이고, 독점적이며, 비밀스러운 사항이다. 부모나 보호자의 서면 동의를 받은 검사 심리학자가 아니면 학교 시스템 밖에서 공개할 수 없다. 복제되거나 전송되지 않아야 한다.
- 본 보고서의 내용은 아동의 부모 또는 보호자와 공유되었다. 그들은 평가자 또는 특정하게 지정된 사람과 함께 이 보고서를 검토할 수 있다. 이 보고서의 사본은 부모에 의해서만 공개되거나 학군의 정책에 따라서만 공개될 수 있다.

출처: Zuckerman(2000)에서 수정됨.

자가평가

1. 당신의 구두 피드백을 그 사람이 얼마나 잘 이해하는지 판단하기 위해 다음 중 어떤 문장의 질문이 권장하는가?
   (a) "제가 너무 빨리 말하고 있다면 알려 주십시오."
   (b) "질문이 있거나 설명을 원하시면 제 말을 자유롭게 중단시키셔도 됩니다."
   (c) "지금까지 질문 있으십니까?"
   (d) "이 결과에 대한 당신의 의견은 어떻게 되십니까?"
   (e) 위의 사항 중 어느 것이든 효과적일 것이다.

2. 종합적인 피드백 회기는 청소년에게는 유용하지만 어린 아동에게는 유용하지 않다. 따라서 당신은 그들의 아이들을 평가한 것에 대한 피드백을 줄 때 부모에게만 의지해야 한다. 참인가? 거짓인가?

3. 컴퓨터가 생성한 보고서는 이제 사람들에게 전달되기 전에 검사자의 수정이나 추가가 필요하지 않을 정도로 정교해졌다. 참인가? 거짓인가?

4. 전문가 행동 기준에 따르면 심리학자가 사용하는 컴퓨터 채점 프로그램이 부정확한 점수를 생성하면 심리학자에게 책임을 물을 수 있다. 참인가? 거짓인가?

5. 만약 어떤 사람이 다른 사람에게 정보를 전달하지 않겠다고 약속하면, 그가 응답한 MMPI-II 질문의 사본을 주는 것이 허용된다. 참인가? 거짓인가?

6. 규준(또는 비교집단)과 실제 수험생의 주요한 차이를 고려하지 않고 점수를 해석하는 것은 비윤리적이다. 참인가? 거짓인가?

7. 톰슨 씨가 아내의 평가결과를 당신에게 요구한다면, 그들이 결혼했기 때문에 톰슨 부인의 서면 동의서 없이 이 정보를 주는 것이 수용될 수 있다. 참인가? 거짓인가?

8. 평가자가 컴퓨터보다 더 정확하게 할 수 있는 두 가지는 무엇인가?
   (a) 원점수에서 표준점수를 도출한다.
   (b) 가설을 지지하거나 반박하기 위해 배경정보, 행동관찰, 검사자료의 정보를 통합한다.
   (c) 어떤 점수가 서로 유의하게 다른지 계산한다.
   (d) 정확한 진단을 한다.

정답: 1. e; 2. 거짓; 3. 거짓; 4. 참; 5. 거짓; 6. 참; 7. 거짓; 8. b와 d.

제11장

평가 보고서 작성을 위한 몇 가지 조언

John O. Willis

이것들은 내가 지난 48년 동안 평가 보고서를 작성할 때 저질렀던 최악의 실수들을 피하기 위해 제공하는 힌트들이다. 내가 이러한 제안을 스스로 따르지 않았을 때, 종종 문제가 일어났다. 이것들을 따랐을 때, 보통은 일이 조금 더 잘 진행되었다. 이 중에서는 오직 하나만 독창적인 나의 아이디어다.

절대로 보고되지 않은 자료에 해가 뜨게 하지 말라[1]

당신은 다음날 아침 첫 회의에 쓸 보고서를 작성하기 위해 미친 듯이 밤을 새운 적이 있는가? 회의 전날 밤 깜빡 잊고 집에 가져 오지 않은 매뉴얼에서 점수를 찾아 달라고 동료들에게 전화하거나 메일 목록에 요청서를 올려 본 적이 있는가? 여기 그런 스트레스의 원천을 피하는 방법이 있다.

의뢰를 받는 즉시 컴퓨터에서 보고서 셸을 열고 올해 평가를 위한 보안 폴더에 새 사본을 저장하라(자세한 내용은 다음에 나올 셸에 대한 정보를 참조할 것). 의뢰서를 훑어보고 수집할 수 있는 모든 정보를 삽입한 다음, 추가로 수집해야 할 정보에 대해 메모하라. 이것을 다음 해가 뜨기 전에 끝내라.

다음 해가 뜨기 전에 가능한 한 빠르게 파일의 검토를 완료하고 보고서의 과거력 항목 초안을 작성하라. 독자를 위한 정보를 더 명확하게 할 수 있다면 학업 기록과 이전 검사점수의 표를 만들라. 때때로, 표는 천 마디 말의 가치가 있다. 하지만 어떤 경우에는 단지 독자들이 표에 겁을 먹는다.

첫 번째 검사 회기가 끝나고 난 후, 검사점수를 채점하고 관찰, 잠정적인 결론 및 매우 잠정적인 권고를 포함한 정보를 보고서에 기록하라. 당신은 이 자료의 일부, 심지어는 지속적인 패턴이 아니고 결국 무관하거나 일회성 일탈로 판명되는 행동관찰까지 수정할 필요가 있을 것이다. 보고서 셸의 빈 표에 점수를 추가하라. 다음 해가 뜨기 전에 이 모든 것

---

1) Never let the sun rise on unreported data: 다소 문학적인 표현이지만 그대로 번역했다. 역자가 보기에 이 조언은 평가 보고서 작성 업무가 밀리지 않게 하기 위한 조언인 동시에, 평가 시 생생한 느낌을 유지하고 기록을 남기라는 메시지로 보인다. 역자의 경험에 따르면 거친 정보라도 당일에 작성해 두면 결과적으로 보고서 작성 속도가 빨라진다(역자 주).

을 하라.

추가 검사 또는 관찰 회기를 반복하면서, 필요에 따라 이전의 자료를 수정하라. 마지막 검사 회기 후에 결론 및 권고를 편집, 수정, 확장하라. 다음 해가 뜨기 전에 이 작업을 완료하라.

내 동료인 고 William(Dr. Bill) Lothrop(개인적인 대화, 1983년 3월 8일)은 시기적절한 보고는 실제로 무슨 일이 일어났는지 설명하지만, 지연된 것은 단지 우리의 기록을 보고할 뿐이라는 점을 우리 팀에게 상기시키곤 했다.

보고서의 관련 항목 간에 이동하려면 임시 책갈피를 사용하라

조직화된 보고서를 쓰는 나의 비조직화된 접근에는 문서의 여기저기로 건너뛰는 것이 포함된다. 예를 들어, 내가 검사 중 행동을 기술하고 있었는데, "나는 볼펜이 싫어! 왜 사인펜을 쓰지 못하게 하는 거지?" 같은 아동의 말을 인용했다면(직접 인용문은 보고서에 흥미와 사실성을 더한다), 아직 마음에 생생할 때 권고를 써 보고 싶어질지도 모른다. 나는 보고서의 관찰 항목을 쓰다가 떠날 때, 나는 독특한 표시(예: %%)를 남기곤 한다. 나는 Ctrl+F(Mac에서는 ⌘F)를 사용하여 '권고'를 찾고, 권고 사항을 작성하고(예를 들어, 작업치료사가 이 아동에게 사인펜이 금지된 이유를 잘 설명해 주는 경우 수정하게 된다), 그다음에 권고 사항 작성을 용이하게 하기 위해 또 다른 %를 남긴 후, 내가 있던 원래 자리로 돌아가기 위해 %%를 찾는다. 하나의 아이디어가 끝났다고 생각되면 %%를 지울 것이다. 나는 보통 다 끝마칠 때까지 %%을 내 결론 및 권고 사항에 남겨 두곤 했다. 왜냐하면 나는 그 항목에 추가해야 할 것들을 계속 생각했기 때문이다. 철자 검사(및 최종 검토)에서는 최종본에 %%가 남지 않도록 해야 한다.

내 위치를 잃어버리지 않고 문서의 다른 부분으로 이동할 수 있는 두 번째 방법은 [보기] → [나누기]를 클릭하여 두 부분의 화면을 한 번에 보는 것이다. 2개의 모니터로 작업하는 경우 [보기] → [새 창]을 눌러 개별 모니터에서 보고서의 두 항목을 편집할 수 있다.

마지막으로, 만약 당신이 기술이 제공하는 특전을 즐기는 편이라면, MS 워드가 가지고 있는 책갈피 기능을 사용하는 것을 고려할 수 있다. 워드에서 하나의 책갈피(bookmark)는 당신의 문서에 있는 특정 단어, 항목, 위치를 식별하여 쉽게 다시 찾을 수 있게 해 준다. 책갈피 기능을 사용하려면, 보고서에서 책갈피를 삽입할 텍스트(또는 위치)를 선택한 후 [삽입] → [책갈피]를 클릭하라. 그러면 해당 책갈피에 이름을 지정할 수 있는 기회가 주어진다(예: '마지막 권고 사항' 또는 '펜으로 쓴 관찰기록'). 그래서 마지막으로 당신이 남긴 책갈피 중 하나로 이동할 준비가 되면, Ctrl+G를 입력하고 '이동할 곳'에서 책갈피를 선택한 다음 원하는 책갈피를 선택하라.

검사가 아닌 주제별로 보고서를 구성하라

심리학자들은 사용된 검사에 따라 보고서의 검사결과 항목을 구성하는 훈련을 받는 경우가 많다. 예를 들어, 구술 언어능력이 IQ 검사 항목에서 한 번, 성취도 검사 항목에서 한 번, 말하기 및 언어 항목에서 다시 한번, 적응적 행동 항목에서 마지막으로 논의되는 식이다. 나는 검사가 아닌 주제별로 보고서를 조직화할 것을 강력히 추천한다. 그 보고서는 수검자에 관한 것이지, 검사에 관한 것이 아니다. 예를 들면, Harvey(2013)와 Lichtenstein (2013a, 2014)을 참조하라.

의뢰 시 질문에 따라 평가 및 보고서 작성 절차가 진행되도록 하라

나는 목적 중심 평가를 신봉한다. 만일 평가에 목적도 목표도 없다면, 도대체 왜 하는 것인가.

의뢰 시 질문은 평가를 이끌어 가는 데 도움이 될 것이다. 학부모, 교사, 치료사, 상담사, 수검자에게 적극적으로 질문을 요청하라. "이 평가에서 무엇을 알고 싶은가?"와 "왜 그 정보가 중요한가?"를 질문하라(평가에서 요청한 정보를 제공할 수 없는 경우 왜 그런지 설명할 준비를 하라). 질문을 보고서의 의뢰 항목에 입력하고 결론 항목에도 복사해서 붙여 넣으라. 그리고 거기에서 각 질문에 대답하라. 심지어 그 답이 "나는 모른다"라고 하더라도 말이다. 당신의 평가가 더 유용할 뿐만 아니라 의뢰 시 질문에 실질적인 대답이 된다는 반응이 나올 수 있기 때문에, 그들에게 질문하는 데에는 충분한 시간과 노력을 들일 가치가 있다. 법률, 규정, 정책, 형식, 관리자, 변호사 및 판사도 평가를 위한 목적을 알려 줄 수 있다. 나는 현행의 연방과 주의 특수교육 및 504 계획을 노트북에 다운로드하여 저장했기 때문에, 평가 계획 수립, 보고서 작성, 평가 회의 참여 시 검색 가능한 사본을 언제나 쉽게 활용할 수 있다.[2] 현재 연방법과 규정 및 50개 주 모두에 대한 법률은 My School Psychology(www.myschoolpsychology.com/federalregulations/ and www.myschoolpsychology.com/federal-regulations/state-regulationspart-b-agencies-and-state-rti-links/)에서 확인할 수 있다.

당신은 의뢰 시 질문과 배경정보를 검토한 다음, 자신만의 질문을 추가하고 유용한 정보와 권고 사항을 제공하기 위한 평가 계획을 세울 수 있다. 당신은 문제에 답하기 위해 고안된 검사와 절차를 선택할 수 있으며, 가능한 한 효과적이고 명확하게 필요한 정보를 제시할 수 있도록 보고서 초안의 항목별 제목을 편집하고 재구성할 수 있다. 또한 구성개념과 무관한 변인(Construct-irrelevant variance; Messick, 1989, 1995)을 설명하는 검사를 선택하지 않도록 주의하라. 예를 들어, 읽기 유창성이 약점인 학생은 구술 독해 방식으로 독해력을 검사하지 않고, 청각장애나 언어장애가 있는 학생에게는 언어성 IQ 검사를 사용하지 않는다.

검사에 대한 설명을 줄이고, 제거하고, 재배치하라

사용된 검사에 대한 긴 설명으로 보고서 본문을 복잡하게 만들지 않도록 하라. 학생에 대한 정보를 찾는 학부모와 교사들은 아마도 우드콕-존슨 IV와 전체 48개의 소검사, 그리고 규준 표본을 설명하는 긴 단락을 읽고 싶어 하지 않을 것이다. 이 정보는 보고서 부록에 요약될 수 있는 중요한 정보다(이 장에 보다 자세히 나와 있는 '잘 구성된 보고서 셸' 항목을 먼저 볼 것).

보고서 본문에서 특정 검사나 소검사 수행에 대해 논의할 필요가 있는 경우, 충분히 명확한 정도로만 언급하라. "필로미나는 공통성에서 평균 하 수준의 점수를 받았습니다"는 당신의 많은 독자들에게 유익하지 않다(심지어는 의미 있지도 않다). 그보다는 "필로미나는 어떻게 서로 다른 두 단어(개, 조랑말, 희망, 공포 등)가 유사한지 설명하는 데 어려움을 겪었습니다. 그러한 과제에서 그녀는 단지 하위 9%의 또래들만큼만 수행할 수 있었습니다. 또한 그녀는 또래 대부분의 학생들과 비슷한 수준으로 대부분의 단어를 식별했지만 공통점을 표현하는 것은 어려워했습니다."가 나을 것이다.

---

2) 국내에서는 심리평가와 임상심리학자의 법적 지위와 관련된 법률이 미비한 상황이다. 「정신건강법」에서 일부 다루고 있기는 하지만, 심리평가의 모든 이슈들을 다루기에는 턱없이 부족하며, 그것이 심리학자의 평가 업무에 대한 법적 지위 보장으로 이어지지도 않는다. 따라서 심리학적 활동을 위한 법 제정이 시급한 실정이다(역자 주).

권고를 삭제하려는 시도에 저항하라

보고서에 권고를 포함해야 하는지에는 다양한 의견이 있다. 그래도 아마 평가팀 회의에서 팀의 집단지식이 활용되고 팀원들이 최종 권고 사항에 주인의식을 느끼도록 협력하며 권고가 개발된다면 그것이 이상적일 것이다(R. Dumont, 개인적인 대화, 1997년 4월 1일). 그러나 당신이 모든 평가에 대한 두 번째 보고서를 작성하지 않는 한, 그처럼 좋은 권고 사항이 정확하거나 완전하게 기록되지 않을 위험성이 크다.

일부 기관과 많은 행정가들은 권고에 동의하지 않고, 자녀에 대한 모든 보고서에 있는 모든 권고를 부모들이 준수하도록 학교에 법적인 압력을 가할 것이라는 우려를 한다. 어쩌면 부모들은 그런 것을 시도할지도 모르겠지만, 그런 주장은 비논리적이다. 서로 다른 평가자는 동일한 학생을 위해 상호 배타적인 권고를 할 수 있다(예를 들어, 아동이 매일 강도 높은 손글씨 훈련을 하는 것 대 아동이 컴퓨터로 모든 글을 쓰고 다시는 연필을 만지지 않도록 하는 것).

나는 권고로 이어지지 않는 평가는 목적을 알 수 없다고 생각하기 때문에, 항상 권고를 포함시켰다(이 장의 잘 구성된 보고서 셀 항목에 인용된 면책 조항을 포함해서). 검사 시행자가 권고 사항을 작성하지 않겠다고 완강하게 주장하며 버틸 때, 나는 보고서의 결과 항목에서의 묵시적인 권고 사항에 대해 질문하곤 했다. 예를 들어, "랠프는 음성학 및 음운학에 대한 일상적이고 명시적인 지도로 교정될 수 있는 극도로 미약한 수준의 음운학적 인식 능력을 보여 주었습니다"와 같은 것이 있다.

일부 기관들은 독자들이 적어도 중간 정도로는 자세하고 구체적인 권고 사항을 담은 보고서를 선호한다는 것을 알게 되었다(예: Malin, Beimcik, & Hopfner, 2012; Weiner & Costaris, 2012). Mather와 Jaffe(2011)는 58건의 평가 보고서의 예시와 평가 보고서의 편집 및 사용에 적합한 구체적인 권고 사항과 전략을 담은 라이브러리를 제공한다.

잘 구성된 보고서 셀로 시작하라

절대로, 어쨌든, 어떤 상황에서도 옛 보고서를 새 이름으로 저장하고 새로운 학생을 위해 편집하는 것을 결코 생각도 하지 말라. 그처럼 유해한 관행은 결국 새로운 수검자의 이름을 바꾸고 아마도 성별도 바꾸게 할 것이다.

그렇지만 보고서 개요나 셸을 만들고 계속 업데이트하는 것은 타당하다. 거기에는 제목과 심지어는 문장(예: "다음 권고는 나의 개인적인 의견이며 Namexx의 부모님을 포함한 팀의 승인을 받거나 다른 지시를 받지 않는 한 그 누구에게도 구속력을 갖지 않는다. 그 권고 사항은 지금까지 내가 Namexx에 대해 알게 된 내용을 바탕으로 한다.") 또는 문구(예: "Namexx는 xx에서 평가를 위해 참조되었다")의 업데이트까지 포함될 수 있다.

당신은 모두 바꾸기 기능을 사용하여 Namexx를 수검자 이름으로, hxx를 학생의 소유격 대명사로, Lastxx를 학생의 성으로 바꿀 수 있다. 당신은 xx의 다른 인스턴스를 검색하여 필요한 단어를 입력할 수 있다. 만약 운이 좋다면, 당신의 마지막 철자 검사에서 xx의 누락된 사례를 찾을 수 있을 것이고, 만약 그렇지 않다면, 나는 그를 로저가 아닌 캐서린 Namexx라고 부르며 설명하게 될 것이다.

상용구를 가진 글을 주의 깊게 편집하는 것은 필수적이다. 예를 들어, '부모(Parents)'는 한 부모만 있는 경우 이 표제는 '부모(Parent)'로 변경되어야 한다. 어떤 오류는 놓치기 쉽다. 보고서 셸은 필요에 따라 부모(Parent) 또는 부모(Parents)로 대체될 수 있는 Parentxx로 시작하는 것이 안전하다.

셸의 부록에 척도의 해석을 포함하라

내 셸에는 보고서를 편집하고 첨부하기 위한 부록이 포함되어 있다. 현재 버전에는 다양한 검사점수에 대한 간략한 설명(사본은 www.myschoolpsychology.com/testing-information/sample-explanations-of-classification-labels/에서 확인할 수 있다), 다양한 검사결과를 보고하기 위한 72쪽의 표, 그리고 과거의 평가자로서나 현재의 평가자로서 학생들에게 활용할 수 있는 많고 많은 검사들에 대한 103쪽의 간략한 설명이 포함되어 있다. 나는 파일을 새 이름으로 열고 다시 저장한 후 현재 수검자와 관련이 없는 모든 항목(예: 보고서에 평균 15와 표준편차 5의 Bruininks-Oseretsky 척도점수를 사용하지 않는 경우 해당 설명을 삭제한다)을 삭제하고 나머지 표를 채워 넣는다. 나는 검사 발행사가 제공하는 것보다 내 표를 훨씬 더 좋아한다. 부분적으로 내 표는 실제 95% 신뢰구간(단순한 ±숫자만 제공하는 것이 아닌)과 같은 유용한 정보를 포함하고 거의 항상 대부분의 학부모와 교사들을 오도하는 숫자들을 생략하기 때문이다(예: 원점수, 나이와 학년 균등화 점수; International Reading

이번 장의 마지막에 인용된 참고문헌 목록에는 글쓰기 스타일에 대한 몇 가지 귀중한 지침이 포함되어 있다. 존의 학교심리학 기록(John's Log at My School psychology, www.myschoolpsychology.com/johns-blog-2/)에도 스타일 조언이 있다. 이 사이트의 목표는 특히 학부모, 교사, 노년층 학생과 명확하고 명확하며 효과적으로 소통하는 것이다. Robert Louis Stevenson은 "단순히 이해시키기 위해 글을 쓰지 말라. 혹시라도 오해하지 않도록 글을 쓰라."며 이와 같은 생각에 동의했다.

심호흡을 하고 피드백을 유도하라

일부 평가자들은 평가 보고서에 대한 후속 질문지를 학부모와 교사에게 배포한다. 평가 결과 회의 몇 주 후에 배포된 설문지는 평가 보고서의 명확성, 정확성, 유용성, 완전성에 대해 몇 가지 일반적인 질문을 하고 보고서의 권고 사항을 출력해서 보여 주면서, 각각이 지금까지 얼마나 효과적이었는지 질문한다. 이 피드백을 검토하는 것이 항상 즐거운 것은 아니지만, 유익할 뿐만 아니라 우리의 업무 수행 능력을 향상시키는 데 도움이 될 수 있다.

주석에 언급된 참고문헌

American Psychological Association (APA). (2010). *Publication manual of the American Psychological Association* (6th ed., 2nd printing). Washington, DC: Author. Retrieved from www.apastyle.org. Corrections of embarrassing and ironic errors in the flawed first printing can be found at www.apastyle.org/manual/corrections-faqs.aspx. There are some excellent tips on writing style.

Bryson, B. (2002). *Bryson's dictionary of troublesome words*. New York, NY: Broadway Books. A valuable writing tool and a good read.

Dumont, R. (2011). ADHD: To be or not to be? That was the question. In N. Mather & L. E. Jaffe (Eds.), *Comprehensive evaluations: Case reports for psychologists, diagnosticians, and special educators* (pp. 450–462). Hoboken, NJ: Wiley. This is a largely number-free evaluation report. There are no test scores.

Elliott, C. D. (2007). *Differential ability scales* (2nd ed.). San Antonio, TX: The Psychological

Corporation.

Glazer, A. (2014). Effective oral communication of evaluation results. *Communique*, *42*(6), 1, 32-33. Write the clearest report you can, but don't read it aloud at the meeting.

Gordon, K. E. (1993). *The deluxe transitive vampire: The ultimate handbook of grammar for the innocent, the eager, and the doomed*. New York, NY: Pantheon. Very accurate, very readable, and far too much fun to pass up.

Harvey, V. S. (2006). Variables affecting the clarity of psychological reports. *Journal of Clinical Psychology*, *62*(1), 5-18. doi:10.1002/jclp.20196. In this article, the author explores four reasons psychologists write reports that are difficult to read. Methods to address each issue are discussed.

Harvey, V. S. (2013). Communicating test results. In K. F. Geisinger, B. A. Bracken, J. F. Carlson, J. C. Hansen, N. R. Kuncel, S. P. Reise, & M. C. Rodriguez (Eds.), *APA handbook of testing and assessment in psychology, Vol. 2: Testing and assessment in clinical and counseling psychology* (pp. 35-50). Washington, DC: American Psychological Association.

International Reading Association. (1982). Misuse of grade equivalents: Resolution passed by the Delegates Assembly of the International Reading Association, April 1981. *Reading Teacher,* January, 464.

Jaffe, L. E. (2009). Development, interpretation, and application of the W score and the relative proficiency index. *Woodcock-Johnson III Assessment Service Bulletin No. 11*. Rolling Meadows, IL: Riverside Publishing. Retrieved from www.riverpub.com/products/wjIIIComplete/pdf/WJ3_ASB_11.pdf. RPI scores are really valuable, but first we must understand them. Lynne Jaffe explains them with wonderful clarity.

Lichtenstein, R. (2013a). Writing psychoeducational reports that matter: A consumer-responsive approach. *Communique*, *42*(3), 1, 28–30. First of a thoughtful and practical three-part discussion of changing assessments and reports to meet the expressed needs of parents and teachers.

Lichtenstein, R. (2013b). Writing psychoeducational reports that matter: A consumer-responsive approach, Part 2. *Communique*, *42*(4), 1, 10–13.

Lichtenstein, R. (2014). Writing psychoeducational reports that matter: A consumer-responsive approach, Part 3. *Communique*, *42*(6), 1, 30-32.

Mallin, B., Beimcik, J., & Hopfner, L. (2012). Teacher ratings of three school psychology report recommendation styles. *Canadian Journal of School Psychology*, *27*(3), 258-273. doi:10.1177/0829573512449999. A detailed study of teachers' opinions about the level of detail provided in a model report with Recommendations sections presented with low, medium, and high levels of specificity.

Mather, N., & Jaffe, L. E. (Eds.). (2011). *Comprehensive evaluations: Case reports for psychologists, diagnosticians, and special educators.* Hoboken, NJ: Wiley. This 668-page volume contains over 58 sample case reports that cover relevant topics from preschool to postsecondary level. The reports are written by authorities in the fields of psychology and special education. Reports vary greatly in their content, format, and style, providing a wide range models. The reports reflect various disciplines within psychology and education, different theoretical perspectives and paradigms, and a broad spectrum of disabilities. The models will help you draft carefully planned, goal-directed, and comprehensive evaluations that clearly explain the reasons for a student's school-related difficulties.

Mather, N., & Jaffe, L. E. (2016). *Woodcock-Johnson IV: Reports, recommendations, and strategies* (each copy with unique PIN and link to the website for the book). Hoboken, NJ: Wiley. An extraordinarily thorough and helpful treatment of the WJ IV, including clear and useful discussions and explanations, many very useful forms, a variety of sample diagnostic reports, 258 pages of specific, practical, plagiarizable recommendations, and 92 pages of detailed explanations of specific teaching strategies, which evaluators can (and should) use in their reports. Even if you never use the WJ IV, this book is extremely useful with any assessment interpretation.

Messick, S. (1989). Validity. In R. L. Linn (Ed.), *Educational measurement* (3rd ed., pp. 13-103). New York, NY: Macmillan.

Messick, S. (1995). Validity of psychological assessment: Validation of inferences from persons' responses and performances as scientific inquiry into score meaning. *American Psychologist, 50*(9), 741-749.

Roid, G. H. (2003). *Stanford-Binet intelligence scales* (5th ed.): *Examiner's manual.* Itasca, IL: Riverside.

Sattler, J. M. (2008). *Assessment of children: Cognitive foundations* (5th ed.). La Mesa, CA: Author. Especially germane to this chapter is Ch. 19 "Report Writing" (pp. 704-758) with Sattler's 21 "Principles of Report Writing" (pp. 716-743).

Sattler, J. M. (2014). *Foundations of behavioral, social and clinical assessment of children* (6th ed.). La Mesa, CA: Author. Chapter 25, pp. 695-732, newer but shorter than the chapter in Sattler (2008), is devoted to recommendations on writing psychological reports and includes "14 Principles of Report Writing" (pp. 709-727).

Schneider, W. J. (n.d.). *Table Maker for psychological evaluation reports.* Software retrieved from http://my.ilstu.edu/~wjschne/AssessingPsyche/AssessingPsycheSoftware.html There is a ton of valuable information on Schneider's website.

Schrank, F. A., McGrew, K. S., & Mather, N. (2014). *Woodcock-Johnson IV*. Rolling Meadows, IL: Riverside.

Strunk, W., Jr., & White, E. B. (1979). *The elements of style* (4th ed.). Boston, MA: Allyn & Bacon. A very brief and extremely practical guide to good writing style. It is old and is constantly criticized, but I still rely on it. Forget the critics (who often misread it, for example, mistaking "avoid" for "never use at all").

Walrath, R., Willis, J. O., & Dumont, R. (2014). Best practices in writing assessment reports. In A. Thomas & P. L. Harrison (Eds.), *Best practices: Data based and collaborative decision making*. Washington, DC: National Association of School Psychologists.

Wechsler, D. (2014). *Wechsler intelligence scale for children* (5th ed.): *Technical and interpretive manual*. Bloomington, MN: Pearson.

Weiner, J., & Costaris, L. (2012). Teaching psychological report writing: Content and process. *Canadian Journal of School Psychology*, *27*(2), 119-135. doi:10.1177/0829573511418484. This article discusses features of reports that parents and teachers are likely to understand.

Willis, J. O. (1977). Overall Achievement Test-Cumulative Evaluation Reflecting Educational Ability Level (OAT-CEREAL). *NH Personnel and Guidance Journal*, *6*, 1-9. A brief parody of the use of grade-equivalent scores with achievement tests.

제12장

주석이 달린 사례 보고서

평가 보고서 작성을 위한 책에서는 멋진 사례 하나가 일반화된 지식을 향한 관문이 될 수 있다. 여기 11개의 사례가 있다. 우리는 이 책에 포함시킬 예시 보고서를 주의 깊은 글쓰기 능력과 다양한 임상경험을 가진 학자이자 개업 전문가들에게 요청했다.[1] 그리고 우리는 그들에게 평가 과정 전반에서 중요한 결정이 내려졌을 때 우리가 그들의 생각을 경청할 수 있도록 보고서에 주석을 달아 달라고 부탁했다. 당신은 이 마지막 장에서 이전의 모든 장의 내용보다도 보고서 작성에 대해 더 많이 배우게 될 가능성이 크다.

출판된 사례 보고서의 장르는 소설과 논픽션 사이의 생소한 간격 안에 있다. 발표된 보고서는 대개 실제 사례에 기초하지만, 모든 관련자의 신원을 보호하기 위해 창작이 자유롭게 허용되어야 한다. 출판된 보고서는 검사의 원리를 설명하기 위해 사용되기 때문에 중요하지 않은 세부 사항들은 제거된다. 실제 보고서는 종종 그 지역 사람들만 알 수 있는 사람, 장소, 기관이 언급된다. 우리는 가능한 그러한 언급들뿐만 아니라 출생일, 평가일, 기타 날짜들도 삭제했다.

당신은 이어지는 사례 보고서를 통해 보고서의 유형과 작성 스타일이 다양함을 알 수 있을 것이다([빠른 참조 12-1]을 볼 것). 세심한 독자는 각 보고서의 모든 측면이 이 책의 다른 부분에 있는 권고 사항과 완벽하게 일치하지는 않는다는 것을 알게 될 것이다. 우리는 그 권고안을 지지하지만, 우리는 여러 접근법이 타당할 수 있음을 인정한다. 종종 그 차이는 상당히 미미하며 작성자가 상황에 따라 보고서를 수정한 것으로 설명된다(예: 법의학 보고서의 스타일은 소비자 친화적인 보고서의 형식과 다를 수밖에 없다). 때로 사례 보고서와 이상적인 보고서에 대한 우리의 관념 사이의 격차는 더 커지곤 한다. 비록 우리가 제1장부터 선호하는 (꽤나 상세하고, 여러 가지 근거가 있으며, 종종 이상주의적이었던) 접근법을 묘사했지만, 평가 보고서를 작성할 수 있는 단일한 '최상의 방법'은 존재하지 않는다. 모든 임상가들은 구체적인 경험, 가치관, 역사, 이론적 지향점, 개인적 목표에 따라 다르며, 궁극적으로는 그들 각각이 그 시점에서 평가 의뢰된 특정 아동이나 성인의 의뢰 시 질문에 답할 수 있는 방식은 다를 수밖에 없다. 결국 우리는 우리와 의견을 달리하는 현인들로부터 가장 많은 것을 배웠고, 이 장에 아낌없이 헌신한 저자들의 전문성과 통찰력에 영감을 받았다. 그것이

---

1) 이 다음에 나올 많은 보고서들은 학교심리학자의 자격을 가진 저자가 작성한 것이다. 한국에서는 대부분의 심리평가 보고서는 임상심리학자가 작성한다. 아마 많은 독자들은 이 사실에 당황할지도 모르겠다. 하지만 이 차이에 너무 놀랄 필요는 없다. 미국에서는 심리학 전문가 자격이 박사학위 소지자를 위한 것이기 때문이다. 사실 박사학위를 취득할 정도의 경험을 했다면 앞에 어떤 명칭이 붙어도 전문가라고 부르기에 부족함은 없을 것이다. 한국에서는 박사학위 과정 수준의 경험을 수련을 통해서 획득할 뿐이고, 그 과정을 임상심리학 분과가 담당하고 있는 것이다(역자 주).

바로 우리가 여러 전문가들이 서로 다른 책에서 작성한 17개의 사례 보고서(Kaufman et al., 2016)나 다른 출처에서 나온 58개의 종합 보고서(Mather & Jaffe, 2011)에 반영된 여러 가지 다양한 접근법을 통해 지능검사라는 개념을 내면화할 수 있었던 방식이다.

[빠른 참조 12-1]

주석이 달린 사례 보고서들에서 주목한 의뢰 시 이슈

내담자	연령	의뢰 시 이슈	평가자
알렉사 롤리	10	주의력, 행동 통제 및 학업 수행에 대한 우려	리사 킹 찰루키안과 로버트 리히텐슈타인
지훈 '칩' 류	22	주의력 및 실행기능의 곤란	린다 M. 피시맨
로라 스미스	9	구어 표현 영역에서 학습장애 가능성	도나 괴츠와 일레인 플레처-얀젠
이반 B. 브라흐	21	의대입학시험에서 조정 제공 여부를 결정하기 위한 현재 손상 정도 대한 서류 제출	크리스토퍼 J. 니콜스
올리비아 산체스	9	수검자가 외상성 뇌 손상으로 인한 신경인지 또는 정서-행동적 후유증을 가지고 있는지에 대한 판단	크리스토퍼 J. 니콜스
제이슨 스테드먼	8	학습장애 및 사회-정서적 곤란 가능성	존 M. 가루토
루커스 브라이언트	8	주의력 및 정서적 기능의 어려움으로 인한 진단적 명료화 제공	앨리슨 윌킨슨-스미스
자리 루이스	14	내담자가 대입 검정 시험에서 시간 연장을 요청하기 위한 지원을 제공	낸시 매더
제니퍼 앤 브라우더	14	읽기 및 철자법 곤란과 관련된 학습장애 가능성	낸시 매더
카롤리나 고메즈	12	난독증 및 주의력결핍 과잉행동장애로 진단된 학생의 재평가	제니 코프먼 싱어, 수전 엔기 라이포드, 나덴 L. 코프먼
미첼 스탬파	51	스포츠 관련 두부 손상 후 인지 및 정서적 회복에 대한 예후 판단	W. 조엘 슈나이더

단계별로 지시하는 것뿐만 아니라 칭찬과 격려가 필요하다는 것을 알게 되었습니다.

현재 알렉사는 수학에서는 좋은 성적을 내고 있지만, 읽기, 쓰기, 철자법에서는 학년보다 낮은 수준입니다. 알렉사는 공부 기술이 부족하고, 할당된 과제를 끝까지 해내는 데에 도움이 필요합니다. 알렉사는 수업시간에는 수업에 참여하지만, 그녀의 주의는 혼자서 하는 과제 중에는 표류할 것입니다. 허드슨 씨는 알렉사가 1학년 때 추가적인 독서 교육을 받았다고 했습니다. 현재 허드슨 씨는 비공식적으로 몇 가지 학업 지원을 제공하고 있습니다. 어떤 경우에는 반 친구와 일대일로 읽도록 하였고, 어떤 과제는 받아 적도록 하고 있습니다. 허드슨 씨는 이러한 지원들이 그녀가 일반적인 교실에서 '스스로 따라갈 수 있도록' 하는 충분한 학문적 진전을 이루는 데 도움을 주었다고 믿습니다.

허드슨 씨는 알렉사가 친절하고 외향적이지만 가끔 감정적으로 흥분할 때면 반 친구들과 어려움을 겪는다고 말합니다. 그녀는 교실에서나 운동장에서의 자유시간 동안 또래들과 말다툼을 할 것이고, '그들의 조건대로 게임하는 것을 거부'할 수도 있을 것입니다.

아동 면담. 알렉사는 가정생활, 학교, 학습 기술, 건강에 대한 비공식적인 질문에 응답했습니다. 그녀는 텔레비전을 보는 것, 비디오 게임을 하는 것, 어머니가 쿠키를 구울 때 돕는 것을 즐깁니다. 아버지에 대해 물었을 때, 그녀는 거의 말을 하지 않았습니다. 그녀는 슬픈 표정으로 시선을 돌리며, 아주 작은 목소리로 몇 마디 말로만 대답했습니다. 알렉사는 학교 점심시간에 만나는 친구들이 있고 가끔 집에 놀러 오라고 초대한다고 했습니다. 그녀는 수학을 좋아하지만, 읽기와 쓰기는 어렵다고 말했습니다. 그녀는 단어를 '꽤나 잘' 읽을 수 있지만, 단어의 철자를 정확하게 쓰는 데에는 종종 어려움을 겪기도 한다고 말했습니다. 학습 기술에 대해서 알렉사는 주의력과 기억력은 문제가 되지 않지만, 학교 공부가 너무 어려우면 참지 못하고 '좌절하는 경향'이 있다고 보고했습니다. 그녀는 건강하지만, 어머니는 그녀가 '조금이라도 아프면' 학교를 쉬게 한다고 보고했습니다.

행동관찰

검사는 휴식 시간을 포함하여 약 세 시간에 걸쳐서 한 회기 동안 수행되었습니다. 알렉사의 어머니가 평가에 동행했습니다. 알렉사는 몸단장을 잘했고 건강해 보였습니다. 그녀는 처음에는 수줍음이 많았지만, 이야기가 그녀의 반려 고양이와 관심사로 바뀌자 금세 긴장이 풀렸습니다. 회기 내내 알렉사는 주의 깊었고 최선을 다하려는 의욕도 있어 보였습니다. 그녀는 자유롭게 이야기를 했는데, 그중 많은 것들은 당면한 과제와 무관한 이야기였습니다. 설명이 필요한 언어적 과제에서는 한두 마디로 짧게 대답하기보다는 자신의 생각을 분명하게 전달하기 위해 애를 썼습니다. 그녀는 때때로 낙담한 표정으로 검사 문항이 "힘들다"고 말했습니다. 그녀는 어려운 과제를 지속하기 위해 격려가 필요했고, 자신의 수행에 대한 피드백이 제공될 수 없다는 말을 들었음에도 불구하고 몇 번이나 피드백을 요청했습니다. 알렉사는 두 번이나 휴식 시간을 가졌는데, 그녀는 그 후에도 추가로 화장실에 가려고 했습니다.

인지-학업기능 (A6)

알렉사의 일반적인 인지기능은 웩슬러 아동 지능검사, 5판(WISC-V)으로 평가되었습니다. 또한 알렉사와 그녀의 어머니, 그리고 그녀의 선생님은 주의력과 실행기능에 대한 정보를 포함하는 평가척도인 BASC-3를 작성했습니다.

> A6. 인지 및 학업 평가결과가 일반적으로 사회적-정서적 결과보다 앞에 나오지만, 감정 및 행동적 문제가 주된 관심사라면, 이러한 순서가 반드시 지켜져야 하는 것은 아니다. 그러나 우려되는 행동이 학업 문제로 인해 야기되거나 악화될 때 인지적 · 학업적 결과를 먼저 제시하는 것이 타당하다.

알렉사의 평가결과는 평균을 크게 밑도는 수준부터 평균까지 걸쳐 있어서, 넓은 평가 영역에 걸친 수행의 차이가 큽니다. 이러한 점을 감안할 때 알렉사의 전반적인 인지 수준은 단일 점수로는 의미 있게 요약될 수 없습니다. 그녀는 시각적 · 공간적 능력과 관련된 과제보다 언어적(언어에 기반한) 과제를 훨씬 더 잘 수행했습니다. 알렉사는 웩슬러 개인용 성취도 검사, 3판(WIAT-III)도 받았는데, 그녀는 다양한 학습 기술을 측정하는 검사에서 평균 하에서 평균 범위의 점수를 받았습니다.

언어와 언어 이해. 교실에서 사용되는 언어를 이해하고 사용하는 알렉사의 능력은 연령에 적합하며, 그녀의 인지기능 중 가장 강한 영역('상대적 강점')입니다. 그녀는 개별 단어(예: 식용, 고대)에 대한 간결하고 정확한 정의를 말할 수 있었고, **온도계**와 **타이머**와 같은 단어 쌍이 어떤 유사점을 가지고 있는지 설명할 수 있었습니다. 알렉사는 웩슬러 개인용 성취도 검사, 3판(WIAT-III)에서 안정적인 언어 기술을 보여 주었습니다. 또한 그녀는 청해와 구술 표현 측정치에서 평균 범위에 해당하는 점수를 얻었습니다. 그녀는 소리 내어 읽어 주는 이야기 구절의 세부 사항들을 기억해서 결론을 도출할 수 있었습니다. 게다가 그녀는 상당히 긴 문장을 정확하게 반복할 수 있었는데, 이것은 구어에 대한 효율적인 이해를 보여 주는 좋은 지표입니다. 그녀는 동물 이름이나 색깔과 같은 특정 범주에 대한 많은 단어들을 재빨리 생각해 낼 수 있었기 때문에 '단어 인출'은 평균 상에 해당했습니다.

추론과 문제해결. (A7) 알렉사는 유동성 추론 척도에서 가장 약한 수행을 나타냈는데, 이 척도는 비언어적 추론, 문제해결, 패턴 재인 등을 측정합니다. 그녀는 이 측정치에서 매우 낮음 범주의 점수(또래 아동들 중 하위 5% 이내)를 받았습니다. 유동성 추론 소검사는 그림, 디자인 및 기하학적 형태와 같이 시각적 형태로 제시된 과제를 포함한다는 점에 유의해야 합니다. 그녀는 하나의 패턴이나 하나의 계열을 완성하는 그림이나 도표를 찾는 과제가 포함된 WISC-V 행렬추론 소검사에서 특히 어려움을 겪었습니다.

A7. 표준화된 범주의 집합(예: 언어이해, 작업기억)을 사용해서 인지기능을 기술하는 것이 더 쉬울 수 있지만 이것은 독자에게 도움이 되지 않는다. CHC 요인들은 경험적 분석의 결과물이기 때문에 평가자에게는 호소력이 있지만, 이 요인들은 일반 독자들에게는 과도하게 많고 생소할 뿐이다. 인지적 범주들이 시행된 검사의 구조에 의해 결정된다면, 평가자는 아동에 대한 것보다 검사에 대해 더 많이 쓰게 된다. 개별 아동에게 주목할 만한 기능 영역을 강조하는 방식으로 보고서를 구성함으로써 평가자는 어떤 결과가 가장 중요한지를 전달할 수 있다. 의뢰 시 질문과 무관하거나 덜 중요한 결과를 가진 기능 등 관련성이 낮은 측면은 독립된 표제하에 더 길게 다루기보다는 인지 항목의 시작 단락에서 간략하게 요약할 수 있다. 모든 검사결과를 길게 논의하게 되면 무관한 자료의 바닷속에서 핵심 요점을 잃어버린 보고서가 만들어지고, 독자는 무엇이 중요하고 무엇이 중요하지 않은지를 추측하게 된다.

시공간 능력. 알렉사는 그림 도안에 맞춰 두 가지 색으로 구성된 토막을 배열하는 WISC-V 토막짜기와 같은 시공간 능력에서 동일 연령대의 기대치보다 저조한 수행을 했습니다. 그녀는 복잡한 도안의 많은 세부 요소들을 모사하여 기억에서 회상하도록 요구하는 검사(레이 복합도형 검사)에서 '평균보다 매우 낮은' 수행을 했습니다. 그녀는 도안의 전체적인 구조를 인식하지 못했기 때문에 이 과제에 대한 그녀의 접근은 체계적이지 못했습니다.

주의 및 실행기능. 알렉사는 WISC-V의 구조화된 과제에 응답할 때는 주의력의 유지나 전환에 어려움을 겪지 않는 것으로 보였습니다. 그러나 어머니 및 교사(허드슨 씨)가 작성한 BASC-3 평정치는 주의력 척도점수가 위험 범위(초등학교 학령기 아동의 하위 15% 이내)에 해당하는 등 이 영역에서 일정한 우려를 나타냈습니다. 또 엄마와 교사가 평정한 실행기능 척도에서 알렉사는 위험 범주에 해당했습니다. 실행기능은 동시에 해야 하는 여러 생소한 작업을 수행하거나 복잡한 문제를 해결하기 위해 계획, 조직화, 자기감찰을 활용하는 능력을 포함합니다. 위험 범위의 실행기능은 업무 완수, 집중력, 주의분산과 관련된 항목에 대한 낮은 평정이 반영된 것입니다. 이것과 일관되게, 그녀의 교사는 알렉사를 학습 기술이 극히 저조하다고 평가했습니다.

읽기. 독해 검사에서 알렉사의 수행 양상은 다양했습니다. 그녀는 학령 수준(즉, 또래 아이들의 전형적인 수준)의 문장을 적절하게 이해하며 읽을 수 있었습니다. 그녀는 자신이 읽은 것에 대한 질문에도 응답할 수 있었는데, 그것은 세부 요소를 회상하고 추론하는 것과 관련됩니다. 알렉사는 실재하지 않는 단어를 읽기 위해 규칙적인 음성학적 규칙을 적용했기 때문에 좋은 음운 해독 기술을 보여 주었습니다. 하지만 알렉사의 구술 읽기는 저조했습니다. 그녀는 많은 단어, 특히 시각 단어[5]들을 어려워했습니다. 이는 그녀가 '자동적으로'(빠르고 정확하게, 거의 노력을 들이지 않고) 전체 단어를 인식하는 데 어려움을 겪고 있음을 시사합니다. 예를 들어, 그녀는 surbs을 surb로, 그리고 pleasant를 pleasing으로 읽었습니다. 주목할 만한 강점은 알렉사가 오류가 발생했을 때 그 의미가 잘못됐다는 점을 인식해 오류를 수정하는 경우가 많았다는 점입니다. 하지만 이것은 읽기속도를 느리게 하는 데도 기여했습니다.

문어. 알렉사는 글쓰기 표현 과제에서 그 연령대의 평균 범위로 수행했습니다. 그녀는 두세 문장을 같은 뜻을 가진 하나의 문장으로 결합시킬 수 있었는데, 이것은 문장이 어떻게 구성되는지에 대한 양호한 이해를 나타냅니다. 그녀는 대부분의 경우 적절한 문법과 기법으로 적당한 시간 내에 작문을 써낼 수 있었습니다. 알렉사는 좋은 성적을 받았지만, 그녀는 몇 번의 철자법 오류를 범했습니다. 예를 들어, 그녀는 ruin을 ran으로, breeze를 breze로 썼습니다.

수학. 알렉사는 적절한 수학 실력을 보여 주었지만, 그녀의 수행 양상은 다양했습니다. 그녀는 시간제한 조건(WIAT-3 수학 유창성)에서 연령에 적합한 덧셈, 뺄셈, 곱셈 지식에 숙달되었음을 보여 주었고, 산술 등식(WIAT-3 수치 연산)을 푸는 데 있어 평균 범위의 상단에 해당하는 수행을 나타냈습니다. 그러나 수학 능력을 실제 문제(WIAT-3 수학적 문제해결)에 적용할 때, 그녀는 평균 범위의 하단에 해당하는 수행을 나타냈습니다.

5) Sight words: 포괄적인 개념으로 볼 때 눈에 익숙해져 있어 아동의 뇌리에 잘 저장되어 있는 '단어'를 말한다. 일반적으로는 '문장' 가운데 너무 자주, 또는 너무 많이 사용되는 단어로 보기만 해도 '뜻'과 '발음'이 생각나야 하는 단어를 말한다(역자 주).

사회-정서적 기능

알렉사의 사회-정서적 기능은 이야기 검사(Roberts-2)로 평가되었습니다. 또한 알렉사와 그녀의 어머니(롤리 씨), 그리고 그녀의 교사(허드슨 씨)는 각각 아동의 사회-정서적 기능과 적응 행동을 동일 연령대 아동들과 비교하는 평정척도인 BASC-3를 작성했습니다.

사회 지각. 알렉사는 이야기 검사(Roberts-2) 카드에 그려진 인물들에 대한 이야기를 만들어 냈고, 이것은 사회적 상황에 대한 이해와 반응에 대한 통찰을 보여 주었습니다. 알렉사는 그림 속의 상황들이 무엇을 담고 있는지 그리고 사진 속의 사람들이 무엇을 생각하고 있는지에 대한 적절한 설명을 했습니다. 예를 들어, 그녀는 숙제 때문에 힘들어하는 한 소녀에 대한 이야기와 친구들을 불공평하게 대하는 소녀 집단에 대한 이야기를 했는데, 그것은 사진과 일치하는 것이었습니다. 하지만 그녀는 사진 속의 상황을 기술하고 난 후에 멈춰 버리는 경향성이 있었습니다. 그녀는 결말로 이끌거나 자신의 이야기를 끝내야 했지만, 실제 그녀의 결말은 성공적인 문제해결이나 긍정적인 결과를 담고 있지 않았습니다. 그녀가 사회적 문제를 해결하는 데 어려움을 겪고 있다는 징후와 일관되게, 롤리 씨와 허드슨 씨는 BASC-3에서 알렉사의 적응성과 리더십을 위험 범위로 평정했습니다. 알렉사가 통제의 소재 척도에서 비교적 낮은 자기평가를 한 것은 그녀가 스스로는 어려운 사회적 상황에서 해결책을 찾을 수 없을 것으로 본다는 추가적인 증거를 제공했습니다.

알렉사가 '온전한' 가족구성원들의 모습을 보여 주는 사진에 응답할 때, 그녀는 어떻게 아버지라는 인물을 포함시켜야 하는지 당혹스러워하는 것 같았습니다. 그녀는 아버지의 감정이나 동기를 언급하지 않는 경향성이 있었고, 그녀의 이야기 중 2개에서 "그가 떠나려고 한다"고 말했습니다.

특징적인 행동. 평정자들은 알렉사의 사회적 기술, 회복력, 정서조절이 강점이라는 데 쉽게 합의할 수 있었습니다. 롤리 씨와 허드슨 씨는 BASC-3에서 사회적 기술과 회복력(예: 스트레스와 역경을 다루는 능력)을 강점 영역으로 평가했으며, 행동 문제에 대해서는 우려를 나타내지 않았습니다. 알렉사와 그녀의 교사, 어머니는 모두 우울은 정상 범위에 해당한다고 평가했습니다.

부모와 교사의 평정이 상당히 일관된 양상을 나타냈지만, 알렉사의 자기평가 중 일부는 자신의 행동이 덜 문제가 있다고 보는 쪽에서는 차이가 있었습니다. 예를 들어, 허드슨 씨는 학교 문제, 학습 문제 및 학습 기술에서 임상적으로 유의미한 수준(아동 중 2%에 해당하는)의 심각한 우려를 나타냈지만, 알렉사는 자기평정에서 학교 문제를 인정하지 않았습니다.

알렉사의 자기평정에서 부적절감, 통제의 소재, 자존감 척도에서 (위험 수준의) 저조한 결과는 그녀가 자기비판적이고 스스로의 약점에 실망했음을 나타냅니다. 그러나 대인관계에 대한 자기평가 결과는 그녀가 이러한 감정을 혼자 감당하고 있으며 사회생활에는 지장을 주지 않는다는 것을 알려 줍니다.

롤리 씨는 과잉행동 척도 문항에서 심각한 우려 수준으로 평가했지만, 알렉사와 그녀의 교사는 과잉행동이 일반적인 연령 범위에 해당한다고 평가했습니다. 롤리 씨는 분노 조절과 부정적 정서성 관련 문항에서 임상적으로 유의미한 수준의 점수(5% 극단치)를 부여했습니다. 허드슨 씨는 이 영역에서 평균보다는 높지만 위험 수준보다는 낮게 평가했습니다. 정서 조절에 대한 어머니의 우려를 반영하듯, 알렉사의 부모-자녀 관계 척도는 임상적으로 유의미한 범위(5% 극단치)에 해당했습니다.

임상적 인상

알렉사는 학교를 좋아하는 활발하고 사교적인 소녀입니다. 그녀는 성인들 및 또래 아이들과 상당히 잘 어울리고 지속적인 우정을 유지하고 있습니다. 그러나 그녀는 사회적인 상황이나 학문적 어려움이 '이해 수준을 넘어설' 때 부적응적인 행동을 합니다.

알렉사는 그녀의 인지기능에서 장단점을 보여 주었습니다. 그녀는 자신에게 친숙한 수용성 언어와 표현적 언어 기술 과제에서는 양호한 수행을 합니다. 그러나 그녀는 시각적 정보가 포함된 새로운 문제를 분석하고 해결하는 데에는 어려움을 겪습니다. 그녀는 쉽게 '큰 그림을' 보지 못하기 때문에, 점점 더 높은 학년으로 갈수록 교실 내 과제 및 숙제와 같은 여러 가지 요소들을 가진 복잡한 과제를 평가하고 조직화하는 데에는 도움이 필요할지도 모릅니다. 그녀는 쉽게 낙담하고 그렇게 되면 주의력과 동기가 떨어집니다. 그녀의 교사인 허드슨 씨가 발견한 것처럼 알렉사는 구조와 안내문(예: 예시들, 단계별 지침, 피드백)을 제공할 때 더 나은 성과를 냅니다.

알렉사는 읽기와 글쓰기 과제를 끝마치려고 애씁니다. 그녀는 글자-소리 관계에 대한 양호한 이해를 가지고 있으며 단어를 해독하는 데 필요한 기본적인 음성학적 규칙들을 학습했습니다. 하지만 그녀는 단어를 유창하게 읽고 불규칙한 철자를 파악하는 데 필요한 단어를 눈으로 인식하는 것을 힘들어합니다. 그녀는 연령에 적합한 수학 실력을 갖고 있고 수적 조작을 하는 데 강점을 나타냈습니다. 그러나 그녀가 시각화 및 유동적 추론에 어려움을 겪고 있는 점을 감안할 때, 더 상급의 수학 및 과학자료들에서는 힘들어할 수도 있습니다. 알렉사는 단어 해독과 방정식 풀이에서 잘 학습된 규칙을 적용할 수 있었는데, 이는 교정 교육(remedial instruction)의 혜택을 받은 것으로 보입니다. 그녀에게는 학교 공부의 난이도와 조직화 요구가 높아짐에 따라 앞으로 더 많은 지원이 필요할 것입니다.

알렉사가 겪고 있는 학습곤란은 인지기능이 저조한 영역(예: 실행기능과 시각적으로 제시된 정보의 분석)과 일치합니다. 그녀가 복잡한 문제를 접했을 때 하는 회피행동(예: 숙제를 중단하고, 양호 선생님을 보러 가려고 하는 것)은 그녀가 일정한 수준의 성공을 지속하고 경험하는 것을 제한하며, 자기패배적인 태도로 집중하지 못하게 합니다.

알렉사는 사회적 상호작용에서도 비슷한 좌절감을 경험합니다. 그녀는 사교성이 우수하지만 좀 더 복잡한 사회적 상황을 이해하는 데에는 어려움을 겪으며, 건설적인 해결책을 찾기보다는 조급하게 화를 내거나 방어적으로 반응합니다. 이러한 경향성은 투사적인 이야기 검사(Roberts-2)에서 성공적인 문제해결과 긍정적인 결론이 결여되어 있다는 점에서도 관찰되었습니다. 알렉사는 쉽게 화를 내지만, 그 영향력이 거의 남아 있지 않은 상태로 회복되는 것으로 보입니다. 그녀는 금세 골치 아픈 사건들을 뒤로 한 뒤에 긍정적인 관계를 다시 맺습니다. 그러나 그 과정에서 그녀는 상황을 이해하고 관리하는 방법에 대해 거의 학습하지 못합니다. 게다가 이러한 패턴은 그녀의 자존감을 낮게 하고 상황을 더 개선할 수 있다는 감각을 갖지 못하게 합니다.

부모와 교사들의 평가는 알렉사가 집에서보다 학교에서 행동을 더 잘 통제한다는 점을 보여 줍니다. 학교에서는 학업곤란으로 인한 좌절감이 과제 회피와 신체 증상 호소를 위해 간호사를 찾아가도록 하는 결과를 낳습니다. 가정에서 그녀는 때로는 울거나 물건을 던지며 과제를 거부하는 덜 통제된 반응을 나타냅니다. 비록 그녀는 이러한 좌절에서 쉽게 회복되지만, 그녀의 자기 보고형 평가는 그녀가 어머니와 자신과의 관계에서 유발하는 긴장감을 매우 잘 인식하고 있다는 것을 보여 줍니다.

진단적 인상 (A8)

알렉사는 읽기 영역에서 특정학습장애에 대한 기준을 충족합니다(ICD-10-CM 코드: F81.0). 비록 그녀가 주의력과 낮은 자존감에서도 약한 어려움이 있지만, 그것들은 임상적 장애의 기준에 부합하는 수준은 아닙니다.

A8. 진단 코드는 비용 지불을 해 주는 제3자가 요구하는 것이기 때문에 대부분의 독립적인 평가에 필수적이다. 하지만 그것은 학교 관계자들을 위한 보고서에는 포함되지 않을 수 있다.

요약 및 권고 (A9)

> A9. 명칭에서 알 수 있듯이 요약 항목에는 새로운 정보가 포함되지 않아야 한다.

알렉사는 적극적이고 사교적인 열 살 소녀로 주의력, 행동통제, 학업성취에 대한 부모의 우려로 의뢰되었습니다. 그녀는 사회적 기술이 뛰어나고 대부분의 경우 또래와 어른들과 적절하게 교류합니다. 하지만 그녀는 대인관계나 학업적인 어려움에 직면했을 때 침착하게 집중하면서 감정을 통제하는 데에는 어려움을 겪습니다. 그녀는 복잡한 사회 상황에 당황할 수 있고, 어떻게 대응해야 할지 갈피를 잡지 못하고 있는 자신을 발견할 수 있습니다.

알렉사는 인지능력이 고르지 못합니다. 그녀는 탄탄한 언어능력을 가지고 있고 수학 계산에는 능숙하지만 비언어적 문제해결과 시공간 능력에 약점이 있습니다. 그녀는 단어들을 해독하기 위해 음성학적 규칙을 적용하는 방법을 배웠지만 시각 단어를 쉽게 인식하지 못합니다. 단어 인식이 어렵기 때문에 유창하게 읽지 못하고, 철자 문제로 글쓰기가 지장을 받습니다. 독서와 글쓰기에 고군분투하다 보면 좌절감을 느끼게 되고 학업을 완수하는 데 필요한 집중력을 유지하지 못하게 됩니다. 알렉사가 적절하게 교육적인 발전을 이루기 위해서는 강화된 학업 지원이 필요할 것입니다. 또한 그녀는 사회적 문제해결 능력을 향상시키고 좌절감을 극복하는 데 도움이 되는 사회-정서적 지원으로부터 도움을 받을 수 있을 것입니다.

구체적인 권고 사항 (A10)

> A10. 권고 사항은 학생을 위한 현실적이고 실질적인 목표를 설명해야 한다. Sattler(2008)가 지적한 바와 같이, "보고서의 취지는 '취약성'을 찾거나 딱지를 붙이는 것 아니라, 개입과 적절한 안배를 위한 유연한 접근법을 제공하는 것이다"(p. 714). 권고 사항은 보고서의 임상적 인상 및 요약 항목에서 강조된 평가결과에 기초하므로 그 연관성이 명백하다. 우선순위에 따라 목록을 작성해야 하며, 해당 목록을 수행할 책임자를 지정해야 한다.

1. 알렉사에게는 읽기와 쓰기 기술을 개선하기 위한 특수교육이 필요합니다. 롤리 씨에게는 특수교육을 의뢰하고, 이러한 의뢰를 지원해 줄 수 있는 학교 관계자들에게 이 보고서를 활용할 것이 권고됩니다.
2. 알렉사의 읽기 유창성을 증진시키려면 핵심 시각 단어로 된 글을 구두로 반복해서 읽는 것이 유익할 수 있습니다. 학습을 최적화하고 좌절감을 최소화하기 위해, 교사는 적절한 난이도의 읽기 과제를 제공해야 합니다.
3. 알렉사가 표준화된 시험을 볼 때에는 읽기 및 쓰기를 위한 조정이 필요할 수 있습니다. 알렉사는 정보를 처리하는 데 충분한 시간이 필요하고 시간 압박이 있을 경우 집

중력을 잃을 가능성이 있습니다.

4. 알렉사는 과제를 조직화하고, 지시를 따르고, 교실에서 집중할 수 있게 돕는 교사의 지원을 받으면 개선될 수 있습니다. 여기에는 그녀가 중요한 정보를 구성하고 따라가는 데 도움이 되는 전략과 시스템이 포함될 수 있습니다(예: 체크리스트, 시각적 조직화 도구). 교사와 함께 과제를 복습하고 과제를 예상해 보는 것도 도움이 될 것입니다.
5. 알렉사에게는 자기주장 기술, 즉 자기를 위해 변호를 하고 자신에게 필요한 것을 요구하는 것을 연습하는 것이 권장됩니다.
6. 알렉사는 스스로의 정서적 · 행동적 반응을 인식하고 학문적 · 사회적 어려움에 더 효과적으로 대처하기 위한 상담 지원을 통해 도움을 받을 수 있습니다. 자기진정 기술(self-calming skills)에 대한 지도 및 실습도 시도해 볼 만한 가치가 있을 것입니다.
7. 알렉사는 영향력 있는 어른들로부터 크고 작은 자신의 노력을 인정해 주는 칭찬과 격려를 받는 것이 큰 도움이 될 것이며, 그것을 통해 학업적 · 사회적 어려움에 대한 긍정적인 해결책을 모색할 수 있게 될 것입니다.

리사 킹 찰루키안, CAGS, NCSP
학교심리학자 자격증
학교심리학 박사과정

로버트 리히텐슈타인, Phd, NCSP
학교심리학자 자격증

자료 요약

웩슬러 아동 지능검사, 5판(WISC-V)[6)]

조합점수는 평균이 100, 표준편차가 15입니다. WISC-V의 조합점수 점수 분류를 보려면, 해석 가이드의 표를 보십시오.

진체 척도 및 기본 지표척도	조합점수	95% 신뢰구간 (A11)	백분위 순위	질적 점수 분류
전체 척도	85	80～91	16	평균 하

6) K-WAIS-IV와 K-WISC-V는 index score를 각각 '지수점수'와 '지표점수'로 번역한다. 이전 본문에서는 index를 K-WAIS-IV의 명칭을 따라 '지수'로 통일하여 표기하였으나, 이 장의 사례에서는 실제 보고서 작성 시 혼란을 피하기 위해 '지표'로 번안하였다. 또한 Full Scale도 K-WAIS에서는 '전체 지능'이라고 번안되나 K-WAIS-V에서는 '전체 척도'로 번안되므로 마찬가지로 혼란을 피하기 위해 이번 장에서는 '전체 척도'로 번안하였다(역자 주).

언어이해 지표	106	98~113	66	평균
시공간 지표	78	72~87	7	매우 낮음
유동추론 지표	74	69~83	4	매우 낮음
작업기억 지표	97	90~105	42	평균
처리속도 지표	98	89~107	45	평균
추가 지표척도				
양적추론 지표	82	77~89	12	평균 하
비언어 지표	82	78~90	12	평균 하
일반능력 지표	82	77~88	12	평균 하
인지효율 지표	96	89~104	39	평균

WISC-V 조합점수 점수 분류[7] (A12)

130 이상	최우수
120~129	우수
110~119	평균 상
90~109	평균
80~89	평균 하
70~79	낮음
69 이하	매우 낮음

기본 지표 소검사

소검사점수는 1에서 19까지의 점수를 가지며, 평균은 10, 표준편차는 3입니다. 해석 가이드는 소검사점수 분류 표를 참조하십시오.

언어이해 지표	
	척도점수
공통성	11
어휘	11
시공간 지표	

A11. 90% 신뢰구간이 아니라 95%를 사용해야 하는 몇 가지 이유가 있다. 검사 출판사는 내적 일관성 신뢰도를 사용하여 신뢰구간을 계산한다. 내적 일관성은 검사-재검사 신뢰도보다 높은 경향이 있는데, 이는 평가자가 신뢰구간을 설명할 때 암묵적으로 언급하는 내용이다(예: 한 검사를 다른 상황에서 실시할 경우 점수가 떨어질 것으로 예상되는 범위). 95% 신뢰구간은 측정치로 얻어진 점수의 상하 2 표준오차 점수이기 때문에 계산하기가 쉽다. 따라서 검사 매뉴얼이 68% 신뢰구간(측정치의 1표준오차를 더한 값과 뺀 값)만 제공하는 경우에도 추정할 수 있다. 마찬가지로, 검사 출판사는 각 연령 수준에 따른 표준 측정오차를 제공할 때 더 적합한 신뢰구간을 결정할 수 있다. 90%와 95% 신뢰구간의 차이는 상당히 작기 때문에 이것들이 전달하는 인상은 거의 동일하다.

7) K-WISC-V의 기준에 준하여, 점수 분류 역시 '극히 높음'을 최우수, '경계선'을 '낮음'으로 표기하였다. 그 외의 검사들이나 일반적인 분류에서는 극히 높음, 매우 높음, 평균 상, 평균, 평균 하, 낮음, 매우 낮음, 극히 낮음의 명칭을 사용한다(역자 주).

지훈 '칩'류: 주의력 및 인지기능상 문제를 알고자 스스로 의뢰한 평가 보고서 사례

내가 기억하기에 대학원 시절에 나는 심리치료의 실제와 심리평가의 실제가 분명히 구분된다고 인식하고 있었다. 그때 나는 심리검사에서 표준화된 검사 시행과 타당하고 객관적인 결과를 보장하기 위해서 내담자와 거리감 있는 상호작용과 표정을 유지해야 한다고 순진하게 믿었으며, 이러한 관점은 첫 번째 평가결과를 지도한 대학원 조교가 나에게 강하게 교육한 것이었다. 이러한 분명한 구분은 심리치료의 대인관계적 · 치료적 측면이 분명히 나에게 더 잘 맞는다는 결론을 내리게 했다. 그러나 자료를 분석하고 해석하며 보고서를 작성하는 과정은 내담자의 인지능력, 성격구조 및 적응기능에 대한 이해를 높이는 데 기여했기 때문에, 나는 검사의 이론적 기초와 실제적 가치에 대해서는 높은 평가를 하고 있었다.

본질적으로 내 업무에서는 다양성이 요구되었기 때문에, 나의 전문적인 실무에는 심리치료와 심리검사 활동을 모두 포함하여 구조화하는 것이 적합했다(슈퍼비전, 상담, 그리고/또는 부가적인 교육과 더불어서 때로는 이미 다양함에도 더 많은 다양성이 더해지기도 했다). 시간이 지날수록 심리치료와 심리검사는 치료 과정에서의 유사성이 점점 더 두드러지고 있다. 그 둘의 공통적인 목표는 내담자의 기능 향상을 위해 내담자와 함께 어려움과 강점의 영역을 이해하고, 이 이해를 활용하여 확인된 약점과 결손을 더 잘 관리하고 보상하기 위한 치료적 개입 계획을 개발하는 지침과 지원을 제공하는 것이다. 치료적 경험은 내담자와의 모든 상호작용을 포함하는데, 여기에는 검사 과정 자체와 평가결과 보고서를 포함한 고객을 위한 문서 작성 및 피드백 회기가 포함된다. 이러한 내담자 중심적이고 치료적인 관점의 보고서를 작성하는 데에는 몇 가지 원칙이 도움이 된다.

내담자 중심 보고서는 변화를 위한 도구이므로, 내담자가 읽어 볼 수 있어야 하며, 내담자와 다른 수신자에게 의미 있고 적용 가능한 정보를 제공해야 한다.

- 평가 보고서는 구체적인 의뢰 시 질문을 다루고 보고서의 목적과 수신자에 적합하도록 작성되어야 한다.
- 목적과 관련된 수준의 세부 정보만 제공하여 고객의 사생활을 보호해야 한다.

• 보고서의 구조는 의뢰된 평가의 목적과 의뢰인, 내담자의 요구에 맞춰서 달라진다.

예를 들어, 비만 수술을 하는 의사는 수술 준비와 수술 후 장기적인 생활양식 변화를 위한 심리적인 강점과 장애물에 대한 간략한 설명만을 원해서 수술 전 환자의 간이 검사를 요청할 수 있다. 이 경우 광범위한 서면 심리 보고서는 의뢰인이나 내담자–환자의 요구를 충족시키지 못한다.

이와는 대조적으로, 진단적 명료화를 위해 심리치료사의 의뢰로 수행되는 평가는 기능, 상세한 건강 및 약물 남용 이력 등 모든 측면을 다루는 포괄적인 보고서가 필요할 것이다. 예를 들어, 대학 내 장애 지원 부서를 위해 작성된 심리교육학적 평가 보고서는 적합하지 않을 것이다.

여기에 제시된 주석이 달린 보고서는 대학 또는 대학 내 장애 지원 서비스 부서 또는 국가 검사 서비스 기관 같은 곳에서 일반적으로 요구되는 문서화 요건을 충족하는 공식적인 구조로 작성된다. 심리학자, 정신과 의사, 정신건강 및 약물치료 직원을 포함한 많은 정신건강 서비스 제공자들 또한 진단적 보고서와 유사한 공식적인 구조의 보고서를 기대할 것이다.

심리교육학적 평가

(기밀 보고서–배포 금지) (B1)

린다 M. 피시맨에 의해 실시됨

> B1. 이 제목은 학습과 학업기능에 대한 장애물을 파악하기 위한 것이므로, 인지기능과 학업기능에 초점을 맞춘 평가라는 점을 명시한다.

이름: 지훈 '칩'[1)]류

연령: 22세

성별: 남성

구조화된('객관적'이라고 불리는) 검사 및/또는 투사적 성격 측정치도 포함한 보다 종합적인 평가를 위해서 저는 '심리학적 평가'와 구분했습니다.

1) 한국계로 보이는 수검자 류지훈에 대한 기술의 생생함을 살리기 위해, 보고서 작성자는 'Chip'이라는 별명을 같이 삽입하였다. Middle name이 아니다(역자 주).

평가/의뢰사유

지훈 '칩' 류는 자신의 학업기능과 수행에 저해가 되는 모든 요인들의 존재를 밝히기 위해 자신의 인지적 · 지적 · 학업적 기능에 대한 평가를 스스로 의뢰했습니다. (B2) 평가의 목표는 칩의 강점 및 학업 성취와 수행에 방해가 되는 장애물을 식별하는 것입니다. 또한 그 결과는 그의 기능에서 확인된 질환, 장애 또는 장해물에 대한 적절한 권고와 조정 계획을 개발하는 데 활용될 것입니다.

> B2. 광범위한 평가는 항상 내담자의 기술과 능력 측면에서 강점과 약점을 찾을 것이다. 단지 진단에만 집중하는 것은 오직 부정적 측면/약점 및 문제에만 집중하는 것이다. 내담자 중심 평가는 내담자에게 확인된 약점을 보완하기 위해 활용할 수 있는 강점에 집중한다.

평가 도구

- 내담자와의 임상적 면담
- 행동관찰
- 웩슬러 성인용 지능검사, 4판(WAIS-IV)
- 넬슨-데니 읽기 검사(NDRT)[2]
- 무음 단어 읽기 유창성 검사, 2판(TOSWRF-2)[3]
- 우드콕-존슨, 4판(WJ IV)
- 인지능력 및 성취도 검사(선택된 검사만)
- 브라운 주의력 결핍장애 척도(ADDS)-성인용[4]
- 대학 적응도 척도

배경정보 (B3)

칩은 22세의 아시아계 미국인 미혼 남성입니다. 그는 현재 룸메이트와 함께 아파트에 살고 있습니다. 그는 현재 지역 대학교 3학년 학생이며, 역사와 영어를 복수전공하고 있습니다. 그의 평균 학점은 3.4수준이고 월반을 보장할 만큼 학점을 쌓았지만, 그의 모든 학점이 현재 전공

> B3. 나는 위험 요인, 증상학 및 기능 저해의 사례를 밝히고, 진단에 대한 잠재적 혼란을 배제하는 데 중점을 두고 통합적인 서술적 과거력 항목을 작성한다.

2) Nelson-Denny Reading Test: 청소년 및 성인을 위한 독해력 검사다(역자 주).
3) Test of Silent Word Reading Fluency, Third Edition: 특수교육 장면에서 사용되는 어휘력 및 일반적 읽기 능력 검사다(역자 주).
4) Brown Attention Deficit Disorder Scales-Adult Form: 주의력 결핍장애 증상으로 구성된 자기 보고형 질문지다. 이상의 세 검사도구는 모두 번안 표준화된 바가 없다(역자 주).

에 적합한 것은 아닙니다.

칩에게는 형이 한 명 있고 온전한 가정에서 자랐습니다. 그의 아버지는 학사학위를 가지고 있고, 그의 어머니는 준학사학위[5]를 취득했습니다. 다른 가족구성원들의 학습 문제나 주의력 결핍에 대해서는 알려진 바가 없습니다. 그에게는 임신 및 출산 시 합병증이 없었으며 정상적인 발달 단계를 따라왔고 심각한 질병, 두부 외상, 기타 사고나 부상의 이력이 없다고 보고했습니다.(B4) 영어는 칩의 모국어고 그의 가정에서 사용되는 유일한 언어입니다.(B5)

> B4. 과거력이 명확하지 않을 때, 짧게 쓸 수 있다.

> B5. 이것을 통해서 출생 시 합병증, 뇌 손상, 비영어권 언어적 배경, 또는 학업 지식이나 기술의 습득에 방해가 될 수 있는 지속적인 질병과 결석 등으로 인한 혼입 요인을 배제한다.

칩의 과거력에서는 주의력 문제 및 실행기능 장해와 관련된 행동 지표들이 두드러집니다. 그의 초등학교 선생님들은 그가 짧은 시간 이상으로는 집중력을 유지하는 데 어려움이 있었고, 우수한 지능에서 기대되는 것에 비해 정보 처리속도가 느려서 주의력 문제가 시사되었다고 합니다. 그의 잘하고자 하는 의지와 동기에도 불구하고 꾸물대는 성향은 지속되었습니다. 고등학교에서 그는 과제를 유지하기 위해서, 특히 수학에서 작업을 제시간에 끝내기 위해 과외 선생님과 공부했습니다.

칩은 계속해서 동일한 학업곤란과 씨름하고 있습니다. 그는 정보를 배우고 이해하기 위해 멍한 상태에서 작업하며 고군분투하는 듯한 느낌을 보고했습니다. 그는 산만함 때문에 또래들보다 더 많은 시간이 필요하다는 주관적인 감각에 대해 여러 번 언급했습니다. 그는 학습 과제에 착수하는 데 시간이 더 오래 걸리고, 주제에 관심이 많고 공부와 학습에 의욕을 느낄 때에도 학습 노력을 지속하는 데 어려움을 겪는다고 보고했습니다. 강의 중에 그의 마음은 떠돌곤 합니다. 그는 관련 없는 주제에 대한 생각과 환경에서의 배경 소음이나 움직임에 의해 반복적으로 주의가 분산되어서 강의 주제에 주의를 유지하는 데 어려움을 겪습니다. 그는 일을 시작해서 좋은 성과를 내고 싶다는 열망과 의지가 있음에도 스스로 공부를 시작하고 과제를 완수하기 위해서는 시간적 압박감이 필요하다고 보고했습니다.(B6)

> B6. 이 부분에서는 관련 증상학 및 기능 곤란을 요약한다.

정신건강 과거력과 관련해서, 칩에게는 주요한 정신건강 문제 이력은 없지만 청소년기에 힘든 연애관계를 다루기 위해 잠깐 상담을 받았다고 했

5) Associate's degree: 미국의 2년제 대학 과정을 말한다(역자 주).

습니다. 또한 그는 적응 문제와 학업 성적에 대한 불안감 때문에 이번 학년 시작 때 잠깐 상담을 받았고, 그것이 현재 평가 의뢰로 이어졌습니다. 부주의와 산만함에 대한 그의 문제들은 전형적인 성인기 초반 물질 사용보다 발달적으로 선행하기 때문에, 물질은 그의 기능적 곤란에 영향을 미치지 않습니다. 그의 물질 사용은 지난 몇 년 동안 점진적으로 감소해 왔으며, 현재는 가끔씩만 사용하고 있지만, 주의력 문제는 완화되지 않고 지속되었습니다.(B7)

B7. 칩은 고등학교 말기와 대학 초기에 알코올 과다 섭취와 규칙적인 마리화나 사용 전력이 일부 있었지만, 이것은 주의력이나 학업 문제의 위험 요인이 되지 않기 때문에, 세부적인 내용을 보고하는 것은 사생활 침해로 보였다. 이 보고서는 자신의 대학에서 장애 서비스를 받기 위해 사용할 계획을 가진 내담자를 위한 것이기 때문에 과도한 세부 정보는 적절하지 않거나 적합하지 않다.

직업력에서 그는 지루하거나 산만해질 가능성을 줄여 주는 활동적인 직업을 선호한다고 말했습니다. 그는 여름철 3개월 동안 철거 작업 아르바이트를 했지만 시간이 지날수록 동기와 실적이 모두 저하될 정도로 지루해졌습니다. 그는 또한 음악 제작 장비 설치업을 하는 아버지의 사업도 도왔습니다. 그는 활동적인 작업이라서 좋았지만 복잡한 조립 작업을 할 때 부주의한 실수를 피하기 위해서는 지속적인 감독이 필요하다고 느꼈다고 말했습니다.

행동관찰

칩은 약속 시간에 맞춰 도착했습니다. 그는 깔끔한 평상복 차림이었습니다. 그는 사람, 장소, 시간, 평가의 목적에 대한 지남력이 양호했습니다. 그는 잘 발달된 어휘로 된 복잡한 고급언어 표현 양식을 나타냈고, 면접에서도 협조적으로 자기 자신을 공개했습니다. 평가 회기 내내 라포가 잘 형성되고 유지되었습니다.

검사 동안 칩은 모든 검사 과제에 성실하게 임했습니다. 그는 지속적인 운동 초조증[6]을 나타냈는데, 끊임없이 발을 흔들고, 다리를 떨며, 면담과 검사 과제를 하는 동안 자리에서 자주 움직였습니다. 그는 쓰기 과제를 할 때 때때로 휘파람을 불기도 했습니다. 암산을 할 때, 그는 빠르고 정확하게 문제를 풀었지만, 더 복잡한 정보와 마주쳤을 때에는 정보를 기억할 수 없다고 말하면서 자기 능력의 한계를 인정했습니다. 그는 검사 도중에 강도 높은 정신적 노력에 지쳐 버렸고 나머지 검사를 마치기도 전에 긴 휴식을 요청했습니다. 그의 높은 신체적 활동 수준과 정신적 피로에도 불구하고, 평가결과는 그의 인지능력과 학업능력에 대한 유효한 추정치입니다.

6) Motor agitation: 행동관찰에서 쓰기에는 다소 과한 표현이지만, 더 적절한 단어를 찾기 어려워 의학 용어를 그대로 사용했다(역자 주).

검사결과 및 해석

칩의 기능을 평가하고 진단을 돕기 위해, 사고와 인지, 주의력, 집중력, 충동성, 학업성취도 등의 영역에서 기능을 평가하고, 학업기능에 지장을 줄 수 있는 정신건강 문제가 있는지 검사하기 위해 검사 도구와 질문지를 실시했습니다.

인지기능

웩슬러 성인용 지능검사, 4판(WAIS-IV)의 표준 시행을 통해, 칩은 다음과 같은 점수를 받았습니다(IQ/표준점수 평균 = 100, 표준편차 = 15, 소검사 척도점수 평균 = 10, 표준편차 = 3).

척도	점수	백분위 순위
전체 지능	120	91
일반능력 지수	127	96

지수/소검사 척도	점수	백분위 순위	지수/소검사 척도	점수	백분위 순위
언어이해	134	99	지각추론	115	84
공통성	13	84	토막짜기	12	75
어휘	17	99	행렬추론	11	63
상식	17	99	퍼즐	15	95
작업기억	105	63	처리속도	105	63
숫자	10	50	동형찾기	12	75
산수	12	75	기호쓰기	10	50

전체 지능(FSIQ)에 나타난 칩의 전반적인 인지/지적 능력은 우수 범위에 속합니다. FSIQ에 기여하는 칩의 세부 능력들 간에는 상당한 차이가 있기 때문에, 지수와 소검사점수를 검토해야 그의 다양한 인지능력을 더 잘 이해할 수 있습니다. 지수점수에서는 우수한 추론 능력과 현저한 약점인 즉각적 정보 처리가 두드러집니다. 따라서 그의 사고력과 추상적 추론 능력을 반영하는 점수 요약인 일반능력 지수는 즉각적인 처리속도 수행의 영향을 덜 받으므로 강점이 더 두드러져서 우수 범위의 상단으로 올라가게 합니다.

언어 영역 내에서, 언어이해 지수(VCI)로 요약된 언어추론과 표현능력은 최우수 범위에 속하며, 칩의 학업적 성공 가능성을 가장 잘 예측해 줍니다. VCI에 기여하는 구체적인 능력을 검토해 보면, 학문적 경험에 의해 큰 영향을 받는 사실적 정보와 단어 지식의 양이 '최우

수' 범위에 있는 반면, 그의 추상적 언어추론은 평균 상 범위에 해당한다는 것을 알 수 있습니다. 이러한 결과는 칩이 고급 수준의 언어 정보를 학습하고 유지할 수 있는 반면에, 즉각적인 추상화 및 복잡한 언어 표현에서 상대적으로 어려움을 겪을 수 있음에도 여전히 평균 범위 내에 속한다는 것을 보여 줍니다. 작업기억 지수(WMI)로 대표되는 그의 언어적 작업기억과 언어적 정보 처리는 평균 범위에 해당하지만, 즉각성과 속도가 영향을 미치는 요인이 아닐 때 보이는 뛰어난 언어 표현력과 추론 능력에 비해서는 현저히 낮은 편입니다.

시각/비언어 영역에서는 지각추론 지수(PRI)로 요약되는 그의 비언어적 추론과 시공간적 능력은 모두 평균 상 범위에 속합니다. 그는 운동 요소가 포함된 혹은 포함되지 않은 시각적 분석과 통합에서는 평균 상에서 우수 수준으로 특히 강점을 나타냈지만, 시각적 패턴 인식, 순서화 및 시각적 세부 요소에 주의를 기울이는 능력은 상대적으로 약하지만 그래도 평균 수준의 수행을 보여 주었습니다. 처리속도 지수(PSI)로 대표되는 그의 즉각적인 시각기억과 처리속도는 다소 약한 편이지만, 시각적 검색과 추상적인 기호의 인식이 평균 상 수준, 숫자와 기호의 연합 기억을 사용하는 속도가 평균 수준이었기 때문에 전체적으로는 여전히 평균 범위 내에 속했습니다.

추론에 강점이 있지만 즉각적인 정보 처리가 약점인 칩의 인지적 패턴은 주의력 곤란을 겪는 사람들에게서 흔히 관찰됩니다. 그는 뛰어난 추론 능력에 비해 평균 정도의 정보 처리와 업무완수 속도를 가지고 있기 때문에 제한된 자신의 수행으로 인해 좌절감을 경험할 수 있습니다.(B8)

> B8. 나는 자료에 대한 요약 해석을 제공해서, 내담자와 다른 평균적인 독자들이 결과의 의미를 더 잘 이해할 수 있도록 한다.

WAIS-IV로는 평가되지 않는 추가 인지능력을 검사하기 위해 우드콕-존슨 심리교육학적 검사배터리, 3판의 규준을 업데이트한 검사들(WJ III-NU)을 시행했습니다. 칩은 다음과 같은 점수를 받았습니다(표준점수 평균/평균 점수 = 100, 표준편차 = 15).(B9)

> B9. 나는 기억력 응고화와 청각정보 인출 측면을 평가하기 위해 WJ에서 선택한 검사들을 시행한다. 이야기 회상은 이 학생의 대학 교육과정에서 필수적인 것으로, 학술 강의를 듣고 기억하는 능력에 대한 대략적인 근사치를 제공한다.

군집/검사	점수	백분위 순위	지수/소검사 척도	점수	백분위 순위
처리속도	90	24	언어기억		
숫자-패턴 맞추기	91	27	이야기 회상	90	24
짝 지우기	90	24	단어기억	82	12
			인출 유창성	103	57

단어기억은 정보가 청자에게 의미적 맥락 없이 제시될 때의 즉각적인 언어기억을 평가하기 때문에 WAIS의 숫자 소검사와는 다릅니다. 왜냐하면 WAIS-IV의 숫자 소검사에는 숫자 단위보다는 언어적 개념이 포함되기 때문입니다.

인출 유창성은 이미 학습되어 저장되어 있는 기억 중 친숙한 정보에 접근할 수 있는 내담자의 능력에 대한 내용을 제공합니다.

저는 시각적 요소도 있는 새로운 정보를 학습하는 것과 연습의 기회를 제공한 후의 결과를 비교할 수 있는 시-청각 학습 능력을 평가할 수 있기를 바랍니다. 다중 감각(청각 + 시각) 학습과 반복을 통해서 그의 수행이 더 나아질 것이라고 추측하지만, 현재로서는 확실히 알 방법이 없습니다.

인출 유창성은 일단 정보를 잘 습득하고 나면, 즉 장기기억 저장소에 응고화(consolidation)하고, 사후에 그 기억 정보에 빠르게 접근하는 그의 능력이 평균 범위에 있다는 것을 보여줍니다.

새로운 맥락적 언어 정보에 대한 칩의 즉각적 기억은 평균 하와 평균 범위의 경계에 있습니다.[7] 그는 한 차례 지연 후의 언어 정보에 대해서는 약한 기억력을 보여 주었는데, 이는 강한 언어적 인지능력에 비해서 사후 인출을 위해 정보를 장기기억으로 통합하는 능력이 상대적으로 손상되어 있어서 경계선에서 평균 하 범위까지 떨어진다는 것을 나타냅니다. 단어 목록에 대한 그의 즉시기억, 즉 짧게 들려주는 새로운 언어 정보에 대한 기억은 평균 하 범위의 하단부에 해당하며, 또한 그의 우수한 언어 추론 능력에서 기대되는 것보다 약합니다. 이러한 결과는 학술 강의와 같이 칩이 짧은 말로 제시되는 새로운 정보를 처음 접할 때 겪는 어려움을 잘 보여 주고 있습니다.

새로운 청각 정보나 언어 정보에 대한 기억력이 약점이었던 것과는 대조적으로, 잘 학습된 언어 정보를 인출하는 능력은 평균 범위에 있으며, 적절한 노출과 연습을 통해 일단 정보가 기억에 저장되면, 평균 속도로 그 정보를 인출할 수 있다는 것을 보여 줍니다.

그의 시각적 처리속도는 평균 하에서 평균 범위의 경계에 속하며, WAIS-IV의 시각적 처리속도 과제의 수행에 비해 다소 약하지만 크게 떨어지지는 않습니다.(B10)

> B10. 나는 WAIS-IV와는 다른 인지적 처리 과정 측면을 드러내기 때문에 WJ의 여러 시각적 처리 과제들을 시행한다.

숫자-패턴 맞추기(VM)는 숫자를 검색하고 인식하는

7) 역자는 수검자의 점수가 IQ 80과 같이 애매한 위치에 해당할 때 이러한 표현을 쓰면 좋다고 생각한다. 한 범주의 말단에 해당하는 점수를 기계적으로 단일 범주로 표현하는 것은 부적절한 면이 있다(역자 주).

과제가 포함됩니다. 짝짓기(PC)는 큰 시각적 배열에서 검색을 하며 방해 자극을 필터링하는 시각적 검색 과제입니다.

물론 ADHD를 앓고 있는 사람이 무관한 시각적 자극에 대한 필터링 곤란으로 인해 PC에서 점수가 떨어지는 것은 놀랄 일이 아니지만, 칩의 경우 유의미한 차이점이 두드러지지 않았습니다. ADHD를 앓고 있는 사람은 DS 및/또는 PC와 같은 흥미를 끌지 못하는 반복적인 과제에서 주의를 유지하지 못하기 때문에, 인지적으로 더 어렵고 상대적으로 더 흥미로운 DS 과제에서 상대적으로 강한 수행을 나타냅니다.

주의 및 실행기능

칩의 주의 및 실행기능에 관한 정보는 면담 형식으로 시행되는 자기 보고형 질문지인 브라운 주의력 결핍장애 척도(ADDS)[8]를 통해 수집되었으며, 이는 증상에 대해 보다 심도 있게 논의할 수 있는 기회를 제공합니다. 결과는 T 점수 형식으로 보고되며, 50점은 전형적인 임상적으로 문제없는 기능을 나타내며, 60점 이상은 임상적으로 유의미한 곤란을 나타냅니다. 점수가 높을수록 더 큰 곤란이나 더 심각한 증상을 나타냅니다. 칩은 다음과 같은 점수를 받았습니다.(B11)

B11. 임상적 면담 외에도, 나는 내담자의 주관적 감각과 곤란에 대한 자각을 알기 위해 가용한 자기 보고형 질문지 중 적어도 하나 정도는 사용한다. 나는 ADDS를 사용할 때면 그 결과를 면담 내용과 통합한다. 나는 내담자가 따라오기 쉽게 하는 응답 선택지가 인쇄된 카드를 제공하면서도, 설문지 문항에서 도출된 서술형 정보도 함께 활용한다.

척도	T 점수
활동성	65
주의력	91
노력	91
정동	73
기억	85
총점	**87**

8) Brown Attention Deficit Disorder Scales(ADDS): 이 척도는 국내에 번안 표준화되지 않아서 척도 명과 하위 차원 명을 임의로 번역하였다(역자 주).

검사 총점은 그의 주의력 문제가 'ADD 가능성이 매우 높은' 범주에서 최상위 및 99%ile보다 높다는 것을 나타냅니다. 칩의 점수 프로파일은 초점화와 주의 유지, 일상적인 과제에 대한 일관적인 노력을 지속하는 것, 작업기억을 활용하는 것, 그리고 일상적으로 중요한 작업을 계획하고 완수하는 데에서 심각한 곤란을 나타냅니다. 그는 심각도는 다소 낮지만 필수적인 과제와 활동에 참여하도록 스스로를 활성화하는 것과 자신의 정서 반응과 표현을 관리하는 데에서는 임상적으로는 유의미한 곤란을 겪고 있습니다.

학업성취도

우드콕-존슨, 4판 성취도 검사에서 선발한 검사들도 칩이 습득한 지식을 평가하기 위해 시행되었습니다. 그의 점수는 다음과 같이 요약되어 있습니다(표준점수 평균 = 100, 표준편차 = 15).

군집/검사	점수	백분위 순위	군집/검사	점수	백분위 순위
전체 성취도	114	82	일반 읽기	116	86
글자-단어 식별	115	85	글자-단어 식별	115	85
문장 읽기 유창성	114	82	문장 읽기 유창성	114	82
계산	100	51	구절 이해	111	77
수학적 유창성	102	55			
철자법	115	85	일반 문어	116	85
쓰기 유창성	103	58	철자법	115	85
구절 이해	111	77	쓰기 유창성	103	58
응용 문제	107	67	예문 쓰기	117	88
예문 쓰기	117	88			
			글쓰기 표현	112	79
학업 기술	113	80	쓰기 유창성	103	58
글자-단어 식별	115	85	예문 쓰기	117	88
철자법	115	85			
계산	100	51	일반 수학	104	61
			계산	100	51
학업 유창성	108	71	수학적 유창성	102	55
문장 읽기 유창성	114	82	응용 문제	107	67
쓰기 유창성	103	58			

수학적 유창성	102	55	**수학 계산 기술**	101	53
			계산	100	51
학업 응용력	114	83	수학적 유창성	102	55
구절 이해	111	77			
예문 쓰기	117	88			
응용 문제	107	67			

칩의 총 성취도는 평균 상 범위에 속하며, 세부 학업 기술들도 평균에서 평균 상 범위에 속합니다. 학업 간 군집(cross-academic clusters)은 칩의 기초 학문기술 및 실생활에서 복잡한 과제와 활동을 수행하기 위해 이러한 기술을 활용하는 능력을 나타내는데, 이 역시 평균 상 범위에 있는 것으로 나타났습니다. 그의 글쓰기와 수학 영역에서의 학업 유창성이 다소 약점이라는 것도 확인되었습니다.

그는 언어에 기반을 둔 학업 기술에서 상대적인 강점을 나타냈습니다. 그의 읽기 능력은 모두 평균 상 범위에 해당합니다. 글쓰기에서 그는 철자법과 복잡한 글쓰기에서 평균 상을 나타냈지만, 빠른 글쓰기 표현에서는 평균 수준으로 상대적 약점을 나타냈습니다. 그의 수학 실력은 평균 범위에 속합니다. 이는 구어능력에 비해서는 다소 약한 편에 해당하지만, 특정 학습장애의 진단이 내려질 만큼 심하지는 않다는 뜻입니다. 상대적으로 약점인 학업 유창성은 상대적으로 느린 처리속도와 정보처리를 고려할 때 예상 가능한 결과로서, 주의 및 실행기능 곤란과 관련이 있습니다.(B12)

B12. 이 단락은 기저의 인지적 약점들과 그 약점이 학문적 기능에 미치는 영향 사이의 연결성을 분명히 하고 있다.

칩의 읽기 능력을 평가하기 위해 추가적인 검사를 진행하였습니다. 칩은 NDRT(Nelson Denny Reading Test)에서 다음과 같은 점수를 받았습니다.

	백분위 순위	학년 동등화
읽기속도	15	–
어휘	87	17
독해	35	11.3
총점	64	14.5

칩은 NDRT의 복잡한 지문을 읽을 때 같은 학년 학생들과 비교해서 평균 하 수준의 읽기 속도를 나타냈습니다. 칩은 짧고 간결한 검사 문항을 읽고 응답하는 어휘 항목 중 표준 수행 시간 내에 작업해야 하는 과제에서 평균 상 수준의 수행을 했습니다. 그는 표준 제한 시간 내에 모든 어휘 문항을 완수했습니다.

칩은 복잡한 지문을 읽고 응답해야 하는 과제인 독해 검사에서 표준 제한 시간에서 약 3분의 2 정도의 질문에 답했습니다. 하지만 정확도는 높았습니다.

검사결과는 그가 짧고 간결한 검사 문항을 읽을 때 평균 상 범위의 수행을 할 수 있다는 것을 보여 줍니다. 그의 상대적 약점인 독해 수행은 칩이 경험한 학업상 어려움을 잘 보여 주는데, 그는 더 복잡한 글들에 보다 긴 시간 동안 주의를 유지하는 데 문제가 있기 때문에 더 길고 더 복잡한 지문을 읽고 답하는 속도가 느려지게 됩니다. 그의 독해력은 평균 범위에 해당함에도, 복잡하게 쓰인 정보에 대한 처리가 느려서 그의 실제 지식과 능력이 과소평가되는 결과를 낳게 됩니다.

칩은 무음 단어 읽기 유창성 검사, 2판(TOSWRF-2)에서 표준점수 95점을 받았으며, 이는 평균 범위의 하단 및 37%ile에 해당합니다. 결과에서는 공백과 맥락적 단서들의 조직화된 구조가 제공되지 않을 때, 자동적으로 단어를 재인하고 시각적 기호들을 해독하는 능력이 다소 약점이라는 것을 나타냅니다. 이러한 결과는 시각적 처리 속도와 주의력이 칩의 상대적인 약점이라는 사실을 확인한 다른 측정치들과 일치하는 것입니다.(B13)

B13. 이러한 결과들은 앞서 상대적 약점으로서의 유창성에 대한 논의와 함께, 그의 ADHD를 위한 적절하고 합리적인 학업적 조정(academic accomodaton)으로서 연장 시간을 제공하는 데에 대한 근거가 되어 준다.

정신건강

대학 적응도 척도에서 칩의 프로파일은 임상적으로 학업문제 차원의 유의미한 상승만 제외하면 평가된 모든 영역에서 평범한 기능을 나타냅니다. 칩의 학업에 지장을 주거나 학업곤란을 설명하는 정신건강상 문제에 대한 증거는 없습니다.(B14)

B14. 이러한 결과들은 그의 주의력 문제와 학업곤란에 일차적으로 지장을 줄 수 있는 심리학적 이슈들을 배제할 수 있게 해 주었다.

DSM-5에 따른 진단적 인상

칩의 징후, 증상, 곤란 패턴은 다음과 같은 진단 범주로 가장 잘 요약됩니다.

314.00 주의력결핍 과잉행동장애—부주의 우세형
V62.3 학업 문제

요약

지훈 '칩' 류는 22세의 아시아계 미국인 미혼 남성으로, WAIS-IV 결과에서 추론 능력은 우수 수준이었으나 청각—언어, 시각—비언어적 입력 자극에 대한 즉각적인 정보 처리 능력에서 약점을 나타냈습니다. 그의 약점인 정보 처리 능력은 짧게 제시된 청각 정보에 대한 저조한 기억 응고화와 및 어린 시절부터 지속된 주의력 문제 이력과 더불어, 주의력결핍 과잉행동장애(ADHD)의 진단을 지지합니다. 유의미한 과잉행동이나 충동성이 결여되어 있는 점은 그의 ADHD가 부주의 우세형임을 의미합니다.(B15)

임상적 평가 및 검사결과를 고려하여 다음과 같은 조정과 권고 사항이 제안됩니다.(B16)

> B15. 나는 매우 간략하게 요약하는 경향이 있고, 보고서의 다른 곳에 제시된 자료는 반복하지 않으려 한다.

> B16. 나는 조정(accommodation)과 내담자의 장애나 장애로 인한 장벽을 줄이거나 제거하기 위해 표준적인 시행과 환경에 대해 변화를 주는 것을 구분한다. 이를 통해서 이 사례에서는 교육 및 학습 기회와 자신의 어려움을 해결하기 위해 내담자가 할 수 있는 것들이지만 법률에 의해 기관(이 사례에서는 내담자의 대학교)이 제공해야 하는 것은 아닌 것에 대한 권고사항에 대해 동등하게 접근할 수 있게 된다.

일반적인 권고

1. 장애학생에 대한 접근성 정보, 서비스, 지원을 제공하는 대학교의 부서에 등록하도록 합니다.(B17)
2. 약물이 주의력 문제를 치료하는 데 유익한 요소가 될 수 있는지 여부 등 치료적 선택지를 탐색하기 위해 정신의학과 전문의와 상담합니다.
3. ADHD (심리)코치와 상의하여 시간관리, 기억전략 및 학습 기법 개선 등 증상으로 인해 발생하는 장해를 관리하기 위한 보상 전략을 모색합니다.
4. 진로 평가 및 상담을 통해 칩의 가치, 동기, 흥미 및 이에 가장 부합하는 진로를 명확히 할 때에는 인지적·기능적 강점과 약점의 패턴을 고려합니다.

> B17. 장애에 대한 공식적인 서류를 통해 정보를 전달받게 된다면, 조정을 제공할 유일한 책임은 대학에게 있다.

학업적 조정 및 권고 (B18)

> B18. 이것들은 결손 혹은 장해에 대한 각 조정이 이루어지기 위해 쓰여진다.

1. 칩의 주의력 결핍과 관련된 상대적으로 느린 처리 속도를 보상하기 위해 통상적인 시험 시간의 1.5배까지 연장 제공할 것.
2. 주의력 곤란으로 인한 간섭을 보상하기 위해 주의 분산 요인이 적은 환경에서 시험을 실시할 것.
3. 주의력 결핍을 보상하고 다감각적 처리 과정을 제공하며 읽은 것에 대한 주의집중, 이해 및 기억에 도움을 주기 위해 오디오북과 문서-음성 변환 소프트웨어 및 스캐너 펜을 사용할 것.
4. 칩의 집중력과 기억 응고화라는 측면에서 제한된 주의력과 기억 곤란으로 인한 장해를 저감하기 위해서 강의 시간에 음성 녹음, 노트 작성기 및/또는 스마트펜을 사용할 것. 이러한 것들은 강의에 제시된 정보에 대한 기억, 사후의 참고 및 학습을 위한 기록에 대한 접근성을 높이기 위한 것이기도 합니다. 스마트펜은 종이 기반 컴퓨터 펜으로, 펜과 특수 용지를 사용하여 사람이 적은 것을 오디오로 연결하고 녹음합니다. 이 기술은 칩이 동시에 강연을 녹음하면서 필기도 할 수 있게 해서, 나중에 칩은 펜을 해당 노트나 도표에 터치하면서 강의 정보를 복습할 수 있습니다.
5. 교수의 강의 노트와 발표 슬라이드의 사본을 사전에 제공하여 강의에 제시된 정보를 듣고 기억하면서 읽고 필기하는 데 필요한 인지적 부하와 주의력 요구를 줄여 줄 것.
6. 칩이 지속적인 인지 활동으로 고갈된 인지적 에너지를 회복할 수 있도록 1시간당 10분의 휴식 시간을 제공할 것.
7. 칩의 주의력 결핍과 상대적으로 느린 처리속도로 인해 발생하는 장해를 보상하고 작업 완수에 필요한 적절한 시간을 확보하기 위해 학기당 교육과정 부담을 줄여 줄 것.

자조전략[9)]

1. 짧고 집중적인 학습 시간을 계획하고, 타이머를 사용하여 시작 시간과 중단 시간을 표시하며, 다른 활동을 위한 휴식 시간을 사이사이에 배치하여 학업 활동에 대한 집중력과 에너지를 유지하도록 돕습니다.

9) Self-Help Strategies: 이 보고서에서는 일반적인 권고, 기관을 위한 권고, 내담자 스스로를 위한 권고를 구분하고 있는 점이 인상적이다. 이러한 권고의 세분화가 가능하다면 한국의 보고서에서도 이러한 구성이 널리 받아들여지기를 희망한다(역자 주).

2. 아침에 처음 하는 일이나 운동 후에 하는 일처럼 하루 중 가장 생산적인 시간에 공부하십시오.
3. 잘 정돈되지 않은 작업공간에서는 주의분산을 줄여서 학습활동에 집중할 수 있도록 하십시오.
4. 주변에서 주의를 분산시키는 소리를 줄이기 위해 백색소음 또는 연주곡을 활용하십시오.
5. 시각적 도구를 사용하여 학습 및 과제 수행 능력을 향상시키십시오. 여기에는 제시된 정보를 기억하고 쉽게 이해하는 데 도움이 되는 아이디어 맵,[10] 차트, 그래픽 오거나이저,[11] 그림 등이 포함될 수 있습니다.
6. 소프트웨어 및 다음과 같은 보조기술을 사용합니다.
   a. 기억을 돕고 문서 과제의 준비를 돕는 도구가 포함된 그래픽 오거나이저 및 개요.
   b. 일상적인 할일과 과제를 기록하기 위한 스마트펜 또는 라이트 스크라이브.[12]
   c. 스케줄링 및 작업 진행 확인을 위한 에버노트.[13]
7. 리마인더의 제공 및 일상활동 개선을 위한 스마트폰 앱들은 다음과 같습니다.
   a. Stay on Task이나 Improv와 같은 랜덤 알림 앱. 현재 활동으로 주의를 되돌려 줌.
   b. DUE. 일일 계획 및 과제-완수 확인을 해 주고 후속 활동에 대한 집중력 향상을 위한 리마인더를 제공함.
   c. 에버노트 또는 유사한 스마트폰 앱. 조직화된 상태를 유지하고, 아이디어를 저장하고, 생산성을 향상시키는 데 도움을 주는 사용이 용이한 인터페이스를 제공함. 이 프로그램을 통해 사용자는 메모, 사진 캡처, 작업 목록 작성, 음성 알림 녹음 등을 할 수 있는 동시에 이러한 항목을 사용자의 모든 전자기기에서 완벽하게 검색할 수 있음.
   d. EPIC. 과제 완수 시 보상을 제공하는 과제 진행 확인을 하는 롤플레잉 게임.

10) Idea map: 일명 마인드맵이라고도 불리며, 개념적 연결성을 시각적으로 재구성하여 한 번에 이해하기 쉽게 만든 도표이자 개념적 위계표다(역자 주).
11) Graphic ograinzer: 긴 문장으로 된 글을 쉽게 이해할 수 있도록 시각적 영역별로 내용을 구분하게 만든 일종의 서식이다. 아동들을 위한 것에는 대부분 육하원칙에 해당하는 내용이 들어간다(역자 주).
12) LightScribe: 레이저를 활용해서 플라스틱 및 다양한 표면에 글씨를 새길 수 있는 도구다. HP사가 개발한 기술로 LightScribe가 가능한 광 미디어에만 적용된다(역자 주).
13) Evernote: 녹음, 파일 첨부, 사진 저장, 저장한 메모에 대한 위치 정보 추가, 태그에 따른 메모 분류, 키워드에 따른 메모 검색, 텍스트, 이미지 및 링크를 포함하여 웹 페이지의 일부 또는 전체를 스크랩하는 클리핑 기능을 제공한다. 예전에는 혁신적이었지만, 지금은 다양한 클라우드 서비스가 이러한 기능들을 지원한다(역자 주).

e. 수학 유창성 향상을 위한 FAST Math 및 집중력 향상을 위한 Attention Exercise과 같은 소프트웨어 게임 프로그램.

8. 학습 보조교사와 함께 마인드 맵, 기억술 도구 등 학습 기술과 기억전략을 확장하여 기억 보유와 인출을 증가시킵니다.

여기에 칩의 곤란을 다루기 위한 적절한 조정이나 유용한 권고 사항의 모든 내용이 담겨 있는 것은 아닙니다. 그의 기능적 곤란을 잘 알고 있는 장애 상담사와의 지속적인 상담을 통해 조정 및 서비스 이용에 대한 지원을 제공할 수 있습니다. 이 보고서의 권고 사항은 학술 기관이나 고용주에게 활용 가능한 서비스를 반영하지 않을 수 있으며, 수령 기관에 법적 구속력은 없지만 학업 또는 직업적 성공을 개선할 수 있는 방법적 지침의 역할을 합니다. 제도적 지침과 기금은 학술 기관이나 고용주가 해당 장애법의 요건을 어떻게 준수하는지를 판단할 것입니다.(B19)

B19. 나는 대학 등이 내담자의 요구에 부합하는 조정을 확인하고 제공하는 데 어느정도 융통성을 갖도록 하기 위해 이 권리 제한 문구를 활용한다.

–서명 삽입–
심리학자 이름, 박사
공인 심리학자, 관할/주 면허 #0000000
자격 기한: MM/DD/YYYY (B20)

B20. 종종 기관에서 진단 전문가에게 적절한 자격 증명이 있는지 확인하는 문서를 요구하기 때문에 이 정보들은 모든 보고서에 자동으로 포함시킨다.

로라 스미스: 미국 학군 내 교육적 지원 요청을 위한 장애증명용 보고서 사례

심리교육학적 평가

기밀 사항

도나 괴츠, 일레인 플레처-얀젠 작성

학생:	로라 스미스	검사자 (C1):	도나 괴츠
		프로그램:	정규교육
나이:	9세 11개월	교사:	스티어 씨
학년:	4학년	학군:	웨스트 워싱턴

C1. 예시 보고서를 작성할 때, 교과서 수준의 깔끔함을 위해 다듬다가 보고서의 본질을 잃게 되기가 매우 쉽다. 이번에 우리는 교과서용 보고서를 일부러 만들지 않았다. 자상하고 경험 많은 학교심리학자가 실제로 이 보고서를 썼다는 사실에 의심의 여지가 없도록 하기 위해서 우리는 보고서에 손을 대지 않았다. 이 보고서의 가장 중요한 측면은 한 학교심리학자가 4학년 학급 내의 일에 대해 많은 걱정을 하던 교육팀과 함께 이 사례의 중심에 있었다는 점이다.

의뢰사유 (C2)

C2. 이 보고서는 4학년 교실에 필사적으로 적응하고 싶어 하는 해맑은 아홉 살 소녀에 대한 이야기다. 하지만 그녀는 학업적으로 성취하려고 하는 거의 모든 영역에 영향을 미치는 유의미한 인지적 처리 결손을 가지고 있다.[1)]

로라는 사랑이 넘치는 안정적인 가정에서 자랐으며, 어린 시절부터 말하기와 언어 서비스, 다른 집단 형식의 개입의 도움을 받아 왔지만 이러한 개입들로는 충분하지 않았습니다. 그래서 우리는 그녀가 9세 때 자신의 장해를 보상하기 위해 실행 불가능한 전략들을 사용하는 것을 확인했고, 또래들이 4학년 읽기와 수학을 시작하면서는 빠르게 설 자리를 잃고 있었습니다.

우리는 로라의 부모님들과 선생님들이 로라의 놀라운 장점을 보고 더 기꺼이 개입하도록 하기 위해서 서술적 접근법을 사용할 것입니다.

로라가 구어 표현 영역에서 잠재적인 학습장애를 위한 서비스의 적격성 기준을 충족하는지를 판단하기 위해서 특수교육 재평가가 의뢰되었습니다. 로라의 교사들은 그녀가 이른 아동기부터 오랜 기간 동안 지원을 받아 왔음에도 불구하고 모든 학문 영역에서 힘겨워

---

1) 기본적으로 이 보고서는 매우 '따뜻한' 글이다. 장애가 있음에도 불구하고 끈기와 긍정적 에너지로 자신의 한계를 극복하려고 노력하는 아이의 그림이 잘 그려진다. 이러한 따뜻함이야말로 역자가 병원을 나온 이후 상담실에서 근무하면서 추구하는 보고서의 방향이기도 하고, 앞으로 많은 전문가들이 작성해 주기를 바라는 글의 방향이기도 하다(역자 주).

하고 있다고 느꼈습니다. 그들은 개입 계획에 도움이 되는 로라의 학습 강점과 약점에 대해 더 많은 정보를 얻기를 바라고 있습니다.

배경정보

배경정보는 학부모 면담과 특수교육 및 학교생활기록부 검토를 통해 입수되었습니다.

가족력

로라는 친부모와 함께 사는 외동아이입니다. 그녀의 가족은 로라가 태어나기 이전부터 웨스트 워싱턴의 한 집에서 계속 살고 있습니다. 확장된 가족력에서는 학습이나 언어적 지연 및 정신건강에 대한 우려에 있어서 특이할 만한 것이 없습니다. 로라의 부모는 모두 대학을 졸업했습니다. 스미스 부인은 간호사였고 스미스 씨는 영업일을 합니다.

의학력 및 발달력 (C3)

로라의 어머니는 임신, 출산, 산후, 그 후 몇 달 동안에는 주목할 만한 것이 없었다고 보고했습니다. 로라의 언어 지연은 대화 및 단어 말하기 시도가 제한적이었고 그녀가 주로 몸짓으로 의사소통을 하면서 일찌감치 드러났습니다. 하지만 로라는 언어와 화장실 훈련을 제외한 나머지 영역에서는 연령에 맞는 발달지표를 성취했습니다.

> C3. 임상가는 실제 과거력에 대해 많은 질문을 할 것이지만, 그 질문이나 응답을 다 나열할 필요성은 느끼지 못한다. 여기서의 임상적 판단은 특별히 언급할 것이 없다고 적고서, 바쁜 학교심리학자는 다음 요점으로 넘어간다.

사회력 및 정서력

로라의 사회적 · 정서적 발달은 꽤 전형적이었습니다. 그녀는 다소 수줍음이 많은 행복한 아이였지만 언어가 발달하면서 로라의 수줍음은 사라졌습니다. 현재 많은 사람들은 그녀가 또래 및 어른들에게 뛰어난 사교 능력을 가진 외향적인 아홉 살짜리 아이라고 묘사합니다. 말하기 및 언어 지연의 이력에도 불구하고, 로라는 다른 사람들과 적극적으로 상호작용을 하고 긍정적인 태도로 다른 사람들과의 관계 맺기를 즐겨 합니다.

교육력 (C4)

로라는 대략 21개월부터 워싱턴 카운티의 조기 개입 서비스를 받기 시작했습니다. 조기 개입 서비스는 음성 언어 치료사가 매주 45분 동안 집에 방문하여 제공하는 표현적 및 수

• 로라가 전반적인 학습 지연을 나타냄에 따라서 (일반적인 정규교육 동급생과 비교했을 때) 교육 속도를 늦춰야 하며, 로라의 전략 이해에 대한 빈번한 모니터링이 필요하고, 필요하다면 재교육이나 재검토가 필요할 것입니다.
• 소그룹으로 이루어지는 지도는 로라에게 필요한 특수 읽기 교육을 제공하는 가장 좋은 방법이 될 것입니다.

수학

• 로라를 위해 선택된 수학적 개입 전략의 일차적 표적은 로라의 작업기억 및 절차기억의 결손과 유의미하게 손상된 조직화 기술을 다루는 것이 되어야 합니다.
• 대화형 수학 노트[15]는 이미 기술된 영역들에서 로라의 결손들을 다루고 보상하기 위해 고안된 단일연구 기반 전략입니다. 대화형 노트는 학생이 시각적 조직자와 수학적 개념 및 절차에 대한 예시를 구성해 낼 것을 요구합니다. 이러한 시각적 조직자과 예시들은 학생들이 과제와 시험을 해내는 동안 기억력과 조직화 기술의 약점을 지원합니다. 이것은 학생들이 절차적 세부 정보들을 회상해 내려고 애쓰기보다는 수학적 이해를 설명하는 데 모든 정신적 에너지를 쏟을 수 있도록 시각적 및 절차적 안내를 제공해 줍니다. 다음은 대화형 노트를 활용한 방식의 예시입니다.

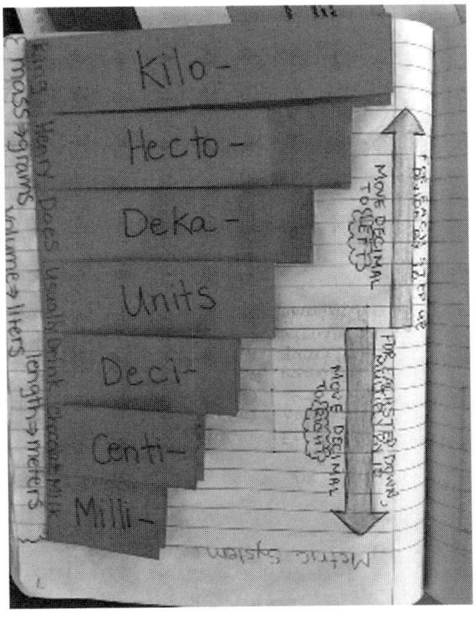

15) Interactive math notebook: 설명은 해당 문단에 나와 있다(역자 주).

- 읽기 항목에서 논의된 바와 같이, 로라는 전반적인 학습 지연을 나타냅니다. 따라서 (일반적인 정규교육 동급생과 비교했을 때) 교육 속도를 늦춰야 하며, 로라의 전략 이해에 대한 빈번한 모니터링이 필요하고, 필요하다면 재교육이나 재검토가 필요할 것입니다.
- 소그룹으로 이루어지는 지도는 로라에게 필요한 수학교육을 제공하는 가장 좋은 방법이 될 것입니다.

쓰기

- 로라의 손상된 인지적 처리 과정 중 일부는 그녀의 쓰기 기술 습득을 저해하며, 이는 개입의 설계 시에 반드시 다루어져야 합니다.
- 잠재적인 미세운동 또는 시각–운동 통합 지연의 심각성을 판단하기 위해 작업치료사가 로라를 평가하는 것이 중요합니다. 로라의 손글씨 결손(띄어쓰기가 없는 매우 엉성한 손글씨, 약간 어긋나 있는 글자들, 대문자와 소문자를 변별하지 못함)은 미세 운동과 시각적 처리 결손의 가능성을 나타내는 것으로 보입니다. 이러한 문제를 해결하기 위한 중재전략 및/또는 조정의 제공은 작업치료사의 지시에 따르는 것이 가장 좋습니다.
- 글쓰기 내용 측면에서, 로라는 손상된 청각적 작업기억, 심각하게 손상된 단어 인출, 실행기능 및 조직화의 결손을 나타냅니다. 이는 로라가 현재 명확하고 간결한 글쓰기를 하는 데 필요한 외적 구조를 제공하는 시각적 조직자 시스템을 배워서 활용하는 것이 도움이 될 수 있음을 시사합니다. 단락 햄버거[16](www.readingrockets.org/strategies/paragraph_hamberger)와 같은 시각적 조직자들은 글쓰기에 매우 유용한 조직화 전략입니다. 많은 학생들은 이러한 시각적 전략을 스스로 조직화 패러다임을 내재화할 때까지 사용합니다. 이 시점에서는 외적인 시각적 촉구가 제거됩니다. 로라의 전체적이고 구체적인 인지적 처리 지연을 고려했을 때, 그녀는 정규 교육과정에 있는 학생들의 시간적 순서를 훨씬 넘어서는 유형의 글쓰기 조직자가 필요할 것 같습니다. 이러한 외적인 조직화 구조가 너무 이르게 제거되지 않도록 하는 것이 중요합니다.
- 로라는 이러한 장치들을 사용함으로써 도움을 받을 수 있을 것입니다.
  - ㅇ관련 어휘가 있는 단어 은행(word banks)

16) paragraph hamberger: 글의 단락을 표현하는 시각적 조직화의 일종으로, 각 단락의 내용을 햄버거의 층별 재료들로 구분하여 설명한 것이다(역자 주).

  ○ 전환 단어 또는 구문의 예시
- 로라는 생각을 공식화하는 것을 돕는 일대일 또는 소규모 그룹 토의를 위한 교사를 활용함으로써 도움을 받을 수 있을 것입니다.
- 앞의 두 절에서 논의한 바와 같이, 로라는 전반적인 학습 지연을 나타냅니다. 따라서 (일반적인 정규교육 동급생과 비교했을 때) 교육 속도를 늦춰야 하며, 로라의 전략 이해에 대한 빈번한 모니터링이 필요하고, 필요하다면 재교육이나 재검토가 필요할 것입니다.
- 소그룹으로 이루어지는 지도는 로라에게 필요한 쓰기교육을 제공하는 가장 좋은 방법이 될 것입니다.

가정

사회성 및 정서

- 로라가 보다 엄격한 학업 내용과 괴롭힘에 노출될 가능성이 더 큰 중·고등학교로 진학하게 되면서, 그녀의 높은 자존감과 자신감은 위험에 처할 수 있습니다. 이는 학업적인 어려움을 기꺼이 감내하려는 의지와 끈기를 감소시킬 수 있습니다.
  - ○ 부모님들께는 로라가 학업 영역 밖에서도 역량을 갖출 수 있도록 강하게 지원할 것이 권장됩니다. 그래서 로라가 성공을 더 쉽게 경험할 수 있는 비학업적인 활동에서 로라의 자존감과 자신감이 유지될 수 있어야 합니다.
  - ○ 부모님들께는 괴롭힘과 왕따에 노출될 가능성을 모니터하기 위해 로라와 열린 의사소통을 자주 하는 것이 권장됩니다. 여기에는 문자 메시지와 이메일을 모니터링하고, 그녀의 일과를 자주 묻고, 지지적으로 들으며, 그녀가 부정적인 상황을 선제적으로 해결할 수 있도록 돕는 것이 포함됩니다.

심리측정적 결과

심리검사 자료는 심리검사와 평가 원리에 익숙하지 않은 사람들에 의해 잘못 해석되기가 쉽습니다. 다음의 점수들은 전체적인 평가와 맥락적으로 관련되는 점수로서만 해석이 가능합니다. 따라서 궁금한 점이 있으면 자격을 갖춘 학교심리학자에게 문의하십시오.(C26)

> C26. 이 문장은 이 숫자들이 자격을 갖춘 사람에 의해 해석될 때만 의미가 있다는 것을 모든 독자들에게 상기시키기 위해 숫자표 앞에 배치된다. 학교심리학자가 맥락 안에서 해석할 때에만 그 숫자들은 의미를 가질 것이다.

서술적인 형식으로 보고서를 작성하는 모든 목적은 임상적 판단, 객관적 측정치, 과거력, 맥락이 평가의 문맥과 의미 안에 매우 정교하게 혼합되어 있음을 강조하는 것입니다. 이 혼합물이 평가 과정의 인간적인 질적 특징들을 뚜렷하게 하고 아동에 대한 철저한 이해를 이끌기를 바랍니다.

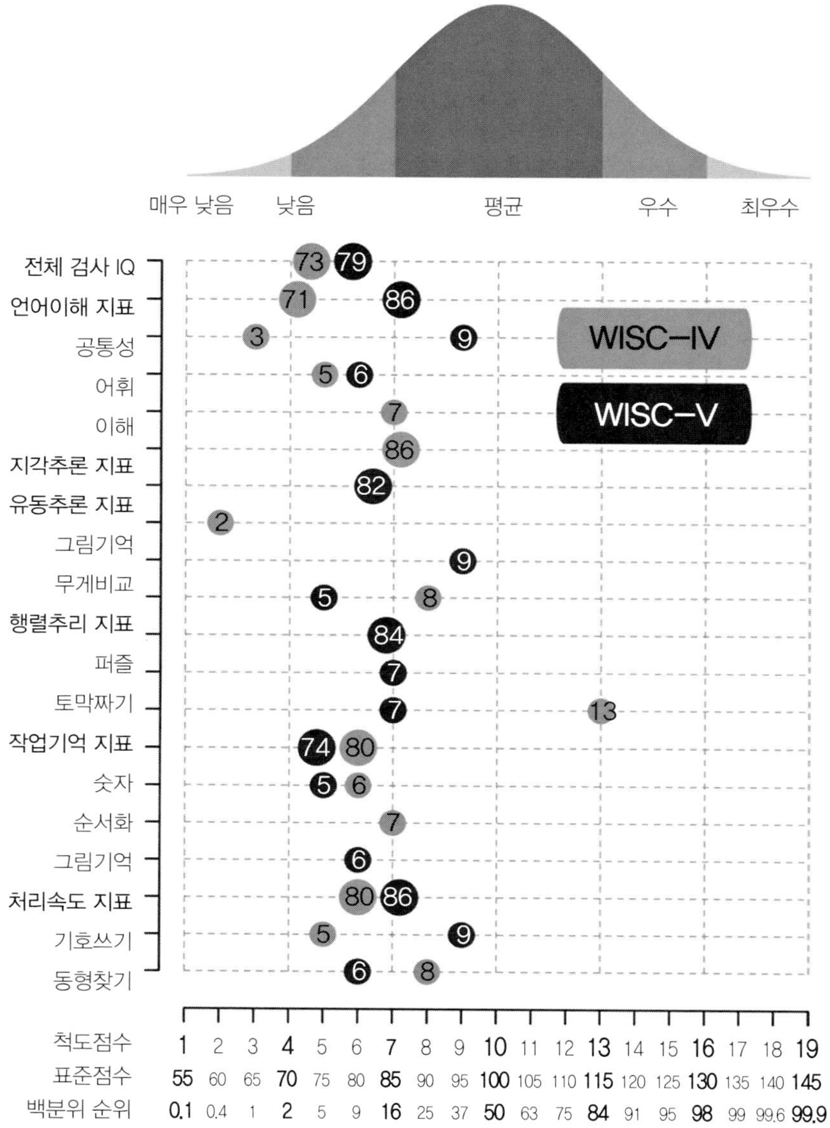

어서 더 생산적일 수 있게 해 준다고 보고했습니다. 브라흐 씨는 일주일에 한 번 정도 음주를 하지만 불법 약물의 사용은 부인했습니다.

직업적 과거력: 미고용 상태

이전 검사결과: 4년 전에 시행된 웩슬러 성인용 지능검사, 4판에서 브라흐 씨는 평균 범위의 점수를 받았고, 언어이해, 지각추론, 작업기억 지수점수도 평균 수준이었습니다. 반면, 처리속도 지수에서 그의 점수는 평균 하 범위였습니다. 웩슬러 개인용 성취도 검사, 3판으로 측정한 학업성취도에서 읽기 측정치는 평균 범위, 수학 측정치는 우수 범위, 쓰기 표현은 평균 상 범위, 구어는 평균 하 범위(주로 청해)에 있었습니다. 주의 변인 검사에서의 수행은 부주의함을 시사했습니다. 실행기능 통제 과제에서의 수행은 상승된 반응시간 변동성을 나타냈습니다.(D12)

> D12. 당신이 시행한 이전 평가의 사본이 제공될 수 있고, 혹은 제공되어야 한다. 그러나 빠른 심사를 위해서 결과를 요약할 수도 있다.

현재 검사

진단적 검사 상황

브라흐 씨는 사설 심리학 사무실에서 평가를 받았습니다. 검사들은 출판자의 지시에 따라 시행되었고, 점수는 연령별 규준을 활용해서 도출되었습니다.(D13)

> D13. 이것은 일반적으로 가정되는 내용이지만, AAMC가 특별히 이 정보를 요청하기 때문에 반드시 보고서에 추가해야 한다.

행동관찰(D14)

> D14. 이 절에서는 검사결과의 신뢰도와 타당도, 그리고 거기에 영향을 미칠 수 있는 완화 요인 대해 설명해야 한다. "정갈하게 차려 입고 정돈된 외모였다"는 등 별 도움이 되지 않는 진술은 피해야 한다.

브라흐 씨는 시각 · 청각 · 운동 장해가 없고 오른손 우세형입니다. 그는 시험 전날 밤에 잠을 푹 자고 아침을 먹었다고 보고했습니다. 그는 평가에 오기 전에 지르텍 10mg과 오메가 3 보충제 외에 36mg의 콘서타를 복용했습니다.(D15) 브라흐 씨는 검사 동안 밝고 협조적이었습니다. 그의 TOVA 증상 과장 지수는 상승했지만 그의 성실함은 몇몇 수행 타당도 측정치(단어 기억 검사, b 검사, 신뢰로운 숫자 폭, BASC 타당도 척도 등)을 통과하기에 충분했습니다. 수행 타당도 검사에서

> D15. 의약품 사용 및 복용 여부에 대한 기록은 검사결과의 해석에 필수적이다.

한 번의 위반은 신경학적 진단서[5](ADHD 포함)를 제출한 수검자들 사이에서 드문 일이 아니며, 브라흐 씨의 수행은 충분한 해석적 신뢰성과 타당성이 있다고 판단됩니다.(D16)

D16. 다시 한번 이것이 여러 수행 타당도 측정치 및 검사결과의 정확성을 신중하게 고려하는 것이 중요한 문서임을 언급해 준다.

검사결과 및 해석

참고: 검사점수가 표 형식으로 이 보고서의 뒷부분에 첨부되지만, 그 수치는 심리학 및 신경심리학 검사에 대해 훈련된 사람에 의해서만 해석되어야 합니다.(D17)

D17. 어떤 사람들은 점수표를 보고서에 포함시키는 것을 좋아하지만, 대부분의 사람들은 점수가 무엇을 의미하는지, 혹은 어떻게 해석되어야 하는지 알지 못한다. 검사가 아니라 그 사람에 대한 보고서를 작성하라.

웩슬러 성인용 지능검사, 4판에서 브라흐 씨의 수행은 특히 결정화, 유동적 지능, (전체) 작업기억 영역에서 양호한 수준이었고, 처리속도에서 평균 하 수준의 측정 점수가 확인되어 이전 시행과 전반적으로 일치합니다. 브라흐 씨는 정신적 계산을 수행하면서 정보를 즉시기억 속에 유지하는 데 경도의 곤란을 보이고 있으며, 빠른 의사결정이 필요할 때에도 대부분의 업무를 느린 속도로 수행하는 경향이 있다는 의미인 '느린 인지적 템포'를 나타냅니다.

학업적으로 웩슬러 개인용 성취도 검사, 3판에서 브라흐 씨의 수행은 전반적으로 양호한 학업적 지식을 보여 주었습니다. 비록 또다시 그의 구어-청해력은 점차 길어지는 구술자료 처리를 어려워하며 상대적으로 저조했고, 독해력은 평균 범위의 하단에 해당했지만 말입니다.(D18) 넬슨-데니 읽기 검사가 포함된 후속 검사는 이러한 결과를 다시 확인해 주었습니다. 훨씬 더 길고 복잡한 글에 대한 독해력 측정에서, 표준 시행시간을 따를 때 브라흐 씨의 수행은 연령 기준 2%ile 아래로 떨어졌고 추가 시간이 주어지면 9%ile까지 향상되었습니다. 그의 읽기

D18. 검사를 통해 파악한 내용에 대해 설명하라. 검사 척도와 점수의 '명칭들'이 반드시 검사에서 실제로 측정한 것을 반영하지는 않는다는 점을 기억하라.[6] 점수, 백분위수, 신뢰구간 등에 대한 논의로 주의를 분산시키지 말라. 당신은 지금 슈퍼바이저를 위해 글을 쓰는 것이 아니다! 그 사람의 장애를 유발하는 손상이 어떻게 나타나는지를 분명히 서술하라. 즉, 그 손상이 중요한 시험을 치를 때 실제 작업에 어떤 영향을 미칠 것인가? 기능적 영향은 무엇인가?

5) Victor, T. L., Boone, K. B., Serpa, J. G., Buchler, J., & Ziegler, E. A. (2009). Interpreting the meaning of multiple symptom validity test failure. *The Clinical Neuropsychologist*, *23*, 297-313(저자 주).

6) MMPI-2 소척도점수들이 대표적인데, 척도 명과 척도가 측정한 구성개념이 거의 혹은 전혀 상관이 없는 경우도 흔한 편이다(역자 주).

속도는 25%ile 수준이었으며, 이는 브라흐 씨가 글의 해석과 이해에서 어려움이 있다는 것을 시사하는 것으로, 연관 의미를 이해하고 처리하기 위해서는 자료를 다시 읽어야 한다는 자기 보고와 일치합니다.(D19)

컴퓨터화된 시각적 연속수행검사인 주의 변인 검사(TOVA)에서는 브라흐 씨의 주의 관련 기술에 대한 직접적인 검사 수행의 저하가 나타났습니다. 브라흐 씨는 유의미한 반응시간 변동성과 부주의를 나타냈는데, 길고 지루한 활동에서 집중력이 저하되었음을 시사했습니다. 브라흐 씨가 검사 당일에 자극제 약물을 복용하고, 제시된 과제에 대한 집중력을 유지한 것처럼 보였음에도 불구하고 이러한 점수를 획득했다는 점에 유의해야 합니다.(D20) 그가 세 번 연속으로 누락 오류를 범한 것은 단 한 번이었는데, 그것은 TOVA의 전반부가 끝나갈 때쯤에 이루어진 것입니다. 속도화 청각적 연속 주의 검사(PASAT)에 의해 측정된 청각적 주의는 2" 시행에서는 손상되지 않았으며 3" 시행에서는 약간 낮아졌을 뿐입니다. 그의 선잇기 검사 수행은 느렸는데, A형에서는 평균 하 범위, B형에서는 경계선 범위에 해당했습니다. 델리스 카플란 실행기능체계에서 선정된 소검사를 사용한 실행기능 평가결과, 브라흐 씨는 변화하는 요구에 따른 실행기능의 계획 및 인지적 유연성 검사에서 좋은 점수를 받았습니다.(D21)

D19. ADA의 적용을 받기 위해서는 수행 수준의 '기준점'을 '대부분 사람들'의 표준과 비교하는 것으로 삼아야 하지, (이 경우처럼) 의대에 지원한 선배들을 기준으로 삼아서는 안 된다는 것을 명심하라.

D20. 사용자가 복용하는 약물이나 사용하는 전략, 도구가 효과적인지 여부와 이러한 도구에도 불구하고 나타나는 분명히 문서화하기 어려운 손상에 대해서도 언급하라.

D21. 어떤 것은 영향을 받지 않는지, 그리고 그것이 무엇인지를 분명히 하라. 균형 잡히고 공정해야 한다.

D22. 쉽게 수용 가능한 표준화된 설문지를 사용하면 진단에 자신감을 더할 수 있고, 경험하는 증상을 명확하게 구체화할 수 있다.

행동 차원에서 브라흐 씨가 코너스 성인용 ADHD 평정척도에 응답한 결과는 ADHD의 진단에 부합하는 유의미한 임상적 수준의 곤란을 시사했습니다.(D22) 브라흐 씨는 안절부절못하고, 조용히 일을 하는 데 어려움을 겪으며, 생각 없이 말을 하는 경우가 많다고 보고했습니다. 그는 일을 하려고 할 때 쉽게 주의가 산만해지고, 주변의 다른 일을 망각할 정도로 '과집중(hyperfocusd)'되며, 무엇을 하거나 어딘가로 가는 데 얼마나 시간이 걸리는지를 잘못 판단한다고 보고합니다. 실행기능에 대한 자기 보고형 행동평정 질문지 양식에 대한 타당성 지표는 허용 가능한 범위 내에 있었고, 브라흐 씨의 응답은 인지적 유연성, 자기감찰, 주의 및 작업기억, 과제완수 등에서의 곤란을 반영하는 척도에서 임상적으로 유의한 상승을 나타냈습니다.(D23) 아동을 위한 행동평가체계(대학생용), 2판의 자기 보고 형식에서 나온 프로파일은 타당도 척도가 수용 가능한 수준이었고, 주의문제 척도에서 임상적으로 높은 점수(96%ile)를 산출했다는 점만 제외하면 대체로 정상 범위 안에 들었습니다.(D24) 주의 문제 척도에서 그는 '거의 언제나' 강의에 집중하는 데 어려움을 겪고 종종 그가 하는 일에도 집중할 때 어려움을 겪는다고 보고했습니다. 그는 다른 사람들이 끊임없이 자신에게 주의력 문제가 있으며 집중할 필요가 있다고 한다고 보고했습니다. 또한 그는 가만히 줄을 서서 기다리거나 가만히 앉아 있는 데 어려움을 겪고 있다고 보고했습니다. 중요한 것은 브라흐 씨가 불안이나 우울증, 사회적 기술, 통제의 소재,[7] 자존감, 자신감 등의 영역에서는 증상이나 우려를 보고하지 않는다는 것입니다.

D23. 다시 한번, 우려를 과장하거나 지나치게 강조하려는 시도에 대해 논의하지 않으면 현재의 치료적 기준에 미치지 못하는 것이 된다.

D24. 당신의 발견에 영향을 미칠 수 있는 다른 요소들을 배제하는 것이 중요하다.

요약 및 인상 (D25)

종합해 보면, 현재의 재평가결과는 브라흐 씨의 심리학적 프로파일이 수년 전의 결과와 일치한다는 것을 알 수 있습니다. 비록 그가 심각한 학습장애는 없어 보이는 지적인 청년임에도 불구하고, 게다가 상당한 양의 메틸페니데이트(methylphenidate) 약물을 복용했음에도 불구하고 주의력결핍 과잉행동장애, 부주의 우세형(DSM-5 314.00)에 따른 유의미한 장애를 계속해서 나타내고 있습니다. 또한 브라흐 씨는 ADHD와는 구별되지만 빈번하게 동반이환되는 '느린 인지적 템포(sluggish cognitive tempo)'(D26) 또는 '집중력 결핍장애(concentration deficit disorder)'로 불리는 것과 부합하는 증상을 가지고 있다고 느낍니다. 느린 인지 템포라는 상태는 『Journal of Abnormal Child Psychology』 2014년 1월호의 주제였습니다.(D27) Russel Barkley가 '집중력 결핍장애'로 개칭한 이 질환은 아직 정식 진단명은 아니지만, 실재하는 것이고 장

D25. AAMC 지침에 따르면, (조정을 위한 심사용) 보고서에는 세 가지 요소가 포함되어야 한다. 과거력과 결과의 통합적인 분석, 표준 진단코드를 사용한 구체적인 진단, 그리고 수검자에게 개별화되고 각각의 근거를 포함한 권고, 조정 및 또는 특정 보조 기기.

D26. 일부 임상적 상태들은 표준 진단코드에서 찾을 수 없지만 연구를 통한 지지가 있다면 명료화하고 기술해야 한다.

7) Locus of control: 인간 중심 상담에서 말하는 핵심 개념 중 하나로 스스로의 행동에 대한 판단 기준이 어디에 있는지를 말하는 것이다. 이 통제의 소재가 내면에 있을수록 건강한 것으로 간주한다(역자 주).

해가 되는 신경학적 상태입니다. 이 주제에 대한 Russel Barkley 박사의 제안은 www.chadd.org/Portals/0/PDFs/FC1.pdf에서 볼 수 있습니다.

ADHD와 느린 인지적 템포가 결합된 결과로서, 브라흐 씨는 정보 처리속도가 매우 느리고, 대학 수준의 독해의 시간제한이 있는 측정치에서 그의 점수는 기대치를 크게 밑돕니다. 특히, 상대적으로 짧은 지문 읽기에서 정상적인 수행에 대한 기대치에는 더욱 못 미칩니다.(D28) 브라흐 씨는 느린 처리속도에 대한 다른 지표들도 있어서, 추가 시간의 제공은 그가 장애의 영향을 받지 않는 능력을 보여 주는 데 도움이 될 것입니다. 추가적인 시간의 제공은 대학에서 그에게 도움이 되었으므로 MCAT에서도 조정으로 제공되어야 합니다.(D29)

D27. 잘 알려지지 않은 임상적 상태를 기술하는 경우, 임상적 상태에 대한 과학적 타당성과 그 영향력에 대한 참조를 제공하라. 심사자가 그 상태에 익숙하다고 생각하지 말고, 그들에게 교육하라.

D28. 다시 한번, 중요한 시험과 관련된 기능적 영향을 명확히 하라.

D29. 이전에 조정이 허가된 적이 있는지, 그리고 그것이 도움이 되었는지를 명확히 하라.

권고

다음과 같은 세부적인 조정이 권고됩니다.

1. 브라흐 씨에게 1.5배의 표준 시험 시간 및 30분마다 5분씩 휴식 시간을 추가로 부여하여 지문을 다시 읽고 느린 인지적 템포에 대한 조정을 갖도록 합니다. 그에게 이동을 허용하여, 그의 안절부절못하는 양상을 해결한 후 주의를 다시 집중하도록 하는 정기적인 기회를 제공합니다.
2. 또한 브라흐 씨는 주의산만함을 보상하기 위해 주의분산 요소를 줄인 환경에서 중요한 시험을 볼 수 있는 기회를 제공받아야 합니다.
3. 브라흐 씨는 필요에 따라 손글씨보다는 키보드나 컴퓨터를 이용하여 자신의 생각을 글로 표현할 수 있는 기회를 제공받아야 합니다.

브라흐 씨를 위한 추가적인 고려 사항은 다음과 같습니다.

1. 일부 전문가들은 ADHD를 가진 사람이 보이는 자극제 약물에 대한 일반적인 반응과는 달리, 느린 인지적 템포를 치료하기 위해서는 대안적인 약물적 접근이 더 바람직

할 수 있다고 제안합니다. (D30) 구체적으로는 약물 atomoxetine(아토목세틴, Strattera)은 배외측 전전두피질의 뇌 활동을 증가시키는 것으로 보이며 불안을 감소시키는 부가적 이점을 가지고 있기 때문에 더 좋은 결과를 얻을 수 있을 것입니다. 브라흐 씨에게는 이 보고서를 의사와 공유하고 그의 반응을 관찰하면서 아토목세틴을 점진적으로 증량하는 선택지에 대해 논의할 것이 권유됩니다. 그가 이러한 접근법을 통해 이득을 얻는다면, 그것은 메틸페니데이트의 지속 혹은 중단의 지표가 될 수 있습니다. 당연히 모든 의학적 결정은 브라흐 씨의 주치의에게 달려 있습니다.(D31)

2. 브라흐 씨가 시험을 제때 끝마치는 것을 돕기 위해서는 수험 전략을 검토하는 것이 도움이 될 수 있습니다.(D32) Ron Fry의 『Ace Any Test』라는 책이 이 점에서 유용할 수 있습니다. 할당된 작업을 완수할 때, 브라흐 씨는 완벽할 필요 없이 '충분히 좋은' 것을 수용하는 법을 배울 필요가 있습니다. 그가 적시에 작업을 완료하기 위해서 약간의 오류를 수용하게 되면, 학교와 생활의 균형을 이룰 수 있을 것입니다.

저에게 이 평가를 의뢰해 주신 점에 감사드립니다.

크리스토퍼 J. 니콜스 박사, ABPdN, ABPP
소아 신경심리학 위원회 공인
임상심리학 위원회 공인 (D33)

D30. 현재의 전략이 효과적이지 않은 이유에 대해 가능한 설명을 제공하라. 브라흐 씨는 지금 자극제 약물에 충분한 반응을 보이지 않는데, 그 이유를 가정해 보는 것이 도움이 될 수 있다.

D31. 당신이 유용한 정보를 알고 있을 수는 있지만, 자신의 권한을 넘어서지 않도록 주의하라.

D32. 보다 최근의 연구(예: Lovett & Levandowski, 2015)는 특정한 조정의 효과성에 대해 의문을 제기하기 시작했다. 그들은 장애가 있는 학생들은 비장애 학생보다 조정 혜택을 더 많이 받는 경향이 있지만, 비장애 학생들도 조정의 혜택을 받고, 어떤 상황에서는 장애 학생들만큼 혜택을 받는다는 것을 발견했다. 그러므로 당신의 권고를 지지하는 과학적 근거를 알고 구체적인 권고를 하는 이유를 정당화하는 것이 중요하다.

D33. AAMC 지침에 따라, 평가자는 사용된 검사를 시행할 수 있는 자격을 갖춰야 하고 보고서에 자신의 이름, 직함 및 전문 자격 증명을 포함해야 한다. 지침에서도 특정 장애에 대한 자신의 공식적인 훈련과 경험에 대한 서술이 요구되지만, 필요한 경우에는 자신의 교육과정 이력서 사본을 제공하여 이러한 목적에 맞게 사용할 수 있다.

참고문헌

Boone, K. B. (2012). *Clinical practice of forensic neuropsychology*. New York, NY: Guilford.

Kirkland, M. W. (2015). *Validity testing in child and adolescent assessment*. New York, NY: Guilford Press.

Larrabee, G. J. (2007). *Assessment of malingered neuropsychological deficits*. New York, NY: Oxford University Press.

Lovett, B. J., & Lewandowski, L. J. (2015). *Testing accommodations for students with disabilities: Research based practice*. Washington, DC: American Psychological Association.

검사점수

다음에 첨부한 표를 볼 것 (D34)

D34. 나는 보고서 중간에 검사점수를 삽입하는 것보다는 뒤에 추가하는 것을 선호한다. 나는 또한 사람들이 점수가 평균의 넓은 범위 안에 있는지, 위 또는 아래 범위에 있는지 확인할 수 있도록 해 주는 표 형식을 사용한다. 척도점수에 상응하는 95~98 백분위뿐만 아니라 2~5번째 백분위를 반영하는 음영 영역이 있다는 점을 강조한다. 이러한 전략은 점수의 정상적인 변이를 과대 해석하지 않도록 해 주고 일부 점수의 극단적인 정도를 시각적으로 표상하기 위해 고안되었다.

웩슬러 성인용 지능검사, 4판

척도/소검사	표준점수	1	2	3	4	5	6	7	8	9	10	11	12	13	14	15	16	17	18	19
전체 검사 IQ	104											●								
일반능력 지표	108												X							
언어이해	108												X							
공통성	11											X								
어휘	11											X								
상식	13													X						
지각추론	107											X								
토막짜기	12												X							
행렬추론	10										X									
퍼즐	12												X							
작업기억	102										X									
숫자	8								X											
(바로 따라 하기)	10										X									
(거꾸로 따라 하기)	9									X										
(순서대로 따라 하기)	5					X														
산수	13													X						
처리속도	89								X											
동형찾기	6						X													
기호쓰기	10										X									

있습니다. 학습과 주의력 문제가 있는 소녀들은 보통 불안을 경험하고 평균보다 빈번하게 화장실 이용 곤란을 겪습니다. 따라서 그녀의 고통과 그녀의 부상(여러 보고에서 그녀가 잊고 지냈다는 것을 시사하는) 간의 관련성은 전부터 존재했던 발달장애와의 관련성보다 낮을 수 있습니다.

6. 마지막으로 가족의 지속적인 고통에 기여하는 소송의 역할을 간과할 수 없습니다. 비록 저는 올리비아가 보이는 객관적 증상의 실체에 의문을 제기하지는 않겠지만, 제가 검토한 거의 모든 기록들은 올리비아의 어려움이 부상으로 인해 지속되고 있다고 작성되어 있어서, 그것이 올리비아의 부상과 다수의 무관한 후유증적 행동 사이에 직접적인 인과관계를 형성하는 '자기충족적 예언'을 유발했을지도 모릅니다.(E25)

> E25. 소송, 변호사, 여러 의사를 방문함. 검사의 영향력은 과소평가할 수 없다. 법의학적 평가자는 자신의 발견에 미치는 그러한 영향력의 역할을 고려해야 한다.

결론적으로, 올리비아는 4년 전쯤 가벼운 복합 TBI를 겪은 것이 분명해 보입니다. 이와 유사한 심각도의 부상 후 예후에 관한 과학적인 문헌들은 사실상 모든 사람들에게 완전한 회복이 나타나는 것이 원칙임을 시사합니다. 지속적 증상을 보이는 사람들은 어려움을 유발하는 대안적인 원인이나 병전 능력 수준, 유전적 요인, 가족의 기대와 기능, 그리고/또는 이전 뇌진탕 과거력과 같은 비부상적 요인을 가지고 있는 것으로 밝혀졌습니다. Iverson(2005)은 부상 관련 변인이 환자의 초기 상해 후 양상에서는 보다 많은 차이를 설명하는 반면, 비상해 관련 변인은 후속 기간의 양상을 설명한다고 발표했습니다. 이러한 요인들은 올리비아의 4년 상해 후의 현재 상태를 이해하는 데 고려되어야 합니다. 그리고 저의 평가, 제공된 기록에 대한 검토, 경도 TBI에 대한 과학적 문헌, 그리고 그것에 반하는 설득력 있는 신경방사선학적 증거가 없다는 점에 근거하여, 저의 결론은 올리비아의 현재 상태가 부상 요인보다는 비부상적 요인과 더 관련되어 있을 가능성이 더 높다고 보는 것이 합리적이라는 것입니다.(E26)

> E26. 심리학자들은 결론을 도출할 때 도박을 회피하는 경향이 있다. 비록 (결론에 대한 확신을) 약화시키는 요인을 고려하고 논의하는 것도 중요하지만, 법의학 평가에서는 자신의 결론을 명확하고 명확하게 진술하는 것도 중요하다.

평가절차

기록검토 (E27)

- 다양한 변론 기록
- 911 통화 기록
- 시 소방서 기록
- 보험 시스템 전화 접촉 보고서
- 소방서 사건 보고서
- 광역 보건 네트워크 응급 부서 기록
- 기타 대형 의료 센터 기록
- 로컬 이비인후과-오티스 박사의 미디어 평가
- 어린이 전문병원(Children's Multi-Specialty Center)
- 광역 보건 네트워크 컴퓨터 단층촬영 보고서
- 지역 통합학군 개별화 교육 프로그램
- 빅 레드 앰뷸런스 기록
- 대학 의료센터 기록
- 3차 병원
- 근린 검사소
- 듀라 매터 박사의 평가
- 로드 콘 박사의 평가
- 애리조나 아동 병원 기록
- 주립 소아외과 기록
- 진료소 외래 환자 기록
- 캐사그랜디 통합학군의 특수교육 기록
- 청구 기록
- 증상을 기록한 어머니의 달력
- 캐사그랜디 통합학군의 등록 기록
- 지역사회 행동 건강관리 기록
- 발베르데 학교 기록
- 재니스 더굿 박사의 평가

E27. 기록은 일반적으로 법의학 평가자를 보유한 쪽이 제공한다. 제공된 기록의 나열은 과거력 검토에 대한 자신의 근거를 명확하게 하고 누락되거나 보류되었을 수 있는 정보를 확인할 수 있다.

기록 및 배경정보 검토: 미국심리학회의 법심리학 전문지침에 부합하도록, 다음은 심사나 상담의 법적 목적에 직접적으로 연관된다고 느껴지는 정보로만 한정합니다.(E28)

E28. 심리학적 평가는 당면한 질문과 관련이 없는 세부 사항과 너무나 자주 관련된다.

- **의료**: 6/2 20:19:57 911 교환원 기록에 따르면 구급대원이 식료품 상점에 호출되어 당시 6세 1개월이었던 올리비아를 평가했는데, 올리비아는 추락해서 땅에 머리와 팔을 부딪혔습니다. 빅 레드 소방서의 기록은 의식상실의 증거는 없었고, 각성 및 세 가지 지남력을 기록했습니다. 거기에는 머리에 혹이 난 흔적이 없었고 모든 질문에 적절하게 대답했다는 기록이 있었습니다. 부모에게는 사전 예방적 지침이 제공되었습니다.
  - ○ 22:56:21, 올리비아의 어머니가 울면서 잠에서 깨어난 올리비아가 한 번 토했다고 보고했다는 전화 접촉 보고서. '휘청이는 발걸음'과 '사고 후 스스로 일어서지 않았다'고 보고되었습니다.(E29) 성 메리 응급실 접수.
  - ○ 성 메리 응급실 서류에는 글래스고 혼수척도 15점이 기록되어 있습니다. 두부 CT 검사에서 좌측 측두골의 비전위성 골절을 동반한 좌측 측두엽 영역 부종 및 소뇌천막에 최대 두께 0.5mm로 측정되는 경계가 모호한 밀도 증가가 의심되어 올리비아는 대학병원으로 이송되었습니다.
  - ○ 대학병원 퇴원 요약에서는 양측 경막하 혈종 및 유두정맥동까지 이어지는 좌측 두정 골절, 좌측 청력 저하가 기록되어 있었습니다.(E30)
  - ○ 이비인후과/에마미 박사는 청각 손상의 증거를 발견하지 못했습니다. 대학병원 외과의 건강 관리 TBI 클리닉, 앨런 맥브라이드 박사의 기록.
    - ■ "부모들은 현재 올리비아가 해야 할 일과 지시를 잊어버린다고 보고했습니다. 그들은 그녀의 학업 기술이 저하되고, 그녀가 여름 동안 학업 문제로 어머니와 함께 공부했음에도 불구하고 철자들을 망각했다고 말했습니다. …… 어머니는

E29. 직접 인용은 인용부호로 표시되어야 한다. 항상 누구를 인용하고 있는지 명확히 해야 한다.

E30. 결과 내용을 최소화하지 말고 어디서 정보를 찾았는지, 어떻게 제시했는지 정확히 진술하라. 변호인이 제공한 기록에는 각 페이지 하단에 '문서 번호(bates stamps)'가 있는 경우도 있다. 이 경우, 나는 일반적으로 기록에서 직접 인용하며, 정확히 어느 페이지에서 인용했는지를 나타내는 문서 번호를 활용한다. 만일 결론에 대한 의문이 제기될 때 심리학자는 "기록이 스스로 말하는 것"이라고 말할 수 있다. 즉, 내가 그 결론을 내린 사람이 아니라는 뜻이다. 그것은 기록에서 직접 가져 온 것이다.

올리비아가 질문에 대한 반응이 훨씬 더 느려졌다고 말했고 아버지는 올리비아가 이번 학년 초에 시각적 문제를 호소했지만 반복되지는 않았다고 말했습니다. 어머니는 주로 푸드 시티나 다른 상점, 혹은 쇼핑이 가능한 장소에서 쇼핑에 대해 언급할 때 나타나는 올리비아의 빈번한 대화 방해와 불안, 신경질이 뒤섞인 행동 변화에 주목합니다. 올리비아는 6월부터 바지에 소변을 보는데, 이것은 주로 낮과 저녁 시간, 특히 쇼핑 갈 가능성이 있을 때 집에서 일어납니다. (E31) "그들은 올리비아가 차에 탈 때마다 잠이 드는데 이것도 새로 나타난 행동이라고 언급했습니다.", "어머니는 올리비아가 머리를 빗을 때 뒤통수에 민감함을 호소하고 있으며, 매달 한 번 정도는 두통과 관련이 있는 것 같은 목의 경직을 경험한다고 보고했습니다." "……그리고 덜 먹습니다."

E31. 직접 인용문은 종종 나중에 얻은 다른 사람의 보고를 확증하거나 반박하는 데 사용될 수 있다.

E32. 이 말은 원고의 변호사들이 올리비아가 PTSD 진단을 받았다고 주장하면서 재판 과정에서 중요해졌을지도 모른다. 이 인용문은 수백 페이지의 기록 중 유일하게 이 가능성을 암시하는 것이었다.

- "가족력: 아버지 보고에 따르면 만성질환은 없지만 어머니 쪽에 편두통이 있습니다. 올리비아에게는 건강하다고 보고된 네 명의 형제가 있습니다."
- "…… 자신의 부상이 발생한 푸드 시티나 다른 상점들을 언급했을 때 나타나는 지속적인 불안감이 증명하듯 외상 후 스트레스 장애를 겪고 있을 수 있습니다." (E32)

○ 대학 의료센터(UMC)[8]

- 지속적인 불안을 동반한 외상성 뇌 손상에 대한 조영제가 배제된 뇌 MRI
- 방사선사의 인상
  - · 좌측 측두엽에 혈철소로 인한 반점 영역, 외상 후 변화 가능성 (E33)
  - · 경막하 혈종의 결과물
  - · 이전 결과와 비교 없이 수행됨

8) 대학 의료센터의 의무기록은 모두 의학 용어이기 때문에 혼란을 막기 위해 원문을 삽입한다. 실제로 병원에서는 번역하지 않고 영문을 그대로 사용하는 경우가 훨씬 많다(역자 주).
- MRI brain w/o contrast for TBI with persistent anxiety
- Radiologist impression
- Punctate areas of hemosiderin in the left temporal lobe, likely posttraumatic change
- Resolution of subdural hematomas
- Performed without comparison to prior study

○ 대학 내 내과 건강관리 및 UMC 단기 체류로 의뢰-복부 통증

○ PCH에 대한 조영제가 배제된 뇌 MRI-정상으로 판독됨(E34)

○ AZ 소아외과-애슐리 박사-야뇨증, 요로감염, 자각 없는 요실금, 긴박뇨-디트로판(Dirtopan) 5mg 처방

- **교육**: Tuscon 통합학군 기록(E35)

○ 가정 내 가장 많이 쓰이는 언어가 스페인어라는 학생 언어습득 기록 문서

○ 올리비아는 부상 전에 영어 학습자 프로그램에 등록해 애리조나 영어 학습자 평가(Arizona English Language Learner Assessment: AZELA)로 언어 기술을 평가받았습니다. 올리비아의 언어능력은 다음과 같이 평가되었습니다.

■ 유치원 '기초(basic)'

■ 1학년 '중급(intermediate)'

■ 2학년 '중급(intermediate)'

■ 3학년 '중급(intermediate)'

○ 갈릴레오 벤치마크 평가[9] 결과에서 나타난 올리비아의 점수는 다음과 같습니다.

■ 유치원 초기 표준 긴 글쓰기에서 '매우 낮음(far below)'

■ 유치원 초기 표준 수학에서 '매우 낮음(far below)'

○ 올리비아의 유치원 1학기 경과 보고서(즉, 사고 전)는 1학년까지 지속된 패턴인 읽기, 쓰기, 수학 영역에서 '표준에 근접함'이라는 내용을 담고 있습니다. 이와는 대조적으로, 올리비아의 2학년 경과 보고서는 올리비아가 모든 영역에서 '표준을 충족함'이라는 내용을 담고 있습니다.

E33. 혈종은 출혈이 일어났다는 신호로, 이것을 액면 그대로 받아들이면 올리비아에게 '뇌출혈'이 있었음을 암시하는 것 같다. 그러나 두뇌의 혈철소 침전물은 뇌 바깥쪽에 있는 경막하혈종 이후에 발견될 수 있다. 평가 내에서 자료를 검토하고 통합하면서 생소한 개념을 읽고 학습하는 것이 중요하다. 낯선 것을 접했을 때, 동료들과 상의하고, 상태를 찾아보며, 평가와 관련된 잠재적인 관련성을 숙지하는 것이 중요하다. 두뇌 변화의 모든 증거가 이후 시기의 실제 손상과 관련된 것은 아니다.

E34. 여기서 2년 후에 실시된 유사한 조사에서는 지속적인 문제를 보여 주지 않았다.

E35. 의료기록과 마찬가지로 교육기록과 이용 가능한 다른 기록을 획득하여 세심하게 검토하는 것이 필수적이다. 이 경우에 상해 전 우려의 존재는 부상의 영향에 관한 결론을 도출하는 데 매우 중요하다.

9) Galileo Benchmark assessments: 학생들의 개별적인 학업성취도를 평가하기 위해 교사가 작성하는 체크리스트의 일종이다. 교사의 지도능력 향상을 목표로 한다(역자 주).

- **심리학적**:
  - ○ 컴퍼스 행동 건강관리[10]에서 올리비아의 치료 참여 기록
    - ■ 치료사는 "내담자의 어머니가 접수 서류 작성 내용의 대부분을 이해하지 못했다고 진술했기 때문에 그녀의 요구로 접수 서류 작성을 지원했습니다."라는 기록을 남겼습니다. (E36)

E36. 이 발언은 올리비아의 어머니가 잘 읽지 못한다는 나의 관찰을 확인해 주었기 때문에 중요한데, 이는 올리비아가 난독증의 가족적 특성을 (사후에) 획득하였다기보다는 결손을 물려받았을 가능성과 관련된다.

    - ■ '외상 사고 후(s/p[11]) V61/20 어머니와의 부모-자녀 관계 문제'에 대한 일차적 진단적 인상을 문서화합니다. 이번 방문의 임상적 개념화 및 진단에는 "내담자의 어머니에 따르면 내담자는 불안정한 폐쇄형 좌측 두정골절과 경막하혈종(나이 박사의 진단 보고)이 있습니다. 그러나 내담자는 평가 중에는 불안이 없었고 침착하고 느긋하게 치료자와의 관계를 유지했습니다. …… 내담자는 어머니와의 관계에서 어려움을 겪고 있습니다. 내담자는 기꺼이 치료사에게는 자신을 공개하지만, 어머니와 함께 있을 때는 "모른다"고 말할 것입니다. …… 내담자의 어머니는 내담자와 함께 있을 때 매우 통제적인 것으로 관찰되었습니다. 내담자가 어머니와 함께 있을 때면 적어도 한 번은 분리되는 것으로 관찰되었습니다. (E37) 내담자와 치료사가 개별 회기에서 함께 있을 때에는 이러한 분리가 관찰되지 않았습니다."라는 진술이 있습니다.

E37. 타인의 기록을 직접 인용하여 자신의 관찰과 가설을 뒷받침할 수 있다.

    - ■ 올리비아는 BHP, LMSW 치료사인 퍼트리샤 길렛 씨와의 상담에 여러 차례 참석했습니다. 서비스는 "연락 결여; 내담자의 어머니가 내담자를 치료에 데려오기를 중단했고, 8월과 9월에 예정된 모든 예약을 취소했으며, 추가 서비스 예약을 잡기 위한 치료사의 전화에 회신하지 않았다"는 이유로 중단되었습니다. 추가 의견으로는 "내담자와 어머니의 전반적인 관계와 치료 과정에서 자립 능력이 크게 증가했다"는 내용이 포함되어 있습니다.
  - ○ 재니스 더긋 박사가 수행한 신경심리학적 평가
    - ■ 더긋 박사는 9월 24일과 10월 1일 올리비아를 평가했습니다.

10) Compass Behavioral Health Care: 미국에서 지역적으로 적용되는 아동 및 청소년 정신의학 치료 프로그램이다(역자 주).
11) status per operation, status post operation: EMR에서 흔히 쓰이는 약어. 처치 후 혹은 수술 후라는 의미다(역자 주).

- 더굿 박사는 학교심리학자로서의 교육, 훈련, 경험에 부합하는 뛰어난 평가를 수행했습니다.(E38)

E38. 반대쪽의 심리학자들도 당신의 동료들이다. 좋은 의도로 최선의 능력으로 일을 했다고 가정해야 한다.

- 더굿 박사는 국립신경과학원 및 미국전문심리학회 등 전문 협회의 법의학적 평가에서 요구되는 것으로 간주되는 측정(수행 타당도)을 시행하지 않았습니다.(E39)

E39. 그럼에도 다른 심리학자의 작업에서 한계를 지적하는 것은 적절하다.

- 더굿 박사의 평가는 최근에 표준화된(현행의) 인지, 학업 및 언어 검사배터리에서 올리비아의 수행결과 점수가 대부분 평균 하 수준을 중심으로 평균부터 경도로 손상된(Average to Mildly Impaired) 범주까지에 해당한다고 기록했습니다. 올리비아의 검사 수행 내 분포에 대한 컴퓨터 분석은 그녀 능력의 평균치와 비교했을 때 유의미한 정보 처리상 강점이나 약점이 있는 어떤 영역도 확인하지 못했습니다. 기억 부호화와 인출에 대한 추가 검사는 정상 범위 내에 있었고 올리비아는 실행기능적 계획하기 및 조직화를 평가하는 시공간적 구성 과제에서 아무런 어려움이 없었습니다. 주의력과 억제 통제에 초점을 둔 검사들에서는 어려움의 증거가 드러났습니다.
- 더굿 박사는 올리비아가 읽기, 철자법, 수학 영역에서 유의미한 학습장애를 나타냈다고 결론지었습니다. 그녀는 올리비아가 지속적 주의 및 선택적 주의, 충동 조절, 세트 전환 등 실행기능 영역에서 어려움을 나타냈다고 보고합니다. 그녀는 올리비아가 손상된 영어 실력과 함께 스페인어 사용에서 상당한 상실을 나타냈다고 언급했습니다. 더굿 박사는 올리비아가 공식적인 기억 부호화와 인출 과제에서는 온전한 기술을 가지고 있음에도 이야기의 요소를 기억하고 회상하는 데는 문제가 있다고 느꼈습니다.
- 더굿 박사는 유치원 벤치마크 검사의 결론과 교사 보고서를 토대로 올리비아가 두부 손상 전에는 관찰된 결손을 나타내지 않았다는 의견을 밝혔습니다.
- 더굿 박사는 올리비아의 결과에 대한 가능한 대안적 설명, 평가나 결론에 대한 한계점을 고려하지 않았고, 성격 및 행동 평가를 전혀 하지 않았으며, 알란 맥브라이드 박사의 평가를 간략하게 요약한 것 외에는 올리비아의 의료기록에 대한 검토 결과를 보고하지 않았습니다.

○ Tuscon 통합학군 특수교육 부서의 에이미 벤더에 의한 학교심리 평가

- 올리비아에게 아동용 웩슬러 지능검사, 4판, 웩슬러 개인용 성취도 검사, 3판이 시행되었습니다.
- 올리비아의 언어장해에 대한 기록으로 인해, 지능검사의 언어이해 소검사들은 시행되지 않았습니다. 올리비아는 지각추론 지수에서 평균 범위, 작업기억 지수에서 평균 하 범위, 처리속도 지수에서 경계선 범위에 해당하는 점수를 받았습니다.
- 학업성취도는 평균(청해력)부터 경계선(유사단어 해독) 수준 범위까지로 나타났습니다.
- 올리비아는 읽기 해독, 읽기 유창성, 독해 영역에서 유의미한 능력-수행 불일치가 있는 것으로 확인되었습니다.

평가 도구 (E40)

- 기록 및 사전 평가자료 검토
- 어머니와의 면담 및 구조적 발달력 작성
- 기억력 꾀병 검사
- 차등 능력검사, 2판[12)]
- 우드콕-존슨 III 성취도 검사
- 단어 읽기 효능성 검사, 2판[13)]
- 해일-덴클라 지우기 검사[14)]
- 위스콘신 카드 분류 검사-64
- 주의력 변인 검사(11월에 실시하고 2개월 후에 다시 실시함)
- 런던 타워(Drexel), 2판
- 적응적 행동평가체계, 2판
- 실행기능 행동평정 질문지
- 아동용 행동평가체계, 2판, 부모 평정척도-아동

E40. 수행의 평가에 사용한 도구를 명확히 기술한다. 법의학 사례에서는 반대편 변호사가 자신의 전문가에게 '전체 파일'을 보내 달라고 요청하는 것은 드문 일이 아니다. 그들은 당신의 서류, 검사 채점, 계산 오류 또는 당신이 실수를 저질렀다는 다른 증거를 찾을 것이다. 모든 시행 규칙과 지침을 주의 깊게 따르고, 계산을 두 번 확인하며, 점수가 정확한지 확인하는 것이 중요하다. 이러한 일련의 작업에서 컴퓨터 채점 소프트웨어의 사용은 수기 채점보다 오류를 줄이는 데 도움이 된다.

12) Differential Ability Scales, Second Edition: 일명 DAS-2라고도 불리며, 아동 및 청소년의 인지와 성취도를 측정하는 검사도구다. 미국 규준으로 2세 6개월부터 17세 11개월까지 실시가 가능하다. 국내에는 번안 표준화되어 있지 않다(역자 주).

13) Test of Word Reading Efficiency, Second Edition: 6~24세 사이 영미권 언어 사용자를 위한 읽기 능력 검사도구다. 국내에는 번안 표준화되어 있지 않다(역자 주).

14) Hale-Denckla Cancellation Test: 주의력 및 실행기능 평가에 사용되는 신경심리평가 도구다. 임상적으로는 ADHD 식별을 위해 사용된다(역자 주).

행동관찰: 올리비아는 매우 상냥했고 현재 평가의 모든 단계에서 열심히 노력한 것으로 보입니다. 그녀는 오른손 우세이고, 연필을 잡을 때 능숙하게 세손가락 잡기를 사용하며, 일차운동협응 문제나 통합운동장애(dyspraxia)의 증거를 나타내지 않았습니다. 올리비아는 기억력 꾀병 검사와 기타 추가된 노력 측정치의 수행 타당성 측정치를 통과했고, 불안이나 다른 정서적 또는 행동적 요인이 그녀의 수행에 부정적인 영향을 미쳤다는 징후는 없었습니다.(E41) 그렇기에 올리비아가 과제가 어려워질수록 압도당하고 가끔 포기하게 되는 면이 주목받았습니다. 예를 들면, "더 이상 할 수 없다"고 말하곤 했습니다. 올리비아는 언어처리에 어려움을 겪고 있음이 분명했는데, 그녀는 대답을 하기 전에는 마치 그 질문에 대해 생각해 보는 것처럼 대부분의 언어적 질문에 긴 응답 지연을 나타냈습니다. 또한 올리비아는 많은 과제들에 주의를 두는 초기 지남력에 곤란을 겪고 있는 것으로 보입니다. 웩슬러 개인용 성취도 검사, 3판 그리고 우드콕-존슨 III 성취도 검사가 이전 수개월 내에 시행된 것을 감안하여, 우드콕-존슨 III를 실시한다는 결정을 내렸습니다. 이 검사는 검사 규준이 동일 연령의 또래들과 비교한 올리비아의 수행의 현재 분석에 가장 우선시되는 최신 규준이 아님에도 불구하고 그러한 결정을 내렸습니다.[16] 이는 현재 평가에서 한계점에 해당하지만 이후의 해석 과정을 설명하기 위한 것입니다. 다른 면에서는 올리비아에게 시행된 검사결과가 해석을 정당화할 수 있을 만큼 충분한 신뢰성과 타당성을 가지고 있다고 느낍니다.

E41. 노력과 수행의 타당성을 평가하는 것은 필수적이며, 법의학적 평가에서는 전문기관의 관리를 위한 표준으로 간주된다. 여러 측정치들을 평가 전체에 걸쳐 배치해야 하며, 공식적으로 개발된 수행 타당성 검사뿐만 아니라 숫자폭 신뢰도[15]와 같은 삽입된 지표들이 사용되어야 한다. 안타깝게도 아동에게 사용하도록 특별히 고안된 수행 타당도 측정치는 사용하기에 충분하지 않지만, 이러한 구체적인 목적을 위한 새로운 검사들이 출판되고 있다.

올리비아의 어머니는 현재 평가에서 여러 질문지를 작성해 달라고 요청받았습니다. 비록 독해에 문제가 있는 점은 부인했지만, '거창한 단어(big words)'를 읽는 데 어려움을 겪고 있다고 진술했으며, 질문지를 작성하기 위해 평가에 동행한 여동생의 도움을 필요로 했습니다.(E42) 이것이 어머니 입장에서 부족한 읽기 기술, 언어

E42. 논평: 나는 부모들이 어떻게 질문지를 작성하는지 관찰하기 위해 예상치 못한 시간에 대기실에 '방문'한다는 점을 강조한다. 법의학 사례에서, 부모가 작성해야 할 설문지를 집으로 보내는 것은 허용되지 않는데, 이는 응답자가 부모였는지 장담할 수 없기 때문이다.

15) 지능검사의 숫자폭 검사에서 쉬운 문항에서 틀리고 어려운 문항을 맞추는 패턴 등을 말한다(역자 주).
16) 표현이 어색하지만, 4판이 나온 이후에 3판으로 검사를 실시했다는 뜻이다(역자 주).

처리의 곤란, 또는 다른 가능한 이유 등을 나타내는 것인지는 분명치 않습니다.

> E43. 검사점수에 대해 이야기하고 싶은 유혹을 이겨 내라. 그 대신에 심리학자가 아닌 사람들이 더 잘 이해할 수 있는 방식으로 그 사람에 대해 이야기하라.

검사결과 및 해석: 이번에 시행된 차등 능력검사, 2판에서 올리비아의 수행은 일반 개념적 능력(General Conceptual Ability) 표준점수 총점에서 동일 연령의 또래들과 비교했을 때 평균 범위에 해당했습니다. 올리비아는 비언어적 추론과 공간적 추론의 측정치에서 평균 범위의 양호한 점수를 받았고, 유동적 지능으로 알려진 지능 영역에서 온전한 기술을 보유한 것으로 보입니다. 이것은 논리적 추론을 활용하여 새롭고 생소한 문제를 해결하는 그녀의 온전한 능력이 반영된 것입니다. 올리비아는 표현적 어휘 검사에서도 평균 범위의 점수를 받았는데, 이는 그녀가 연령에 적합한 어휘 지식을 갖고 있음을 시사합니다. 하지만 그녀의 언어적 추론과 언어 발달은 평균 범위보다 다소 낮았습니다. 전반적으로 올리비아는 평균 이하의 지능이나 광범위한 손상의 증거를 나타내지 않았습니다.(E43)

청각적 · 언어적 · 상징적인 소재에 대한 올리비아의 주의와 작업기억에 대한 지남력은 평균 하 범위에 속했습니다. 이와는 대조적으로, 시각적이고 의미 있는 정보(일반적인 사물의 그림)에 대한 그녀의 장기 및 단기 기억력은 손상되지 않았고 평균 범위 내에 있었으며, 이는 감각기관에 특정된 약점을 시사했습니다. 따라서 그녀는 음운 인식에 상대적인 약점을 가지고 있는 것으로 밝혀졌습니다. 올리비아는 음운학적 자각에 대한 세부 검사에서 현저하게 손상된 수준의 점수를 얻었습니다. 비록 그녀는 이 처리 과정에서 정확성은 양호했음에도, 빠른 이름대기와 빠른 시각적 검색에서 손상을 나타냈습니다. 올리비아의 지속 주의력은 컴퓨터화된 시각적 연속수행검사로 측정되었는데, 그녀는 이 검사에서 유의미한 탈억제나 누락 오류를 범하지 않았고 적절한 수준의 반응시간 일관성을 보여 주었습니다. 그럼에도 불구하고 올리비아는 점점 더 많은 누락 오류를 하는 경향성이 있었는데, 시간이 지남에 따라 시각적 과제에 대한 관심을 지속시켜 달라는 요청, 이는 그녀가 집중력을 잃고 중요한 정보를 놓치게 된다는 것을 시사했습니다.

올리비아는 또한 런던 타워(TOL)와 위스콘신 카드 분류 검사(WCST)라는 실행기능에 초점을 둔 두 가지 검사를 받았습니다. 이 도구들 중 WSCT는 검사자의 피드백을 통해서, TOL은 검사자의 피드백 없는 실행기능적 계획하기와 그외 보조적인 인지기능 요소들, 즉 주의할당, 반응억제, 비언어적 작업기억, 유연성 및 문제해결 능력 등을 평가합니다. 대부분의 경우, 올리비아는 이 검사들에서 평균 범위의 좋은 점수를 받았으며, 이는 실행기능에 유의미한 손상이 없음을 시사했습니다. 올리비아가 수행하고 있는 과제의 규칙들을 종종 잊어버렸던 것이 보여 주듯이 지속적 주의력에서 곤란의 증거를 나타냈습니다. 그럼에도 불구하고, 이러한 발견들은 올리비아에게 문제해결 방법에 대한 정신적 틀을 형성하고, 시간 순서대로 자신의 행동을 안내하는 능력이 있음을 보여 줍니다.(E44)

E44. '실행기능'과 같은 특정 구성개념이 단일한 행동 차원을 나타낸다고 가정하는 것은 오해다. 대부분의 인지능력은 매우 복잡하며, 다수의 하위 요소를 가진다.

학업기능에 대한 평가로 돌아가서, 제 평가에서 시행된 검사에는 현재 15세 규준이 있다는 점을 다시 지적하게 되는데, 그 결과 올리비아의 점수는 현재의 규준으로 수행한 것보다 더 약간 과대평가될 수 있습니다. 실제로 제가 WJ III로 얻은 점수와 WJ IV에서 더굿 박사가 획득한 점수를 비교한 결과, 제 점수는 독해와 철자법에서는 더굿 박사보다 상당히 높았지만 수학이나 글쓰기 표본에서는 그렇지 않았습니다. 이는 두 버전의 검사가 유사한 강점(양적 추론과 글쓰기 표현)과 유사한 약점(단어 퀴즈, 시각적 단어 해독, 독해, 구어)이 결합된 유사한 패턴을 반영한다는 점에서 흥미롭습니다. 최근 발간된 단어 읽기 효능성 검사, 2판을 시행한 결과에서는 올리비아의 읽기 유창성이 일반적인 영어 철자 패턴에 부합하는 의미 없는 단어뿐만 아니라 일반적인 시각적 단어에 대해서도 5%ile 이하라는 점이 드러났습니다.(E45) 난독증을 가진 학생들은 일반적으로 나이가 들어감에 따라서 보다 정확하게 개별 단어를 읽는 법을 배웁니다. 하지만 그들은 종종 읽기 유창성에서는 지속적인 곤란을 나타냅니다. 그러므로 저는 제가 시행한 검사에서, 특히 더굿 박사와 벤더 씨의 결과의 틀과도 동일하게, 올리비아가 읽기와 구어에서 발달적 학습장해를 보인다는 결론을 내렸습니다.

E45. 여기서 나는 더굿 박사가 사용했던 보다 새로운 검사 도구와 비교했을 때 내가 사용한 오래된 검사도구의 문제를 다룬다. 나는 비록 점수가 다를 수는 있겠지만, 그 패턴 자체는 내 결론에 대한 자신감을 더해 준다는 것을 기록했다. 그리고 나서 나는 내 발견을 확증하는 최근에 출판된 검사를 추가했다. 다시 한번 결론에 자신감을 더하는 것이다.

행동평가에서는 올리비아의 어머니가 아동용 행동평가체계 2판, 그리고 실행기능 행동평정 질문지를 작성한 것에 대한 검토가 포함되었습니다. 이 도구들에서 올리비아는 잘 적응하고 있고 유의미한 불안, 우울, 행동장애, 사회적 장애, 비전형적 행동이 없는 것으로 나타납니다. 어머니는 올리비아의 기분이 자주 바뀌고, 쉽게 눈물이 나고, 격렬하지만 갑자기 끝나는 분노나 눈물이 터져 나오는 경향성이 있다는 점에서 정서적 불안정성으로 일정 수준 힘들어하고 있다는 점을 언급했습니다. 올리비아는 자발적이지 않아서 그녀가 원하는 일인데도 시작하려면 재촉을 받아야 합니다. 어머니는 또한 올리비아가 집안일이나 여러 단계로 된 작업이 수반되는 일에 어려움을 겪는 점을 반영하여 작업기억에 문제가 있다고 보고합니다. 올리비아는 망각하고 멍하며 과제를 수행하기 위해서는 어른의 도움이 필요한 것으로 보고되었습니다. 올리비아는 좋은 생각을 떠올려도 표현하는 데에는 어려움을 겪으며, 큰 숙제들에는 압도될 수 있습니다.(E46)

E46. 누군가는 한눈에 상대편의 결론을 지지하는 결과를 최소화하거나 보고하지 않을 수 있을 것이다. 그러나 초기 개념화에서 나는 그것들이 가능한 대안적인 원인론, 즉 ADHD와 난독증을 반영하는 것이라고 설명했다.

어머니가 응답한 적응적 행동평가체계에서는 올리비아의 기능적 기술 내 광범위한 편차가 나타납니다. 어머니는 올리비아가 매우 사교적이고 여가활동에서는 어려움이 없다고 보고합니다. 그녀는 자기주도성, 기능적인 학업, 의사소통 능력에서는 덜 유능합니다. 그러나 어머니는 올리비아의 지역사회 참여와 가정환경에서의 책임의 수행 측면에서의 적응행동을 가장 크게 걱정하고 있다고 보고했습니다. 올리비아는 지역사회에 나갈 기회가 많이 주어지지 않았고, 탁자 청소, 방 청소, 일상적인 청소 등 집안일을 하지 않거나 하도록 요구받지 않았던 것으로 보입니다. 또한 올리비아는 자기관리 기술이 잘 발달되지 않았고, 공중화장실을 혼자 사용할 수 없으며, 음식을 한입 크기로 자르지 않는다고 합니다. 그녀가 이러한 활동을 수행할 수 없는지 여부(즉, 그녀의 기술이 결여되었음)는 분명하지 않지만, 9세에 이러한 활동의 제한은 상당히 유의미합니다. 학교 내 작업치료를 위한 선별 평가에서는 도움이 필요한 유의미한 영역이 시사되지 않았습니다.

현재 평가의 한계점: 이 평가에서 도출된 결론은 제공된 기록의 정확성, 올리비아의 수행, 그리고 아동들의 TBI 예후에 대한 과학적 문헌에 대한 저의 이해에 기초합니다.(E47) 이 평가 당시에 저에게 알려지지 않았던 정보는 차후 의견에 변화를 가져 올 수 있습니다. 제 의견 또한 올리비아 및 그녀의 어머니와의 접촉에만 근거하고 있습니다. 현재의 평가는 제가 올리비아의 선생님들로부터 직접적인 의견을 받지 못했기 때문에 한계가 있습니다. 앞서 기술한 바와 같이, 본 평가에 사용된 검사도구 중 하나(우드콕-존슨 III 성취도 검사)는 최신 버전보다 오래된 규준을 가지고 있습니다. 이러한 요소들은 저의 해석 과정에서 고려되었지만, 제 결론을 무효화시킬 수 있다고는 느껴지지 않습니다. 저는 후천성 뇌 손상의 구조적 또는 기능적 증거에 관한 어떠한 개별적인 신경학적 의견들도 존중합니다.

E47. 여기서 나는 내 평가의 한계를 요약한다. 나는 그것들을 무시하거나 최소화하지 않고, 오히려 내 결론이 틀릴 수도 있다는 것을 직접적으로 인정하고 그 이유를 설명해야만 한다.

저에게 이 평가를 의뢰해 주신 점에 감사드립니다.

크리스토퍼 J. 니콜스 박사, ABPdN, ABPP
소아 신경심리학 위원회 공인
임상심리학 위원회 공인

참고문헌 (E48)

E48. 여기에 기술되어 있지는 않지만, 과학적 문헌이나 저명한 자료에 대한 참고문헌을 인용하는 것은 결론에 신빙성을 더해 주며 당신이 현재의 전문적 기준에 따라 수행하고 있음을 나타낸다. 그러나 상대방 변호사가 당신이 열거한 문헌에서 당신의 논점에 모순되는 점을 인용하는 것은 상당히 당혹스러울 수 있으니 반드시 그 문헌을 읽어 보도록 하라! 이 작업에는 지름길이라는 것이 있을 여지가 없다.

American Psychological Association (APA). (2013). *Specialty guidelines for forensic psychologists.* Washington, DC: Author.

Boone, K. B. (2013). *Clinical practice of forensic neuropsychology: An evidence-based approach.* New York, NY: Guilford.

Brooks, B. L., & Iverson, G. L. (2012). Improving accuracy when identifying cognitive impairment in pediatric neuropsychological assessments. In E. M. S. Sherman & B. L. Brooks (Eds.), *Pediatric forensic neuropsychology* (p. 76). New York, NY: Oxford University Press.

Cunningham, M. (2010). *Evaluation for capital sentencing.* New York, NY: Oxford University Press.

Gioia, G. A., Vaughan, C. G., & Isquith, P. K. (2012). Independent neuropsychological evaluation of children with mild traumatic brain injury. In E. M. S. Sherman & B. L. Brooks (Eds.), *Pediatric forensic neuropsychology.* New York, NY: Oxford University Press.

Iverson, G. L. (2005). Outcome from mild traumatic brain injury. *Current Opinion in Psychiatry, 18,* 301-317.

Kane, A. W., & Dvoskin, J. A. (2011). *Evaluation for personal injury claims.* New York, NY: Oxford University Press.

Larrabee, G. J. (Ed.). (2011). *Forensic neuropsychology: A scientific approach.* New York, NY: Oxford University Press.

Shaywitz, S. (2003). *Overcoming dyslexia.* New York, NY: Alfred A. Knopf.

Sherman, E. M. S., & Brooks, B. L. (2012). *Pediatric forensic neuropsychology.* New York, NY:

Oxford University Press.

Tridas, E. Q. (Ed.). (2007). *From ABC to ADHD*. Baltimore, MD: The International Dyslexia Association.

제이슨 스테드먼: 어머니에 의해 의뢰된 아동의 학습장애 심리평가 보고서 사례

JONSONVILLE 중앙 학군

존 M. 가루토 작성

성명: 제이슨 스테드먼 학교: 웨이사이드 초등학교 연령: 8세 9개월 학년: 3학년 평가자: 존 M. 가루토, DEd, NCSP

의뢰사유

제이슨은 학교 학습에 대한 우려로 그의 어머니가 의뢰하였습니다. 그녀는 아들에게 학습장애가 있을까 봐 걱정하고 있습니다. 또한 그녀는 제이슨의 사회–정서적 발달에 대해 더 많은 것을 알고 싶어 하고 있습니다.

평가절차

- 기록검토
- 부모 및 교사와의 인터뷰
- 교실 내 관찰
- 카우프만 학업성취도 검사, 3판(KTEA-3)
- 키매스–3 진단적 평가[1]
- 학습자의 처리과정 평가, 2판–수학(PAL-II)[2]

---

1) KeyMath diagnostic test-3: 미국에서 사용되는 수학적 개념 및 기술 평가를 위한 검사 도구다. 국내에는 번안 표준화되어 있지 않아 임의로 번역하였다(역자 주).

2) Process Assessment of the Learner, Second Edition: 미국에서 사용되는 인지기능 및 학업능력 평가를 위한 도구다. 국내에는 번안 표준화되어 있지 않아 임의로 번역하였다(역자 주).

- 웩슬러 개인용 성취도 검사, 3판(WIAT-III)
- 웩슬러 아동 지능검사, 5판(WISC-V)
- 구어에 대한 우드콕-존슨 검사, 4판(WJ IV OL)
- 아동용 심리적 처리과정 척도(CPPS)[3)]
- 아동 정서행동평가 시스템, 3판(BASC-3 교사, 부모 및 자기 보고형)

관련 배경

제이슨은 웨이사이드 초등학교 3학년에 다니고 있는 유럽계 8세 소년입니다. 그는 어머니, 두 형, 남동생과 함께 살고 있습니다. 그에게는 아버지와 함께 사는 이복동생도 있습니다.

어머니가 제이슨을 임신 중이었을 때 합병증이 없었습니다. 하지만 태어난 지 몇 분 만에 호흡곤란으로 인해 잠시 동안 산소 보충을 필요로 했습니다. 이러한 합병증이 후에 학습장해를 일으킬 수는 있지만, 제이슨의 문제는 가볍고 짧았기 때문에 현재 곤란의 주된 원인이 된 것 같지는 않습니다.(F1) 출산과 관련된 다른 문제는 없었습니다. 제이슨의 초기 발달은 정상이었습니다. 그는 12개월에 걷고 말하기 시작했고 신경학적·시각적·청각적·건강에 관한 과거력은 전혀 없습니다.

> F1. 일반적인 독자들은 출생 시 합병증에 대한 의학적 세부 정보를 있는 그대로 이해할 수 있는 전문지식이 없다. 따라서 그러한 세부사항이 포함된 경우, 이를 상황에 맞게 설명해야 한다.

제이슨은 낚시나 레고와 같이 조용하고 사색적이며 혼자만의 활동을 좋아하는 수줍은 아동입니다. 제이슨은 너무 조용하고 말수가 적어서 다른 아이들과 관계를 맺는 데 어려움을 겪습니다. 그는 종종 눈을 마주치지 못하기 때문에 다른 사람들에게 관심이 없는 것처럼 보입니다. 그는 낯선 환경에서 새로운 사람들을 만날 때는 불편해하지만, 불안감을 감추고 겉으로는 침착함을 유지하기 위해 열심히 노력합니다. 제이슨은 많은 아이들 속에서 혼란감에 압도되고 낯선 아이들과 일대일로 만나는 밀접함과 강렬함을 불편해하기 때문에, 그는 친숙한 아이들과 작은 모임에서 하는 구조화된 활동들을 더 편안해합니다.(F2)

> F2. 비록 제이슨이 학업 문제로 평가를 받지만, 그의 대인관계 양상은 그의 많은 학문적 문제를 이해하는 데 근본적인 것으로 보인다. 그래서 그것을 가장 먼저 설명했다.

3) The Children's Psychological Processes Scale: 교사가 평정하는 아동의 학습 능력 관련 평가 도구다. 온라인상에서 실시가 가능하다. 마찬가지로 국내에 번안 표준화되어 있지 않아 임의로 번역하였다(역자 주).

그의 어머니는 겉모습과는 달리 자신의 아들이 깊은 감정을 갖고 있다고 말합니다. 그는 가족들에게 다정하고, 동물에게 상냥한 친절함을 보이며, 과거에 그가 즐겼던 활동, 장난감, 사람들에 대해 달콤한 감상에 젖기도 합니다. 그의 어머니는 아들이 자신과 단둘이 있을 때는 나이에 비해 놀라울 정도로 성숙하고 세련된 태도로 감정을 이야기한다고 말합니다. 그녀는 그가 너무 내성적이고 그에게 관심을 갖거나 그가 필요로 하는 도움을 주려는 어른들의 의도에 무관심해 보이기 때문에 걱정하고 있습니다.(F3)

제이슨은 현재 학교 공부를 즐기고 있지는 않지만, 수학과 과학보다 언어 기술(읽기와 쓰기)이 더 쉽고 더 참을 만하게 여긴다는 것을 알게 되었습니다. 그가 학교를 그다지 흥미롭지 않게 생각하는 이유 중 일부는 학교가 지속적인 주의와 노력을 요구하기 때문인데, 이것은 그가 유쾌하지 않게 여기는 일입니다.(F4) 그가 2학년이 되었을 때 주의력 곤란과 낮은 학업 성적으로 인해 그는 학교의 문제해결 팀에 의뢰되었습니다. 그들은 주의력과 수학에 대한 우려에 주목했고, 그를 의사에게 의뢰하여 주의력결핍 과잉행동장애로 진단받도록 했습니다. 그 후 자극제 처방은 그의 주의력을 향상시키는 데에는 부분적으로 성공했지만, 학업곤란은 지속되었습니다.

F3. 제이슨의 대인관계 양상은 그를 무시하기 쉽게 만든다. 그는 관여하지도 않고, 문제를 일으키지도 않으며, 무심한 것 같다. 이 단락들은 독자들이 제이슨의 내적 경험에 대해 생각해 보고 그의 우려 사항에 공감하도록 하기 위한 것들이다.

F4. 제이슨에 대한 학교의 의견은 여기 기술된 것보다 더 가혹했지만, 그러한 의견에 대한 제이슨의 이해가 이 보고서에서 그의 선생님들에게 전달될 수 있는지는 확실하지 않다. 불필요한 부정적인 어조로 교사와 학교 직원들을 따돌리는 것은 의미가 없기 때문에 그러한 내용은 부분적으로 생략하였다.

올해, 제이슨의 선생님들은 그의 학업 성적을 면밀히 주시했습니다. 그들은 수학 기술을 가장 걱정하고 있고 그가 또래들을 따라잡는 데 도움이 되도록 수정된 숙제를 제공하기 위해 열심히 일해 왔습니다. 그는 아직도 기초적인 수학적 사실들을 쉽게 떠올리지 못합니다(예: 4 + 3 = 7). 그 대신에 제이슨은 각각의 더하기 문제를 힘들고 피곤하게 신중히 생각하며 계산해야 합니다. 수학에 대한 낮은 자신감은 수학 능력 향상의 장해가 되어 왔고, 그가 수학의 개념이나 절차를 이해하지 못할 때마다 빨리 포기하게 만들었습니다.

수학에서 개선 속도가 느렸던 것과는 대조적으로, 읽기에서는 일대일 지도만으로도 읽기 기술이 성공적으로 향상되어서 독서에 대한 자신감과 즐거움이 배가 되었습니다. 그의 성적표는 올해 초 읽기와 수학에서 기준에 미달된다는 것을 보여 줍니다. 가장 최근의 성적표는 그가 읽기에서는 부분적으로 기준을 만족시켰지만 수학에서는 그렇지 못했다는 것을 보여 줍니다. 글쓰기 기술은 독해력에 비해 강점이었고 부분적으로 기준에 부합하고 있습니다.

진행 과정 모니터링을 위한 컴퓨터화된 평가 시스템인 STAR에서 제이슨의 점수는 상당히 다양했는데, 수학 성적은 6%ile에서 36%ile까지 다양했습니다. 다음의 그래프는 그의 성적이 전반적으로 향상되고 있음을 보여 줍니다. 도표의 후반부 날짜에서 받은 낮은 점수는 과소평가된 것일 수 있습니다. 그의 학교 개입 서비스(academic intervention services: AIS) 교사들은 제이슨을 제대로 평가하기가 어렵다는 점에 주목하고 있습니다. 그는 집단 내에서는 뒤처지지 않지만, 응답을 요구하면 입을 닫습니다. 즉, 모르는 질문을 받았을 때 그는 때때로 안으로 움츠러드는 것처럼 보이고 아주 부드러운 격려에도 잘 반응하지 않습니다.

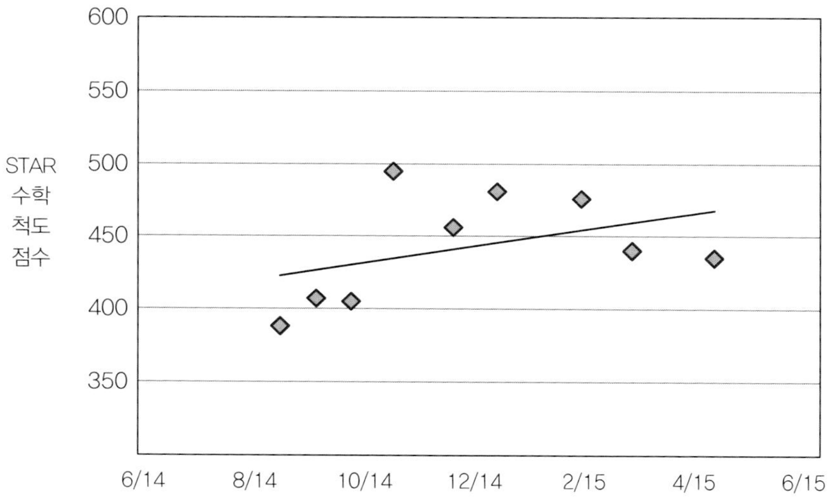

그의 독서 실력은 수학보다 더 빠르게 꾸준히 향상되어 왔습니다. AIS 독서 교사인 존스 씨는 그가 좋은 자기교정 기술을 보이고 있고 유창성이 개선되고 있다고 말합니다. 수학과 마찬가지로 그의 독서 실력에도 비일관성이 나타납니다. 만약 준비되지 않았다고 느낀다면, 그는 마지못해 책을 읽거나 입을 닫고 전혀 읽지 않을 때도 있을 것입니다. 그의 최근 STAR 척도점수는 220점으로 6%ile에 해당합니다. 하지만 그의 척도점수는 86~352점(1~39%ile)까지 다양했습니다. 진행 과정 모니터링 결과는 다음과 같습니다.

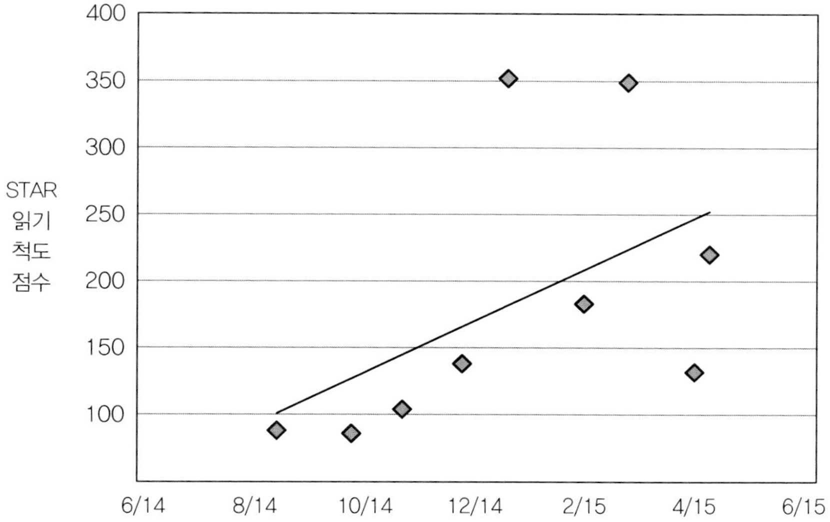

제이슨의 성적은 읽기와 수학 모두에서 평균 하 수준이고 다소 비일관적이지만, 추세선은 중간 정도의 개선을 나타내고 있습니다.

행동관찰

> F5. 그의 내성적인 대인관계 양상에서 예외가 되는 사건들은 그가 실제로는 (관계에) 참여할 수 있다는 것을 독자들에게 보여 주기 위해 중요하다.

저는 AIS 읽기 집단에서 제이슨을 한 시간 동안 관찰했습니다. 학생들은 음소 인식, 음성학, 이해 관련 기술 연습에서 다양한 양상을 나타냈습니다. 제이슨은 조용했지만 수업에 온전히 참여했습니다. 그는 자발적으로 대답하기 위해 두 번 손을 들었습니다.(F5) 그는 소리를 듣고 그에 상응하는 글자를 확인할 수 있는 것 같았습니다. 그가 *magic*이라는 단어를 소리 내서 말할 때, 처음에는 *mageck*이라고 썼지만, 촉구를 받고서는 *e*를 *i*로 바꾸었습니다. 비록 이 활동이 제이슨에게는 어려웠지만, 그의 접근은 충분히 신중하게 이루어졌습니다. 예를 들어, 또 다른 경우에, 제이슨은 *g*가 모음에 붙어 있기 때문에 */j/* 소리를 낸다는 것을 안다고 말했습니다.

저와 함께 개별 평가를 받는 동안 제이슨은 협조적이지만 매우 조용해 보였습니다. 그는 질문을 받았을 때 자신의 생각을 공개적으로 말하기도 했고 가끔씩은 주말에 했던 일에 대해 저와 이야기하곤 했습니다. 제이슨은 거의 웃지 않았지만, 그가 흥미 있는 것에 대해 말할 때에는 한 번 웃기도 했습니다. 제이슨은 모든 검사에서 열심히 노력하는 것 같았지만, 이전의 평가와 마찬가지로 제이슨의 결과는 일관성이 없었습니다. 언급되었듯이 그는 자신감이 부족해서 너무 빨리 포기했기 때문에, 몇몇 검사에서는 수행이 다소 과소평가되었을 가능성이 있습니다.

인지 발달

제이슨의 전반적인 인지능력은 대체로 평균 수준이지만 구체적인 인지능력에는 두 가지 약점이 있습니다.

언어 이해력과 언어능력

제이슨의 언어, 어휘, 언어적 지식은 현재 평균 수준입니다. 하지만 간혹 집중 곤란은 언어적 의사소통을 방해합니다. 예를 들어, 그는 평가 중에 여러 부분으로 구성된 명령을 따르는 데 어려움을 겪었습니다. 제이슨은 한 단계나 두 단계로 된 지시는 따를 수 있었지만, 더 길거나 더 복잡한 명령(예: "소년이 자전거를 타고 있으면 개를 가리키고, 소년이 걷고 있으면 고양이를 가리켜라"와 같은 지시)에는 상당한 어려움을 겪었습니다. 따라서 언어적 요구가 증가함에 따라서 제이슨은 그 정보에 압도될 수 있습니다.

제이슨은 때때로 부주의하고 문자적 의미에 과도하게 얽매이는 사고방식으로 인해 쉬운 문항에서는 실수하는 반면, 더 어려운 문항에 도전할 때는 더 기민하고 조심스러워졌습니다. 실제 검사 문항은 공개할 수 없으므로 그의 사고 과정과 유사한 가상적 예시를 제시해 보고자 합니다. 그는 "어떻게 달콤함과 짠맛이 유사한가"와 같은 질문을 받았을 때, "둘 다 하얗다"와 같은 대답을 할 수 있습니다. 이 장면에서 그는 설탕과 소금을 시각화하고 있었고, 그들의 비슷한 겉모습에 정신이 팔려 있었으며, 원래 질문에서 표현한 말들을 잊어버렸습니다. 그럼에도 이 영역에서의 수행은 평균의 하단에 있었습니다. 전체적으로 언어 기술은 기대에 부응하며 발전하는 것처럼 보이지만, 언어 이해는 지시의 복잡성에 영향을 받는 것처럼 보입니다.

논리적 추론

논리적 추론(유동적 추론이라고도 함)은 사물들이 논리적으로 어떻게 연관되어 있는지 파악하는 정도를 측정하며, 이것은 수학적 개념을 학습하는 데 중요한 요소로 알려져 있습니다. 그러한 과제들에 대한 제이슨의 전반적인 수행은 평균 범위의 하단에 속했고, 사건들이 어떻게 작동하는지를 스스로 알아내는 데 있어서 약간의 어려움을 시사했습니다.

제이슨은 대부분의 아이들이 자동적이고 직관적으로 알아내는 문제에 대해서도 명확하고 명시적인 지시가 더 많이 필요할 것입니다.

시공간적 처리 과정

시공간적 처리 과정이란 복잡한 시각적 패턴을 인식하는 능력을 말하고, 좁은 문에 소파를 맞춰 통과하는 방법을 상상하거나 모든 각도에서 조각상이 어떻게 보일지 상상하는 것 등의 해결책을 시각화하는 능력을 말합니다. 제이슨의 전체적인 시공간적 기술은 평균 범위에 있습니다.

기억

제이슨은 기억력의 많은 부분들을 평가받았고, 모든 면에서 평균 혹은 그 이상이었습니다. 단기 작업기억은 정보의 저장과 처리를 동시에 할 수 있도록 주의초점을 지향하는 능력입니다. 긴 전화번호를 받아 적거나 번호를 누르면서 기억하는 것은 작업기억의 한 예시가 됩니다. 작업기억은 복잡한 다단계 처리 과정을 해결하는 데 필수적입니다. 제이슨의 단기 작업기억은 평균이었으며, 이는 그가 대부분의 또래 아동들만큼 동시에 정보를 저장하고 처리하는 것을 잘할 수 있다는 것을 의미합니다. 제이슨의 시각적 작업기억은 청각적 작업기억보다 더 잘 발달되었을 수 있습니다.

제이슨은 평균적인 속도로 새로운 정보를 학습할 수 있었습니다. 제이슨은 학습속도를 측정하는 검사에서 새로운 정보를 소리 내어 반복하고 회상이 잘되도록 이해하기 위한 효과적인 전략을 사용했습니다.

어떤 아이들은 이전에 배운 정보를 빨리 회상하는 데 어려움을 겪으며, 생각을 구성하거나 질문에 대답하려고 할 때 빈번하게 멈추고, 아~, 그리고 음~과 같은 말을 합니다. 제이슨의 회상 유창성(recall fluency)은 평균이었습니다. 따라서 제이슨이 질문에 대답하기를 꺼려 할 때, 그것이 지연 회상으로 설명될 가능성은 낮습니다.

처리속도

처리속도는 2개의 단순한 숫자가 동일한지 결정하는 것과 같은 일련의 간단하고 쉬운 과제를 가능한 한 빨리 완수하는 능력을 의미합니다. 비록 제이슨이 이러한 과제들에서 수행은 정확했지만, 그 연령대의 98%의 아이들에 비해서는 느렸습니다. 주의력 문제가 있는 사람들에게 흔히 있는 일이지만, 이것은 그의 인지능력 중 가장 큰 약점입니다. 주의력 문제가 있는 사람들은 종종 이러한 과제에서 느린 수행을 보이는데, 이는 과제가 어렵기 때문이 아니라 과제의 한 부분에서 다음 부분으로 이동할 때 주의에 대한 일관되고, 의도적이며, 노력을 들인 통제가 필요하기 때문입니다.

학업성취도

읽기

제이슨의 읽기 성취도는 단어 읽기(실제 단어와 의미 없는 단어)와 독해에 관여하는 능력으로 평가되었습니다. 비록 그의 읽기 기술은 평균 수준으로 보였지만, 그는 부주의로 인해 평균 하 범위의 수행을 했습니다. 예를 들어, 제이슨은 서두르느라 쉬운 단어 몇 개를 부주의하게 잘못 읽었습니다. 그가 더 어려운 단어들을 마주했을 때는 속도를 늦추고 오히려 많은 단어들을 정확하게 읽어 냈습니다. 그는 만들어진 단어(예: *tuffle*, *syle*, *unfroding*)를 읽는 검사에서 단어들의 철자대로 정확히 발음하는 좋은 음성학적 기술을 보여 주었습니다. 일반적으로 제이슨은 모음보다 자음의 발음을 더 잘 습득하는 편이었습니다. 예를 들어, 그는 종종 모음 조합(이중모음)인, waib을 wab으로 floit을 flot으로 잘못 발음했습니다.

제이슨의 독해력은 평균 수준이었습니다. 제이슨은 아프리카의 한 나무에 대한 이야기를 읽었는데, 디즈니에서 이 나무에 대해 들어 본 적이 있다고 말하면서 즉시 연결했습니다(이것은 실제로 디즈니 월드에서 언급된 적이 있는 나무였습니다). 제이슨은 자신의 언어 기술과 실생활 지식 기술을 읽기에 적용할 수 있습니다. 그는 독서를 할 때 자주 자기교정을 했고, 독서가 아주 유창하지는 않았지만 의미를 이해하는 독서를 할 수 있었습니다. 이 정보는 다른 사람들이 제이슨에게 관찰한 것과 잘 부합됩니다.

글쓰기

제이슨의 철자법은 평균 수준이었습니다. 그는 철자를 모르는 단어를 읽으려 할 때 음성학적 기술에 숙달되어 있음을 보여 주었습니다. 예를 들어, 그는 tables 철자를 tabells로 쓰고 shy를 shie라고 썼습니다.

제이슨의 글은 간단하고 직접적이며 이해하기 쉽습니다. 그것은 정교함과 명확성 측면에서 평균 수준입니다. 하지만 그의 글에는 기술적인 오류와 구두점 문제가 많았습니다.

통제의 소재	44	평균
사회적 스트레스	46	평균
내현화 문제	**47**	**평균**
불안	48	평균
우울	48	평균
부적절감	51	평균
부주의/과잉행동 지표	46	평균
주의력 문제	51	평균
과잉행동	42	평균 하
정서 증상 지표	48	평균
적응 척도		
부모와 관계	42	평균 하
대인관계	56	평균
자존감	50	평균
자립심	52	평균
개인적 적응	50	평균

주의: T 점수는 평균이 50, 표준편차가 10입니다.

루커스 브라이언트: 진단적 명료화와 치료적 제안을 위한 아동 신경심리평사 보고서 사례

댈러스 아동 의료센터

앨리슨 윌킨슨-스미스 작성

이름: 루커스 브라이언트

나이: 8세 4개월

의뢰사유

루커스는 8세 소년으로 신경인지기능의 평가를 위해 의뢰되었습니다. 평가는 진단적 명료화와 치료를 위한 권고 사항을 제공하기 위해 요청되었습니다. 다음의 배경정보는 루커스의 어머니인 브라이언트 씨와의 면담과 가용한 기록들의 검토를 통해 얻었습니다.

브라이언트 씨는 루커스가 안절부절못하는 경우가 많다고 보고했습니다. 그의 기분은 빠르게 바뀌었고, 최근에 그는 대부분의 시간을 슬퍼하며 보냈습니다. 브라이언트 씨는 교회 활동에 더 많이 참여하게 된 것이 루커스의 기분을 다소 끌어올린 것 같지만, 어려움은 지속되고 있고 특히 그의 뜻대로 되지 않을 때 힘들어한다고 말했습니다. 루커스는 학교에서 괴롭힘을 당해 왔고, 또래들과 사귀는 데 어려움을 겪고 있습니다. 그는 친절하지만, '타인의 공간에 끼어들고' 너무 시끄럽거나 거만해 보일 수 있습니다. 루커스는 공부는 잘하지만 교실에서 가만히 조용히 있기를 힘들어합니다. 또한 그는 유의미한 수면 문제가 있는데, 매일 밤 잠드는 데 어려움을 겪고 보통 하루에 6시간밖에는 자지 못합니다. 그의 어머니는 그가 특히 건강에 좋지 않은 음식을 "항상 먹고 싶어 한다"고 보고했습니다. 브라이언트 씨는 루커스가 주의력이나 정서장애가 있는지, 어떻게 하면 그를 가장 잘 도와줄 수 있는지 알고 싶다고 했습니다.

관련 과거력

루커스는 합병증이 없는 임신이었고, 만삭에 계획에 없었던 제왕절개로 태어났습니다. 그는 복잡한 의료력에도 불구하고 예정대로 초기 발달 단계를 성취했습니다. 루커스가 태어난 직후, 의사는 루커스의 두개봉합 조기골화증(두개골의 관절이 조기에 닫히는 것)을 확인했는데, 만약 교정되지 않으면 두개골이 어긋나고 인지적 결손의 위험이 증가할 수 있었습니다. 그래서 루커스는 2세와 4세 때 전측 머리덮개뼈(anteriror cranial vault)를 재성형하는 수술을 받았습니다. 5세 때는 척추 낭종을 제거했고, 편도 절제술과 아데노이드 절제술뿐만 아니라 2개의 이관 튜브(ear tube) 수술을 받았습니다. 7세경, 그는 입원이 필요한 심각한 화상을 입었습니다. 하지만 루커스는 현재 어떤 약도 복용하고 있지 않습니다. 그는 CMC에 있는 두개안면 클리닉(Craniofacial Clinic)에서 진료를 받고 있습니다. 그는 과거에 목소리 문제로 말하기-언어치료를 받은 적이 있습니다.

루커스는 어머니, 조부모님, 형, 누나와 함께 삽니다. 그는 '1년에 몇 번' 아버지를 만납니다. 가족 내 의료 이력에는 학습장애, 양극성장애, 약물 남용, 당뇨가 있는 것으로 알려져 있습니다.

루커스는 3학년이고 어떠한 특수교육 서비스도 받고 있지 않습니다. 그의 선생님들 중 2명이 평가를 위한 질문지에 응답했습니다. 그들은 둘 다 루커스가 모든 과목에서 학년에 맞는 수행을 한다고 말했습니다. 두 선생님 모두 루커스가 자신의 수업이 어렵다고 생각될 때 좌절감을 느끼는 경우가 많다고 보고했습니다. 또한 그가 자리에서 벗어나고, 집중을 하지 않으며, 과제에서 벗어나 있을 때에는 자주 다시 지시를 해 주어야 한다고 했습니다.

행동관찰

루커스는 한 회기에 평가를 다 받았습니다. 그는 어머니와 함께 왔습니다. 루커스는 대기실에서 적절한 인사를 하고 나서 부모 면담이 끝난 후 수월하게 일대일 검사로 전환할 수 있었습니다. 그는 회기 내내 친절하고 협조적이었습니다. 하지만 루커스는 꽤 활동적이었고 가만히 앉아 있는 데 어려움을 겪었습니다. 그는 창문 밖에서 보이는 물건이나 소음에 쉽게 주의가 분산되었습니다. 그는 또한 제가 지시 사항을 다 읽기도 전에 대답을 하려고 하는 등 많은 문항에서 충동적으로 응답했습니다. 주의가 산만했음에도 불구하고, 루커스는 재지시에 잘 반응했습니다. 그는 잘 해내고자 하는 동기가 분명했고, 종종 문항에 정확하게 수행하고 있는지를 물어보았습니다.

언어 또는 운동 기술에서는 어떠한 문제도 관찰되지 않았습니다. 그는 대체로 기분이 좋았고 친절하게 대화를 나누었습니다. 루커스는 특히 학교, 가족, 미래에 일어날지도 모르는 나쁜 일들에 대해 자주 걱정한다고 보고했습니다. 그는 학교에서 종종 '시끄럽게 하고, 듣지 않으며, 내 할일을 하지 않는 것'으로 문제를 일으킨다고 말했습니다. 그는 또한 좋은 성적을 내고 있고 친구들도 있다고 보고했습니다. 루커스는 비록 아버지를 자주 만나지 않는다고는 했지만, 그의 부모님과는 좋은 관계를 맺고 있다고 설명했습니다. 그는 형제들과는 자주 싸운다고 말했습니다.

전반적으로 루커스와 함께 검사하는 일은 즐거웠습니다. 비록 검사결과가 부주의함와 충동성의 영향을 받았을 가능성이 높지만, 그 평가 자체는 현재 루커스의 기능을 정확하게 나타낸 것입니다.

시행된 검사

- 아동 정서행동평가 시스템, 3판(BASC-3)
- Beery-Bucktenica 시각-운동 통합 발달검사(VMI)
- 실행기능 행동평정 질문지(BRIEF)
- 아동 우울 척도 검사, 2판(CDI-2)
- 코너스 연속수행검사, 3판(CPT-3)
- 아동용 다차원 불안척도, 2판(MASC-2)
- NEPSY 발달신경심리학적 평가, 2판(NEPSY-2)
- Rey-Osterreith 복합도형 검사(Ray-O)
- 웩슬러 아동 지능검사, 5판(WISC-V)
- 우드콕-존슨 성취도 검사, 4판(WJ IV)

검사결과 및 해석

이 평가결과는 루커스가 정서기능에서 어려움을 겪고 있다는 것을 보여 줍니다. 루커스는 자기 보고형 질문지에서 두려움, 공황, 완벽주의 등 유의미한 불안 증상을 겪고 있는 것으로 나타났습니다. 어머니와 교사들로부터 수집된 정보는 그가 짜증을 잘 내고 좌절감내력이 낮다는 점을 시사합니다. 그는 또한 슬픔으로 힘들어합니다. 루커스는 불안과 우울을 경험하고 있는 것 같습니다. 루커스는 특히 스트레스를 받을 때 집중력을 잃고, 와해되며, 충동적으로 될 가능성이 있어 보입니다. 그는 이번 평가 동안 긴 집중과 충동조절이 필요한 검사에서 어려움을 겪었고, 그의 어머니는 그를 또래의 다른 소년들에 비해 부주의하고, 과잉행동적이며, 자각을 하지 못하고, 시작하는 것이 더디다고 평가했습니다. 하지만 그의 전체적인 프로파일은 전형적인 주의력 결핍장애를 가진 아동과는 다릅니다. 오히려 그의 주의와 행동에 대한 문제들은 정서적 곤란의 결과인 것 같습니다.

자리는 현재 몬트로즈 아카데미에 등록되어 있는데, 이 학교는 칼리지 보드 시험에서 조정을 요청한 경험이 부족합니다. 자리의 아버지는 본 평가자를 만나 딸의 상황에 대해 논의하고 필요한 정보를 수집하기 위한 도움을 요청했습니다. 따라서 이 평가의 목적은 과거력을 통합하고, 시간 연장 조정을 위한 이 요청을 지지하는 누락된 관련 정보를 제공하는 것입니다.(H2)

H2. 이 보고서에서 사용된 언어는 자리의 필요에 맞추어진 것이 아니다. 이는 개별 평가에 사용된 검사와 절차에 더 큰 심리측정적 지식과 친숙함이 있을 것으로 가정되는 칼리지 보드 심사자의 요구에 맞춘 것이다.

주의

조정을 요청하는 학생의 보고서를 제출하기 전에 먼저 필요한 모든 정보가 포함될 수 있게 특정 시험 기관의 조정 정책과 요구 사항을 검토하는 것이 중요하다.

배경정보

현재 상황

자리는 현재 애리조나주 페이지의 몬트로즈 아카데미 1학년에 재학 중인 14세의 아프리카계 미국인 학생입니다. 그녀는 과학, 대수학 II, 세계사의 AP[2] 세 과목, 영문학 및 영어의 아너 클래스[3] 두 과목, 라틴어와 컴퓨터 과학 입문의 5학년 과목에 등록되어 있습니다. 그녀는 매일 밤 3시간에서 5시간을 숙제를 하며 보낸다고 보고했습니다.

장애 이력, 장애 기록 및 교사 보고서

칼리지 보드에 제출된 1, 2차 서류에는 자리의 교육적 과거력에 대한 자세한 설명이 나와 있지 않지만, 아널드 코헨 박사의 최근 7월 보고서에는 나와 있습니다. 자리는 유치원 때부터 주의력 문제에 대해 잘 확립된 과거력이 있습니다. 유치원에서부터 2학년까지 그녀의 선생님들은 작업 완수의 어려움을 언급했습니다. 3학년 때 그 문제들은 더 심각해졌습니다. 그 후 자리는 ADHD 진단을 받았고 주의력 결핍을 조절하기 위해 자극제를 처방받았습니다. 그녀는 표준화된 시험을 풀기 위해 수업 후 사무실에서 연장된 시간을 제공

2) Advanced Placement: 고등학교 재학 중에 대학 수준의 수업을 받고 학점 취득이 인정되는 코스를 말한다(역자 주).

3) Honor Class는 우수한 학생들의 학습 욕구를 충족시키고 재능을 계발하기 위해 일반 학생들보다 더욱 수준 높은 수월성 교육의 기회를 제공하는 선택 수업이다(역자 주).

받았습니다. 이러한 조정들은 4학년에도 계속되었습니다. 자리는 5학년 때 몬트로즈 아카데미에 등록했고, 그곳에서는 더 많은 지원이 필요하다는 것을 곧 알게 되었습니다.

그러고 나서 자리의 부모님은 평가를 위해 그녀를 아널드 코헨 박사에게 데려갔습니다. 코헨 박사는 자리를 평가한 뒤 주의력결핍 및 과잉행동장애(DSM-IV 314.00), 부주의 우세형 진단을 재확인해 주었습니다. 그는 그녀의 장애가 주요 생활 활동에 지장을 주었으며, 그녀의 교육적 수행은 "유의미한 부주의 문제, 작업기억 손상, 부주의로 인한 미래 계획 기억[4] 문제, 조직화, 과제 및 다른 자극에서 적절한 우선순위를 매기지 못하는 것, 중요한 물건들을 잃어버리거나 잘못 갖다 놓는 문제들, 느린 작업 완수 시간을 유발하는 느린 처리 속도, 쓰기 및 수학 유창성 속도의 감소, 제한된 각성"에 의해 영향을 받았다고 보고했습니다(이 보고서에 첨부된 아널드 코헨 박사의 보고서 내용입니다). 모든 시험에서 시간 연장을 포함하여, 자리를 위한 세부 조정에 대한 개략적인 504 계획이 5학년에 작성되었습니다. (H3)

> H3. 자리는 자격을 갖춘 전문가로부터 받은 자신의 장애에 대한 명확한 기록을 가지고 있었기 때문에 장애 여부는 더 이상 입증될 필요가 없었다. 또한 「미국장애인법(ADA)」은 "개인의 손상이 장애인가 아닌가에 대한 문제에는 광범위한 분석을 요구해서는 안 된다"고 규정하고 있다.

두 번째 제출 서류(이 보고서에 추가되었습니다)에는 여러 곳의 칼리지 보드를 위한 교사 설문조사가 포함되었습니다. 현재 학교의 모든 선생님들은 자리가 모든 과목 시험에서 시간 연장을 요구했고 실제로 이용하고 있다고 말했습니다. 최근 몬트로즈 아카데미의 교사들은 자리가 긴 시간 집중하는 데 문제가 있다고 보고했습니다. 자리는 수학, 영어, 역사, 과학 시험에서 지속적으로 시간 연장을 사용해 왔습니다. 그녀는 일반적으로 50~100%의 연장된 시간을 받고(리소스 룸[5] 교사), 모든 퀴즈와 시험에 추가 시간을 받으며(AP 과목 세계사), 쉽게 주의가 분산되기에 시험에서 연장된 시간을 활용할 수 있고(과학), 더 복잡한 문제를 푸는 데 상당한 시간이 걸려서 평가에서는 추가 시간을 받아 사용하며(대수학 II), 쉽게 주의가 산만해져서 모든 시험과 퀴즈에 추가 시간을 사용합니다(화학). 자리가 초등학교 때부터 계속 연장 시간을 요구해서 받아 왔다는 것을 고려하는 것은 중요합니다. 그녀는 5학년 때부터 504 계획에 따랐습니다. 이 계획은 (6학년을 제외하고) 매년 수정되었고, 항상 시험에서는 시간 연장의 조정이 포함되었습니다. 그녀의 과거와 현재의

4) Prospective memory: 친구와의 약속을 미리 떠올리는 것처럼 앞으로 수행해야 할 활동에 대해 기억해야 하는 형태의 기억을 '미래 기억' 또는 '미래 계획 기억'이라고 부른다(역자 주).

5) Resource Room: 초·중등 교육기관에서 주로 특수교육을 위해 사용하는 별도의 교실을 말한다. 주로 장애아동을 지원하기 위한 보조교사가 동행한다(역자 주).

504 계획은 이 보고서 말미에 첨부되어 있습니다.(H4)

> H4. 자리는 수업에서 지난 4년 동안 시간 연장을 받아 왔다. 그녀의 선생님들은 또한 이 조정의 필요성을 지지하는 추가적인 의견들을 제공했다. 따라서 그녀는 칼리지 보드 시험에서 유사한 시험 조정 요청을 뒷받침하는 시험 조정에 대한 확립된 이력을 보유하고 있다.

시간 연장의 필요성을 뒷받침하는 이전 검사결과

세 번째 제출을 위해 아널드 코헨 박사가 종합적인 심리-교육학적 평가를 실시했습니다. 보고서에 있는 몇몇 결과는 자리가 가진 우수한 지식에 대한 적절한 평가를 위해서는 연장된 시간이 필요하다는 것을 분명히 보여 줍니다. 또한 그 결과들은 대부분의 학생들과 비교한 자리의 기능적 한계를 보여 줍니다.(H5)

> H5. 이와 유사한 많은 사례에서, ADA의 '대부분의 사람과 비교' 기준을 사용하면 그것이 합법적 기준이라고 하더라도 특히 두 배로 특별한 학생이라면 요청이 거부될 수 있다. 또한 어떤 사례에서는 개인이 주요 생활 활동을 완수하는 '조건, 방식 또는 기간'을 고려해야 한다. 대부분의 사람들과 비교했을 때, 자리는 과제와 시험을 완수하는 데 과도하게 많은 시간을 필요로 한다.

이러한 결과 중 몇 가지가 여기에 요약되어 있습니다.

브라운 주의력 결핍장애 척도-청소년. 자기 보고형 질문지인 브라운 주의력 결핍장애 척도의 결과는 자리의 ADHD 진단과 일치합니다. 이 척도에서 70을 넘는 점수는 매우 유의미한 문제를 나타냅니다. 자리의 점수는 활동성(71), 주의력(72), 기억력(91)의 세 가지 척도에서 70점 이상이었습니다.

웩슬러 아동 지능검사(WISC-V). WISC-V에서 특히 흥미로운 점은 처리속도(표준점수 83, 백분위 순위 13)와 언어이해(표준점수 124, 백분위 순위 95) 및 유동적 추론(표준점수 140, 백분위 순위 99.6) 간에는 현저한 차이가 있다는 것입니다. 이러한 결과는 자리가 '영재' 학생으로 여겨지겠지만, 처리속도는 같은 또래의 또래 아이들보다 훨씬 느리다는 것을 나타냅니다. 높은 지능과는 대조적으로 느린 처리속도는 종종 ADHD의 진단을 뒷받침하는 인지적 지표로서 사용되며, 시험에서 긴 시간도 필요로 합니다.

넬슨-데니 읽기 검사. 특별히 언급할 만한 결과가 넬슨-데니 읽기 검사에서 확인되었습니다. 그녀의 읽기속도 점수는 4%ile이었는데, 이것은 100명 중 4명만이 자리처럼 천천히 읽는다는 것을 의미합니다. 그녀는 원래 시간이 제공된 이해 검사에서 18문항을 풀어 17/38을 받았습니다. 시간을 연장해 준 이해 검사에서 그녀는 29문항을 풀어 28/38을 받았습니다. 시간제한이 없었을 때, 그녀는 38개의 모든 문항을 풀어서 36/38을 받았습니다. 이러한 결과들은 자리가 독해 기술에 강점이 있지만, 그녀의 고급 지식을 증명하기 위해서는 오랜 시간이 필요하며, '시간제한' 시험이 그녀의 진정한 능력을 과소평가하도록 한다는 것을 분명히 보여 줍니다.

시행된 검사

- 우드콕-존슨 IV 인지능력 검사(WJ IV COG)(Gf-Gc 조합점수)
- 우드콕-존슨 IV 성취도 검사 (WJ IV ACH) 표준(점수는 보고서 말미에 첨부됨)
- 단어 읽기 효능성 검사-2(TOWRE-2)

모든 검사는 연령 기준에 따라 채점되었습니다.

검사 시 행동

자리는 두 시간 반에 걸친 검사 회기 동안 매우 협조적이었습니다. 그녀는 종종 지나치게 많은 시간을 요구하며 어려운 문제들에 매달렸지만, 결국 정답에 도달했습니다. 그녀는 검사 도중에 종종 질문을 반복해 달라고 요청했습니다. 이러한 유형의 행동은 이전 검사에서도 확인되었습니다.

검사결과

WJ IV COG의 결과는 WISC-V의 결과와 유사했습니다. 그녀의 수행은 어휘와 일반 지식을 측정하는 이해-지식 군집에서는 동일 연령 또래의 90%를 상회했습니다(표준점수 = 119). 새로운 문제에 대한 해결 능력을 측정하는 유동적 추론 군집에서, 그녀의 수행은 또래의 98%를 상회했습니다(표준점수 = 131). 그녀의 Gf-Gc 조합점수는 또래의 97%를 상회했습니다(표준점수 = 129). (H6)

H6. 이 사례에서는 엄격한 인지 검사가 필요한 것은 아니었지만, 나는 WISC-V 결과를 보완할 수 있도록 WJ IV COG Gf-Gc 조합을 실시했다. 이 조합점수는 더 높은 수준의 추론과 지식 능력에 대한 추정치를 제공한다. 이 두 도구에서 나온 결과는 자리가 지적으로 영재 수준이고, 우수한 추론 능력과 높은 언어 기술을 가지고 있다는 것을 보여 준다.

읽기

WJ IV ACH 글자-단어 식별 검사에서 실제 단어를 읽는 자리의 능력은 동일 연령 또래의 71%를 넘어섰습니다. 단어 퀴즈 검사에서 무의미 단어를 발음하기 위해 음성 기술을 사용하는 자리의 능력은 동일 연령 또래의 69%를 넘었습니다. 구절 이해 검사에서 자리의 수행은 동일 연령 또래의 80%를 넘어섰습니다. 간단한 문장을 빨리 읽고 그 문장이 참인지 거짓인지를 판단해야 하는 문장 읽기 유창성 검사에서 자리의 점수는 평균 범위 내에 있지만, 가장 낮았습니다(예: 고양이는 다리가 9개다-그렇다/아니다). 이 검사에서 그녀의 수행은 또래의 47%를 상회했습니다.

단어 읽기 효능성 검사-2(TOWRE-2)에서 자리의 실제 단어 읽기 시간제한 측정치인 단어 보기 효능성 점수는 평균 범위였습니다. 그녀의 수행은 동일 연령 또래의 35%를 상회했습니다. 그녀는 또한 의미 없는 단어를 발음하는 데 소요되는 시간제한 측정치인 음소해독 효능성 점수도 평균 범위 이내였습니다. 그녀의 수행은 또래의 39%를 상회했습니다. 비록 모든 독해 점수가 평균 범위 내에 있었지만, 그것은 그녀의 언어, 추론, 수학적인 능력과는 상당한 차이가 있었습니다.

TOWRE-2: 단어 보기 효능성

연령 균등화	학년 균등화	백분위 순위	표준점수	기술적 평정
13~0	7.5	35	94	평균

TOWRE-2: 음소 해독 효능성, A형과 B형

연령 균등화	학년 균등화	백분위 순위	표준점수	기술적 평정
12~9	7.5	39	96	평균

수학

WJ IV ACH에서 그녀의 수학 검사점수들 간에는 유의미한 차이가 있었습니다. 예를 들어, 간단한 수학적 사실의 시간제한 측정치인 수학적 사실 유창성에서, 자리의 수행은 동

H7. 자리는 분명히 수학에 재능이 있지만, 그녀는 매우 간단한 계산도 풀이를 하려면 비전형적인 시간을 필요로 한다. 수학 검사들 간의 격차도 드문 수준이다. 수학적 사실 유창성(시간제한된)과 계산(시간제한되지 않은) 사이에 표준점수로 63점의 차이가 있다는 사실을 고려해 보자. 이러한 불일치는 극히 드물다. WJ IV 표준화 표본(N=7416)에서 이 두 검사 간의 가장 큰 차이는 표준점수로 51점이었다. 응용 문제와 수학적 사실 유창성에서 표준점수 차이는 49점이었다. 이러한 차이는 표준화 표본의 7,416명 중 오직 6명만이 그 이상에 해당한다.

일연령 또래의 단 10%만을 상회했습니다(표준점수 = 81). 그와는 대조적으로, 시간제한이 없는 계산 능력의 측정치인 계산에서, 그녀의 점수는 동일 연령 또래의 99%를 상회했습니다(표준점수 = 144). 마찬가지로, 수학적 문제해결 측정치인 응용 문제에서, 자리의 점수는 동일 연령 또래의 98%를 상회했습니다. 비록 자리가 뛰어난 계산과 개념적 이해를 보여주었지만, 그녀는 모든 종류의 수학 문제를 풀 때 매우 느리게 작업했습니다. (H7)

문어

전반적으로, 자리의 문어 점수는 평균 범위에 해당합니다. 생각을 글로 표현하는 능력과 철자법은 동일 연령 또래들과 비할 만합니다. 에세이와 같은 더 긴 표본은 분석되지 않았지만, 자리는 더 긴 글을 쓸 때 조직화에 어려움을 겪는 점이 특히 두드러졌습니다. (H8)

자리는 평균적인 읽기 능력만 보유하고 있음에도 수학에서는 극히 앞서 있습니다. 만약 시간 연장이 제공되지 않는다면, 그녀는 높은 수준의 수학적 능력을 보여 줄 수 없을 것입니다.

> H8. 조정을 거부했던 이전 편지에서는 그녀의 많은 점수들이 평균 범위에 해당하여 기능적 한계점이 시사되지 않는다는 언급이 있었다. 다시 한번 말하지만, 검사점수와 성적 외에도 개인이 주요 생활 활동을 수행하는 조건, 방식, 기간이 고려되어야 한다. ADA는 학업성취 이력이 시험 조정이 필요한 장애가 없다는 것을 의미하지는 않는다는 점을 분명히 한다. 자리가 읽기, 쓰기, 수학 과제에서 대부분의 사람들보다 더 많은 시간과 노력이 필요하다는 점이 고려되어야 한다.

비교 및 변산성 절차

여러 비교 및 변산성 절차들은 자리의 강점과 약점에 대한 고유한 패턴과 더불어서 그녀의 뛰어난 능력을 입증하기 위해서는 시간 연장이 필요하다는 점을 드러내줍니다. 그녀의 Gf-Gc (유동 추론 및 이해 지식) 조합점수를 성취도와 비교했을 때, 그녀는 수학에서 상당한 강점을 가지고 있고(100명 중 5명만이 받는 높은 점수), 세 가지 시간제한 측정치로 구성된 학업 유창성에서 유의미한 약점을 가지고 있습니다. 100명 중 2명만이 그녀 정도로 낮은 점수를 받을 것입니다.

성취도 내 변산성 절차는 그 개인의 능력을 상호 비교합니다. 다른 능력들과는 대조적으로, 자리는 기초 읽기 능력과 읽기 유창성에서 상당한 약점을 나타냈습니다.

> H9. 자리의 기초 읽기 능력은 평균이었다(표준점수 = 105). 변산성 절차는 이 점수들을 그녀의 다른 능력에 대한 핵심 검사와 대조한다. 대조적으로, 그녀의 수학 군집은 극히 높음 범위(표준점수 = 138)에 해당했다. 이 절차의 결과는 그녀의 읽기 능력이 다른 학업능력과 동등하지 않다는 것을 보여 준다. 하지만 이 평가의 목적이 읽기장애를 문서화하는 것이 아니라 시간 연장에 대한 요청을 정당화하는 것임을 명심해야 한다.

그녀의 기초 읽기 능력을 다른 학업능력과 비교하면, 100명 중 2명만이 그처럼 낮은 점수를 받을 것입니다. 그녀의 읽기 유창성을 다른 학업능력과 비교하면, 100명 중 6명만이 그처럼 낮은 점수를 받을 것입니다.(H9)

요약 및 결론

자리는 열심히 공부하고, 능력 있고, 주의력 곤란의 이력을 가진 어린 여성입니다. 그녀는 두 배로 특별한 학생입니다(영재이자 ADHD이므로). 지식의 정교함과 그 지식을 증명하는 그녀의 속도 간에는 극심한 격차가 있습니다. 그녀는 잘 확립된 장애의 역사뿐만 아니라 시간 연장의 필요성에 대한 서류들도 갖고 있습니다. 그녀는 또한 시간 연장의 필요성을 뒷받침하는 강점과 약점의 고유한 패턴을 보여 줍니다. 그녀의 강점은 뛰어난 구어, 추리, 수학적 능력입니다(속도는 예외로 하고). 이와는 대조적으로, 그녀의 수행은 모든 시간제한 검사에서 훨씬 저조합니다.

비록 자리가 몇몇 시간제한 검사에서 상대적인 약점들을 보여 주지만, ADHD 학생들이 반드시 손상된 학업수행을 나타내는 것은 아니라는 것을 명심하는 것이 중요합니다. 그들의 시간 연장에 대한 요구는 읽기장애 학생들의 요구와 동일한 것이 아니고, 복잡한 정보를 빠르게 처리하고 검사를 받는 동안 집중력을 유지하는 데 있어서의 어려움과 관련된 것입니다.(H10)

H10. ADHD를 앓고 있는 학생들은 종종 시간 연장에 대한 필요를 느끼지만, 뒷받침하는 이유들이 반드시 학업 결손 때문인 것은 아니다. 그러므로 평균 범위 내의 점수는 조정의 필요성을 배제하지 않는다.

동봉한 문서는 자리에게 시간 연장을 허용하기에 충분할 것입니다.

그 정보는 다음과 같은 칼리지 보드의 여덟 가지 기준과 일치합니다.

1. **진단이 분명히 명시되어 있다**: 적절한 자격을 가진 전문가인 아널드 코헨 박사는 자리가 5학년이었을 때 최초로 ADHD 진단을 했습니다. 그 진단은 후속 평가에서 재확인되었습니다.
2. **정보는 최신의 것이다**: 종합적인 평가는 6개월 전 코헨 박사에 의해 수행되었습니다. 현재 평가에는 요구에 대한 추가 정보와 명료화가 추가되었습니다.
3. **과거력이 제시된다**: 과거력에서 자리는 학교생활 내내 시간 연장을 인정받았습니다. 그녀는 5학년부터 올해까지 504 계획을 따르고 있습니다. 이 모든 계획에는 시간 연장의 조정안이 포함됩니다. 그녀는 현재 모든 수업에서 시간 연장을 활용하고 있습

니다. 교사 보고서는 칼리지 보드 교사 조사 양식에 따라 제공되었습니다. 자리는 연장 시간을 제공받고 그것을 활용합니다. 그녀는 기존 할당된 시간 내에는 학교 시험을 마칠 수 없습니다.

4. **일반적인 진단 검사**: 모든 심리교육학적 평가는 일반적인 진단 검사를 사용하여 점수를 제시하였습니다.
5. **기능 제한**: 기능 제한에 대해 설명되었습니다. 자리는 ADHD 때문에 일반적인 동일 연령의 또래보다 더 느린 정보 처리를 하고 있습니다. 이 결과는 자기 보고, 교사 보고, 부모 보고 및 평가자 보고에 의해 지지됩니다.
6. **권고된 조정은 정당화된다**: 자리의 과거 및 현재의 요구는 그녀가 자신의 능력을 증명하는 데 오랜 시간이 필요하다는 것을 증명합니다. 수업 시간에 퀴즈를 마무리하기 위해 서두를 때, 그녀는 그 내용을 희생한다고 말했습니다. 시간제한 시험은 그녀의 뛰어난 능력에 대한 매우 부정확한 그림을 보여 줄 것입니다.
7. **지침**: 문서 요구 사항이 검토되었습니다.
8. **평가자의 자격 증명**: 아널드 코헨 박사는 ADHD를 진단할 권한이 있습니다. 낸시 매더 박사는 교육적 요구를 문서화할 권한이 있습니다.

권고

1. 자리는 모든 칼리지 보드 시험에서 50% 연장된 시간을 받아야 합니다.
2. 자리는 몬트로즈 아카데미에서 계속 조정을 받아야 합니다.
3. 자리의 그녀의 뛰어난 추론 및 수학적 능력에 비해 읽기속도와 계산속도가 상대적으로 느리기 때문에, 자리는 수학을 포함한 모든 시험에서 연장된 시간이 필요합니다. 대부분의 경우, 정규 시간의 절반이 충분한 시간 연장이 될 것입니다. 비록 그녀는 개념적인 지식이 있지만, 수학 문제를 풀 때는 매우 느리게 작업합니다. 자리는 시험을 볼 때 시간이 중요한 요소가 아닐 때만 자신의 지식을 적절히 보여 줄 수 있을 것입니다. 따라서 시험을 얼마나 빨리 마칠 수 있는지가 아니라 무엇을 알고 있는지에 중점을 두어야 합니다. (H11)

H11. 학생에게 요청하기에 적절한 연장 시간이 50%(정규시간의 절반)인지 100%(두 배의 시간)인지를 정확히 파악하기가 어려운 경우가 많다. 사실, 자리는 수학 시험에서 100%의 시간일 때도 이익을 얻을 수 있을 것이다. 하지만 내가 이 요청을 함으로써 칼리지 보드 검토자들이 그것을 불합리한 요청으로 여길 수 있기 때문에, 나는 그녀의 요청이 다시 거부될까 봐 걱정했다.

자리는 매우 단정하고, 책임감 있으며, 성공을 갈망하는 열심히 공부하는 어린 여성입니다. 적절한 조정이 갖춰지면, 그녀는 탁월함을 유지할 수 있을 것입니다. 이 평가결과에 대해 질문이 있다면 언제든지 문의해 주십시오. nmather@u.arizona.edu.

Nancy Mather

낸시 매더, PhD

첨부:

칼리지 보드 교사 설문조사

2011년 아널드 코헨 박사 보고서

2015년 아널드 코헨 박사 보고서

과거 및 현재 504 계획

제니퍼 앤 브라우더: 어머니에 의해 의뢰된 학습장애 진단을 위한 심리평가 보고서 사례

낸시 매더 작성

이름: 제니퍼 앤 브라우더
나이: 14세 5개월
학년: 8.9학년
학교: 알렉산드라 고등학교
평가자: 낸시 매더, PhD

의뢰사유

로라 키튼 씨는 딸 제니퍼의 학업 문제가 겉으로 보기보다 더 심각하고 학교 직원들이 그 사실을 인식하지 못할 수도 있다고 생각해서 평가를 의뢰했습니다. 제니퍼는 짧은 단락을 읽을 때 노력해서 읽을 수는 있지만, 더 긴 단락을 읽을 때 흥미로워하는 주제일지라도 쉽게 압도됩니다. 예를 들어, 제니퍼는 최근에 인기 있는 소설 『언브로큰』을 읽으려고 시도했지만 "말들을 한데 모을 수 없어서" 포기했다고 했는데, 그것은 이해해야 할 생소한 단어들이 너무 많았다는 그녀의 표현 방식이었습니다.

키튼 씨는 딸의 교육과정 초기부터 제니퍼의 읽기와 철자법에 대한 어려움을 분명히 알고 있었습니다. 수년 동안 키튼 씨는 제니퍼의 선생님들에게 딸의 읽기 및 철자법 발달에 대한 우려를 표현해 왔습니다. 7학년 때 학교심리학자와 제니퍼의 선생님들은 가족들에게 철자법은 '큰 우려'가 아니며, 그 팀은 평가의 필요성을 느끼지 않는다고 말했습니다. (I1)

> I1. 키튼 씨는 제니퍼의 학교에서 어려움이 학습 문제인지 정서 및 행동적 문제의 결과물인지를 궁금해했다. 그녀의 친아버지인 브라우더 씨는 제니퍼가 충분히 열심히 노력하지 않는다고 믿는다. 하지만 양쪽 모두 가설에 대한 증거는 거의 없었다.

키튼 씨는 제니퍼가 철자를 제대로 쓰지 못하는 원인이 무엇이든 딸의 사회적 성공을 저해한다고 믿고 있습니다. 또한 제니퍼는 사회적 어려움과 대인관계 곤란으로 1년 넘게 상담을 받고 있습니다. 최근 그녀의 상담자는 제니퍼가 수업에서 배우고 있는 것을 말하는 방식에서 우려할 만한 패턴을 관찰했습니다. 그녀는 교실에서 나온 새로운 단어들을 종종 잘못 들었는데, 그것은 교재를 이해하고 습득하는 능력에 충분히 지장을 줄 만한 것이었습니다. (I2)

> I2. fuchisia/fusion을 혼동한 것은 음운적 처리 과정 문제가 단순히 읽기뿐만 아니라 구어 이해에도 어떻게 영향을 미칠 수 있는지를 보여 주는 생생한 사례다.

예를 들어, 상담자와 과학 수업에 대해 논의할 때, 제니퍼는 그 수업이 "융합이나 푸크시아(fusion or fuchsia)에 관한 것"이라고 설명했지만 그 외에 것에 대해서는 거의 말을 하지 못했습니다. 이와 같은 음성 혼동은 학습장애를 가진 사람들에게서 특히 흔하기 때문에, 상담자는 키튼 씨에게 개인적인 평가를 받도록 권유했습니다.

이 평가의 목적은 읽기와 철자법에서 제니퍼의 현재 수행 수준을 확인하고, 그녀의 곤란에 기여하는 요인을 파악하며, 구체적인 우려 영역을 관리하기 위한 교육적 권고안을 만드는 것입니다.

관련 배경정보 (I3)

제니퍼는 현재 일곱 살, 열 살인 두 명의 남동생과 다섯 살, 여섯 살, 열네 살, 열다섯 살의 네 명의 자매가 있는 혼합 가정[1]에서 살고 있습니다. 키튼 씨는 과거에 글쓰기 곤란을 겪었다고 말했지만, 학습이나 읽기 문제의 가족력은 알려진 바가 없습니다. 제니퍼의 어머니는 현재 지역 식당을 운영하고 있으며, 친아버지는 고등학교 화학 교사로, 시간제로 근무하며 교장이 되기 위해 공부하고 있습니다. 그녀의 의붓아버지는 경찰관입니다. 제니퍼는 친아버지와는 자주 말다툼을 하지만, 일반적으로 학습에 도움이 되는 가정환경을 가졌습니다.

> I3. 읽기 문제의 경우, 비슷한 어려움을 겪었던 가족이 있는 경우가 많은 편이다. 하지만 소수의 경우에 부모님들은 학교에서의 어려움을 전혀 인정하고 싶어 하지 않는다.

제니퍼는 두 살 때부터 1학년 말까지 발도르프 학교에 다녔습니다. 이 학교에서는 1학년 때 읽기에 대한 직접적인 지도가 거의 없었기 때문에 읽기에 대한 우려는 전혀 제기되지 않았습니다.

그 후 그녀는 브라이턴 초등학교에 다녔고, 2학년 때부터 방과 후 독서 지원 프로그램인

1) Blended family: 한국에서는 흔히 사용되지 않는 표현이지만, 미국에서는 이혼, 사별 등으로 자녀들을 데리고 재혼하는 경우가 많기 때문에 흔히 사용되는 표현이다. 즉, 아이를 가진 어머니와 아이를 가진 아버지가 재혼하는 경우를 말한다(역자 주).

리딩 로빈스(Reading Robins)에 참여했습니다. 그녀는 현재 하워드 중학교에서 8학년을 마쳤습니다. 중학교에서 그녀는 방과 후에 일주일에 두 번씩 '숙제 도우미'에 참여했습니다. 올해 그녀의 성적은 다음과 같습니다. 음악 및 PE에서 A+, 수학에서 B, 언어예술에서 C와 D입니다. 제니퍼는 사회연구, 과학, 수학 수업은 좋아하지만, 언어예술은 좋아하지는 않는다고 했습니다. 그녀는 좀처럼 책 읽기를 즐기지 않습니다. 그녀는 소프트볼 팀에서 경기하는 것을 좋아하고 요리하는 것도 좋아합니다. 주말에 제니퍼는 종종 어머니 식당일을 돕습니다. 그녀는 연간 학교 스케줄에 따라 알렉산드라 고등학교에 다닐 예정이고, 올 7월에 시작합니다. (I4)

I4. 의뢰 시 질문은 읽기와 철자법에 관한 것이었기 때문에, 나는 첫 번째 회기에서 WJ IV ACH의 몇 가지 검사를 실시했다. 또한 나는 학업적 지식 군집(과학, 사회적 연구, 인문학에 대한 지식을 포함한 3개의 구두 검사)을 실시했다. 이 군집은 성공적인 읽기에 대한 초기 감각이나 추정된 잠재력을 제공한다. 높은 지식을 가진 학생들은 전형적으로 뛰어난 독자인 반면에 낮은 지식을 가진 학생들은 그렇지 않다.

실시된 검사

- 우드콕-존슨, 4판
  - 인지능력 검사(WJ IV COG)
  - 구어 검사(WJ IV OL)
  - 성취도 검사(WJ IV ACH) 표준 및 확장
- 단어 읽기 효능성 검사-2(TOWRE-2)
- 무음 단어 읽기 유창성 검사-2(TOSWRF-2)
- 정서법 능력 검사[2](TOC; 철자법 보기 및 단어 선택)
- 마인드플레이 종합 읽기 스크린 검사[3]
- 교실 내 필기 표본 분석

참고: 모든 표준화된 검사는 연령별 표준으로 채점되었습니다. 점수는 이 보고서의 말미에 첨부되어 있습니다.

---

2) Test of Orthographic Competence: 정서법이라는 표현이 생소하지만, 맞춤법과는 조금 다른 의미를 담고 있어 이렇게 번역하였다(역자 주).

3) Mindplay Universal Reading Screener: 미국에서 사용하는 영어 레벨 테스트 도구를 말한다. 한국에서도 영어교육을 위한 레벨 테스트 도구로 사용한다(역자 주).

검사 시 행동

검사는 90분간 진행된 두 번의 회기와 30분간 진행된 한 번의 회기로 일주일에 걸쳐 3회 수행되었습니다. 평가 동안 그녀는 극도로 협조적이고 집중했으며, 특히 문제해결 및 수학과 관련된 검사를 즐기는 것 같았습니다. 그녀는 과제의 난이도가 점점 증가하는 데도 모든 과제에 노력을 기울였습니다. 그녀의 지속적 주의력과 노력에 따라, 이 결과는 현재 수행 수준에 대한 정확한 평가로 보입니다.

점수 해석

이 보고서에서는 제니퍼의 인지능력과 학업능력을 숙련도 수준[4]으로 설명합니다. 숙련도 수준은 학생이 일반적인 교실에서 제시되는 과제에 직면했을 때 얼마나 잘 수행할 수 있는지를 설명합니다. 일반적으로 교사들은 학생들에게 도전적인 자료를 제공하고 싶어 합니다. 과제가 너무 쉬우면 학생들은 지루해하고, 너무 어려우면 학생들은 좌절감을 느낍니다.

RPI(Relative Proficiency Index: 상대적 숙련도 지수)는 제니퍼가 일반적인 학생들이 90%의 숙련도로 수행하는 과제를 얼마나 잘 수행하는지를 추정한 것입니다. 예를 들어, 제니퍼가 받은 응용 문제 검사에서 96/90의 RPI는 그녀가 수학 문제를 풀 때 약 96%의 성공을 거두는 반면, 그녀 연령의 일반적인 학생들은 약 90%의 성공을 한다는 것을 의미합니다. 96/90 점수는 다음 표에 나타난 바와 같이 평균–뛰어난 숙련도를 나타냅니다. 따라서 제니퍼는 일반적인 학생들이 좌절감을 느낄 수 있는 수학 단어 문제를 수행할 수 있습니다.

반대로, 제니퍼가 글자–단어 식별 검사(단어 읽기 검사)에서 받은 25/90의 RPI는 일반적인 학생들이 정확하게 읽을 확률이 90%인 단어를 직면했을 때 그녀가 정확히 읽을 확률은 25%밖에 되지 않는다는 것을 의미합니다. 모르는 단어들로 가득 찬 글을 읽으려고 하는 것은 어렵기도 하고 좌절스럽기도 합니다. 25/90의 RPI 점수는 다음 표에 나타난 바와 같이 제한된 숙련도를 나타냅니다. 일반적인 또래들에게는 매우 쉬운 글이 제니퍼에게 적절한 난이도의 글이 됩니다. (I5)

I5. 보고서에는 몇 개의 점수가 제시되어 있고 보고서 말미에 WJ IV 결과가 첨부되어 있지만, 보고서 본문에는 RPI 점수에 기초한 과제 숙련도와 백분위 순위에 중점을 두어 그녀가 실제로 얼마나 뒤처져 있는지를 설명하기로 했다.

4) Proficiency levels: 명확한 정의는 없으나 조금 관습적으로 사용되는 전반적인 언어 사용 수준을 나타내는 용어로 보인다 (역자 주).

백분위 순위도 일부 검사결과를 설명하는 데 사용됩니다. 백분위 순위는 학생이 획득한 점수와 같거나 낮은 점수를 받은 동일 연령의 사람들이 차지하는 백분율을 나타냅니다. 예를 들어, 제니퍼가 WJ IV ACH 단어 퀴즈 검사에서 백분위 순위 3인 것은 제니퍼의 나이 또래 학생들 중 3%만 같거나 더 낮은 점수를 받았을 것이라는 점을 나타냅니다. 그녀가 음소-자소 군집에서 백분위 1인 것은 100명 중 1명만이 받는 낮은 점수라는 점을 보여 줍니다. 반대로, 단기 작업기억에서 그녀의 백분위 순위는 제니퍼가 이 과제에서 또래의 88%보다 더 나은 수행을 했음을 나타냅니다.

RPI 점수	효능성 수준	교육적 해석
0~3/90	거의 없는	불가능함
4~24/90	매우 제한된	극도로 어려움
25~67/90	제한된	매우 어려움
68~82/990	제한된-평균	어려움
83~95/90	평균	관리 가능함/적절함
96~98/90	평균-뛰어난	쉬운
99~100/90	뛰어난	매우 쉬운

인지능력

제니퍼는 어휘, 지식, 추론, 처리속도를 포함한 대부분의 인지기능 측면에서 평균 수준의 숙련도를 나타냅니다.(I6)

I6. 제니퍼의 단기 작업기억 점수 117은 나머지 인지 프로파일에서 예측된 점수보다 22점 더 높다. 이 정도 이상의 큰 차이는 약 3%의 학생들에서만 관찰된다.

기억

작업기억에 대한 그녀의 숙련도는 측정된 다른 인지능력보다 뛰어나고 유의미하게 더 높은 수준이었습니다. 작업기억은 단기기억에 저장된 정보를 조작할 수 있는 능력입니다. 예를 들어, 한 사람이 속으로 두 자리 숫자를 곱하는 것은 이전의 풀이를 따라가면서 일련의 계산을 수행해야 하기 때문에 작업기억을 사용해야 합니다. 제니퍼와 같은 강한 작업기억은 가장 복잡한 작업을 수행할 수 있는 중요한 자산입니다.

많은 사람들과 마찬가지로, 제니퍼는 모든 기억 과제에서 동일한 수준의 수행을 하지 않았습니다. 아마도 양호한 언어능력과 강한 작업기억 때문에, 그녀는 개별 문장을 반복하는 데에는 어려움을 겪지 않은 것 같습니다. 하지만 이야기 기억 과제에서 그녀의 수행은

7%ile이었고, '제한된–평균 숙련도'가 시사되었습니다. 그러나 이처럼 낮은 수행이 실제 기억 문제를 반영할 가능성은 거의 없습니다. 사실, 또 다른 장기기억 검사에서 그녀의 수행은 평균이었습니다. 이러한 점수에는 부실한 기억력보다는 정신적인 피로가 반영되었던 것으로 보입니다.

음운학적 처리

제니퍼가 말하기 음성 단위를 듣고 변별해야 하는 과제(음운학적 처리 과제로 불리는)에서 저조한 수행을 하는 것은 장기간 지속된 읽기와 철자법 곤란 때문일 것이라는 유력한 추정을 할 수 있습니다. 예를 들어, 그녀가 fish라는 단어의 세 가지 구분되는 소리(음소: */f/*, */i/*, */sh/*)를 구별하기 위해서는 음운학적 처리 기술을 사용해야 합니다. 이러한 소리들을 명확하게 구별할 수 있는 아동들은 각 소리에 특정 문자나 문자 조합이 상응하는 방식(f→*/f/*, i→*/i/*, sh→*/sh/*)을 쉽게 알아들을 수 있기 때문에 읽는 법을 배우는 것이 더 쉽습니다. 아동들이 각 글자가 어떤 소리를 내는지 배운 후에는 낯선 단어들에 대해서도 소리를 낼 수 있습니다. 이것을 제대로 못하는 아동들도 읽기를 배울 수는 있겠지만 기계적인 암기에 과도하게 의존하는 경우가 많습니다.(I7)

I7. 나는 WJ IV ACH를 실시한 후에 제니퍼의 읽기 기술, 특히 음성학적 측면이 매우 저조하다는 것을 발견했다. 이런 유형의 사례에서 혼성과 분절(blending and segmentation)에 대한 음운학적 인식 능력이 저조한 학생들이 종종 있다. 나는 두 번째 회기에서 읽기장애와 상관을 가진 몇 가지 인지 및 언어 검사를 실시했다. 놀랍게도 저조한 읽기와 관련된 일반적인 능력 중에서 어느 것도 저조하지 않았다. 사실, 그녀는 말하기 소리를 혼성하고 분절하는 능력, 즉 음성학을 습득하기 위한 기본적인 음운 인식에서 뛰어난 능력을 가지고 있었다. 이러한 발견들은 그녀의 저조한 읽기가 장애보다는 교육적인 문제일 수도 있음을 시사한다.

놀랍게도 제니퍼는 네 번의 음운학적 처리 검사 중 세 번의 검사에서 평균 숙련도 이상의 점수를 얻었습니다. 네 번째 검사에서 그녀는 19%ile인 '제한된–평균' 숙련도에 해당하는 점수를 받았습니다. 제니퍼는 "*/k/* 소리가 중간에 들어간 단어를 말해 주세요"라고 말하는 것과 같이 특정한 소리가 포함된 단어를 식별하는 과제에서 가장 어려움을 겪는 것 같았습니다. 비록 그녀가 이 네 번의 검사에서 모두 19%ile에 해당하는 점수를 받았다고는 해도, 이 결과가 제니퍼의 읽기 및 철자 문제를 설명할 수 있을 정도로 충분히 낮은 것은 아닙니다. 제니퍼의 점수 대부분이 평균이거나 그 이상이라는 사실은 제니퍼의 읽기와 철자법의 곤란이 현재의 음운학적 처리에서 약점 때문이 아니라는 것을 시사합니다. 게다가 제니퍼는 읽기장애와 일반적인 인지적 상관관계를 갖는 다른 영역인 빠른 이름대기, 처리속도, 작업기억에서 지속적으로 낮은 점수를 받지 않았습니다. 따라서 그녀의 학습에 영향을 준 특정한 처리과정의 장애는 없는 것으로 보입니다.

성취도

읽기

음성학적 기술

제니퍼의 읽기 점수 중 많은 것들이 평균에 미치지 못했지만, 특히 음성학적 기술을 포함한 과제를 가장 어려워했습니다. 제니퍼는 단어가 간단하고 친숙할 때는 꽤 잘 읽습니다. 하지만 제니퍼가 덜 친숙한 단어를 접하고 그 단어를 발음할 때에는 그 과정이 느리고, 실수하기 쉬우며, 정신적으로 부담을 느낍니다. 제니퍼는 *grat*과 *mub* 같은 짧은 모음이 들어간 의미 없는 단음절 단어를 발음하는 데 특히 어려움을 겪었습니다. 또한 그녀는 더 긴 실제 단어를 발음하기 쉽게 음절 단위로 나누는 방식을 이해하는 데에도 어려움을 겪었습니다(예: 단어 *carpenter*를 *car-pen-ter*로 나누는 방식). (I8)

> I8. WJ IV는 다양한 점수 비교 방식을 허용한다. 시행된 모든 비교 절차는 제니퍼의 읽기 해독 기술이 다른 인지적·학업적 능력을 감안한 기대치에 훨씬 못 미친다는 결론을 뒷받침해 주었다.

일부 음성학 기술에 대한 그녀의 수행은 최하위 백분위 순위에 해당할 만큼 낮았습니다. 즉, 오직 1%의 학생들만이 그녀와 같거나 낮은 점수를 받습니다. 이처럼 낮은 점수를 받은 대부분의 사람들은 어휘, 언어 이해, 단기기억, 기억인출 유창성, 처리속도 및 청각적 처리 과정에서 적어도 한 가지(종종 그보다 많은) 인지적 약점을 갖고 있습니다. 제니퍼의 낮은 읽기 점수는 그녀가 그러한 인지적 결함이 없기 때문에 더욱 놀라운 것입니다.

제니퍼와 같은 대부분의 영리한 사람들은 음운학적 기술을 완전히 학습해서 3, 4학년이 되면 그 수준의 글을 읽는 것이 자동적이 되어 거의 힘이 들지 않습니다. 제니퍼는 어떻게 그렇게 많이 뒤처졌을까요? 확실히 알아내는 것은 불가능하겠지만, 갖고 있는 정보에 입각한 추정은 가능합니다. 한 가지 가능성은 제니퍼가 인지적 처리에서 심각한 약점을 가지고 있지만, 그것이 미묘해서 이 평가에서 포착되지 않았다는 것입니다. 그러나 이 평가에는 읽기 발달에 영향을 미치는 가장 보편적인 요인들이 포함되어 있다는 점에서 이러한 가능성은 희박해 보입니다.

또 다른 가능성으로는 제니퍼가 더 어렸을 때는 관련된 인지적 약점이 있었지만, 성장함에 따라 인지적 능력이 균등해졌을 수 있습니다. 제니퍼가 가벼운 음운학적 처리 문제를 가지고 있다는 증거는 있지만, 거기에는 일관성이 없습니다. 그러나 보통 이처럼 가벼운 문제는 현재 곤란의 원인은 아니어도, 어린 시절에서 유래되어 아직 잔류한 문제가 반영된

시오.

4. 제니퍼가 자신의 글을 노트북에 써서 철자법 검사와 문법 검사를 사용하도록 장려합니다. 그녀의 철자법 오류는 실제 단어들과 충분히 유사하므로, 그녀는 기술을 사용하여 그것들을 수정할 수 있어야 합니다. 또한 그녀가 모든 문장에서 완전하고 응집성 있는 사고를 표현할 수 있도록 글을 여러 번 다시 읽도록 격려하십시오. (I18)

부록: 검사점수

우드콕-존슨 IV

군집/검사	표준점수	백분위 순위	RPI	효능성 수준
일반 지적 능력	99	47	89/90	평균
Gf-Gc 조합점수	98	44	88/90	평균
유동적 추론(Gf)	98	45	88/90	평균
숫자열	100	49	89/90	평균
개념 형성	97	43	87/90	평균
시각화	96	40	87/90	평균
이해-지식(Gc)	100	49	90/90	평균
일반 상식	96	41	86/90	평균
학업 지식	94	34	83/90	평균
과학	100	51	90/90	평균
사회적 학습	90	25	72/90	제한된-평균
인성	94	35	82/90	평균
어휘	102	55	91/90	평균
구술 어휘	100	50	90/90	평균
그림 어휘	104	59	93/90	평균
청각적 처리(Ga)	101	53	91/90	평균
음운 처리	87	19	76/90	제한된-평균
비단어 반복	111	78	97/90	평균-뛰어난
음성 부호화	110	75	96/90	평균-뛰어난
분절	105	62	95/90	평균
소리 혼합	114	82	97/90	평균-뛰어난
장기 인출(Glr)	90	25	83/90	평균
이야기 회상	79	8	71/90	제한된-평균

시각-청각 학습	102	55	91/90	평균
인지적 효능성	112	78	96/90	평균-뛰어난
작업기억(Gwm)	117	88	98/90	뛰어난
구술 주의력	116	86	98/90	뛰어난
숫자 역전	113	81	98/90	뛰어난
구술 주의력	116	86	98/90	뛰어난
문장 반복	108	70	98/90	평균-뛰어난
처리속도(Gs)				
빠른 그림 명명	99	48	89/90	평균
숫자 기능	109	73	96/90	평균-뛰어난
숫자 역전	113	81	98/90	뛰어난
숫자-패턴 맞추기	103	57	93/90	평균
지각 속도	104	61	94/90	평균
글자-패턴 맞추기	105	62	95/90	평균
숫자-패턴 맞추기	103	57	93/90	평균
일반 성취	98	45	88/90	평균
학업 기술	91	27	72/90	제한된-평균
학업 유창성	102	55	92/90	평균
학업 응용력	104	59	93/90	평균
일반 읽기	90	26	67/90	제한된-평균
구절 이해	96	39	85/90	평균
기초 읽기 기술	74	4	26/90	제한된
글자-단어 식별	78	7	25/90	제한된
단어 퀴즈	71	3	27/90	제한된
읽기 유창성	93	31	73/90	제한된-평균
구술 읽기	86	17	61/90	제한된
문장 읽기 유창성	97	43	82/90	평균
일반 문어	101	53	91/90	평균
철자법	94	34	78/90	제한된-평균
음소-자소 지식	67	1	31/90	제한된
단어 퀴즈	71	3	27/90	제한된
소리 철자법	70	2	36/90	제한된
글쓰기 표현	108	70	94/90	평균
예문 쓰기	106	65	94/90	평균
문장 쓰기 유창성	107	69	94/90	평균

일반 수학	106	65	95/90	평균
응용 문제	107	68	96/90	평균–뛰어난
수학 계산 기술	105	62	94/90	평균
계산	103	58	93/90	평균
수학적 사실 유창성	105	63	95/90	평균–뛰어난

주의: WJ IV 점수는 평균이 100, 표준편차가 15입니다.

읽기 효능성 측정치

배터리 검사	표준점수	백분위 순위	기술적 평정
TOWRE-2: 단어 보기 효능성	84	14	낮음
TOWRE-2: 음소 해독 효능성	71	3	매우 낮음
TOSWRF-2: A형	83	13	낮음

주의: TOWRE-2와 TOSWRF-2점수는 평균이 100, 표준편차가 15입니다.

정서법(orthographic) 능력 검사

검사	표준점수	백분위 순위	기술적 평정
철자법 보기	9	37	평균
단어 선택	7	16	낮음
철자법 정확성	90	25	평균

주의: 철자법 보기 및 단어 선택 점수는 평균이 10, 표준편차가 3입니다. 철자법 정확성은 평균이 100, 표준편차가 15입니다.

카롤리나 고메즈: 부모님에 의해 의뢰된 ADHD, 난독증 아동의 재평가를 위한 심리평가 보고서 사례

제니 코프먼 싱어, 수전 엔기 라이포드, 나덴 L. 코프먼 작성

이름: 카롤리나 고메즈
학년: 7학년
나이: 12세 10개월
임상가: 제니 코프먼 싱어, PhD

의뢰사유 (J1)

카롤리나는 부모님에 의해 검사가 의뢰되었습니다. 그분들은 중학교 읽기와 수학에서 계속되는 딸의 어려움에 걱정하고 있습니다. 카롤리나는 난독증과 주의력결핍 과잉행동장애, 복합형이라는 진단을 받았습니다. 그녀는 현재 ADHD에 처방된 정신자극제를 복용하고 있으며, 독서와 수학 곤란을 목표로 한 집중적인 개입을 수년간 받아 왔습니다. 카롤리나의 중학교는 팀 지향적인 접근 방식을 가진 자율형 공립학교(charter school)로, 학업 기술을 입증하는 것뿐만 아니라 다른 사람들과 잘 협동할 수 있을 때 좋은 점수를 받습니다. 그녀는 이런 환경에서 잘 성장해 왔지만, 여전히 읽기와 수학에서는 어려움을 겪고 있습니다. 카롤리나의 부모님은 그녀가 고등학교에서 더 어려운 자료들을 접하게 되면 어떻게 해 나갈 수 있을지 걱정하고 있습니다.(J2)

J1. 부분적으로 이 평가는 수년간의 개입, 개인교습, ADHD 약물 복용이 카롤리나의 원래 프로파일을 어떻게 바꾸었는지 알아보기 위해 필요했다. 때때로, 교정을 받는 것은 초등학교를 졸업 후 학생들에게 강점과 약점의 점수와 패턴을 변화시킬 수 있다. 비록 카롤리나가 이제 겨우 7학년이지만, 고등학교와 대학에서 성공하기 위해 필요한 조정들을 미리 살펴보기 시작하기에 과하게 이른 것은 아니다. 아이의 학교생활 초기에 다른 조정의 필요성을 일찌감치 확인하고 시험 시간 연장과 같은 구체적인 도움을 받았던 이력을 보여 주는 것은 중요하다. 카롤리나에게 SAT나 고등학교 졸업 시험과 같은 시험이 다가오기 때문에, 이러한 조정은 미리 준비되어야만 한다.

KTEA-3 종합판은 다년간의 개입 후에 모든 학업 영역에서 카롤리나의 강점과 약점을 알아내기 위해 목표로

실시되었습니다. 수학과 같은 특정 과목에서의 어려움이 지속되는 동안, 어떤 면에서는 개입이 성공한 것으로 증명되었습니다.

> J2. 카롤리나는 1학년 때 KABC-II 검사를 받았다. 그래서 이 평가는 웩슬러 검사에 집중하기로 결정되었다. 모든 개입이 이루어진 다음에 변화한 그녀의 학습 양상에 대해 의문점이 있었기 때문에, 나는 WISC-V 통합판이 카롤리나가 정보를 가장 잘 처리하는 방식에 대한 확장된 정보를 얻을 수 있는 방법이라고 판단했다.

평가절차

- 부모님들의 추가 면담
- 교육자들과의 추가 면담
- 학교성적 및 다척도 집단성취도 검사결과 검토
- 교실 내 관찰
- 웩슬러 아동 지능검사, 5판(WISC-V)
- 웩슬러 아동 지능검사, 5판 통합판(WISC-V 통합판)
- 카우프만 학업성취도 검사, 3판(KTEA-3)
- 그림 표본

배경정보 (J3)

카롤리나는 캘리포니아 새크라멘토에서 친부모, 열 살인 여동생과 함께 살고 있습니다. 카롤리나의 아버지는 자라면서 딸과 비슷한 읽기 문제를 겪었습니다. 비록 그는 여전히 어떤 측면에서는 읽기에 어려움을 겪고 있지만, 그는 그것을 극복하고 교육적으로 상당한 성공을 거둘 수 있었습니다. 카롤리나의 부모님은 모두 높은 수준의 학력과 많은 책임이 요구되는 전문직 경력을 가지고 있습니다.

> J3. 아버지의 읽기 문제를 공개한 것은 카롤리나의 진단적 신뢰도를 높이기 때문이었다. 그것은 또한 독자들에게 카롤리나의 미래에 대한 희망을 품을 수 있게 해 준다. 난독증이 반드시 교육적인 실패로 이어지는 것은 아니다.

카롤리나의 어머니는 임신과 출산에서 심각한 문제는 없었다고 했습니다. 카롤리나는 첫 생일 전에 걷고 말하기 시작했고 다른 모든 면에서 정상 속도로 발달했습니다. 카롤리나는 세 번의 귀 감염 후에 귀 튜브를 삽입했었지만, 1학년 때에는 관을 제거했고 현재 청력이나 시력에 아무런 문제가 없습니다.

카롤리나는 새크라멘토의 한 지역에서 태어난 후에 같은 도시의 다른 지역으로 단 한 번 이사했습니다. 그녀는 매우 안정적이고 사랑 넘치는 가정생활을 해 왔고 많은 가족, 친구들, 친척들과 친밀합니다. 카롤리나는 친한 친구들과 활발한 사회생활을 하고 있습니다.

카롤리나는 춤과 축구에 흥미가 있습니다. 그녀는 가끔 발목을 다치기도 하지만 두 가지 활동 모두 잘 해 나가고 있습니다.

카롤리나는 스페인어 몰입 초등학교에 다녔고 때때로 집에서도 스페인어에 노출되었습니다. 그녀의 부모님 두 분 다 2개 국어를 구사하고 있지만(그녀의 아버지는 에콰도르에서 자랐고 교육을 받았습니다), 영어는 가정에서 가장 많이 쓰이는 언어입니다. 학교에서의 어려움은 유치원에서 학업에 관심을 갖게 되면서 문제로 부각되기 시작했습니다. 그녀의 유치원 선생님은 카롤리나가 학교 과제에 관심을 갖도록 하기 위해 칭찬과 다른 독려법들을 사용했습니다. 카롤리나의 초등학교 선생님들은 그녀가 학교 과제에 집중하고, 읽기 및 수학 기술을 배우는 데 도움을 주기 위해 수년간 그녀와 함께 노력해 왔습니다.(J4)

> J4. 과거의 개입에 대해 논의할 때 그 개입의 효과를 추정해 보자. 만약 그것들이 성공적이라면, 의사결정자들은 미래의 노력도 가치가 있을 것이라고 믿을 만한 이유가 있을 것이다. 만약 과거의 노력이 성공적이지 못했다면, 의사결정자들이 그에 따른 계획을 세울 수 있도록 그 이유를 설명하려고 노력하자.

카롤리나는 1학년 때 중등도의 난독증 진단을 받은 후 일주일에 4번 난독증 개인교사들로부터 집중적인 방과 후 도움을 받았습니다. 그녀는 린다무드-벨[1] 교사들과 함께 수년간 몇 차례 집중적인 회기가 포함된 개입을 받아 왔습니다. 개인교습은 그녀의 기초 읽기 기술(예: 단어를 소리 내어 읽기) 향상에는 도움이 되었지만, 보다 훈련하기 어려운 독해능력은 여전히 또래들에 비해 뒤처져 있습니다. 최근에 그녀는 일주일에 2시간씩 수학 과외교사와 만나기 시작했는데, 이것은 도움이 될 것으로 보입니다.

카롤리나는 1학년 때 ADHD 진단을 받았고, 2학년 때부터 정신자극제를 복용하기 시작했습니다. 카롤리나는 이러한 약물치료에 매우 잘 반응했고, 집중력과 주의력이 극적으로 향상되었습니다. 그녀는 현재 504 계획을 받고 있지만 학교에서 활용되는 활동적이고 팀 중심적인 접근 때문에 조정은 거의 필요하지 않은 것 같습니다. 카롤리나는 주의력 결핍에도 불구하고 자신의 수업에 계속 참여할 수 있는 방법을 찾기 위해 열심히 노력합니다. 그녀의 선생님들은 카롤리나가 숙제를 잘 해 오는 예의 바른 학생이라고 묘사합니다. 그녀는 현재 수업에서 주로 B학점을 받고 있으며 간혹 A학점이나 C학점도 받고 있습니다.

카롤리나의 강점 중 하나는 자신의 부주의함에 초점을 맞출 수 있고, 그녀의 마음이 떠도는 것 같은 상태를 분명하게 표현할 수 있다는 점입니다. 그녀는 보통 집단 활동이 많고

---

1) Lindamood-Bell: 미국에서 널리 활용되는 읽기, 이해, 수학에 대한 전문적인 개입 프로그램으로 학습장애에 대한 집중적인 개입과 지도법을 활용한다(역자 주).

좋아하는 주제들에 대해 집단 토론을 하는 수업에서는 잘 집중할 수 있습니다. 그녀는 (수학 같은) 관심이 없는 과목에서는 주의분산 요소가 적기 때문에 강의방식의 수업을 선호합니다. 다만 재미없는 주제와 산만한 대화들이 결합되면 그녀가 관심을 기울이려고 열심히 노력해도 집중력을 유지하기가 어려워집니다.

일반적으로, 그녀는 하루 중 이른 시간에는 기민하고 더 잘 집중할 수 있습니다. 하지만 수업이 끝나갈 때쯤에 그녀는 종종 안절부절못하고, 수업이 조용하고 질서정연하며 흥미로울 때에도 주의가 딴 데로 향하는 경향이 있습니다. 다행스럽게도 그녀는 6교시 수업의 시끄럽고 활동적인 환경에서 '교실을 배회'할 수 있습니다. 반면, 7교시 수업에서는 그녀가 몸을 움직일 기회가 없어서 최선을 다해도 집중하기를 어려워합니다.

외양과 행동특성

카롤리나는 키가 큰 12세 소녀로 올리브빛 피부에 검은색의 긴 머리를 하고 있는데, 이 소녀는 평가 기간 중 상당한 시간 동안 함께 놀이를 했습니다. 그녀는 검사 시간에 스웨터 셔츠를 입고 있었고 자주 웃으며 느긋해 보였습니다.(J5)

카롤리나는 회기 중 대부분에서 집중했습니다. 왜냐하면 회기는 집중력을 유지하는 능력에 부담을 주지 않게 고안되었고, 또한 ADHD 증상에 대한 정상적인 약물 복용 후에 방문했기 때문입니다. 검사 사이 남는 시간에 카롤리나는 자발적으로 나와서 가족에 대한 사소한 이야기들을 해 주었습니다.(J6) 그녀의 아버지는 에콰도르로 가족들과 출장을 갔다가 며칠 전에 돌아왔고, 카롤리나는 그곳의 할머니와 가까운 다른 가족들에 대한 이야기를 해 주었습니다. 그녀는 에콰도르에 있는 자기 가족의 뿌리가 깊고 얼마나 많은 친척들이 그 공동체를 이끌고 있는지를 자랑스럽게 말했습니다. 그녀는 또한 스페인어에 대한 사랑에 대해 이야기했는데, 그녀는 스페인어 몰입 프로그램을 유치원 때부터 시작해서 데이비스의 초등학교 내내 배웠습니다. 그녀는 현재 다른 학내 공식 프로그램에 참여하고 있지만, 여전히 학교에서 스페인어를 수강하고 있습니다.

> J5. 비록 카롤리나의 키, 올리브색 피부, 머리카락을 꼬는 습관에 진단적 가치는 없지만, 이것은 평가자가 카롤리나를 한 사람의 개인으로 보고 의사결정권자들에게도 그렇게 하도록 자극하는 인간적인 세부 사항들을 포함하기 위한 것이다.

> J6. 카롤리나는 뛰어난 사회적 기술과 자신의 주변에 있는 사람들과 관계를 형성하고자 하는 큰 욕구를 가지고 있다. 이러한 사회적 기술은 검사 과정 내내 뚜렷했고 때때로 검사자가 당면한 과제로 다시 돌아가라는 지시를 해야 할 필요도 있었다.

카롤리나는 평가 동안 대체로 편안해했지만, 비언어적이고 시공간적인 과제(예: 자극에 맞추어서 색칠된 블록을 짜놓는 것)를 수행할 때는 눈에 띄게 불편해했습니다. 카롤리나는 비언어적인 문항들에는 집중하기 위해 눈살을 찌푸리며 그림이나 추상적인 시각적 과제를 다루는 데 모든 주의를 쏟았습니다. 그녀는 응답을 시도하기 전에 자극 모델을 열심히 살펴보았습니다. 문항이 어려워지자 그녀는 가끔 신음소리를 내거나, 머리를 탁자에 대거나, 실망스러운 목소리로 말했습니다(예: 너무 어려워!). 그렇지만 카롤리나는 비록 낙담했을지라도 최선을 다해 수행했고, 시간이 충분할 때는 응답을 주의 깊게 검토했습니다.

카롤리나는 여러 번의 검사 회기 동안 지속적으로 자신의 신체적·사회적 요구를 충족할 수 있었습니다. 그녀는 화장실 휴식 시간을 자유롭게 요청했고, 소검사를 위한 재료가 준비되는 동안 대화를 나누었으며, 적절한 미소를 지으며 눈을 잘 마주쳤습니다.

자기보상 기법을 적용하는 방식이 기억과제 중에 관찰되었습니다. 그녀는 탁자에 숫자를 '쓰기' 위해 손가락을 사용했고, 필요할 때에는 손가락으로 글자를 그리기도 했습니다. 그녀는 자극에 대한 기억을 돕기 위해 호흡 속에서 되뇌었습니다. 카롤리나는 "이제 시작이야!"와 같은 문구를 사용하여 자신을 격려할 수 있었습니다. 그러나 이런 행동은 그녀가 좋아하지 않는 그리기 과제를 할 때 침착함을 유지하기에는 충분하지 않았습니다. 카롤리나는 답을 모른다고 말하는 데 아무런 거리낌이 없었습니다.

모든 검사 시간 동안 카롤리나는 휴대전화를 자기 옆의 탁자 위에 올려놓았지만, 쉬는 시간에 문자 메시지에 답할 때까지 휴대전화를 꺼둘 수 있었습니다. 쉬는 시간이 끝나면 휴대전화를 지시에 따라 재빨리 껐습니다. 일반적으로 카롤리나는 목표지향적이고 또래의 대부분의 학생들만큼 성숙해 보였습니다.

인지능력

전반적인 지적 능력 (J7)

인지적 측정치에서 카롤리나의 수행은 그녀의 전반적인 지적 능력이 또래의 다른 청소년들과 비교했을 때 평균 하 수준임을 시사합니다. 많은 연구들에서 인지 검사의 모든 점수에서 도출된 전체적인 지적 능력은 학교 내 성공을 예측하는 데 가장 좋은 역할을 합니다. 하지만 전

> J7. 카롤리나의 지능을 더 많이 기술하는 것은 중요했는데, 그녀의 인지 평가에는 강점과 약점에 대한 드문 프로파일이 있기 때문이다. 단지 그녀가 평균 하 범위에 있다고 말하는 것은 학교에서의 개입을 안내하기에 적절한 정보를 제공하지 못한다. 예를 들어, 그녀의 낮은 수학 실력은 저조한 시공간 능력, 손상된 작업기억, 느린 처리속도와 관련되었을 수 있다. 카롤리나에 대한 개입으로서 나의 권고는 각각의 시나리오마다 달라질 것이다. 그래서 다른 사람들이 그녀의 강점과 약점을 이해하는 것이 중요하다.

반적인 능력만을 설명할 때의 문제점은 그것이 아이들의 개별적인 강점과 요구에 대해 많이는 설명해 주지 않는다는 것입니다. 한 개인에 대한 이야기는 더 좁은 영역의 능력을 고려할 때 더 잘 이해되고 더 깊이 이해될 수 있습니다.

언어와 지식

말하기

카롤리나의 말하기 반응은 자주 정교화되었습니다. 그녀는 검사자가 그녀의 말을 받아 적을 때에는 더 자세히 말했습니다. 그녀의 말은 명확하고 표현력이 뛰어났으며, 그녀가 질문에 주고받는 대화방식의 응답을 하면서는 더 활기차고 편안해졌습니다. 때때로 그녀는 자신의 응답에 대해 자세히 설명하기 위해 손동작을 사용했습니다. 그녀는 이런 유형의 질문들에 대해 검사자에게 더 자세한 설명을 요청할 때 편안하고 자신감 있는 것처럼 보였습니다. 그녀는 단어의 의미를 알지 못하거나 두 가지 사물이나 개념이 어떻게 유사한지 알 수 없을 때에도 침착하고 동요되지 않았으며 밝은 태도를 보였습니다.

언어 이해와 일반적인 언어 지식

카롤리나가 습득한 지식을 떠올리고 응용하며 표현하는 능력, 즉 단어, 세계, 개인이 알아야 할 실용적인 중요한 지식들은 개인적인 강점이고, 검사점수가 평균에서 평균 상 범위에 해당합니다. 이 영역에서 그녀의 강점은 자신의 반응과 지식을 개방적인 형식으로 표현할 수 있을 때 가장 빛을 발할 것입니다.(J8)

> J8. WISC-V의 모든 언어 지식 소검사에서 동일한 검사에 대한 객관식 검사점수는 1~4점 낮았다. 비록 학업 문제가 있는 다른 사람들은 객관식 문제를 더 쉬워하는 것처럼 보일 수도 있겠지만, 카롤리나는 그러한 형식의 문제에서 다른 아이들에 비해 훨씬 덜 도움을 받는다. 검사 중 관찰된 행동에 따르면, 그녀의 낮은 점수는 부주의, 충동성, 읽기 유창성 부족의 조합에 의한 것으로 보인다.

하지만 다지선다 형식으로 바꾸게 되면 이것은 사실상 카롤리나에게 도움이 아닌 방해가 됩니다. 왜냐하면 그녀는 종종 어떤 것이 최선의 선택인지 알아낼 때까지 기다리기보다는 이 상황에서 가장 먼저 떠오른 실행 가능한 응답을 충동적으로 선택하기 때문입니다. 객관식 문제에 필요한 부가적인 읽기 능력도 카롤리나의 어려움을 가중시키는 것으로 보입니다. 이것은 놀라운 일이 아닌데, 왜냐하면 그녀는 다른 청소년들 수준으로 빨리 읽고 이해하는 데에는 어려움을 겪기 때문입니다. 천천히 읽는 것은 사람들로 하여금 읽은 모든 것을 기억하기 어렵고, 이해하기도 더 어렵게 만들 수 있습니다.

청해력

학생들이 학교에서 해야 하는 청해의 종류는 일상적인 말보다는 상대적으로 공식적인 말에 대한 이해가 더 많습니다. 그녀의 청해 검사 수행은 또래의 다른 청소년들에 비해 매우 낮음 수준이었습니다. 그녀가 교실에서 전형적인 또래에 비해 말의 의미를 이해하는데 훨씬 더 어려움을 겪는 이유 중 하나는, 그녀가 종종 집중력을 잃고 듣고 있는 것에서 얼마나 많은 것을 놓치는지 자각하지 못하기 때문입니다. 그녀가 집중을 할 수 있을 때의 청해력은 매우 낮음이 아닌 아마도 평균 하, 혹은 평균 수준일 것입니다.

음운학적 처리

음운학적 처리란 음운학적 정보나 단어의 기초 구성 요소를 사용하여 구두 및 서면 언어를 생성하고 이해하는 것을 말합니다. 거기에는 단어를 구성하는 기초 구성 요소를 듣고 조작하는 것과 매우 기본적인 정보를 마음에 보유하고 그와 관련된 정보를 찾는 능력이 포함됩니다. 이러한 기술들은 읽기를 배울 때 중요합니다. 카롤리나의 음운학적 처리 능력은 평균 범위에 속합니다.

빠른 자동적 이름대기

빠른 자동적 이름대기에는 문자, 숫자, 수량 등 과학습된 정보를 가능한 한 효율적으로 재인하고 회상하는 것이 포함됩니다. 그녀는 글자와 숫자를 매우 효율적으로 재인하고 회상하며 암송합니다. 그녀의 수행은 또래의 다른 청소년들에 비해 평균 상 수준입니다. 양적 측면을 인식하는 능력은 그렇게 효율적이지 않지만, 여전히 다른 청소년들에 비해 평균 범위 내에 들어갑니다. 빠른 양적 재인은 수학적 능력과 관련이 있기 때문에 이것은 놀라운 일이 아닙니다. 그러나 전체적으로 볼 때, 학업 기술에서 그녀의 약점은 읽기, 쓰기, 수학과 관련된 과학습된 정보의 기초 구성 요소를 다룰 때의 낮은 효율성만으로는 설명되지 않습니다.

추론 및 문제해결

추론은 사물이나 관념이 집합으로 이해되는 방식이 정의된 기저의 규칙이나 관계를 찾고 적용하는 능력입니다. 그녀의 추론 능력은 매우 낮음 수준이며 이것이 (그녀의 다른 능력들에 비해) 개인적인 약점입니다. 일부분은 수학에서의 어려움들로 설명될 수 있고 일부는 그것들과 관련됩니다. 왜냐하면 많은 추론 과제들은 수학과 유사하거나 그와 관련된 사고를 포함하기 때문입니다. 특히, 수학이 문제해결에 포함될 때, 그녀에게 더 많은 시간을 주고 연필과 종이를 사용할 수 있게 해 주는 것은 도움이 되는 것으로 보입니다. 또한 그녀는 단어 문제를 방정식으로 변환하는 과제보다는 의미 있는 사물들 간의 관계에 대한 과제일 때 추론과 문제해결을 더 잘할 수 있습니다. 왜냐하면 단어를 방정식으로 변환하는 것은 그녀의 강점이 아니기 때문입니다.

시공간적 처리

시공간적 처리란 시각적 세부 요소를 평가하고, 공간 안에서 시각적 부분들 간의 관계를 이해하며, 그 정보를 사용하여 모델과 일치하는 기하학적 도안을 조합할 수 있는 능력입니다. 때때로 이 능력을 드러내려면 실제 물체를 활용하고 움직이는 능력이 필요합니다. 그녀의 시공간적인 처리 능력은 또래의 다른 아이들에 비해 매우 낮음 수준이며 (그녀의 다른 능력들에 비해) 개인적인 약점입니다. 그녀는 자주 "이건 이해가 되지 않아요."라고 말했고, 이 과제에서 문제를 해결하려는 시도를 중단했습니다. 그러한 약점은 수학적 학습에 문제가 있는 청소년들에게 흔하게 나타납니다. 수학적 학습은 머릿속에 있는 사물들과 선들을 보고 그것들이 구성되거나 연관된 방식을 이해하는 데 상상력을 사용할 수 있는 능력을 필요로 하기 때문입니다. 이 영역에서 카롤리나의 어려움은 느린 속도나 신체적 (운동) 문제 때문은 아닌 것 같습니다.

학습과 기억

카롤리나의 학습과 기억은 미래의 학업 성공에서의 역할과 함의를 검증하기 위해 평가되었습니다. 기억과 학습은 서로 밀접하게 연관되어 있고 학교 성취도에서 매우 중요합니다.

작업기억

작업기억은 자신의 인식 안에 있는 정보를 받아들이고 유지하고 조작하는 능력이며, 이것은 표현 가능한 모든 유형의 결과물을 얻기 위한 것입니다. 그녀의 작업기억은 또래의 다른 청소년들에 비해 평균 수준이지만, 개인적인 강점 영역입니다. 그녀가 새로운 요구나 문제를 몇 차례 경험하고 기대에 적응할 기회를 가진 후에는 수행이 향상될 수 있음을 시사합니다.

연합기억

그녀의 시각적-언어적 연합기억, 즉 상징과 의미 사이에 새로운 연합을 형성할 수 있는 능력은 또래의 다른 청소년들에 비해 평균 상 범위에 있습니다. 이 유형의 기억은 특히 읽기, 쓰기, 수학 학습과 관련이 있는데, 왜냐하면 이 모든 기술들에는 의미가 할당된 상징체계를 학습하는 것이 포함되기 때문입니다. 그녀는 30분 후에 기억을 회상하려 할 때보다 지난 몇 초 또는 몇 분 동안 학습한 연합을 회상할 때 상대적으로 더 강한 수행을 보여 줍니다. 하지만 만약 그녀가 그 시점에 갑자기 그것을 회상할 필요 없이 다른 가능성들 중에서 의미를 선택할 수 있다면, 훨씬 더 잘 수행할 수 있을 것입니다.

처리속도

처리속도는 시각 정보에 대해 신속하고 정확한 판단을 내리고 이러한 판단을 실행으로 옮기는 능력입니다. 정보가 빠르게 처리되지 않으면 그 정보는 소실되는 경향성이 있기 때문에 느린 처리속도는 학업성취도를 저하시킬 수 있습니다. 그녀의 처리속도는 다른 또래에 비해 평균 수준이며, 그녀의 다른 인지능력에 비해서는 개인적인 강점입니다.

학력

읽기, 쓰기, 수학 영역에서 카롤리나의 기술이 본 항목에 기술되어 있습니다.

읽기

읽기 해독

글자와 단어를 인식하는 능력은 독해력에 매우 중요합니다. 읽기 해독에는 규칙적 단어(일반적인 언어 규칙을 적용하면 올바르게 읽히는 단어)와 불규칙 단어(사람이 그 단어에 익숙할 때에만 정확하게 읽을 수 있는 단어)가 포함됩니다. 또한 읽기 해독에는 인쇄된 글자와 글자 패턴을 소리로 변환하고, 언어 규칙을 따르는 방식으로 함께 말하는 것이 요구됩니다. 카롤리나의 읽기 해독은 또래들과 비교했을 때 평균 수준입니다.

읽기 유창성

단어를 정확하고 빠르게 인식하는 것도 읽는 것을 이해하는 데 도움이 됩니다. 무음으로 읽기는 카롤리나가 또래들에 비해 어려워합니다. 하지만 소리 내어 읽는 능력은 평균 수준입니다.

독해력

독해는 구, 문장, 구절을 읽고 이해하는 것을 포함합니다. 이 능력은 한 구절에 명시된 답을 찾거나 함의된 생각을 표현함으로써 판단할 수 있습니다. 예를 들어, 한 구절의 주제를 확인하고, 저자의 관점을 설명하며, 그 구절에 기술된 사건의 원인을 추측하도록 요청할 수 있습니다. 읽은 것을 이해하는 그녀의 능력은 전반적인으로 평균 수준에 속합니다. 전형적인 구절에 사용되는 어휘의 습득은 카롤리나의 개인적 강점이지만, 그녀가 읽는 것에서 추론하거나, 설명하거나, 추측하거나, 결론을 도출하는 능력은 그녀의 또래들에 비해 낮습니다.

쓰기

손글씨

카롤리나의 필체는 상당히 읽기 쉽습니다. 비록 그녀는 꼼꼼하지는 않지만, 글자와 단어들을 적절하게 쓸 만큼은 충분히 주의 깊습니다. 그녀는 보통 손으로 쓴 글보다는 인쇄물을 사용합니다.[2)]

철자법

철자법을 잘하려면 소리를 눈에 보이는 글자로 변환하는 방법을 알아야 하고 대문자와 소문자, 숫자 및 구두점 같은 쓰기 언어에서 말하기 소리를 표상하는 인쇄된 기호를 사용할 수 있어야 합니다. 이것들은 읽기와 철자법에 대한 경험과 교실 내 지도를 통해서 학습됩니다. 이러한 영역 중 어느 것이든 약하면 철자법에 어려움이 생길 수 있습니다. 카롤리나의 철자법은 또래에 비해 매우 낮음 수준이며, 다른 학업 기술에 비해 극단적인 개인적 약점입니다.

쓰기 유창성

연필과 종이를 사용해서 문장을 쓰기 위해서는 철자법과 손글씨가 필요합니다. 철자법 능력과 손글씨 속도는 글씨를 빠르고 정확하게 쓰게 해 줍니다. 만약 이러한 기술 수준이 낮아서 수월하게 이어지지 않는다면, 그러한 (기초) 기술들이 단어 및 의미에 대한 좋은 선택을 하고 글쓰기 요소들을 잘 구성하는 것과 같은 더 중요한 기술들을 위해 활용되어야

---

2) 대체할 단어가 없어서 이렇게 번역했지만, 주로 키보드를 사용한다는 뜻이다(역자 주).

할 주의력과 작업기억 공간을 차지해 버립니다. 카롤리나의 글쓰기는 개인적인 강점이며 다른 또래들에 비해 매우 높은 수준이기 때문에 우려할 영역은 아닙니다. 하지만 그녀의 철자법이 또래들보다 훨씬 저조하기 때문에 이것은 상당히 흥미로운 결과입니다. 정확한 철자법이 필수 사항이 아니라면, 카롤리나의 글은 꽤 수월하게 흘러갑니다.

글쓰기 표현

글쓰기 표현은 적절한 주어-동사 일치와 동사 시제, 적절하고 의미 있는 내용, 적절한 구두점과 대문자 활용을 통한 완전한 문장의 글쓰기로 효과적인 의사소통을 하는 것을 포함합니다. 여기에는 복잡한 문장 구성과 아이디어 간 전환이 포함됩니다. 간단히 말해서, 글쓰기의 실용적인 측면이 포함됩니다. 그녀의 글쓰기 표현 능력은 평균 범위에 있고 우려할 영역은 아닙니다.

수학

수학적 계산

수학적 계산은 분수, 십진법, 대수학, 근과 지수, 부호 숫자 등과 같은 복잡한 기술을 통틀어 수학의 가장 기본적인 구성 요소들로 갖춰진 기술입니다. 이 영역에서 그녀의 기술은 다른 또래들에 비해 평균 하 수준이며, 향상의 여지가 있지만 주된 우려 영역은 아닙니다.

수학적 유창성

수학적 유창성은 초등학교 막바지까지 숙달되어야 하는 덧셈, 뺄셈, 곱셈, 나눗셈과 같은 기본적인 연산들로, 간단한 수학 문제에 빠르게 응답하는 것이 포함됩니다. 그녀의 수학 실력은 다른 또래에 비해 평균 하 수준입니다. 다시 말하지만, 이것은 주요한 우려할 영역은 아니고 개선될 여지도 있습니다.

수학적 문제해결

수학적 추론은 의미 있는 문제를 풀기 위해 추론과 수학적 개념을 적용하는 것을 포함합니다. 그녀의 수학적 추론 기술은 다른 또래들에 비해 매우 낮음 수준이며 주된 우려 영역입니다. 그녀의 수학적 계산과 유창성 기술을 향상시키는 것도 수학적 능력에 도움이 되겠지만, 개입을 위한 확고한 초점은 수학적 문제해결 능력에 대한 개입이 되어야 합니다.

임상적 인상

카롤리나에게는 주의력결핍 과잉행동장애(ADHD), 복합형(부주의 및 과잉행동/충동성 유형 모두)을 만족시키는 진단적 특성이 지속되고 있습니다. 그녀 스스로도 이러한 증상을 보고하고 있으며, 부모님과 교육자들도 마찬가지입니다. 이러한 증상은 일대일 상황(카롤리나와 한 명의 성인)에서는 잘 관찰되지 않지만, 집단 환경 및 학교의 공식적인 교실 환경에서는 두드러집니다. 이 진단에는 다음과 같은 몇 가지 부주의 증상들이 있습니다. 그녀는 과제에 주의를 유지하는 데 어려움을 겪고 있습니다. 그녀는 직접 말을 해도 듣지 않는 것 같으며(분명한 주의분산 요소가 없음에도 마음에 다른 곳에 있는 것 같습니다), 때때로 수업시간에 말했던 내용들에 대해 혼란스러워하는 것처럼 보입니다. 그녀는 지시 사항을 이행하는 데 어려움을 겪고, 다른 사람들은 그 지시 사항을 반복해야 합니다. 그녀는 어떤 수업에서는 쉽게 산만해집니다. 그녀는 지속적인 정신적 노력이 필요한 많은 과제들을 회피하고 싫어합니다. 그녀는 외부 자극에 쉽게 정신이 팔립니다. 또한 그녀는 정신자극제 복용을 잊어버린 날들에는 과잉활동 및 충동성의 몇 가지 증상들을 나타냅니다. 특히, 그녀는 수업시간에 지나치게 안절부절못하고 꼼지락거립니다. 그녀는 부적절하게 자리에서 일어납니다. 그녀는 손과 물건을 가만히 두지 못합니다. 그녀는 수업시간에 다른 학생들에게 과도하게 말을 하는데, 그녀가 들은 것을 놓치고 나서 다른 아이들에게 무엇을 놓치거나 잘못 이해했는지 종종 물어보기 때문입니다. 그녀는 자주 자리에서 몸을 돌리거나 의자에 기대앉습니다. 또한 카롤리나는 학교 수업이 끝날 때쯤에는 산만해집니다. 자기 보고에 따르면 이러한 문제들은 카롤리나에게 유의미한 고통을 유발하는 문제이며, 학교에서 최선을 다하고자 하는 그녀의 능력에 악영향을 미칩니다.

또한 카롤리나는 읽기, 수학, 쓰기 표현 중 특정 영역에서의 기술 손상을 동반한 특정학습장애에 대한 진단을 받을 수 있습니다. 그녀는 조정과 더불어 다소 집중적인 학업지원을 받고 있으며, 이러한 집중적인 지원으로 대부분의 과목에서 B학점을 받고 있습니다. 그러므로 그녀가 특정학습장애를 보이고 있으면서도 현재 수준의 성취도를 보이는 것은 많은 노력과 지원이 있기 때문입니다. 카롤리나의 어머니는 그녀가 대학에 가고 싶어 하는 것 같다고 보고했습니다. 대학 환경에서는 이와 동일한 서비스를 이용할 수 없기 때문에, 이러한 문제들을 해결하는 것은 중요합니다. 게다가 그때의 학습 환경에서는 이러한 조정을 이용할 수 없을 수도 있습니다.

특정학습장애의 심각도는 중등도 수준입니다. 그녀의 ADHD 증상은 수행과 학습을 방해하기 때문에, 이 증상의 추가적인 감소는 이 영역들에서의 개선으로 이어질 수 있을 것입니다.

진단적 인상

314.01 주의력결핍 과잉행동장애(ADHD), 복합형, 중등도

315.00 읽기장애가 있는 특정학습장애: 무음 읽기 유창성 및 독해력, 중등도 (J9)

참고: 난독증은 정확하고 유창한 단어 인식의 문제, 부실한 해독, 부실한 철자법 능력을 특징으로 하는 학습곤란 패턴을 지칭하기 위해 사용되는 대안적인 용어입니다. 난독증은 현재 카롤리나의 읽기 기술 결손을 설명하지 않습니다.

315.2 쓰기 손상이 동반된 특정학습장애: 철자 정확도, 고도 (J10)

315.1 수학 손상이 동반된 특정학습장애: 수학적 추론의 정확도 및 수학 유창성, 중등도

대부분의 공립학교 환경에서, 카롤리나는 청해에서도 특정학습장애를 가지고 있는 것으로 분류될 것입니다. 이 학습장애는 ADHD의 부주의 증상으로 보이는 일부 결손을 설명하기 위해 자주 적용됩니다.

마찬가지로, 청각학자나 언어치료사는 카롤리나를 청각 정보 처리 장애나 중추성 청각 정보 처리 장애로 진단할 수 있는데, 이것은 ADHD의 부주의 증상을 설명할 때 종종 확인되는 질환입니다.

> J9. 나는 난독증에 대해 설명했다. 왜냐하면 난독증이 무엇인지 확실히 이해하지 못하는 사람들이 많기 때문이다. 나는 카롤리나가 몇 년 전에 진단받았을 때와는 대조적으로 현 시점에서는 기준을 충족시키지 못하고 있다고 지적했다. 그녀는 해독 결손에 대한 세부 자격을 갖추는 데 필요한 요소를 만족시키지 못한다. 아마도 수년간의 개인적인 난독증 치료가 이러한 개선을 낳았을 것이다.

> J10. 나는 수학 유창성을 중점 영역으로 언급했다. 비록 표준점수가 87점이고 일부 학군에서는 수학 유창성과 관련된 서비스를 받을 자격을 충족하지 못하겠지만, 신뢰구간은 85점 이하로 내려가므로 그녀에게 이 서비스가 필요하다고 주장할 수 있다.

권고 사항

의학적

카롤리나의 ADHD 증상을 완화시키기 위한 투약 지속이 강력히 권장됩니다. 이 보고서를 처방 의사와 공유하십시오.

ADHD의 가장 효과적인 치료법은 약물치료와 다른 방법들을 결합하는 것입니다. 여기에는 다음과 같은 것들이 포함됩니다.

- 신체적 운동은 카롤리나의 건강에 매우 중요하며, 그녀의 ADHD 증상을 더 완화시킬 수 있습니다. 하루에 한 시간씩 적어도 일주일에 다섯 번은 권장됩니다.
- 뉴로피드백 훈련은 카롤리나의 ADHD 증상을 완화시키는 데 도움이 될 수 있습니다. [업체명 수정]에서 이러한 서비스를 제공할 수 있습니다. [연락처 정보 수정]
- 학교에서 사용할 시팅 디스크와 바운시 밴드[3]를 고려해 보십시오. [웹 사이트 이름 수정] 또는 다른 곳에서 많은 정보를 얻으실 수 있습니다. 그것들은 과잉행동이 있는 사람들에게 상당한 도움이 될 수 있습니다. 성인용 바운시밴드는 시팅 디스크처럼 사용할 수 있습니다(직장을 다니는 성인들도 체형 유지를 위해 사용합니다).
- 청해 결손이 있는 청소년들은 종종 지시를 따르지 못하고 특정한 개념들을 이해하지 못하는 것처럼 보이곤 합니다. 그들은 들은 것을 이해하기 위해 특별히 더 노력해야 합니다. 카롤리나는 청각 정보 처리 장애를 청각학자에게 평가받을 수 있습니다. 그들이 추천하는 치료법은 일부 사람들에게 도움이 됩니다. [연락처 정보 수정]
- 학교에서 요구되는 것이 아니라면 스마트폰과 태블릿 화면 보는 시간을 최소한으로 유지하십시오. 백라이트 스크린은 ADHD 환자에게서 흔히 불안감을 유발하는 것으로 알려져 있습니다.

작업치료적 평가 및 치료

직업치료사로부터 평가를 받아 교실 내 가외 소음에 대한 민감성이나 학교에서 어려움에 기여하는 운동 요구와 같은 감각처리 문제들(청각 및 고유 수용성[4])이 있는지 판단해 보십시오. 감각처리 문제가 관련된 경우 작업치료가 권장됩니다.

인지적 기술

시공간적 개입

- 시각적 표시, 도면, 도형 및 도표를 읽는 방법을 교육하세요.
- 카롤리나가 완수해야 하는 어려운 퍼즐을 제공하세요.

---

3) Seating Disk는 의자에 놓고 쓰는 고탄력의 패드이고, Bouncy Band는 책상 다리에 부착하는 충격완화 장치다. 원래는 자세 교정이나 근육 이완을 위해 사용하는 것이지만, 이 경우에는 ADHD 아동의 산만한 몸의 움직임으로 인한 소음의 감소나 편안한 움직임을 제공하기 위한 목적으로 사용된다(역자 주).

4) Proprioceptive: 스스로의 운동이나 자세에 대한 감각을 말한다(역자 주).

유동적 추론 개입

- 그녀가 문제를 해결하기 위해 스스로를 안내하는 방법과 따라야 할 단계를 말로 나열하는 방법을 알려 주세요.
- 읽은 내용에 대해 질문하도록 해 주세요.
- 비판적 사고 기술을 교육해 주세요. [책 이름 수정]은 집에서 청소년과 함께 읽고 토론하기에 좋은 책입니다.

학교

좌석 이탈 및 부주의와 과잉행동을 위해서

- 만약 수업에 참여하는 데 어려움이 있다면, 그녀는 교실 앞 선생님 옆에 가까이 앉아야 합니다.
- 그녀가 앉아 있을 때 더 잘 집중할 수 있도록 하기 위해 다음과 같이 계속 활동할 수 있도록 해 주는 방법을 탐색해 보세요.
  - 시트 디스크 및 바운시 밴드
  - 서 있는 책상이나 교단: 연구들은 과잉행동을 하는 아이들에게 서 있는 것을 허용함으로써 집중력을 유의미하게 향상시킬 수 있다고 제안합니다.
  - 수업시간에 책상 밑에서 쓸 수 있는 탁상용 자전거 페달 운동기구
- 그녀가 '피젯 토이'[5]를 사용하면 교실에서 더 효과적으로 집중할 수 있게 해 줄 수 있습니다. (많은 종류의 장난감을 인터넷에서 구매할 수 있습니다) 자처럼 생겨서 시선을 끌지 않고 활용 가능한 것들이 많이 있습니다.
- 카롤리나에게 교실에서 할 일을 배정합니다. 이 일은 그녀가 쉬지 못하는 시간에는 일어나 돌아다닐 수 있도록 하기 위한 것입니다. 그 일을 긍정적인 칭찬과 관심을 줄 수 있는 기회로 활용하십시오. 그녀에게 몇 가지 할 일을 제시하면서 선택권을 주십시오.
- 숙제를 더 작은 단위로 세분화합니다.
- 그녀를 자주 찾아가십시오.
- 관심사, 친구, 걱정 등에 대해 물어봄으로써 그녀의 참여를 유도하십시오.

5) Fidget toys: 손 안에 넣고 빙빙 돌리거나 누르는 등 어떤 식으로든 자극을 주면서 가지고 노는 장난감이다. 한국에서는 스피너라는 것이 유행한 적 있다(역자 주).

들과의 놀이 활동에 기꺼이 끼워 준 '어린 부모님'이었습니다. 토요일 아침에 세 남매는 사촌들을 방문하기 위해 2마일 정도 자전거를 타고 갔습니다. 돌아오는 길에 그의 누나는 자전거를 제어할 수 없어서 마주 오는 차들을 향해 방향을 틀었고 픽업트럭과 충돌했습니다. 그리고 그녀는 몇 시간 후에 병원에서 죽었습니다.

미첼은 그의 가족들이 친구, 친척, 교회 신도들로부터 받았던 뜨거운 지지를 생생하게 기억하고 있습니다. 돌이켜 보면, 미첼은 자기 가족에게 다가오려 했던 그들의 온정적인 노력에 감사하게 되었습니다. 그러나 그 당시에 그는 좋은 의도를 가진 사람들의 관심과 그의 감정을 묻는 빈번한 질문들, 도와주겠다는 막연한 제안들에 화가 났습니다. 비록 누나의 사진이 벽에 남아 있고, 가족들은 그녀를 가끔씩 회상했지만, 그 사고 자체는 언급된 적이 없었습니다. 미첼의 설명에 따르면, 나중에 그는 또래들보다 죽음의 운명에 대해 더 날카롭게 인식하게 되었고, 이것이 사소한 수다, 경박함, 시간 낭비를 더 견딜 수 없게 만들었다고 믿고 있습니다.(K3)

> K3. 미첼이 누나의 죽음에 대해 감정적으로 분리된 태도로 이야기했기 때문에, 나는 그가 누나의 죽음을 목격한 것이 평생 지속되는 외상 후 스트레스 장애로 이어졌을지도 모른다고 우려했다. 그리고 나는 일련의 진단적 질문들을 했다. 미첼은 나에게 좋은 의도에 대해 말했지만 오지랖 넓은 이웃들에 대한 이야기는 내가 신성한 영토를 너무 빨리 지나가고 있다는 것을 말해 주려는 그의 방식이었다. 그가 자신의 감정을 논의할 수 없었던 것이 아니라, 그에게 매우 사적인 것을 아직은 공유하려 하지 않은 것뿐이다. 그가 누나의 죽음에 대해 더 터놓고 이야기하기 전에 나는 대화의 속도를 줄이고 그의 신뢰를 얻어야 했다. 그리고 결국 그는 그렇게 해 주었다. 비록 나는 그가 치료자에게 계속되어 온 슬픔에 대해 이야기함으로써 도움을 받을 수 있다고 믿지만, 복합 애도나 외상 후 스트레스 장애의 증거는 찾지 못했다.

장례식이 끝난 지 얼마 지나지 않아 그의 부모님은 같은 집에서 살기는 했지만 사실상 별거 상태에 들어갔습니다. 그의 아버지는 지하실에서 일하고 먹고 잤으며, 손님을 응대할 때 외에는 거의 위층으로 올라오지 않았습니다. 그의 부모님은 미첼과 형이 집을 떠난 후에도 이혼을 하지는 않았지만, 계속 따로 생활했고 서로 거의 대화를 나누지 않았습니다. 미첼은 누나의 죽음에 대한 충격으로 이미 문제가 있었던 그들의 결혼생활이 파탄 났다고 믿고 있습니다.(K4)

젊었을 때, 미첼은 재능 있는 운동선수였고 평균 이상의 학생이었습니다. 고등학교를 졸업한 후, 미첼은 잠시 지역 대학에 다녔지만 곧 학업 과정을 지루하게 느꼈습니다. 그는 학비를 부담하기 위해서 처음에는 웨이터로 일했고 나중에는 요리사로 일했습니다. 그 당시에 그는 레스토랑의 요리사 중 한 명과 연애를 했는데, 그 사람은 레스토랑 사업에서 그에게 비공식적인 조언을 해 주기도 했습니다. 그녀의 격려를 받고 그는 요리학교에 등록했고, 그곳에서 요리기술 준학사학위를 받았으며, 나중에는 식음료 관리 학사학위를 받았습니다.

그가 요리연수를 마친 후에 미첼과 그의 파트너는 함께 식당을 열었지만 파산을 막기 위해 1년도 되기 전에 문을 닫아야 했습니다. 그는 이러한 경력상 차질을 자신의 경험 부족, 파트너와의 갈등, 그리고 불운한 시기 탓으로 돌리고 있습니다. 1990년의 불경기는 레스토랑이 문을 열기 몇 달 전부터 시작되었습니다. 미첼은 그 경험에서 배운 것이 나중에 그의 경력에서 매우 귀중한 것이 되었다고 말했습니다. 그때부터 그는 몇몇 성공한 레스토랑에서 주방장과 수석 주방장으로 일했습니다.

그의 보고에 따르면, 미첼은 어려움에 빠진 음식점을 수익성 있는 사업으로 전환하는 일로 명성을 얻었습니다. 지난 9년 동안 그는 대형 고급 레스토랑의 주방장이었습니다. 미첼의 말에 따르면, 그 식당은 그가 그곳에서 일하기 시작하기 전에는 10년 이상 쇠락해 가고 있었습니다. 그는 그 레스토랑의 가능성에 대한 자신의 비전을 실현하기 위해 고용되었습니다. 미첼은 자신의 변화 노력이 성공적이었으며, 레스토랑은 그가 수석 주방장으로 온 이후로 매년 이익을 냈다고 보고했습니다.

K4. 비록 누나의 죽음으로 인한 그의 고통은 급격한 것이었지만, 부모님들의 냉전은 미첼에게 더 깊은 상처를 남겼다. 가족 내 역동은 짧은 평가 보고서에 실을 수 있는 것보다는 더 복잡했다. 청소년기에 미첼은 어머니가 그녀의 비난하는 말로 아버지를 내쫓은 것에 대해 분개했고, 그녀가 품위 없고 수치스럽게 하지만 점점 더 필사적으로 남편을 가족 안으로 다시 끌어들이려고 하는 것을 알게 되었다. 어른이 되었을 때, 그는 가족생활에서 철수하고 모든 화해 시도를 거부한 아버지를 원망했다. 이제는 부모님이 돌아가셨기 때문에, 그는 오랫동안 그들을 원망해 왔던 것에 주로 죄책감을 느끼고 있다. 만약 그가 치료에서 이 문제를 탐색한다면, 그는 온전히 인간적인 어른인 두 부모를 향한 훨씬 더 깊은 연민을 발견하게 될 것이라고 나는 생각한다. 나는 또한 이를 통해 그는 가족에게 일어난 일을 이해하기에 충분한 안내를 받지 못한 어린 시절의 자기에게도 더 깊은 연민을 발견하게 될 것이라고 생각한다.

미첼은 두 달 전 무술 교관과 대련을 하다가 부상을 당했습니다. 하이킥 시범을 보이던 교관이 실수로 미첼의 오른쪽 광대뼈를 가격했습니다. 미첼이 의식을 잃자 구급차가 즉시 출동했습니다. 그는 부상 후 1분도 안 되어 의식을 회복하는 것 같았습니다. 하지만 그 자리에 있었던 사람들에 따르면, 미첼은 화를 내며 터무니없는 욕을 했고, 자신이 멀쩡하고 구급차가 필요 없다고 했습니다. 비록 그가 욕을 하거나 구급차에 탄 것을 기억하지는 못했지만, 미첼은 병원에 도착한 이후의 모든 사건들은 기억할 수 있었습니다.

병원에서 시행된 인지 선별 검사에서는 아무런 손상도 시사되지 않았으며 CT 검사에서는 출혈이나 골절상이 발견되지 않았습니다. 경미한 머리 부상(부기, 두통, 피로 등) 증세만 보였기 때문에 주치의는 완쾌를 예상했고 미첼은 하룻밤 만에 병원에서 퇴원했습니다.

그 후 며칠 동안 미첼의 볼 부기는 나아졌지만, 두통과 피로는 지속되었습니다. 그는 부상 후 3일 만에 복귀했지만 몇 시간 만에 지쳐 버려서 일을 할 수 없었습니다. 그 후 며칠간 그는 좀 더 오래 일할 수 있었지만 쉽게 짜증이 나고 산만해져서, 부업에서는 큰 실수를 했고 손님들을 불쾌하게 만들 정도로 음식을 지연시켰습니다.

부상 후 2주가 지나자 미첼의 두통은 지속되었지만 다소 약해졌습니다. 특히, 바쁘고 스트레스를 받는 교대근무 후에, 그는 사소한 오해로 제과부 주방장에게 화를 내며 소리를 질렀습니다. 그는 자신의 잘못을 깨닫고 더 효과적으로 사과할 수 있도록 마음을 가라앉히기 위해 밖으로 나갔습니다. 그 후 밖에서 그는 20분 동안 공황발작을 일으켰습니다. 그의 고용주가 그가 평정을 되찾기 어려워하는 것을 발견했을 때 그들은 미첼에게 전문적인 도움이 필요하다는 것에 동의했고, 이로 인해 평가를 받게 되었습니다. 미첼은 다음 날 밤에 또 공황발작을 일으켰고, 그 후 며칠 동안 몇 차례 공황발작을 일으켰습니다. (K5)

> K5. 비록 미첼은 공황발작을 겪고 있었지만, 그는 미래의 공황발작에 대한 두려움 때문에 회피를 하지는 않았기 때문에 공황장애는 아니었다.

미첼은 가끔 짜증이 날 때도 있었지만 직장에서 화를 낸 적은 없다고 말했습니다. 부상 이후 미첼은 훈련생들에게 두 차례 고함을 질렀습니다. 미첼은 프로의식을 매우 중시하기 때문에, 이러한 자신의 행동에 당황했고 나중에 소리친 사람들에게 사과했습니다.

평가절차

- 미첼 스탬파, 그레고리 스탬파(형), 브루스 알더(고용주)와의 면담
- 웩슬러 성인용 지능검사, 4판
- 우드콕-존슨, 4판 인지능력 검사
- 델리스-카플란 실행기능체계
- 성격평가 질문지

평가절차의 타당성

미첼은 3주에 걸쳐서 두 시간 걸리는 검사를 3회 받았습니다. 첫 번째 후속 회기는 첫 회기가 끝난 일주일 후였고, 두 번째 후속 회기는 2주 후에 이루어졌습니다. 미첼은 검사의 모든 측면에서 협조적이었고, 개방성과 자기탐구의 정신으로 평가에 임했습니다. 그는 면담과 질문지에서 나의 모든 질문에 직접적이고 통찰력 있는 답변을 해 주었습니다. 그는 모든 검사에서 최선을 다하고자 했습니다. 따라서 여기에 제시된 검사결과는 그의 현재 인지능력에 대한 합리적인 추정치일 가능성이 높습니다.

사회적 적응

미첼은 거의 30년 동안의 성공적인 경력을 가지고 있습니다. 그는 자신의 분야에서 고용주, 동료, 또래들의 존경을 받고 있습니다. 미첼은 돌아가신 부모님과 비슷하게 정치적으로도 적극적이며 지역사회에서 유명합니다. 그는 많은 지역 정치인들 및 지역사회 지도자들과 우호적인 관계를 유지하고 있습니다.

미첼은 종종 스포츠를 하고 평일 밤에 만나거나 여름마다 함께 캠핑을 가는 친한 친구들과 평생의 우정을 유지해 왔습니다. 그는 베이스 연주를 하며 종종 지역 컨트리 음악 밴드들 중 하나와 라이브 공연을 합니다. 그는 일주일에 몇 번씩 형의 가족을 방문하며 조카들의 삼촌 역할을 적극적으로 하고 있습니다. 몇 년 동안 그는 조카들의 보이스카우트에서 스카우트 마스터로 봉사하기도 했습니다.

미첼의 연애 생활은 친구관계나 가족관계보다 덜 안정적이고 덜 만족스러웠습니다. 비록 전통적인 결혼생활과 가족생활이 매력적으로 느껴진 적은 없었음에도 미첼은 온화하고 위로해 주는 관계를 함께 누릴 파트너를 오랫동안 구해 왔습니다. 하지만 아직은 찾지 못했습니다. 그는 일련의 여성들과 1년이나 2년 이상은 지속되지 않은 관계를 맺어 왔습니다. 그는 종종 첫 번째 구애에서 폭풍 같은 열정을 느꼈지만 관계가 깊어질수록 허무함을 느끼게 되었습니다. 그는 부모님이 서로를 대했던 방식을 지켜봤던 것이 특히 연인관계에서 경계심을 강하게 했다고 생각합니다. 그는 돌봄을 제공해야 하는 감정적으로 취약한 여성들에게 끌리는 자신의 패턴에 대해 상당한 통찰력을 갖고는 있었지만, 정작 그들이 그에게 의지하게 된 후에는 그들을 존중하지 않게 되었습니다. 그는 또한 관계에서 갈등을 경험할 때마다 짜증을 내고 정서적으로 거리를 두는 자신의 성향으로 인해 관계가 끊어졌다고 생각합니다.

성격 및 정서 기능

미첼은 외향적이고 야심차고 창의적이며 양심적인 사람입니다. 그는 종종 친구들과 지역사회의 저명한 회원들과 함께 사교 모임을 조직합니다. 그의 창의력은 보통 주방에서의 혁신보다는 실용적인 문제해결과 고객 만족을 위한 현명한 방법의 모색을 지향합니다.

미첼은 자신의 일에 자부심을 가지고 있고 자신이 일에 헌신하는 것보다 덜 헌신적인 직원들은 잘 참아 내지 못합니다. 그는 자신을 비판하는 말에 대해서는 둔감하고 다른 사람들도 자신에게 솔직하게 말하기를 기대하는 경향성이 있습니다. 그는 스스로를 혹독하게 대하는 강인한 성격의 소유자이지만, 매우 신중하기 때문에 타인에게 그렇게 가혹하지는 않습니다. 또한 그에게는 보다 부드럽고 자비로운 면도 있습니다. 그는 스카우트 마스터로서 다른 스카우트들에게 인기가 없거나 놀림을 받을 수 있는 아이에게는 최대한 빨리 확실하게 필요한 것을 제공해 줄 수 있습니다. 또한 그는 변함없는 충성심을 보여 주는 개에 대한 영화들은 계속 그를 눈물짓게 한다고 고백했습니다.

최근 직장에서 있었던 공황발작이 그에게 처음은 아니었습니다. 약 25년 전 미첼이 레스토랑을 유지하기 위해 고군분투할 때 그는 일련의 공황발작을 겪었습니다. 하지만 그가 자기 식당을 닫고 다른 일자리를 구한 후에는 공황발작이 멈췄습니다. 하지만 미첼은 때때로 공황발작 직전까지 갔다고 느낀 적은 있지만, 이번 부상이 일어나기 전까지는 항상 공황발작을 일으키기 전에 완전히 진정시킬 수 있었다고 보고했습니다.

평소에 미첼은 침착한 태도를 보여 줄 수 있지만, 불안한 걱정이 온통 마음속을 뒤덮고 있다고 보고했습니다. 보통 그는 자신의 계획이 어그러지고, 만족하지 못한 고객들이 부정적인 평가를 쓰며, 동료들이 그에 대한 존경심을 잃어버리게 될까 봐 걱정합니다.

미첼이 기억할 수 있는 한, 그는 잠을 자지 못할 거라는 자기충족적인 걱정을 하고 있습니다. 주치의는 불면증에 대한 약을 미첼에게 처방했지만 그는 그 약이 생생하고 괴로운 악몽을 불러일으키는 것 같아서 복용을 회피합니다.(K6)

> K6. 미첼은 자신의 불면증과 누나의 죽음을 목격했던 외상 후 스트레스 사이의 직접적인 연관성을 알아차리지는 못했다. 하지만 그는 자신의 슬픔과 공포를 처리하면서 밤에 불안하게 걱정하는 습관이 어린 시절에 형성되었을지도 모른다는 나의 의견에는 관심을 보였다.

그의 최근 공황발작은 여러 가지 요인이 복합적으로 작용한 것으로 보입니다.

1. 그의 기질은 불안한 경향이 있고, 초기 외상 경험은 공황발작에 취약하게 했습니다.
2. 그는 부상에 따른 두통, 피로, 산만함이 지속되어서 경력이 위태로워질 것을 걱정하고 있습니다. 그래서 그의 사고는 그를 25년 전 레스토랑이 망해서 공황발작을 일으켰을 때와 같은 마음의 틀에 사로잡히게 했습니다.
3. 머리 부상에서 회복된 사람들은 종종 그들의 통제력의 약화된 듯한 격렬한 기분 변화를 경험합니다. 그래서 부상의 후유증은 일시적으로 불안을 견디는 그의 힘을 약화시켰습니다. 최근의 분노 폭발도 일시적으로 그의 통제감이 저하된 것에서 비롯되었습니다.

인지능력

미첼의 일반적인 인지능력은 평균에서 평균 상 범위에 있습니다. 즉, 미첼은 평균 범위나 그 이상의 지적 능력으로 효율적인 추론을 할 수 있고, 유용한 정보를 학습할 수 있으며, 일상 환경에서 직면하는 관련 문제들을 해결할 수 있습니다. 강점인 어휘와 폭넓은 언어 지식을 통해 그는 직장 및 지역사회에서 리더십이 필요한 역할들에서 효과적으로 의사소통할 수 있습니다.(K7)

> K7. 보통 나는 한 사람의 인지검사 결과에 대해 좀 더 자세히 논의하지만, 미첼의 프로파일은 이례적으로 평범하다. 그리고 나의 주된 요점은 미첼의 부상이 심각한 영구적 손상을 야기하지 않았다는 점을 확인해 주는 데 있다.

> K8. WAIS-IV는 첫 번째 회기에, DKEFS는 두 번째 회기에, WJ IV 검사는 세 번째 회기에 시행되었다.

검사 첫날, 미첼의 집중력 곤란은 집중 및 유연한 주의 관리가 필요한 몇 종류의 검사에서 명백하게 드러났습니다. 일주일 후, 후속 검사결과는 머리 부상의 일시적인 효과가 사라지기 시작했음을 시사했습니다.(K8) 2주 후, 그는 추가적인 후속 주의력 검사에서 주의력이 그다지 필요하지 않은 검사만큼 높은 점수를 받았습니다. 따라서 미첼의 두려움과는 반대로, 의사가 예측했던 것처럼 집중력 곤란은 일시적인 것일 가능성이 높습니다. 비록 미첼은 마지막 검사 시간에도 피로와 집중력 곤란에 대해 걱정하기는 했지만, 첫 검사 회기 이후로 증상이 상당히 개선되었다고 말했습니다.

요약 및 예후

미첼 스탬파는 스포츠로 인한 머리 부상 후 요리사로서의 업무 수행이 악화된 51세의 남자입니다. 그 부상이 그의 인지능력에 미친 영향은 고통스러웠지만, 경미하고 일시적이었습니다. 평가가 마무리될 때쯤에는 피로와 집중력 곤란이 대부분 사라졌습니다. 경미한 머리 부상의 사례에서 흔히 볼 수 있듯이, 그는 격렬한 기분 변화를 겪었고 분노와 불안의 통제가 약화된 느낌을 받았습니다. 비록 그가 직장에서 몇 번의 공황발작과 분노 폭발을 겪었지만, 이러한 증상들 또한 일시적이며 앞으로 수 주, 수개월 이내에 완전히 회복될 것으로 보입니다.

미첼을 위한 개인적 권고

- 비록 당신이 잘 회복되고 있지만, 경도 뇌 손상의 특성을 배우고 회복에 도움이 되는 다른 기술을 익히는 것이 좋으실 겁니다. 유용한 자료 중 하나로 셰릴 설리번 박사의 『뇌 손상 생존 키트』라고 불리는 짧고 실용적인 책이 있습니다. 설리번 박사는 수년

간 뇌 손상을 치료한 의사로서 스스로도 스키 사고로 수개월간의 치료가 필요한 경도 외상성 뇌 손상을 당했습니다. 설리번 박사는 책에서 자신의 이야기를 간결하게 설명하고, 자신과 환자들이 회복하는 데 도움이 된 전략들의 요점을 명료하게 설명합니다. (K9)

K9. 나는 자세한 지시 사항 목록을 주기보다는, 수검자들에게 팸플릿, 워크시트, 추천서를 제공하는 것을 선호한다.

- 향후 몇 주나 몇 개월 내에 공황발작과 짜증이 가라앉을 가능성이 높지만, 당신의 감정관리에 도움이 될 단기적인 개입법들은 많습니다. 저는 에드먼드 J. 본의 『불안과 공포증 워크북(The Anxiety and Phobia Workbook)』을 실용적이면서 잘 검증된 감정조절 전략으로 소개합니다. 여기에는 명상, 점진적 근이완, 호흡 조절, 도움이 되는 자기대화가 포함되어 있습니다. (K10)

K10. 보통 나는 심리치료 권고 사항을 먼저 쓰고, 그 다음에 권고 사항을 읽는다. 이 경우에, 미첼은 심리치료를 시작하기를 꺼린다는 의사 표현을 분명히 했다. 나는 이 순서대로 권고안을 제시하는 것이 방어성을 높일 가능성이 덜하고 더 설득력 있을 것이라고 추정했다. 때때로 실용적인 사고방식을 가진 수검자들은 몇 가지 실용적인 기술을 읽고 시도해 본 다음에야 치료에 더 개방적이 된다.

- 『불안과 공포증 워크북』에 기술된 감정조절 기법은 그 자체로도 도움이 되지만, 머리 부상에서 회복된 사람들을 치료해 본 경험이 있는 심리치료사와 함께 개인치료에서 연습할 때 훨씬 더 효과가 있을 겁니다. 스트레스 수준이 올라가고 방어가 약화되면, 당신은 대부분의 사람들보다 공황발작에 더 취약해집니다. 치료는 급성기 고통을 줄이는 데에도 도움이 되지만, 향후의 공황발작에 대한 취약성을 줄이는 데 활용하는 것이 특히 중요합니다. 때때로 이런 종류의 작업에는 어린 시절과 청소년기에 습득한 효과적이지 않은 가정과 마음의 습관에 도전하고 교정하는 것이 포함됩니다.

범위 해석을 위한 지표

범위	지표점수	척도점수	T 점수	백분위 순위
극히 높음	140~160	18~19	78~90	99.6~99.99
매우 높음	130~139	16~17	70~77	98~99.5
높음	120~129	14~15	64~69	91~97
평균 상	110~119	12~13	57~63	75~90
평균	91~109	9~11	44~56	26~74

평균 하	81~90	7~8	37~43	10~25
낮음	71~80	5~6	31~36	3~9
매우 낮음	61~70	3~4	23~30	0.5~2
극히 낮음	40~60	1~2	10~22	0.01~0.4

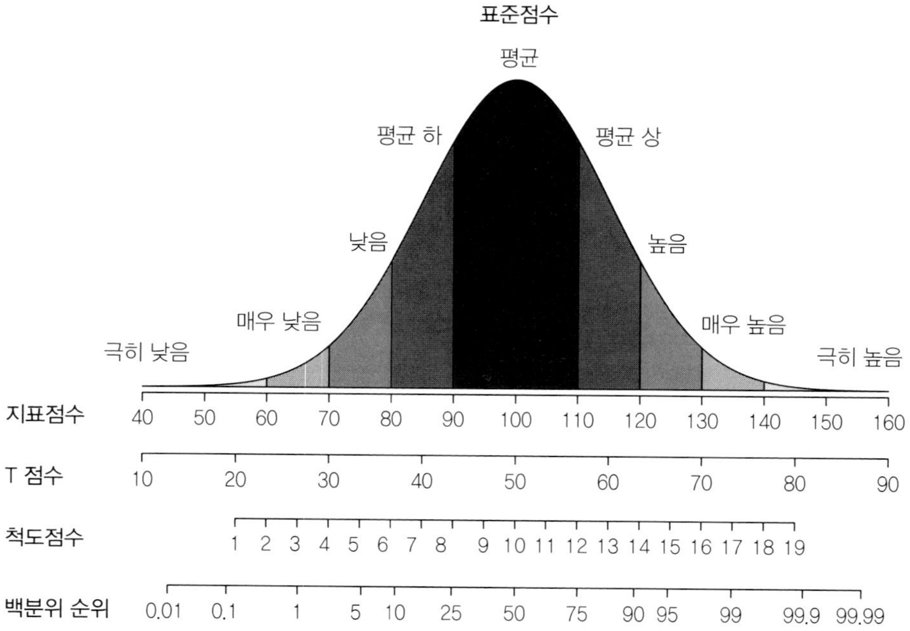

검사점수

경고: 심리검사 자료는 심리검사 및 심리검사 원칙에 익숙하지 않은 사람들에 의해 쉽게 잘못 해석됩니다. 이 점수에 대한 해석을 수행하기 전에 공인 심리학자와 상의하십시오. 표의 범위 열에 사용된 명칭은 각 검사 매뉴얼에 제시된 범위 명칭이 아니라 범위 해석을 위한 참고표에 해당한다는 점에 유의하십시오.

웩슬러 성인용 지능검사, 4판

척도	점수	백분위 순위	범위
전체 지능	103	58	평균
언어이해 지표	113	81	평균 상

공통성	11	63	평균
어휘	14	91	높음
상식	12	75	평균 상
이해*	11	63	평균
작업기억 지표	94	34	평균
산수	10	50	평균
숫자	8	25	평균 하
순서화	8	25	평균 하
지각추론 지표	106	66	평균
토막짜기	11	63	평균
퍼즐	10	50	평균
행렬추론	12	75	평균 상
무게비교*	10	50	평균
처리속도 지표	89	23	평균 하
동형찾기	9	37	평균
기호쓰기	7	16	평균 하

참고: 지표점수는 평균이 100, 표준편차가 15입니다. 척도점수는 평균이 10, 표준편차가 3입니다.
*이 검사는 속해 있는 요인 지표와 개념적으로 관련되나, 요인 지표를 계산할 때는 사용되지 않습니다.

우드콕-존슨, 4판 인지능력 검사

척도	점수	백분위 순위	범위
숫자-패턴 맞추기	95	37	평균
단어-패턴 맞추기	104	61	평균
짝 지우기	103	58	평균
물체-숫자 순서화	99	47	평균
구술 주의력	114	82	평균 상
숫자 역전	99	47	평균

델리스-카플란 실행기능체계

척도	점수	백분위 순위	범위
선잇기 검사			
시각 검색	10	50	평균
숫자 순서화	8	25	평균 하
글자 순서화	10	50	평균
숫자-글자 전환	10	50	평균
운동 속도	12	75	평균 상
언어 유창성 검사			
글자 유창성	8	25	평균 하
범주 유창성	10	50	평균
범주 전환	11	63	평균
도안 유창성			
채워진 점	11	63	평균
비어 있는 점	13	84	평균 상
전환	10	50	평균
색채-단어 간섭			
색채 명명	7	16	평균 하
단어 읽기	10	50	평균
억제	8	25	평균 하
억제-전환	10	50	평균
분류 검사, 확인된 정답 분류	12	75	평균 상
단어 맥락 검사 총점, 연속 정답	12	75	평균 상
20문항 검사 총점, 가중치 성취도	9	37	평균
타워 검사 총점 성취도	11	63	평균
속담	13	84	평균 상

참고: 척도점수는 평균이 10, 표준편차가 3입니다.

성격평가 질문지

척도	T 점수	백분위 순위	범위
비일관성	55	69	평균
저빈도	51	54	평균

부정적 인상관리	62	88	평균 상
긍정적 인상관리	38	12	평균 하
신체적 호소	**54**	**66**	**평균**
전환	46	34	평균
신체화	54	66	평균
건강염려	59	82	평균 상
불안	**81**	**99.9**	**매우 높음**
인지적 불안	82	99.93	매우 높음
정서적 불안	70	98	매우 높음
생리적 불안	81	99.9	매우 높음
불안 관련 장애	**53**	**62**	**평균**
강박장애	52	58	평균
공포장애	54	66	평균
외상적 스트레스	50	50	평균
우울	**53**	**62**	**평균**
인지적 우울	61	86	평균 상
정서적 우울	53	62	평균
생리적 우울	45	31	평균
조증	**62**	**88**	**평균 상**
활동수준	63	90	평균 상
과대성	61	86	평균 상
초조감	55	69	평균
망상	**59**	**82**	**평균 상**
과경계	51	54	평균
피해망상	42	21	평균 하
원한	78	99.7	매우 높음
조현병	**56**	**73**	**평균**
정신병적 경험	43	24	평균 하
사회적 위축	49	46	평균
사고장애	73	99	매우 높음
경계선 성격	**54**	**66**	**평균**
정서적 불안정성	60	84	평균 상
정체감 문제	59	82	평균 상

부정적 관계	46	34	평균
자기손상	45	31	평균
반사회성 성격	43	24	평균 하
반사회적 행동	43	24	평균 하
자기중심성	45	31	평균
자극추구	45	31	평균
공격성	56	73	평균
공격적 태도	53	62	평균 하
언어적 공격	56	73	평균
신체적 공격	56	73	매우 높음
알코올 문제	49	46	평균
약물 문제	42	21	평균 하
자살사고	54	66	평균
스트레스	55	69	평균
비지지	67	96	높음
치료 거부	40	16	평균 하
지배성	70	98	매우 높음
온정성	44	27	평균

참고: PAI T 점수는 평균이 50, 표준편차가 10입니다. 60점을 넘으면 임상적으로 위험한 범위에 해당합니다. 70점을 넘으면 임상적으로 유의미한 범주에 들어갑니다.

참고문헌

Achenbach, T. M., & Rescorla, L. A. (2001). *Manual for the ASEBA school-age forms & profiles*. Burlington, VT: University of Vermont, Research Center for Children, Youth, & Families.

Allen, J. G. (1981). The clinical psychologist as a diagnostic consultant. *Bulletin of the Menninger Clinic*, *45*(3), 247-258.

Alley, M. (1996). *The craft of scientific writing*. New York, NY: Springer.

American Educational Research Association, American Psychological Association, & National Council on Measurement in Education. (2014). *Standards for educational and psychological testing*. Washington, DC: American Educational Research Association.

American Psychiatric Association. (2013a). *Diagnostic and statistical manual of mental disorders* (5th ed.). Washington, DC: Author.

American Psychiatric Association. (2013b). *Personality disorders*. Washington, DC: Author. Retrieved from www.dsm5.org/Documents/Personality%20Disorders%20Fact%20Sheet.pdf

American Psychological Association (APA). (1974). *Publication manual of the American Psychological Association* (2nd ed.). Washington, DC: Author.

American Psychological Association (APA). (2009). *Publication manual of the American Psychological Association* (6th ed.). Washington, DC: Author.

American Psychological Association (APA). (2010a). *Ethical principles of psychologists and code of conduct*. Washington, DC: Author. Retrieved from http://apa.org/ethics/code/index.aspx

American Psychological Association (APA). (2010b). *Publication manual of the American Psychological Association* (6th ed., 2nd printing). Washington, DC: Author.

American Psychological Association (APA). (2013). *Specialty guidelines for forensic psychologists*. Washington, DC: Author.

Barkley, R. A. (2006). *Attention-deficit hyperactivity disorder: A handbook for diagnosis and treatment* (3rd ed.). New York, NY: Guilford.

Bates, J. D. (2000). *Writing with precision: How to write so that you cannot possibly be misunderstood*. New York, NY: Penguin Books.

Ben-Porath, Y. S., & Tellegen, A. (2008). *MMPI-2RF: Manual for administering, scoring, and interpretation*. Minneapolis, MN: University of Minnesota Press.

Bent, S. A. (1887). *Familiar short sayings of great men: With historical and explanatory notes* (5th ed.). Boston, MA: Ticknor and Co.

Berra, Y., & Kaplan, D. (2001). *When you come to a fork in the road, take it! Inspiration and wisdom from one of baseball's greatest heroes*. Waterville, MA: Thorndike Press.

Bird, H. R., Gould, M. S., & Stagheeza, B. (1992). Aggregating data from multiple informants in child psychiatry epidemiological research. *Journal of the American Academy of Child and Adolescent Psychiatry*, *31*, 78-85.

Boone, K. B. (2013). *Clinical practice of forensic neuropsychology: An evidence-based approach*. New York, NY: Guilford.

Bradley-Johnson, S., & Johnson, C. M. (1998). *A handbook for writing effective psychoeducational reports*. Austin, TX: PRO-ED.

Bringhurst, R. (2012). *The elements of typographic style*. Point Roberts, WA: Hartley & Marks.

Brooks, B. L, & Iverson, G. L. (2012). Improving accuracy when identifying cognitive impairment in pediatric neuropsychological assessments. In E. M. S. Sherman & B. L. Brooks (Eds.), *Pediatric forensic neuropsychology* (p. 76). New York, NY: Oxford University Press.

Brooks, R., & Goldstein, S. (2001). *Raising resilient children: Fostering strength, hope, and optimism in your child*. Lincolnwood, IL: Contemporary Books.

Bryson, B. (2002). *Bryson's dictionary of troublesome words*. New York, NY: Broadway Books.

Butcher, J. N., Graham, J. R., Ben-Porath, Y. S., Tellegen, A., Dahlstrom, W. G., & Kaemmer, B. (2001). *Minnesota Multiphasic Personality Inventory-2: Manual for administering and scoring*

Larrabee, G. J. (2007). *Assessment of malingered neuropsychological deficits*. New York, NY: Oxford University Press.

Larrabee, G. J. (Ed.). (2011). *Forensic neuropsychology: A scientific approach*. New York, NY: Oxford University Press.

La Rochefoucauld, F. (1871). *Reflections; or Sentences and moral maxims* (J. W. Willis Bund, and J. H. Friswell, Trans.). London, UK: Simpson, Low, Son, and Marston. (Original work published 1678)

Leonard, E. (2001, July 16). Writers on writing; Easy on the adverbs, exclamation points and especially hooptedoodle. *New York Times*. Retrieved March 11, 2018, from http://www.nytimes.com/2001/07/16/arts/writers-writing-easy-adverbs-exclamation-points-especiallyhooptedoodle.html

Lichtenstein, R. (2013a). Writing psychoeducational reports that matter: A consumer-responsive approach. *Communique*, *42*(3), 1, 28-30.

Lichtenstein, R. (2013b). Writing psychoeducational reports that matter: A consumer-responsive approach, Part 2. *Communique*, *42*(4), 1, 10-13.

Lichtenstein, R. (2014). Writing psychoeducational reports that matter: A consumer-responsive approach, Part 3. *Communique*, *42*(6), 1, 30-32.

Loeber, R., Green, S. M., & Lahey, B. B. (1990). Mental health professionals' perception of the utility of children, mothers, and teachers as informants on childhood psychopathology. *Journal of Clinical Child Psychology*, *19*, 136-143.

Lovett, B. J., & Lewandowski, L. J. (2015). *Testing accommodations for students with disabilities: Research-based practice*. Washington, DC: American Psychological Association.

Lovinger, P. W. (2000). *The Penguin dictionary of American English usage and style: A readable reference book, illuminating thousands of traps that snare writers and speakers*. New York, NY: Viking Press.

MacFarquhar, L. (1994, Fall). Robert Gottlieb, The art of editing no. 1. *Paris Review*. Retrieved March 11, 2018, from https://www.theparisreview.org/interviews/1760/robert-gottliebthe-art-of-editing-no-1-robert-gottlieb

Mallin, B., Beimcik, J., & Hopfner, L. (2012). Teacher ratings of three school psychology report recommendation styles. *Canadian Journal of School Psychology*, *27*(3), 258-273. doi:10.1177/0829573512449999

Mann, T. (1947). *Essays of three decades*. New York, NY: A. A. Knopf.

Mascolo, J. T., Alfonso, V. C., & Flanagan, D. P. (2014). *Essentials of planning, selecting, and tailoring interventions for unique learners*. Hoboken, NJ: Wiley.

Mather, N., & Jaffe, L. E. (2002). *Woodcock-Johnson III: Reports, recommendations, and strategies*. New York, NY: Wiley.

Mather, N., & Jaffe, L. E. (Eds.). (2011). *Comprehensive evaluations: Case reports for psychologists, diagnosticians, and special educators*. Hoboken, NJ: Wiley.

Mather, N., & Jaffe, L. E. (2016). *Woodcock-Johnson IV: Reports, recommendations, and strategies*. Hoboken, NJ: Wiley.

Mather, N., & Wendling, B. J. (2012). *Essentials of dyslexia: Assessment and intervention*. Hoboken, NJ: Wiley.

Maugham, S. W. (1938). *The summing up*. New York, NY: Doubleday.

McArthur, T. B., & McArthur, R. (2005). *Concise Oxford companion to the English language*. New York, NY: Oxford University Press.

McCleary, R. W. (1992). *Conversing with uncertainty: Practicing psychotherapy in a hospital setting*. Hillsdale, NJ: The Analytic Press.

McGrew, K. S. (2005). The Cattell-Horn-Carroll theory of cognitive abilities: Past, present, and future. In D. P. Flanagan & P. L. Harrison (Eds.), *Contemporary intellectual assessment. Theories, tests, and issues* (2nd ed., pp. 136-181). New York, NY: Guilford.

Meier, S. T. (1994). *The chronic crisis in psychological measurement and assessment: A historical survey*. San Diego, CA: Academic Press.

Messick, S. (1989). Validity. In R. L. Linn (Ed.), *Educational measurement* (3rd ed., pp. 13-103). New York, NY: Macmillan.

Messick, S. (1995). Validity of psychological assessment: Validation of inferences from persons' responses and performances as scientific inquiry into score meaning. *American Psychologist, 50*(9), 741-749.

Meyer, G. J., Viglione, D. J., Mihura, J. L., Erard, R. E., & Erdberg, P. (2011). *Rorschach Performance Assessment System: Administration, coding, interpretation and technical manual*. Toledo, OH: Rorschach Performance Assessment System.

Miller, J. A., & Watkins, M. W. (2010). The use of graphs to communicate psychoeducational test results to parents. *Journal of Applied School Psychology, 26*(1), 1-16.

myschoolpsychology.com/johns-blog-2/

Willis, J. O. (2012). *Report comments, 243.* Retrieved May 7, 2016, from http://www.myschoolpsychology.com/johns-blog-2/

Willis, J. O. (2015). *Report comments, 253.* Retrieved May 7, 2016, from http://www.myschoolpsychology.com/johns-blog-2/

Yoder, P., & Symons, F. (2010). *Observational measurement of behavior*. New York, NY: Springer.

Zeldman, J. (2015, December 24). The year in design [Blog post]. Retrieved from http://www.zeldman.com/2015/12/24/the-year-in-design/

Zuckerman, E. L. (2000). *Clinician's thesaurus* (5th ed.): *The guidebook for writing psychological reports.* New York, NY: Guilford.

찾아보기

인명

내용

저자 소개

W. Joel Schneider, PhD

The Department of Psychological Studies in Education at Temple University, Philadelphia, 조교수

Texas A&M University, 박사

Texas A&M University, 석사

University of California, Berkeley, 학사

Elizabeth O. Lichtenberger, PhD

Carlsbad, California, 공인 임상심리학자

Alliant International University in San Diego, 겸임교수

The Salk Institute for Biological Studies in La Jolla, CA, 인지신경과학 연구원

Nancy Mather, PhD

University of Arizona in the Department of Disability and Psychoeducational Studies, 교수

University of Arizona in Special Education and Learning Disabilities, 박사

University of Arizona in Special Education and Learning Disabilities, 석사

Woodcook-Johnson III(WJ III®) and the Woodcook-Johnson® IV(WJ IV), 공동 저자

Nadeen L. Kaufman, EdD

Yale University's Child Study Center in the School of Medicine, 임상교수

Columbia University, 교육학 박사(EdD)

Columbia University in Psychology, Reading and Learning Disabilities, and Special Education, 석사

역자 소개

이준득(Joon Deuk Lee)

서울대학교 심리학과, 임상상담전공 박사
서울대학교 심리학과, 임상상담전공 석사
성균관대학교 중어중문학과/심리학과 졸업
임상심리전문가/정신보건 임상심리사(1급)

전 서울아산병원 정신건강의학과, 임상심리 수련감독자
서울대학교병원 신경정신건강의학과 외래 임상심리전문가
서울대학교 인문대학 상담소 전문상담원
현 상담심리연구소 사람과 사람, 과천점(전 과천임상심리연구소) 소장
한양사이버대학교 상담심리학과 겸임교수

〈역서〉
정신증의 로샤평가(학지사, 2020)

심리평가 보고서 작성의 핵심

Essentials of Assessment Report Writing Second Edition

2021년 7월 30일 1판 1쇄 발행
2022년 1월 20일 1판 2쇄 발행

지은이 • W. Joel Schneider · Elizabeth O. Lichtenberger
Nancy Mather · Nadeen L. Kaufman
옮긴이 • 이 준 득
펴낸이 • 김 진 환
펴낸곳 • (주) 학지사
04031 서울특별시 마포구 양화로 15길 20 마인드월드빌딩 5층
대표전화 • 02) 330-5114 팩스 • 02) 324-2345
등록번호 • 제313-2006-000265호
홈페이지 • http://www.hakjisa.co.kr
페이스북 • https://www.facebook.com/hakjisabook

ISBN 978-89-997-2446-6 93180

정가 28,000원